НЕЕСТЕСТВЕННЫЕ ПРИЧИНЫ

– РИЧАРД ШЕПЕРД –

НЕЕСТЕСТВЕННЫЕ ПРИЧИНЫ

ЗАПИСКИ СУДМЕДЭКСПЕРТА: ГРОМКИЕ УБИЙСТВА, УЖАСАЮЩИЕ ТЕРАКТЫ И ЗАПУТАННЫЕ ДЕЛА

БОМБОРА
ИЗДАТЕЛЬСТВО
Москва 2022

УДК 343.95
ББК 67.5
Ш48

Richard Shepherd

UNNATURAL CAUSES

Original English language edition first published
by Penguin Books Ltd, London.

Шеперд, Ричард.

Ш48 Неестественные причины. Записки судмедэксперта: громкие убийства, ужасающие теракты и запутанные дела / Ричард Шеперд ; [пер. с англ. И. Чорного]. — Москва : Эксмо, 2022. — 416 с. — (Призвание. Книги о тех, кто нашел свое дело в жизни).

ISBN 978-5-04-099162-4

Тело человека — это безмолвный свидетель случившейся смерти, оно ничего не скрывает и всегда несет в себе правду. Когда смерть внезапна и необъяснима, доктор Ричард Шеперд обязательно выясняет ее причину. Каждое вскрытие — это отдельная детективная история, и автор с помощью проницательности разрешает головоломку, чтобы ответить на самый насущный вопрос: как этот человек умер?

От серийного убийцы до стихийного бедствия, от «идеального убийства» до чудовищной случайности, доктор Шеперд всегда в погоне за истиной. И хотя он был вовлечен в самые громкие дела последнего 20-летия (смерть принцессы Дианы, теракты 11 сентября 2001 года в США), часто менее известные случаи в итоге оказывались самыми интригующими.

УДК 343.95
ББК 67.5

ISBN 978-5-04-099162-4

ОГЛАВЛЕНИЕ

Примечание автора

Мне было сложно принять решение изменить имена и конкретные детали в этой книге, поскольку всю свою карьеру я стремился быть точным. Вместе с тем я также стремился облегчить страдания людей, понесших утрату, и мало кому пошло бы на пользу на этих страницах распознать историю своего почившего родственника, возродив в памяти свои самые мрачные дни. Так что здесь приводятся подлинные имена только людей, которые настолько знамениты, что скрыть их попросту невозможно. Во всех остальных случаях я изменил детали, чтобы сохранить конфиденциальность, при этом оставив нетронутыми самые важные факты.

***

Ум, вкус и знанья пользу принесут,
Когда правдив и откровенен суд;
Те, кто способен разделить твой взгляд,
И твоего участия хотят.
Молчи, раз усомнился в чем-нибудь,
А если судишь — тверд, но скромен будь.
Кичливые хлыщи — мы знаем их —
Упорны в заблуждениях своих;
Но ты умей увидеть свой просчет
И каждый день веди ошибкам счет.
Не всякий правильный совет хорош,
Правдивых слов милей иная ложь.
Учись людей учить — не поучать,
Буди умы, чтоб к знанью приобщать;
Когда искусен справедливый суд,
Твои слова одобрят и поймут.
И не скупись на дружеский совет,
Ведь, право, худшей скаредности нет.
Тщеславья ради веры не теряй;
Из вежливости ложь не одобряй;
Не бойся мудрым преподать урок,
Хвалы достойный примет и упрек.

Александр Поуп. «Опыт о критике»
(Перевод А. Субботина)

1

Впереди облака. Одни нависают надо мной, словно снежные вершины, другие тянутся вдоль развалившихся спящих великанов. Я настолько плавно повел штурвал самолета, что, когда он наклонился вниз и влево, казалось, будто он реагирует не на мои действия, а на мои мысли. Затем передо мной распрямился горизонт, мой странный товарищ: он всегда здесь, проглядывается между землей и небом, неприступный, неприкасаемый.

Подо мной хребет Норт-Даунс, своими плавными контурами напоминающий изгибы человеческого тела, аккуратно рассеченный автомагистралью. Машины гоняются друг за другом по этому глубокому разрезу, сверкая, словно крошечные рыбешки. Дальше трасса М4 уходит в сторону, и земля спускается к воде — сплетенной из множества притоков реке.

Вот и город с его оживленным, пульсирующим, словно красное сердце, центром, от которого отходят дороги с ограждениями — здесь здания более современные.

Я сглотнул.

Город разваливался на глазах.

Я моргнул.

Землетрясение?

Краски города переливались. Его здания были словно галька на дне реки, свет от которой преломлялся и искажался в неравномерно движущейся толще воды.

Необычные воздушные потоки?

Нет. Потому что город сотрясался в такт с чем-то внутри меня, чем-то вроде тошноты. Но куда более зловещим.

Я моргнул сильнее, и моя рука с силой вцепилась в штурвал, как будто я мог исправить свои чувства, скорректировав высоту или направление полета. Только исходило это глубоко изнутри меня и с такой силой прокатывалось по телу, что у меня перехватило дыхание.

МНЕ УЖЕ ЗА 60. БУДУЧИ СУДЕБНО-МЕДИЦИНСКИМ ЭКСПЕРТОМ, ЗА СВОЮ ЖИЗНЬ Я ПРОВЕЛ БОЛЕЕ 20 000 ВСКРЫТИЙ.

Я человек практичный и рассудительный, поэтому попытался найти логичное, разумное объяснение происходящему. Что я там ел на завтрак? Тосты? Весьма безобидно и уж точно никак не объясняет, отчего мне внезапно стало так не по себе. И раз уж это была не совсем тошнота, тогда что? В первую очередь я необъяснимым образом чувствовал себя несчастным, а еще я испытывал… да, я испытывал страх. Я не мог отделаться от ощущения, что произойдет нечто ужасное. Более того, мне чуть ли не хотелось, чтобы это случилось.

Нелепая, иррациональная мысль закралась мне в голову. А что, если мне выпрыгнуть из самолета?

Волевым усилием я остался сидеть в кресле, продолжил дышать, управлять самолетом, моргать. Мне пришлось постараться, чтобы снова прийти в норму.

Тут я глянул на экран навигатора. «Хангерфорд», — прочитал я.

Старые красные дома в центре. Хангерфорд. Серые улицы и спортивные площадки на окраинах. Хангерфорд.

Потом он исчез, и на смену ему пришел Савернакский лес — обширная прослойка зеленой растительности. Постепенно зеленый лес принес мне облегчение — я словно отдохнул в его тени с рюкзаком за плечами. Если мое сердцебиение и оставалось учащенным, то причиной тому был ужас из прошлого. Что же тогда со мной там случилось?

Мне уже за 60. Будучи судебно-медицинским экспертом, за свою жизнь я провел более 20 000 вскрытий. Тем не менее этот недавний случай стал первым за всю мою карьеру, когда я заподозрил, что у моей работы, познакомившей меня с мертвым человеческим телом, перенесшим болезнь, разложение, убийство, резню, взрыв, похороны и сокрушительные массовые катастрофы, могут быть эмоциональные последствия.

Давайте не будем называть это панической атакой. Но это шокировало меня настолько, что я стал задаваться разного рода вопросами. Обратиться ли мне за помощью к психологу? А может, и вовсе к психиатру? А также — что тревожило меня куда больше — не пора ли мне завязать с этой работой?

2

Хангерфордская бойня, как ее впоследствии прозвали, стала моим первым крупным делом в роли судебно-медицинского эксперта. Случилась она вскоре после того, как я начал свою карьеру. Я был молодым и увлеченным, и мне потребовалось много лет, чтобы заполучить эту работу. Годы узкоспециализированной подготовки, далеко выходящей за рамки базового курса анатомии и патологии. Должен признать, что все то бесконечное время, проведенное за разглядыванием еле уловимых отличий микропрепаратов, едва не отбило у меня охоту вообще этим заниматься. Множество раз я был вынужден искать новое вдохновение в кабинете своего наставника, доктора Руфуса Кромптона. Он разрешал мне читать его бумаги, изучать фотографии с мест происшествий, и иногда я засиживался там, поглощенный этим занятием, до позднего вечера. Когда я уходил, мне уже не нужно было напоминать, зачем я в это ввязался.

Наконец с подготовкой было покончено. Я быстро нашел себе местечко в отделении судебной медицины больницы Гая, оказавшись под крылом человека, который был в те времена самым известным в Великобритании судмедэкспертом, — доктора Иэна Уэста.

В те дни, в конце 1980-х, в судмедэкспертах видели беспробудно пьянствующих, умеющих вставить крепкое словечко альфа-самцов, ведущих себя на равных со старшими офицерами полиции. Люди, выполняющие необходимую работу, на которую у всех остальных не хватило бы духу, частенько позволяют себе расхаживать с важным видом — Иэн делал это постоянно. Он был харизматичным человеком и прекрасным судмедэкспертом, а когда вставал за трибуну, то его было не остановить — он не боялся сразиться с любым адвокатом. Он умел пить, обвораживать женщин, а его рассказы завсегдатаи баров слушали с раскрытыми ртами. Хотя порой я и бывал застенчивым, я практически убедился, что являюсь состоявшейся личностью, пока не поймал себя на том, что играю роль младшего глуповатого братца Иэна. Его персона освещала своим светом пабы по всему Лондону, и я стоял вместе с восхищенной публикой в его тени, редко позволяя себе вставить колкость. Ну или я попросту ничего толкового придумать не мог — во всяком случае мгновенно.

ХАНГЕРФОРДСКАЯ БОЙНЯ СТАЛА МОИМ ПЕРВЫМ КРУПНЫМ ДЕЛОМ В РОЛИ СУДМЕДЭКСПЕРТА.

Иэн был главой отделения, и ни у кого не было сомнений, что он высококлассный специалист. Хангерфордская бойня стала ужасным происшествием национального масштаба, а также личной трагедией для всех жителей того городка, особенно тех, чьи семьи она затронула напрямую. В обычных обстоятельствах Иэн, будучи начальником, помчался бы на место столь серьезного преступления сам, однако дело было в середине августа и он был в отпуске, так что на вызов отправился я.

Мой пейджер запищал, когда я ехал домой с работы. Сложно представить, как мы жили в мире без мобильных телефонов.

Однако в 1987 году, чтобы срочно с кем-то связаться, можно было лишь отправить сообщение на пейджер в надежде, что этот человек увидит его и вскоре сможет добраться до ближайшего телефона. Я включил радио на случай, если вызов был связан с какими-то горящими новостями. Так оно и было.

В Беркшире — настолько малоизвестном городе, что я даже о нем не слышал, — орудовал вооруженный человек. Он убивал всех без разбора, начав свой путь в Савернакском лесу и постепенно продвигаясь к центру Хангерфорда, и теперь забаррикадировался в здании школы, где его окружила полиция. Они пытались уговорить его сдаться. Журналисты утверждали, что его жертвами стали десять человек, но, поскольку в городе был объявлен своего рода комендантский час, узнать точное число было невозможно.

В КОНЦЕ 1980-Х В СУДМЕДЭКСПЕРТАХ ВИДЕЛИ БЕСПРОБУДНО ПЬЯНСТВУЮЩИХ, УМЕЮЩИХ ВСТАВИТЬ КРЕПКОЕ СЛОВЕЧКО АЛЬФА-САМЦОВ, ВЕДУЩИХ СЕБЯ НА РАВНЫХ СО СТАРШИМИ ОФИЦЕРАМИ ПОЛИЦИИ.

Я добрался до своего милого домика в Суррее. Счастливый брак, двое маленьких детей, играющих в саду: контраст с домами, в которых произошли убийства, был поразительным. Я знал, что в тот день моей жены, Джен, дома, скорее всего, не окажется — она была на учебе.

Зайдя в дом, я отпустил няню, ринулся к телефону, получил самую актуальную информацию и обсудил с полицией и следователем, нужно ли мне приехать вечером в Хангерфорд. Они настаивали, чтобы я приехал. Я пообещал отправиться в путь, как только дождусь возвращения жены.

Я включил радио, чтобы послушать, пока завариваю детям чай, не появилось ли какой-либо новой информации. Затем я их искупал, прочитал сказку на ночь и уложил в кровать.

«Спокойной ночи», — пожелал им я, как делаю это всегда.

Я был заботливым отцом, в первую очередь думающим о своих детях. Но точно так же я был и судмедэкспертом, которому отчаянно хотелось сесть в машину и увидеть своими глазами подробности самого большого дела, с которым я сталкивался за свою пока еще недолгую карьеру. Когда пришла Джен, судмедэксперт окончательно взял верх. Поцеловав ее на прощание, я помчался на улицу.

Криминалист объяснил, что мне нужно свернуть с трассы М4 на 14-й развязке и ждать на съезде, пока за мной не приедет полиция для сопровождения. Вскоре со мной поравнялась полицейская машина, и два мрачных лица повернулись в мою сторону. Здороваться они и не думали. «Доктор Шеперд?» Я кивнул. «Следуйте за нами».

Конечно, все это время я продолжал слушать радио и уже знал, что бойня закончилась смертью стрелка. Им оказался некто Майкл Райан, 27 лет, который без какой-либо явной причины прошелся по Хангерфорду, вооруженный двумя полуавтоматическими винтовками и пистолетом «беретта». Теперь он был уже мертв — то ли застрелился, то ли это за него сделал снайпер. Журналистов не пускали, пострадавших отправили в больницу, местные жители заперлись по домам — на улицах города остались лишь полицейские и трупы.

Мы проехали через блокпост, и я очень медленно ехал вслед за полицейской машиной по устрашающе пустынным улицам. Последние вытянутые лучи заходящего солнца пронизывали этот город-призрак, купая его в мягком, теплом свете. Все живые были у себя дома, однако, судя по окнам, верилось в это с трудом. Никаких машин, кроме наших двух, на дороге не было. Не лаяли собаки. Даже птицы хранили молчание.

По пути мы наткнулись на покосившийся красный «Рено» на обочине. Прямо на руле лежало тело женщины. Двигаясь дальше, мы заехали в южную часть города и увидели по левую руку тлеющие остатки дома Райана. Дорога была перекрыта. В изрешеченной пулями патрульной машине на сиденье было неподвижное тело полицейского. В нее врезалась синяя «Тойота», водитель которой также был мертв.

Пожилой мужчина, лежащий в луже крови у своей садовой калитки. Пожилая женщина на дороге, тоже мертвая. Лицом вниз. Из новостей я знал, что это, должно быть, мать Райана. Она лежала снаружи своего догорающего дома. Далее мужчина на тропинке, с собачьим поводком в руках. Обычный авгу-

СУДМЕДЭКСПЕРТЫ – ЛЮДИ, ВЫПОЛНЯЮЩИЕ НЕОБХОДИМУЮ РАБОТУ, НА КОТОРУЮ У ВСЕХ ОСТАЛЬНЫХ НЕ ХВАТИЛО БЫ ДУХУ.

стовский вечер, почти ночь, совершенно обычные улицы, и на фоне этого столько беспорядочных, необъяснимых убийств — все это казалось чем-то нереальным. Ничего подобного в Англии раньше не случалось.

Доехав до участка, мы остановились. Хлопнула дверь моей машины, потом хлопнула дверь машины полиции, и после этого тяжелая тишина снова стала обволакивать Хангерфорд. Прошло несколько лет, прежде чем мне довелось снова услышать подобную тишину — тишину, которая следует за ужасом. Обычно на месте убийства «кипит» возня — полицейские в форме, следователи, криминалисты; люди шуршат бумагами, делают снимки, звонят, охраняют дверь. Чудовищность же всего произошедшего в тот день, казалось, заморозила Хангерфорд до такого состояния, которое я могу сравнить лишь с мышечным окоченением.

Полицейский участок больше напоминал жилой дом: ремонт был в самом разгаре, на земле валялись куски штукатурки, с потолка свисали провода. Должно быть, со мной поздоровались. Наверное, я пожал чьи-то руки. Все условности, однако, как мне кажется теперь, спустя многие годы, соблюдались в полной тишине.

Я БЫЛ ОДНОВРЕМЕННО ЗАБОТЛИВЫМ ОТЦОМ И СУДМЕДЭКСПЕРТОМ, КОТОРОМУ ОТЧАЯННО ХОТЕЛОСЬ УВИДЕТЬ СВОИМИ ГЛАЗАМИ ПОДРОБНОСТИ УБИЙСТВ.

Вскоре потемнело окончательно, и я уже сидел в полицейской машине, направляясь в школу, в которой заперся, а потом застрелился Майкл.

Мы не спеша продвигались по неподвижным улицам, и в свете фар показалась разбитая машина — ее обездвиженного водителя было отчетливо видно. Я снова вышел, чтобы осмотреться. Свет от моего фонарика скользнул по ногам, по туловищу, по голове. Что ж, никаких сомнений в причине смерти и быть не могло. Огнестрельное ранение в лицо.

Мы остановились еще у одной машины, а потом еще у нескольких. Каждый раз огнестрельные ранения были в разных частях тела. В кого-то он выстрелил один раз, в кого-то палил снова и снова.

В стороне стояли эвакуаторы, ожидающие, когда полиция заполнит все бумаги и достанет тела. Я повернулся к полицейскому за рулем. Мой голос нарушил тишину, словно звук разбитого стекла:

— Мне нет никакой необходимости осматривать остальные тела прямо на месте. Нет никаких сомнений по поводу того, как они умерли, так что я могу разобраться с ними на вскрытии.

— Но на Райана вы должны все-таки взглянуть, — ответил он.

МЕНЯ ЗАХЛЕСТНУЛ ВЕСЬ УЖАС УВИДЕННОГО В ТОТ ДЕНЬ, И Я СВЕРНУЛ НА ОБОЧИНУ И СИДЕЛ В ПОЛНОЙ ТЕМНОТЕ В МАШИНЕ, ПОКА МИМО ПРОНОСИЛИСЬ ДРУГИЕ АВТОМОБИЛИ.

Я кивнул.

У школы Джона О'Гаунта полицейских было гораздо больше. Когда я зашел внутрь, меня ввели в курс дела.

— Он сказал, что у него бомба. Мы его пока не обыскивали, так как боялись, что она рванет, если его пошевелить. Но нам нужно, чтобы вы на него глянули и констатировали смерть. На случай если его разорвет, когда мы к нему полезем. Хорошо?

— Хорошо.

— Но вам бы лучше не двигать его, сэр.

— Хорошо.

— Вам дать бронежилет?

Я отказался. Он предназначен для защиты от пуль, так что от него было бы мало толку при столь близком взрыве. К тому же в мои планы не входило двигать тело.

Мы поднялись по лестнице. Этот резиновый запах школы. А когда они открыли дверь в класс, я увидел парты. Часть парт была подвинута, однако большинство стояло аккуратными рядами. На стенах были фотографии и всякие диаграммы. Совершенно обычный класс. Если не считать трупа в сидячем положении у доски.

Убийца был одет в зеленую куртку. Можно было подумать, что он пришел с охоты, если бы не дыра от пули в голове. Его правая рука лежала на колене. В ней был зажат пистолет «беретта».

Присев напротив него, я услышал, как все полицейские тихонько уходят. Дверь закрыли снаружи. По рации кто-то сказал: «Начинаем».

Я остался в классе один на один с самым ужасным массовым убийцей в Великобритании. У которого, возможно, была бомба. Стать судмедэкспертом меня подтолкнули книги выдающегося судебного медика, профессора Кейта Симпсона. Только вот я не помнил, чтобы он хотя бы в одной из них упоминал, что может случиться нечто подобное.

У ЛЮДЕЙ ЕСТЬ ПОТРЕБНОСТЬ ЗНАТЬ ПРО КОНКРЕТНЫЕ СМЕРТИ И ПРО СМЕРТЬ В ОБЩЕМ.

Я остро ощущал все, что происходит вокруг меня. Перешептывания за дверью. Дуговые лампы снаружи, отбрасывающие на потолок темные тени, которые накладываются друг на друга. Тоненький луч моего собственного фонаря. Запах мела и пота, странным образом перемешанный с запахом крови. Я пересек комнату, не сводя глаз с тела в углу. Дойдя до него, я встал на колени, чтобы получше его рассмотреть. Пистолет, которым в тот день было убито столько людей, был направлен прямо на меня.

Майкл Райан выстрелил себе в правый висок. Пуля прошла навылет через другой висок. Я увидел ее, когда уходил из класса: она застряла в доске объявлений на противоположной стене.

Я поговорил с полицейскими. Никаких скрытых проводов не было. Причиной смерти стало огнестрельное ранение с правой стороны головы, типичное для самоубийства.

Покинув это мрачное, пропитанное смертью место, я почувствовал облегчение и поддал газу на трассе. Только вот зловещая тишина Хангерфорда, казалось, просочилась в мою машину и ехала вместе со мной грузным незваным пассажиром. Внезапно меня захлестнул ужас от всего увиденного в тот день. От всей невообразимой чудовищности произошедшего. Я свернул на обочину и сидел в полной темноте в машине, пока мимо проносились другие автомобили.

Остановившуюся позади меня полицейскую машину я заметил только после того, как услышал стук в свое окно.

— Простите, сэр. У вас всё в порядке?

Я объяснил, кто я такой и где только что был. Полицейский кивнул, осмотрелся, смерил меня оценивающим взглядом, решая, верить ли мне на слово.

— Мне просто нужно минутку передохнуть, — сказал я. — А потом поеду дальше.

Полицейские знают про переходный момент между работой и домом. Он снова кивнул и вернулся в свою машину. Конечно, он проверил мой рассказ. Спустя несколько минут в тишине я уже осознал, что Хангерфорд остался позади, а впереди меня ждал дом. Я моргнул фарами, махнул на прощание рукой и присоединился к потоку машин. Полицейская машина поехала следом за мной, какое-то время меня сопровождая, а затем сдала назад и развернулась. Я продолжил свою дорогу домой.

Когда вернулся, дети крепко спали, а Джен смотрела телевизор в гостиной.

— Я знаю, где ты был, — сказала она. — Было ужасно?

Да. Но я только и позволил себе, что пожать плечами. Повернулся к ней спиной, чтобы она не видела моего лица. Мне захотелось выключить новости по телевизору, в которых журналисты с таким возбуждением обсуждали случившееся в Хангерфорде. Для меня же в этих погибших больше не было ничего волнительного. Это были просто мужчины и женщины, безжалостно убитые, когда они занимались своими повседневными делами, которые казались им важными и срочными, пока не пришел столь внезапный конец. Для них уже ничто не было важно. Спешить было некуда.

УБИЙСТВА ЧАЩЕ ВСЕГО СОВЕРШАЮТСЯ В ПЫЛУ ЭМОЦИЙ, ПЛОХО ПОДДАЮТСЯ ЛОГИКЕ И ЗАРАНЕЕ НЕ ПЛАНИРУЮТСЯ.

Поздней ночью я стал делать звонки, чтобы организовать проведение всех вскрытий на следующий день. Я надеялся помочь полиции воссоздать обстоятельства каждой смерти, а значит, с помощью показаний свидетелей восстановить хронологию действий Райана в тот день. Очень важно понять, как все в точности произошло. Это крайне нужно всем, кого случившееся затронуло, это нужно общественности.

На следующее утро я провел несколько рядовых вскрытий: пьяницы, наркоманы и сердечники, все из Вестминстерского морга. Мои коллеги всё расспрашивали меня о подробностях случившегося в Хангерфорде, а полиция тем временем доставляла последние тела в Королевскую больницу Беркшира в Рединге. Я прибыл туда в два часа дня, меня поприветствовал местный персонал, и я познакомился с ними поближе, как это давно принято в нашем деле, за чашечкой чая. Горячий заваренный напиток всегда считался неотъемлемым атрибутом морга — одновременно и право, и обязанность, — перед тем как патологоанатом возьмется за вскрытие.

Вдруг дверь распахнулась, и внутрь вбежала Пэм Дерби — наша крохотная, но выполнявшая чрезвычайно важную работу секретарша.

— Итак! — сказала она.

Она всегда вела себя как начальник и теперь отыгрывала на все сто. Два недовольных ассистента морга плелись позади нее с компьютером в руках.

— Куда я могу это подключить?

Это была не просьба, это было требование. Персональные компьютеры были только на заре своего развития, и в 1987 году представляли собой весьма внушительные агрегаты. Наш был настолько большим, что Пэм пришлось везти его из больницы Гая на фургоне.

Она увидела, что на мне зеленый фартук и белые резиновые сапоги — я только начал проводить внешний осмотр и настраивал рентгеновский аппарат. Я был готов к вскрытию.

— Нет-нет-нет, ты не можешь начинать, пока не прогреется компьютер, а это минимум минут десять, иначе мне потом за тобой не успеть. Лучше сделай-ка мне чашечку чая, — дала она указание. Иэн Уэст явно заблуждался, полагая, будто отделением руководит он.

ГОРЮЮЩИЕ РОДСТВЕННИКИ ВРЯД ЛИ ОБРАДОВАЛИСЬ БЫ, УЗНАВ, ЧТО УБИЙЦА ЛЕЖИТ В ОДНОМ МОРГЕ СО СВОИМИ ЖЕРТВАМИ, А УЖ ТЕМ БОЛЕЕ В ОДНОЙ СЕКЦИОННОЙ.

Когда компьютер и чайник зашумели, Пэм уселась за клавиатуру.

— Толку от всей этой ерунды никакого; и так всем ясно, что их застрелили, — выпалила она.

Пэм была прекрасно знакома с тем, что настоящие убийства чаще всего совершаются в пылу эмоций, плохо поддаются логике и заранее не планируются. Вот почему она и остальной персонал любили расслабиться за чтением какого-нибудь детективного романа, в котором убийца оставляет четкие улики и в итоге весь пазл складывается в однозначную картинку. Как же все это отличается от настоящих расследований, в которых правда бывает многоликой, факты зачастую противоречат друг другу, да и истолковать их можно по-разному.

Она была права: никакой загадки перед нами сегодня не стояло. Тем не менее все эти люди были чьими-то братьями и сестрами, отцами и матерями, мужьями и женами, чьими-то детьми. Каждый из них был особенным для своих родных и друзей, и каждый был пазлом, который мне предстояло собрать. Шесть столов стояли до самой стены, и на каждом втором из них лежало по телу: пустые столы между ними были нужны, чтобы собрать по пакетикам и задокументировать те сотни образцов, которые мы собирались взять.

СУДЕБНО-МЕДИЦИНСКАЯ ЭКСПЕРТИЗА ПРОВОДИТСЯ ДЛЯ ВСЕХ ПОДОЗРИТЕЛЬНЫХ, НЕЕСТЕСТВЕННЫХ, ПРОИЗОШЕДШИХ ПО НЕИЗВЕСТНЫМ ПРИЧИНАМ СМЕРТЕЙ, А ТАКЖЕ ДЛЯ ЖЕРТВ ПРЕСТУПЛЕНИЙ.

Первым на очереди было тело Майкла Райана. Пожалуй, горюющие родственники вряд ли обрадовались бы, узнав, что он лежит в одном морге со своими жертвами, а уж тем более в одной секционной. Всем попросту хотелось, чтобы он исчез. СМИ упорно продолжали с циничным ликованием рассказывать о том, что его ликвидировали силы спецназа — несмотря на то что после моего визита предыдущим вечером полиция в своем пресс-релизе подтвердила, что преступник покончил с собой. Теперь нам еще нужно было сказать, что вскрытие также подтвердило самоубийство.

Вскрытие обычно проводится в двух случаях. Оно может быть выполнено после естественной смерти — как правило, в больнице, — даже если причина смерти была известна, чтобы подтвердить поставленный пациенту диагноз, а также, если получится, оценить эффективность лечения. У близких родственников покойного в таком случае просят разрешение на вскрытие, от которого они имеют полное право отказаться. К счастью, многие соглашаются. Своим решением они могут помочь другим пациентам, предоставив врачам прекрасную возможность узнать что-то новое и усовершенствовать имеющиеся методики. Дать согласие на подобную просьбу о проведении вскрытия мне кажется весьма благородным поступком.

Вторая ситуация — когда причина смерти неизвестна либо имеются основания предполагать, что она произошла не по естественным причинам. В таком случае к делу привлекают судебного следователя — коронера. Для всех подозрительных, неестественных, произошедших по неизвестным причинам смертей, а также для жертв преступлений проводится не просто вскрытие, а судебно-медицинское исследование — тело максимально подробно изучается как снаружи, так и изнутри. На основе всей полученной информации судмедэксперт составляет отчет о вскрытии.

ЕСЛИ ВЫЯСНИТЬ, ПОЧЕМУ ЧЕЛОВЕК УМЕР, НЕ УДАЕТСЯ, ТО МЫ ТАК И ЗАПИСЫВАЕМ — ХОТЯ ПЕРЕД ЭТИМ ОБЫЧНО ПРИВОДИМ ВОЗМОЖНЫЕ ПРИЧИНЫ.

Отчет должен официально подтвердить личность покойного, что само по себе является весьма долгой и сложной процедурой, довести до конца которую порой и вовсе не представляется возможным. В отчете также объясняется, почему вскрытие изначально было запрошено полицией или коронером. В нем перечисляются все лица, присутствовавшие во время вскрытия, а также приводятся подробные результаты всех проведенных впоследствии лабораторных анализов.

Основную часть отчета составляет описание того, что удалось обнаружить судмедэксперту. Обычно мы как-то объясняем все, что удалось обнаружить, и в завершение записываем причину смерти. Если однозначно выяснить, почему человек умер, не удается, то мы так и записываем — хотя перед этим обычно приводим возможные причины.

Несмотря на многие годы изучения внешнего вида внутренних органов человека и их микроскопической структуры при тысячах возможных заболеваний, самая важная часть вскрытия — зачастую банальный внимательный осмотр тела. В ходе этого подробного внешнего осмотра мы измеряем и записываем размер, местоположение и форму каждого рубца и кровоподтека, а также всех огнестрельных и колотых ран. Это может показаться относительно простым по сравнению с проведением медицинских анализов внутренностей, однако данная часть вскрытия зачастую оказывается самой важной для воссоздания обстоятельств убийства. Можно запросто поспешить с внешним осмотром, сочтя его обычной формальностью, однако потом, когда тело уже будет сожжено, есть вероятность об этом пожалеть.

Майкл Райан был массовым убийцей. Он застрелил 16 человек и почти столько же ранил. Вплоть до этого момента в работе я имел дело главным образом с жертвами несчастных случаев, преступлений и людьми, которым просто не повезло. Я почти никогда не видел преступников, и уж точно никогда не видел кого-либо, посеявшего столько смертей и увечий. Мог ли я, должен ли я был обращаться с телом Райана так же почтительно, как с трупами его жертв?

Я знал, что должен. В секционной нет места чувствам. Подозреваю, одним из важнейших моих навыков было не испытывать внутреннего отвращения, которое, как могло бы показаться обычному человеку, было бы не просто оправданным, а необходимым. Так что какими бы ни были мои чувства к этому человеку и его действиям, я попросту изгнал их из разума и сердца. Я понимал, что это вскрытие требует не меньшей, если не большей скрупулезности и внимательности, чем любое другое. Только после тщательного и полного физикального исследования я мог предоставить коронеру всю необходимую для расследования информацию. Я понимал, что ему нужны однозначные доказательства, чтобы отмести любые сомнения или неизбежные теории заговора в будущем.

Мне было сложно представить, что худощавый молодой человек, лежащий нагишом на столе для вскрытия, только что устроил бойню. Все вокруг — полицейские, персонал морга, даже Пэм — смотрели на него недоумевающими глазами. Он выглядел таким же беззащитным, как любая жертва преступления. Как любая из его собственных жертв.

САМАЯ ВАЖНАЯ ЧАСТЬ ВСКРЫТИЯ – ЗАЧАСТУЮ БАНАЛЬНЫЙ ВНИМАТЕЛЬНЫЙ ОСМОТР ТЕЛА.

Затем я взялся за работу: мне нужно было провести полный осмотр его тела, в особенности входного и выходного пулевых отверстий на голове, затем вскрыть тело для внутреннего осмотра, взять образцы тканей для химико-токсикологического анализа и, наконец, отследить траекторию пули внутри мозга.

Когда я начал работать, вокруг воцарилась гробовая тишина. Никаких звонков, болтовни, никакого стука. Никаких закипающих чайников, никакого чая. Полная тишина. Казалось, даже температура в помещении заметно упала.

Как только я закончил, его укатили. Никому не хотелось находиться рядом с ним, с этим странным человеком, который тихо-мирно жил с мамой, скрывая свою одержимость огнестрельным оружием и неизвестно о чем думая.

Теперь я взялся за жертв Райана и сразу же понял, что день будет длинным, тяжелым и напряженным. Холодильники открывались и закрывались, когда мы заканчивали одно вскрытие и брались за следующее. Не считая этого звука и моего голоса, диктующего Пэм информацию для записи, вокруг по-прежнему было тихо. Мне помогала судмедэксперт-практикант Жанетт Макфарлейн. Пэм печатала под диктовку, и целая толпа фотографов и полицейских ходила за мной по пятам от стола к столу — самые старшие делали какие-то записи, другие забирали у меня образцы.

За спиной работал персонал морга — они мыли тела, разрезали их, а затем зашивали обратно и готовили к тому, чтобы показать родственникам.

Причины смерти не вызывали никаких вопросов — все умерли от огнестрельных ранений. Никто из жертв не умер от сердечного приступа, увидев озверевшего Райана с оружием. Тем не менее моей работой было искать какие-либо естественные болезни, которые могли вызвать смерть или ускорить ее наступление. Я должен был тщательно описать каждую рану, изучить ее, проследить траекторию пуль. Я ходил вокруг каждого тела, давая указания фотографам, измеряя ранения, отмечая все необычное, любые отклонения, нараспев зачитывая свою литургию Пэм. Так постепенно вырисовывалась картина проведенного Райаном дня.

МОГ ЛИ Я, ДОЛЖЕН ЛИ Я БЫЛ ОБРАЩАТЬСЯ С ТЕЛОМ УБИЙЦЫ ТАК ЖЕ ПОЧТИТЕЛЬНО, КАК С ТРУПАМИ ЕГО ЖЕРТВ?

Жертвы, убитые с одного выстрела, как правило, были застрелены с расстояния. Подобравшись к жертве вплотную, Райан, судя по всему, уже давал себе волю и стрелял вовсю.

Когда его мама, работающая в столовой, узнала о происходящем от подруги, она поспешила домой, чтобы уговорить его остановиться. Подруга довезла ее до южной части города, и она пошла по дороге к их дому мимо раненых и убитых людей, бесстрашно приближаясь к своему сыну.

— Остановись, Майкл! — закричала она.

Он повернулся к ней и выстрелил один раз ей в ногу из полуавтоматической винтовки, отчего она упала лицом на землю. Как мне кажется, тем выстрелом он хотел лишь ее обездвижить. После этого он подошел к ней вплотную, встал над ней и выстрелил дважды в спину, чтобы закончить начатое. Эти два пулевых отверстия были с обожженными краями и в саже, что характерно, когда стреляют с очень близкого расстояния — где-то сантиметров 15. Наверное, он просто не мог смотреть ей в лицо, когда убивал. До ее появления он не уходил далеко от дома, и лично у меня сложилось впечатление, что ее смерть спровоцировала его отправиться зверствовать по всему городу. Я предположил, что тем самым он вкусил необыкновенную и совершенно непривычную власть, которую давало ему оружие, над безоружными людьми.

Я ДОЛЖЕН ТЩАТЕЛЬНО ОПИСАТЬ КАЖДУЮ РАНУ, ИЗУЧИТЬ ЕЕ, ПРОСЛЕДИТЬ ТРАЕКТОРИЮ ПУЛЬ.

Следующие несколько дней я продолжал выполнять свою работу, медленно перемещаясь от одного тела к другому. Смерть этих людей положила неожиданный, жестокий конец их мирной и, пожалуй, в остальном однообразной жизни. Всех в морге это глубоко тронуло, однако мы не могли позволить себе поддаться нашему чувству ужаса — да даже просто взгрустнуть.

По сути, именно столько времени понадобилось мне, чтобы признать, насколько глубоко меня тронула эта бойня. Тогда я не позволил себе ощутить в какой бы то ни было мере потрясение или даже грусть. Мы должны докапываться до правды с присущей врачам отчужденностью. Чтобы служить обществу, мы порой должны временно отказываться от определенных аспектов собственной человечности.

Я брал пример со своих коллег, и они никогда бы не стали проявлять подобных чувств, ни за что не позволили бы себе даже задуматься об этом. Нет, чтобы делать эту работу, я должен не забывать о несокрушимом профессионализме профессора Кейта Симпсона, который и вдохновил меня в подростковые годы пойти учиться на судмедэксперта. Разве он писал когда-либо про потрясение или ужас? Нет, в его книгах ни о чем таком и речи не было.

МЫ ДОЛЖНЫ ДОКАПЫВАТЬСЯ ДО ПРАВДЫ С ПРИСУЩЕЙ ВРАЧАМ ОТЧУЖДЕННОСТЬЮ. МЫ ПОРОЙ ДОЛЖНЫ ВРЕМЕННО ОТКАЗЫВАТЬСЯ ОТ ОПРЕДЕЛЕННЫХ АСПЕКТОВ СОБСТВЕННОЙ ЧЕЛОВЕЧНОСТИ.

Когда Иэн вернулся из отпуска, он не стал расспрашивать меня о событиях в Хангерфорде, не стал давать мне каких-либо советов — он вообще ни разу не упомянул о случившемся. Очевидно, он злился из-за того, что я взялся за столь громкое дело в его отсутствие, хотя замещать его во время отпуска и было моей работой. Мог ли я связаться с ним, чтобы попросить прервать свой отпуск? Возможно, ради такого он бы непременно приехал. Мы оба знали, что столь громкое дело должно стать его: у него был большой опыт работы с жертвами взрывов и пуль ИРА — баллистика была его специализацией.

Свою ярость он скрывал за маской хладнокровия, однако постепенно от коллег до меня стали доходить слухи, будто Иэн считал, что одной из наибольших глупостей Райана было совершить свою бойню, пока он, Иэн, был в отпуске. И между собой мы добавляли, что (словно это не было уже достаточно глупо) Иэн считал, будто застрелиться со стороны Райана было полным идиотизмом, так как это лишило прославленного доктора Уэста возможности блистательно выступить в суде.

Долгое время случившееся в Хангерфорде оставалось между нами, однако мое положение в больнице Гая, да и, пожалуй, стране в целом, без всякого сомнения, изменилось вследствие проделанной мной работы по этому делу. Я больше не был младшим братом Иэна с глупо разинутым ртом, который слепо следовал за ним по пятам. Отныне я сам стал известным судебно-медицинским экспертом.

3

Мне не составило труда забыть мой странный эмоциональный флешбэк, мысленно вернувший меня к событиям 1987 года, когда я связался по рации с диспетчером, повернул самолет на последний заход и без происшествий приземлился. Я летел на самолете «Сессна-172», которым владею совместно с еще примерно 20 людьми в Ливерпуле. Мне доставляет удовольствие (а еще это мое безумие, поскольку на поезде от двери до двери получалось бы практически всегда быстрее) летать на встречи и вскрытия в другие уголки страны — мне это часто приходится делать.

В лучах солнца я проехал по взлетно-посадочной полосе небольшого, покрытого травой аэродрома, добрался до своей стоянки и выключил двигатель. Покинув самолет, я увидел ожидающих меня коллег и чувствовал себя прекрасно. Когда машина тронулась, я стал думать, не почудилось ли мне все это в небе. Может быть, в кабине была просто нехватка кислорода? Вряд ли, на высоте 1000 метров. Как бы то ни было, теперь я не сомневался, что моя реакция была не такой сильной, как мне казалось. Ну уж точно не панической атакой.

Во время обратного полета из-за более непостоянных погодных условий мне приходилось полностью сосредоточиться, и я почти не думал о Хангерфорде. Во всяком случае, старался избегать подобных мыслей. В тот раз мне впервые пришло в голову, что всецелая поглощенность пилота тем, чтобы остаться в живых, которая подавляет все остальные мысли, чувства и страхи, возможно, является одной из причин того, что я стал летать.

Наконец я дома. Облака разошлись, обнажив мягкое вечернее солнце. Смешав себе виски с содовой, я расположился на террасе, чтобы насладиться последними лучами заходящего солнца.

Внезапно, однако, жемчужные летние сумерки и сопровождавшая их тишина напомнили мне про… Хангерфорд. Снова. Мое сердцебиение участилось. Я почувствовал необъяснимое головокружение — а ведь еще даже не притронулся к своему напитку. Я вновь оказался на улицах небольшого городка, а вокруг неподвижно лежали в лужах крови тела — у газонокосилок, в машинах, просто на тротуаре. Чувство страха схватило меня за грудь и с силой ее сжало.

Я сделал глубокий вдох, чтобы успокоиться. Я напомнил себе, что теперь уже разобрался, в чем дело. Мой собственный разум играл со мной. Иначе быть не могло. Так что, если хорошенько постараться, я должен взять ситуацию под контроль. Иначе никак.

Продолжаю глубоко дышать. Закрываю глаза. Я должен это подавить. Раздавить, как лед в скрюченных пальцах.

Постепенно мое тело расслабилось. Мой сжатый кулак ослабил хватку. Мое дыхание стало более глубоким. Плохо слушающимися руками я поднес стакан к губам. Да. Все снова было под контролем.

К тому времени, как осушил стакан, я мог уверенно ответить на те два вопроса, которыми задавался в самолете тем утром. Нет, мне не нужно обращаться к психологу и уж тем более к психиатру: сама мысль об этом показалась мне абсурдной. И не было никаких веских причин, чтобы я перестал работать судебно-медицинским экспертом. Что бы со мной сегодня ни произошло, вскоре это пройдет и мне станет лучше. Определенно.

Несколько месяцев спустя, осенью 2015 года, скоординированная террористическая атака на парижские бары, рестораны, спортивный стадион и концертный зал унесла 130 жизней, оставив сотни раненых. Я услышал новости о случившемся по радио, когда был на вызове. Журналисты рассказывали о случившемся на фоне воя сирен, сопровождающего любую чрезвычайную ситуацию, а также неразборчивых испуганных голосов. Звуковая панорама ужаса. Мне пришлось остановить машину.

ОСЕНЬЮ 2015 ГОДА СКООРДИНИРОВАННАЯ ТЕРРОРИСТИЧЕСКАЯ АТАКА НА ПАРИЖСКИЕ БАРЫ, РЕСТОРАНЫ, СПОРТИВНЫЙ СТАДИОН И КОНЦЕРТНЫЙ ЗАЛ УНЕСЛА 130 ЖИЗНЕЙ, ОСТАВИВ СОТНИ РАНЕНЫХ.

Я сидел в машине у обочины рядом со своим домом, закрыв глаза. Но они продолжали видеть, а уши продолжали слышать. Синие проблесковые маячки «скорой». Полицейские ограждения. Ряды столов для вскрытия в ослепительно-ярком свете ламп морга, а на них части человеческих тел. Стрельба. Сообщения по рации. Крики раненых. Тела прямо передо мной. Запах смерти в ноздрях. Стопа, кисть, ребенок. Молодая девушка, танцевавшая в ночном клубе, с выпущенными наружу внутренностями. Мужчины в костюмах с галстуками, но без ног. Офисные работники, разносчицы чая, студенты, пенсионеры. Жизнь каждого из них была оборвана.

Я не был уверен, какая именно трагедия предстала у меня перед глазами: теракты на Бали, взрывы в Лондоне, железнодорожная катастрофа на развязке Клэпхем, потонувший на Темзе в 1989-м прогулочный корабль, сентябрь в Нью-Йорке, массовое убийство в графстве Камбрия… А может, это были они все, вместе взятые.

Я ждал, пока нахлынувшая на меня волна не спадет. Когда все закончилось, мне было горько и страшно. Запах разлагающегося человеческого тела, казалось, витал в машине еще несколько минут. Я сделал несколько глубоких вдохов. Прошло.

Снова завел машину. Я был потрясен, но держал себя в руках.

Может быть, мне все-таки нужно поговорить об этом со специалистом. Со священником, может быть? В общем, с кем-то, чья работа заключается в том, чтобы принимать человеческие слабости и делать нас сильнее.

Непроизвольно я покачал головой. Конечно же нет, произошедшее в Париже стало ужасной трагедией, однако меня никто не вызывал, чтобы помочь, и ко мне они не имели никакого отношения. У меня было всеобъемлющее представление о смерти, и я ни капли ее не боялся. От новостей из Парижа каким-то образом разошлись швы старой раны, и из нее хлынули воспоминания, но теперь она снова заросла. Представляя, какая бессонная ночь ждет моих коллег из Франции, я им мысленно посочувствовал.

Так что я продолжил свой путь. В морг, чтобы делать свою обычную работу. Ну конечно, со мной все будет в порядке.

4

С раннего детства у меня были одновременно близкие и отдаленные отношения со смертью. Я вырос в уютном доме под Лондоном. Мой отец был бухгалтером в муниципалитете, они с моей матерью переехали с севера Англии, чтобы попытать счастья на юге. Разбогатеть ему не удалось, однако жили мы весьма неплохо: люди, любящие вешать ярлыки, причислили бы нас к мелкому среднему классу. Моя сестра старше меня на десять лет, а брат — на пять. Родители души во мне не чаяли, и наша семья была необычной только в одном: у нашей матери были проблемы с сердцем, и она постепенно умирала.

В детстве она переболела ревматической лихорадкой, одним из осложнений которой стало прогрессивное разрушение митрального клапана сердца. Я это знаю сейчас. Тогда же мне только и было известно, что у нее частенько бывала одышка даже после небольшой нагрузки и ей, в отличие от матерей других детей, приходилось присаживаться.

Моя старшая сестра Хелен заверила меня, что когда-то наша мама была энергичной и веселой женщиной, которая безжалостно вытаскивала нашего сопротивляющегося и скорее замкнутого отца на танцпол при любой возможности. Которая в молодости колесила с ним на велосипеде-тандеме по Европе, как раз перед началом войны. Которая всегда была душой компании.

Мне нравилось сидеть в гостиной и слушать рассказы сестры про нашу маму. Стены тогда были по большей части голыми, однако ковер с завитками с лихвой это компенсировал. В углу стоял крошечный черно-белый телевизор — из тех, на экране которых после выключения по центру оставалась белая точка, продолжая гипнотизировать еще несколько минут. Еще у нас была радиола — громадное устройство, сочетавшее в себе проигрыватель и радиоприемник, — с сетчатым покрытием спереди, из нее доносилась разнообразная классическая музыка, которая в рядах амбициозного среднего класса считалась благотворно влияющей на развитие. Приятно горел электрокамин, хотя света от него, пожалуй, было больше, чем тепла. Кресла, может, и были потертыми, однако специально накрыты тканевыми салфетками.

В больницу мама попадала часто и надолго, во всяком случае, так мне казалось в детстве. Меня частенько отправляли на море к бабушке в Литам-Сейнт-Аннес или к тете в Стокпорт, и я лишь намного позже узнал, что делалось это не ради того, чтобы я порезвился на пляже или повидался со своими двоюродными братьями и сестрами, а чтобы маму прооперировали в мое отсутствие.

Будучи дома со мной, она изо всех сил старалась быть нормальной. Она вставала каждое утро и с любовью собирала меня в школу (даже самые маленькие дети в те времена ходили в школу одни). Лишь когда однажды, забыв дома скрипку, я неожиданно вернулся домой и застал ее снова в кровати, я осознал, что она каждое утро возвращалась обратно в постель, стоило только мне выйти из дома. Став свидетелем этого моего открытия, она была потрясена не меньше меня. Боюсь, я был настолько ошеломлен, что даже упрекнул эту несчастную женщину. Мне хотелось, чтобы она пошла на поправку и стала той матерью, которой, как все говорили, она когда-то была. Но даже я видел, что она исчезала прямо у меня на глазах.

Однажды в декабре, вернувшись из школы, я не застал ее дома. Она была в больнице — Ройал Бромптон, — как я узнал впоследствии. Снова анализы, снова постельный режим. Ей было 47.

Меня привели навестить ее на Рождество. Мои воспоминания о том визите практически разрушились под весом последующих воспоминаний о бесчисленных больницах, в которых я побывал по работе. Я могу копнуть глубже сквозь слой прожитых лет, пробираясь через пласты памяти, и добраться до Рождества 1961 года, однако стоит мне там только на что-то взглянуть, как мои находки рассыпаются на части. Их можно уловить лишь беглым косым взглядом.

Меня предупредили, что девятилетних детей обычно в палаты не пускают, и сказали вести себя максимально послушно. Меня повели по коридорам с высокими потолками, в которых каждый звук создавал эхо. Мимо нас в спешке проходят суетливые медсестры в безупречной накрахмаленной униформе. По обе стороны коридора палаты. Запах дезинфицирующего средства. Через окно вдалеке просачивается желтый свет серого лондонского дня. Вдруг мой отец останавливается, и мы заходим в просторную палату. Паркет. Длинная череда кроватей, все белые, все готовы к приему новых пациентов. В моих воспоминаниях они все пустые. За исключением одной. В ней и лежит моя мама, которая, если верить моей памяти, была единственным пациентом в палате на Рождество.

Хотелось бы мне вспомнить, как моя мама меня поприветствовала. Думаю, она обняла меня и взяла за руку. Наверное, так и было. Думаю, я забрался к ней на кровать и показал подаренные мне игрушки. Может быть, я распаковал вместе с ней какие-то подарки. Наверное, так и было. Хочется надеяться, что так и было.

Несколько недель спустя холодным январским утром я встал, как обычно, пораньше и вышел из комнаты, которую мы делили с братом Робертом, чтобы пробраться в родительскую спальню и прилечь рядом со своим отцом. Я делал так каждое утро. В тот день, однако, что-то было не так. Кровать оказалась холодной. Постель не была помятой. Он явно в ней не спал.

Я поплелся к лестнице. Горел свет. Свет в доме рано утром. И голоса. Они говорили не так, как обычно говорят днем. Это были приглушенные голоса, которые обычно можно услышать в ночное время. Интонации были странными: в них прослеживались нотки тревоги, которые я тогда не распознал. Украдкой я вернулся в кровать. Лежал в ожидании. Переживал. Что-то случилось, и вскоре кто-нибудь непременно мне все объяснит.

Наконец вошел отец. Он плакал — это было ужасающе. Мы уставились на него — Роберт щурился спросонья. Наш отец сказал: «Ваша мать была удивительной женщиной».

Мне, в мои девять лет, было не уловить скрытого смысла его слов. Роберту пришлось мне объяснить, что означало употребленное им прошедшее время, что про нашу маму теперь можно говорить лишь в прошедшем времени. Потому что она умерла.

В итоге я узнал, что отец с сестрой предыдущим вечером пошли, как обычно, навестить ее в больницу Ройал Бромптон. Ей все еще было плохо, однако хуже ей, казалось, тоже не стало. Пожелав ей спокойной ночи, они собрались было уходить, как вдруг медсестра отозвала их в сторонку и сказала: «Вы же понимаете, насколько она больна? Боюсь, миссис Шеперд не переживет эту ночь».

Эта новость стала потрясением — до сих пор никто и не задумывался, что она может умереть. Когда мысль о такой возможности и приходила в голову моему отцу либо его предупреждали о ней врачи, он убеждал себя, что этого не случится. В больнице ей должны были помочь. Ее навещали родные. Вот как все было. Никто не ожидал, что наступит конец.

На самом деле ее болезнь была в терминальной стадии. У нее была сердечная недостаточность, и теперь на ее фоне развилась бронхопневмония, болезнь, которую частенько называют другом стариков, так как она избавляет больных от их страданий. Ей было не под силу справиться с пневмонией, хотя теперь появились антибиотики, которые могли справиться с этой инфекцией. Если бы только пенициллин изобрели раньше, чтобы не дать ревматической инфекции повредить ее сердце в детстве.

Годы спустя, когда я учился на медицинском, мой отец достал из специального ящика отчет о ее вскрытии и с мрачным видом попросил объяснить, что в нем написано. Я объяснил ему, что в результате реакции на ревматическую лихорадку в детстве ее организм начал выделять в кровь специальные вещества, призванные убить бактерии. Проблема была в том, что эти вещества атаковали не только инфекцию, но и ее собственные ткани — в данном случае, как это часто бывает, пострадал митральный клапан ее сердца. Этот клапан, контролирующий поток крови через левую половину сердца, покрылся рубцами и открывался лишь частично. Каждый раз, когда маму клали в больницу на операцию на открытом сердце, хирург, по сути, просовывал через клапан палец, чтобы раскрыть его створки. Благодаря этому они начинали открываться более свободно, и кровоток между левым предсердием и левым желудочком восстанавливался. Ну или, во всяком случае, улучшался на некоторое время.

КОГДА Я УЧИЛСЯ НА МЕДИЦИНСКОМ, МОЙ ОТЕЦ ДОСТАЛ ИЗ ЯЩИКА ОТЧЕТ О ВСКРЫТИИ МАМЫ И С МРАЧНЫМ ВИДОМ ПОПРОСИЛ ОБЪЯСНИТЬ, ЧТО В НЕМ НАПИСАНО.

Вот почему она так часто попадала в больницу в изможденном состоянии и возвращалась оттуда с новыми силами. Только каждый раз состояние ее улучшалось все меньше и меньше.

Это были первые операции на открытом сердце, новаторство в медицине той эпохи, однако выигрывать битву против неподатливого сердечного клапана, который организм пациента был решительно настроен уничтожить, было попросту невозможно. И действительно, когда я через десять лет поступил на медицинский, от подобного лечения уже отказались. Теперь ей могли бы поставить новый, искусственный сердечный клапан, благодаря которому она бы выжила и еще многие годы могла жить активной жизнью.

Я пришел в гости к своему другу Джону, живущему по соседству с нами. Была суббота, и вся семья была в сборе. Его мама тепло меня приняла, а на глазах у нее наворачивались слезы. Мы смотрели вместе с другом мультфильмы, но даже когда там происходило что-то смешное, мне казалось, что я не должен смеяться.

Все продолжилось вскоре после этого, когда я вернулся домой из школы: приехала вся родня, и вокруг было много цветов. Позже я догадался, что так проходили похороны. Никому и в голову не пришло, что мне лучше уйти. Когда я вошел, все смотрели на меня с состраданием. Что именно они ожидали, чтобы я сделал, сказал? Я ничего не почувствовал. Наверное, глубоко внутри меня представление о смерти все еще полностью не сложилось. Моя мама так часто пропадала раньше, и при этом всегда возвращалась. Возможно, несмотря на происходящее, подсознательно я все еще верил, что она вернется и в этот раз.

Оглядываясь назад, на ранние годы своей жизни, я нахожу мало воспоминаний о своей матери и совершенно ничего к ней не чувствую. Была ли причина в том, что она так часто пропадала в больнице, а если и была дома, ее присутствия я странным образом почти не ощущал? Как так получилось, что я столько всего помню с тех времен про свою бабушку, своего брата, сестру, отца, тетю… однако там, где должна быть она, сплошная пустота? Причем, полагаю, так всегда и будет.

После ее смерти произошло самое неожиданное. Мой отец стал другим. Думаю, он понимал, какую утрату мы понесли, и стал стараться быть для нас одновременно отцом и матерью, чтобы как-то ее компенсировать. Он перестал быть замкнутым и отрешенным, превратившись в невероятно любящего мужчину. Моя старшая сестра всячески помогала, хотя в момент смерти матери ей было 19 и она уже уехала из дома учиться в педагогический колледж. Мой отец надеялся, что она вернется, чтобы присматривать за парнями, однако она поступила разумно и возвращаться не стала — хотя и осталась навсегда самой любящей старшей сестрой на свете, всегда готовой помочь и поддержать, даже после того, как несколько лет спустя вышла замуж.

Мой папа управлялся с домом, ходил за покупками, готовил и работал полный рабочий день в то время, когда отцы-одиночки были редкостью, а идеология общества потребления была в настолько зачаточном состоянии, что большинство магазинов были открыты исключительно в рабочие часы.

Папа упорно верил, что все возможно, если на это настроиться. Так что он поменял проводку в доме, покрасил кухню, починил машину, научился готовить (что, надо признать, получалось у него не всегда отменно). Кроме того, ему каким-то образом удалось организовать свою жизнь так, чтобы удовлетворять наши потребности, в том числе он открыл в себе новую способность — в больших количествах дарить и принимать любовь. Оглядываясь назад, я им восхищаюсь.

У меня есть небольшая черно-белая фотография моего отца с крупным длинноногим ребенком — мной, — свернувшимся у него на коленях. Мы оба спим. Эта фотография совершенно немыслима для своего времени. Мужчины послевоенных лет были выращены отцами, жившими еще в Викторианскую эпоху, и попросту не умели проявлять по отношению к своим детям столько любви и доброты.

Он позаботился о том, чтобы у меня было хорошее детство. Я ходил в школу, сдал экзамены «Одиннадцать плюс»[1], любил плавать, посещал местный яхт-клуб, пел в хоре, у меня была уйма друзей. Один из этих друзей был сыном терапевта. Когда нам всем было где-то по 13, он, чтобы напугать нас, «позаимствовал» у своего отца одну из его книг по медицине, стоящих на полках, и принес ее в школу. Это была «Судебная медицина Симпсона» (третье издание), написанная профессором Кейтом Симпсоном: небольшая, невзрачная красная книжка, которая выглядела крайне малообещающе снаружи. Внутри, однако, она оказалась напичкана фотографиями мертвецов. Точнее, в основном убитых людей.

---

[1] Экзамен «Одиннадцать плюс» (*англ.* Eleven plus exam) — экзамен, сдаваемый некоторыми учениками в Англии и Северной Ирландии по окончании начальной школы, который позволяет выбрать учреждение для продолжения образования. Название испытания связано с возрастной группой детей, которые его сдают: 11–12 лет.

Они были задушены, повешены, казнены на электрическом стуле, зарезаны ножом, застрелены… Профессор Симпсон собрал все мыслимые и немыслимые ужасные виды смерти. Он видел все. Там была фотография узоров на коже, напоминающих по форме листья папоротника, которые порой остаются после удара молнии, сфотографированный изнутри череп ударенного по голове кирпичом мальчика, а также удивительная коллекция входных и выходных пулевых отверстий вкупе с фотографиями тел в различных стадиях разложения.

У СУДМЕДЭКСПЕРТА, В ОТЛИЧИЕ ОТ ОБЫЧНЫХ ПАТОЛОГОВ, ЕСТЬ ПАЦИЕНТЫ. ТОЛЬКО, В ОТЛИЧИЕ ОТ ПАЦИЕНТОВ ВСЕХ ОСТАЛЬНЫХ ВРАЧЕЙ, ЕГО ПАЦИЕНТЫ МЕРТВЫ ИЗНАЧАЛЬНО.

Конечно, к тому времени я уже был слишком хорошо знаком с понятием «смерть». Мне лично довелось испытать на себе множество ее последствий. Но я ровным счетом ничего не знал о физических проявлениях смерти. Моя мама умерла далеко в больнице, и уж точно никому не пришло в голову дать мне посмотреть на ее труп.

Даже самый несмышленый психолог наверняка догадался бы, что моя потребность в изучении физических представлений смерти стала причиной моей невероятной заинтересованности в увиденной мною книге. Это был не просто интерес — я был очарован. Это было нечто большее, чем банальное любопытство, и куда большее, чем желание других мальчиков быть напуганными.

Я одолжил книгу у друга и часами ее изучал. Я читал и перечитывал текст, вглядываясь в сопровождающие его иллюстрации. Они были весьма устрашающими, особенно из-за того, что в те дни никто не заботился о родственниках умерших и их лица не были замазаны.

Наверное, мне захотелось увидеть все эти ужасные вещи — худшее, что может случиться с человеком, эту штуку под названием «смерть», — безразличными, отчужденными и хладнокровными глазами великого Симпсона. Возможно, Симпсон помог мне справиться с тем, что плохо поддается контролю. Или же меня просто увлекло сочетание медицинских знаний и детективной работы.

Я стал задумываться о том, чтобы начать изучать медицину. Патология сама по себе была интересной, однако в судебной медицине, помимо медицины, было кое-что еще. Я понимал, что у судмедэксперта, в отличие от обычных патологов, есть пациенты. Только, в отличие от пациентов всех остальных врачей, его пациенты мертвы изначально. И уж точно не может быть никаких сравнений с жизнью терапевта, каждое утро принимающего толпы шмыгающих носом людей.

Я узнал, что судебно-медицинского эксперта вызывают, когда случается необъяснимая смерть — в любое время дня и ночи, — причем вызывать могут непосредственно на настоящее место настоящего убийства. Его работа (в те годы женщин в этой профессии попросту не было) заключалась в проведении тщательного медицинского анализа тела, чтобы помочь полиции в расследовании преступления. Приехав на вызов и увидев лежащего на полу с огнестрельными ранениями человека, судмедэксперт не только бы изучил место преступления и ранения, но также, по словам Симпсона, сразу же попросил бы показать ему все обнаруженное поблизости огнестрельное оружие.

После этого он должен был задаться следующими четырьмя вопросами:

1. Могли ли ранения быть причинены этим оружием?
2. С какого расстояния из него стреляли?
3. С какой стороны?
4. Мог ли человек сам нанести себе эти ранения?

И все это, если верить Кейту Симпсону, нужно было сделать за один день. Жаждая узнать больше, я прочитал всю информацию, которую мне удалось про него найти, и глубоко полюбил то, как он спешил на место преступления, зачастую под проливным дождем, а затем использовал свои медицинские навыки, чтобы помочь следователям воссоздать обстоятельства убийства, разрешить неразрешимое, оправдать невиновного, защитить версию следствия в суде и добиться справедливого наказания для виновного.

Мне сразу же стало ясно, какое я хочу для себя будущее. Мой амбициозный план заключался в том, чтобы стать следующим профессором Кейтом Симпсоном.

5

Я оказался в громадном, облицованном белым кафелем подвале в Блумсбери. Свет был ослепительным. Прямо передо мной, под простыней, через которую устрашающе проглядывались его очертания, лежало первое мертвое тело, которое мне предстояло увидеть в своей жизни.

Все студенты-медики в университетском колледже Лондона в обязательном порядке проходят анатомию. Нас было примерно 70, все первокурсники, и мы прекрасно знали, что подразумевала анатомия. Препарирование. В школе я как-то препарировал катрана[1]. А еще крысу. Теперь же нам предстояло препарировать человеческое тело.

Когда мы спустились по ступенькам, в нос ударил знакомый со времен школьных лабора-

[1] Вид небольших акул.

торных занятий по биологии запах формалина. Мы прошли вперед, миновав около 40 мраморных столов с препарированными трупами, которыми занимались студенты на год старше нас. Мы осторожно их обходили, так как знали, что именно лежит под простынями. Вдруг после моего неудачного движения с уголка одного из столов соскользнула простыня, обнажив огромную волосатую гориллью лапу. Ха-ха, всего лишь учебный материал для курса сравнительной анатомии. Я нервно засмеялся. Мы все нервно засмеялись. Нервничали все.

Многие люди сочли бы то, что мы намеревались сделать, страшным или отвратительным. Я же переживал совсем по другому поводу. Я был все еще решительно настроен стать судебно-медицинским экспертом, подобно профессору Кейту Симпсону, однако до сих пор трупы мне доводилось видеть лишь на фотографиях. Как же я отреагирую на свое первое тело? Я знал, что если меня вырвет, если я упаду в обморок, побледнею или даже просто дрогну (а некоторые из присутствовавших были на грани того, чтобы сделать все вышеперечисленное сразу), то карьера, к которой у меня было расположено сердце, будет закончена, не успев начаться.

Я ЗНАЛ, ЧТО ЕСЛИ МЕНЯ ВЫРВЕТ, ЕСЛИ Я УПАДУ В ОБМОРОК, ПОБЛЕДНЕЮ ИЛИ ДАЖЕ ПРОСТО ДРОГНУ, ТО КАРЬЕРА, К КОТОРОЙ У МЕНЯ ЛЕЖАЛА ДУША, БУДЕТ ЗАКОНЧЕНА, НЕ УСПЕВ НАЧАТЬСЯ.

По четыре человека на стол, все в новеньких, хрустящих от крахмала белых халатах, мы сгруппировались вокруг тел. Эти тела будут оставаться с нами на протяжении всего курса анатомии в течение полутора лет, пока мы не узнаем о них в физическом плане больше, чем они когда-либо могли узнать сами. Но при этом об их личности узнаем меньше любого незнакомца, однажды проехавшего с ними вместе в автобусе, увидевшего их лицо в движении или услышавшего их голос.

Ожидая преподавателя, каждый из нас по-своему пытался вытеснить свои эмоции. Тем не менее легко узнаваемые очертания человеческих форм, безжизненные тела под простынями изменили поведение нашей группы. Из всех так и поперла напускная храбрость. Кто-то шутил, кто-то от всей души смеялся.

Студенты встречались взглядами и смотрели друг другу в глаза. Прозвучала даже пара приглашений на свидание. Комната трепетала от такой внезапной коллективной близости, ставшей следствием давления непривычных обстоятельств.

Затем заговорил преподаватель, и мы внимательно слушали его, стоя каждый у своего тела. Его слова звучали в глубочайшей тишине. Резкий свет отражался от кафеля, от наших лабораторных халатов, от блестящих скальпелей и от наших напряженных, побледневших лиц.

Наконец простыни убрали, и перед нами предстали они. Мертвецы. Серые, неподвижные, безмолвные, невидящие. Кто-то не сводил глаз с преподавателя. Другие уставились на обнаженную фигуру перед ними, на ее ничего не выражающее лицо.

Я СМОТРЕЛ НА ЛИЦО МЕРТВЕЦА — НИЧЕГО НЕ ВЫРАЖАЮЩЕЕ СВИДЕТЕЛЬСТВО ТОГО, ЧТО ЧЕЛОВЕКА, КОТОРОМУ ОНО ПРИНАДЛЕЖАЛО, УЖЕ ДАВНО НЕ СТАЛО. ЧТО ОН ПОВИДАЛ? ЧТО ЗНАЛ?

На нашем столе лежал пожилой мужчина с закрытыми глазами и ртом, выступающими скулами, твердой плотью под подбородком, руками по швам, округлым животом, пораженными артритом коленными суставами и широкими ступнями. Беззащитный и одновременно неуязвимый. Человек, но уже не совсем.

Нам рассказали про то, когда умерли обладатели этих тел. Наш скончался год назад. Этот человек благородно завещал свои бренные останки медицинской науке, и, судя по всему, мы, неоперившиеся студенты, имели к ней какое-то отношение. Его забальзамировали вскоре после смерти, после чего поместили в формалин, пока он наконец не очутился на нашем столе. Вскоре до меня дошло, что этот необычный серый цвет кожи был следствием воздействия на нее введенного для защиты тканей от разложения формалина, а не последствием смерти.

Нам не сказали имена наших тел, равно как и не сообщили о них никакой личной информации — наверное, чтобы сделать их чуточку более безликими, чтобы ассоциация с живыми людьми была немного менее явной. Так как теперь я знал «Судебную медицину Симпсона» чуть ли не наизусть, то в душе, пожалуй, надеялся хотя бы на малюсенькое огнестрельное ранение, однако нам пояснили, что все эти люди умерли естественной смертью, да и в любом случае от нас и не требовалось выискивать причину их смерти — хотя наткнуться на свидетельства о ней мы все же могли. Эти трупы предназначались лишь для того, чтобы дать нам общее представление о человеческом теле и его устройстве. Нам предстояло увидеть собственными глазами, как мышцы крепятся к костям, обнажать нервные волокна, изучать устройство почек и сосуды вокруг сердца.

Мы открыли наши учебники: «Анатомия человека» под авторством Айткена, Коузи, Джозефа и Юнга, том первый, раздел первый: туловище и верхние конечности. Преподаватель объяснил, что мы начнем с того, что сразу разрежем посередине грудную клетку. Когда он спросил, кто в каждой группе готов взять скальпель, воцарилась тишина. Кто готов сделать свой первый надрез на человеческой плоти?

Я, вот кто. Для меня это была важная проверка. Я должен был понять, хватит ли у меня духу.

Я смотрел на лицо мертвеца — ничего не выражающее свидетельство того, что человека, которому оно принадлежало, уже давно не стало. Что он повидал? Что знал? Он был частью одного с нами мира, однако за год после его смерти этот мир изменился и стал жить дальше, а вот он не стал. Я глянул на его грудь. Кожа на ней ни капли не походила на мою собственную. Она была твердой, но при этом эластичной.

Я взялся за скальпель. Мне уже доводилось держать в руках скальпель в школе, однако этот казался потяжелее. Как сильно мне нужно будет надавить, чтобы разрезать человеческую плоть? Все в группе смотрели на меня. Никто не говорил ни слова.

Чья-то рука поместила скальпель на человеческую грудь. Я смотрел за рукой, а потом понял, что она моя. Группа наклонилась вперед. Я надавил. Ничего не произошло. Я надавил сильнее и почувствовал, как кожа поддалась. Я сделал разрез. Уверенным движением я плавно повел скальпель вниз. Плоть аккуратно расходилась, пока я разрезал, стараясь вести как можно более прямую линию, от яремной впадины до мечевидного отростка. Мы собирались откинуть эту кожу, словно обложку книги, и внутри прочитать человеческое тело! Мне хотелось прямо сейчас копнуть глубже, чтобы увидеть, что там находится.

Я был настолько погружен в это занятие, что забыл и про преподавателя, и про других студентов, и про запах формалина. Когда преподаватель заговорил, я поднял голову, от неожиданности заморгав. Вокруг нас началось движение. За другим столом одна из девушек упала в обморок, и ее окружили желающие помочь. В конце зала хлопнули вслед за кем-то, поспешившим уйти, двери, к которым теперь направлялись еще несколько студентов. Одним из них был мой друг, который так больше никогда и не вернулся. Ни на занятия по анатомии, ни к изучению медицины. Те же, кто остался, сблизились между собой на новом уровне. Препарируя человеческое тело, мы вместе становились профессионалами. Мы становились частью небольшой группы избранных, секты, клана. Это было наше посвящение. Что касается меня, этот пробный полет со скальпелем подтвердил мои большие надежды: это было мое.

Помимо занятий по анатомии я также был рад узнать, что в обеденное время ежедневно проводятся вскрытия умерших в больнице при университетском колледже пациентов, и студентов-медиков приглашали на них в качестве зрителей. Туда я частенько захаживал. Эти учебные вскрытия крайне отличались от того, что мы делали с нашими трупами, слой за слоем, мышца за мышцей, нерв за нервом скрупулезно изучая человеческое тело. Здесь у меня была возможность наблюдать за работой профессионалов своего дела. Они начинали со срединного разреза, вроде того, который сделал я на первом практическом занятии по анатомии, — только выполняли они его без малейшего намека на страх. Затем я наблюдал, как они отточенными движениями отгибают слои тела, чтобы обнажить внутренние органы, а вместе с ними и причину смерти. Обширный рак, пораженная поджелудочная, кровоизлияние в мозг, закупоренная артерия. Мне хотелось увидеть все.

В университете было полно возможностей: заниматься интересными вещами, встречаться с людьми, учиться, развлекаться. Какое же облегчение я испытал, покинув дом и оказавшись в этом мире. Потому что дома все изменилось. Он стал напряженным и порой весьма неуютным местом.

Мой отец, несмотря на всю свою любовь и заботу, после смерти матери порой бывал довольно вспыльчивым. Очень вспыльчивым. Я прекрасно понимаю, с чем это было связано: любовь его жизни погибла, и то бремя, что он прежде с ней делил, целиком легло на его плечи. Он остался один с маленьким сыном, нуждающимся в его любви, и с еще одним сыном, который, остро ощутив утрату матери, вырос довольно трудным подростком. Вдобавок ко всему мой отец тосковал по женской компании.

Как бы сильно он ни горевал, через какое-то время после смерти нашей мамы он начал встречаться с женщинами. Мы с Робертом не были против: наш отец был несчастлив, и одна из его девушек, Лиллиан, тоже рано овдовевшая, значительно скрасила его — да и нашу общую — жизнь. Она была ласковой и заботливой, частенько смеялась. В нашем доме было довольно тихо — это была обитель теней, воспоминаний и пустоты, в то время как у Лиллиан было шумно и весело, вкусная еда на столе и дружелюбные гости за ним. А еще Лиллиан устраивала вечеринки. Вечеринки! Однажды на Рождество позвали и нас, и мы хохотали и дурачились с остальными гостями, передавая друг другу зажатый между грудью и подбородком апельсин.

К сожалению, Лиллиан осталась в прошлом. Кто-то — и основные подозрения падают на саму Лиллиан — пустил слух, будто они с нашим отцом собираются пожениться. Он развернулся и дал деру. К тому времени наша мама стала для него чуть ли не святой, и, наверное, столь скорая женитьба на ком-то другом была для него просто чем-то немыслимым.

ОБШИРНЫЙ РАК, ПОРАЖЕННАЯ ПОДЖЕЛУДОЧНАЯ, КРОВОИЗЛИЯНИЕ В МОЗГ, ЗАКУПОРЕННАЯ АРТЕРИЯ — МНЕ ХОТЕЛОСЬ УВИДЕТЬ ВСЕ.

Однажды летом, когда мы были на отдыхе в Девоне, наш отец куда-то испарился, объявив, что собирается встретиться со старым приятелем. Мы заметили, что он слишком уж приоделся для этого старого приятеля. На следующий день он привел этого приятеля, чтобы мы познакомились. Ее звали Джойс. Как выяснилось, когда-то она работала вместе с нашим отцом, однако потом по неназванным причинам уехала из Лондона в свой дом на юго-западе страны.

Джойс изо всех сил старалась нам понравиться. Она была среднего возраста, невзрачная и настолько слащаво-милая с нами, что вгоняла в дрожь, однако я на нее за это не злился — скорее, мне было ее жалко. Джойс была какая-то забитая. И действительно, выяснилось, что она живет с больным отцом и придирчивой, властной матерью. Из близких у нее также была замужняя племянница, которая казалась дружелюбной. Помимо племянницы, отца, от которого не было никакого толку, и ужасной матери, у Джойс не было никого на свете.

Ее отношения с моим отцом вышли за рамки мимолетной встречи старых знакомых. Она стала показываться у нас дома по выходным. Она старалась проявлять к нам заботу, однако попросту не знала, как совладать с мальчиками-подростками. С другой стороны, она нам готовила, и ее еда не шла ни в какое сравнение со стряпней нашего отца. Однажды она даже попыталась сделать паэлью, довольно смелое для 1960-х годов блюдо. Кроме того, она наводила порядок, да и нашему мужскому жилищу вообще недоставало женской руки.

«Не нужна нам никакая женская рука», — сказал Роберт. Ему не нравились ее слащавые манеры, равно как и нелепые попытки заполнить пробелы в нашей семье. Пробелы, связанные с отсутствием матери, пробелы, на месте которых должны были быть материнские объятия или смех.

Я ничего против нее не имел, однако стал все чаще сбегать к друзьям, когда она приезжала к нам. Факт оставался фактом: она сделала нашего отца, может быть, и не счастливым в полной мере, но хотя бы менее вспыльчивым. Потому что где-то внутри этого доброго и любящего человека был спрятан вулкан, который мог рвануть в любое время. Внезапно. Непредсказуемо.

Когда он терял самообладание, то начинал кричать, вопить, бросался чем под руку попадется, и этим он приводил меня в ужас. Такое случалось не очень часто, однако я всегда знал, что вулкан только и поджидает, как бы взорваться, выбросив наружу ярость с пунцовым лицом, и это было настолько устрашающе, что однажды я даже обмочился.

Порой мы уезжали погостить в уютный, вылизанный до блеска дом нашей бабушки по материнской линии рядом с

Манчестером. Однажды утром у нее в гостях, когда мне было 13, я, как обычно, забрался в кровать к своему отцу, чтобы поболтать и попить чай. Было приятно развалиться на его подушках между хрустящими льняными простынями с горячей кружкой в руках. Вдруг он сказал: «Я думаю о том, чтобы жениться на Джойс».

Мне захотелось закричать: «Нет!» Но я сказал: «Хорошо».

Может, если он на ней женится, то будет счастлив. А этого мне хотелось больше всего. Может, он станет реже выходить из себя. Чего мне хотелось не меньше. Никого из нас на свадьбу не пригласили. Отец просто как-то раз уехал в Девон, и они вернулись оттуда вместе женатой парой. Для Джойс это стало долгожданным спасением от жестокой матери. Пускай, возможно, она и попала из одной тюрьмы в другую, так как теперь весь дом был на ней. Отец отошел от домашних хлопот так же быстро, как однажды за них взялся. Наверное, их отношения больше походили не на ухаживания, а на собеседование перед приемом на работу. На должность домохозяйки.

Я не сомневаюсь, что Джойс старалась быть хорошей женой. В нашем доме больше не было ни пылинки. Только вот мне теперь деваться было некуда: Джойс всегда была рядом. Я даже не мог приглашать к себе друзей, так как она не умела принимать гостей. Но она была весьма доброй и вскоре, к счастью, оставила свои неловкие попытки стать для меня матерью — наверное, потому, что я даже не старался относиться к ней подобным образом.

Мой отец, Джойс, Роберт и я жили как четверо людей, лишь по воле случая оказавшихся под одной крышей. Даже мой отец стал от нее отдаляться. Мне сложно назвать этот брак счастливым. Не обходилось без ссор и длительной ледяной злобы. Однажды он даже отвез ее к матери в Денвер. Но она вернулась. Днями напролет они спорили, после чего, как я понял уже потом, происходили ночные примирения. И наутро атмосфера в доме была до боли в зубах слащавой и переполненной любовью. Хватало их, конечно, ненадолго. Честно говоря, все это не на шутку сбивало с толку.

Роберт поступил на юридический в университет — мой отец полностью одобрил выбранную им специальность. Я скучал по своему брату, однако с его отсутствием споров поубавилось, да и вспышек ярости стало немного меньше.

Год спустя Роберт вернулся, провалив экзамены. Он объявил, что больше не хочет изучать право. Теперь его сердце лежало к философии и социологии. Отец пришел в бешенство.

«Социология? — прошипел он. — Что это вообще за предмет?»

Но Роберт все-таки стал изучать социологию и построил весьма успешную карьеру, преподавая в различных университетах во Франции, где он и остался.

С каждым своим приездом Хелен обращала наше внимание на пропавшие из дома вещи. Я решил не обращать на слова сестры внимание, однако, повзрослев, понял, что она была права. Следы нашей мамы постепенно стирались.

Год за годом все, что хоть как-то было связано с ней, пропадало, пока не осталось ни единого украшения, картины, фотографии, швейных и вязальных принадлежностей, книг, щеток для пыли или посуды. Бедная Джойс старалась заменить все эти вещи чем-то своим, однако, что бы она ни покупала, что бы ни делала, заполнить пустоту, которая осталась в доме после смерти нашей матери, ей было попросту не под силу.

Когда я уехал в Лондон, казалось, что Джойс полностью стерла мою маму, в каком-то смысле забрав у меня и отца. Все изменилось, когда я уже учился на старших курсах. Он ушел из муниципалитета и устроился бухгалтером в центре Лондона. Теперь наши встречи не ограничивались моими периодическими приездами домой, где от глаз Джойс было не скрыться. Мы могли свободно встречаться за обедом в городе, что и делали довольно часто. У меня снова появилась возможность бывать с ним наедине.

Мы неизменно ходили в один и тот же ресторан на Грик-стрит. Он был такой крошечный, что порой казалось, будто мы у кого-то в гостях. Еда была недорогой и вкусной, и я подозреваю, что на кухне о санитарии не особо заботились, однако это было не важно: отец с сыном могли здесь вместе пообедать в приятной, теплой атмосфере. Это было как в старые времена — до появления Джойс. Он был расслабленным и любящим, и я тоже, потому что в общественном месте мне не угрожал очередной взрыв вулкана.

Возможно, он начал видеть во мне врача, взрослого человека — как бы то ни было, он начал откровенничать. Он рассказал, что «племянница» Джойс на самом деле оказалась ее дочкой, зачатой с канадским летчиком во время войны. Мама Джойс вырастила девочку, а самой Джойс досталась роль приходящей тети — подобной историей в 1940-х было никого не удивить. Этот страшный секрет и связанный с ним позор позволяли матери Джойс крепко держать ее под своей материнской пятой. Так что, когда появился мой отец, Джойс увидела в нем свой путь к спасению.

Теперь было понятно, почему ей так сложно было проявить какие-либо материнские чувства к двум мальчикам-подросткам. Она была лишена возможности быть матерью своего собственного ребенка.

Мой отец даже рассказал, как ему не хотелось на ней жениться. Когда он ехал в Девон на свадьбу, он даже всерьез подумывал врезаться во что-нибудь. Не насмерть, но достаточно сильно, чтобы избежать свадьбы. Но, как это было типично для него, он решил, что лучше уж все сделает как надо, на случай если Джойс — ну или, что было более вероятно, ее мать — решит подать на него в суд из-за невыполненного обещания жениться.

Я улыбнулся от мысли о том, как мой отец старается все делать правильно, и вспомнил словарь, подаренный им, когда мне было 16. Идеальным каллиграфическим почерком, аккуратно обведя чернилами в рамку, он подписал его несколькими строками из Александра Поупа. Как там было? Будучи подростком, я помнил их наизусть, однако теперь на память приходил лишь отрывок:

«Когда правдив и откровенен суд…»

Я решил, что, вернувшись в свою квартиру, непременно выучу эти строки заново. Я помнил, что стихотворение это представляло собой некий кодекс правильной жизни и культурного поведения. Мой отец соблюдал этот кодекс и хотел, чтобы я тоже ему следовал.

За одним из наших с ним обедов он рассказал, что после смерти моей матери не раз был близок к тому, чтобы покончить с собой. Единственным, что его останавливало, было нежелание оставлять нас с Робертом одних. Врачи прописали ему валиум. Постепенно он от него отказался, заменив выпивкой, которая помогала ему заснуть и расслабиться. Никогда в жизни я не видел его пьяным: по вечерам он ограничивался пинтой-другой девонского сидра, не более, однако этого, как оказалось, было достаточно, чтобы продолжать мириться со своей утратой и своим новым, несчастливым браком.

Наряду с откровенными рассказами о своей собственной жизни, включавшими описания его сожалений и ошибок, он также поведал мне, как сильно гордится нами троими. Учительницей Хелен, университетским преподавателем Робертом и мной, врачом. А также о том, как сильно бы гордилась нами наша мама. Я был глубоко тронут подобным благословением, которое, казалось, и правда исходит от обоих родителей. Даже сейчас, хотя моих папы с мамой уже давно не стало, воспоминания об этих словах, произнесенных в потрепанном ресторанчике в Сохо, продолжают меня трогать. Как же мне повезло, что у нас с этим дорогим мне человеком состоялись взрослые, откровенные разговоры.

> **БОЛЬШИНСТВО СТУДЕНТОВ УЕЗЖАЛИ НА ПРАЗДНИКИ К СВОИМ РОДНЫМ, ОДНАКО Я ОТКАЗАЛСЯ ОТ ПОДОБНОЙ ТРАДИЦИИ. ЛЕТНИЕ КАНИКУЛЫ Я ПРОВОДИЛ ЗА РАБОТОЙ.**

Год спустя они прекратились. Моему отцу предложили читать лекции на факультете управления Университета Лафборо — еще то достижение для человека, бросившего школу в 14. Им с Джойс пришлось продать наш семейный дом и переехать в другую часть страны. Мне оставалось только гадать, как это скажется на них, однако на деле их отношения значительно улучшились: в их новом доме в Лафборо не было никаких следов трагически ушедшей первой жены.

Большинство студентов уезжали на праздники к своим родным, однако я быстро отказался от подобной традиции. Летние каникулы я проводил за работой и путешествиями. В 1974 году мы ехали вместе с приятелями на «Форде Англия» по побережью Италии в сторону Венеции, в счастливом неведении о политических волнениях в Греции, на кассетнике играли Tubular Bells… что ж, уже было не важно, что после переезда моего отца вместе с Джойс у меня больше не было дома. Моя жизнь шла своим чередом. У меня появилась девушка, отношения с которой сулили совместное будущее.

6

Когда я провел свое первое вскрытие, мне было почти 30. Я уже прошел практику в различных отделениях по всей больнице, от хирургии до гинекологии, от дерматологии до психиатрии. Только разделавшись со всем этим к концу 1980 года, я мог сосредоточиться на движении к поставленной цели. Вот уже больше десяти лет я изучал медицину, однако до сих пор так и не добрался до первой ступени в карьерной лестнице судебно-медицинского эксперта — я должен был сначала стать гисто- (или больничным) патологом.

В общих чертах патология — это наука, позволяющая постигать болезни путем изучения их микроскопических проявлений: мы выявляем конкретное заболевание, обнаруживаем его причины, узнаем, как оно прогрессировало. Каждый из нас, так или иначе, имел дело с патологической лабораторией, толком об этом даже не догадываясь: так, например, именно туда направляются все образцы крови и мочи на анализ. Конечно, столь досконально рассматривать чужие выделения мало кому покажется приятным занятием, да и отделение патологии по вполне понятным причинам располагается обычно в самой глубине больницы, как можно дальше от пациентов.

Чтобы стать больничным патологом, необходимо провести огромное количество времени за рассматриванием микропрепаратов, изучая одновременно здоровые и пораженные болезнями ткани. Я уже потерял счет часам, проведенным, к примеру, за пристальным наблюдением за раковыми клетками.

Мне все это казалось до ужаса нужным, так как я знал, что, когда все-таки достигну своей цели и стану судебно-медицинским экспертом, то буду направлять подобные образцы на исследование специалистам, редко заглядывая в них самостоятельно. Но пока что я должен был учиться этому. Существует много судмедэкспертов, проводящих вскрытие людей, умерших предположительно естественной смертью, чтобы определить точную ее причину, и это должно было стать следующей частью моего обучения — как я могу анализировать подозрительные, необъяснимые смерти и проводить их судебно-медицинский анализ, не умея при этом распознать естественные причины?

КОГДА Я ПРОВЕЛ СВОЕ ПЕРВОЕ ВСКРЫТИЕ, МНЕ БЫЛО ПОЧТИ 30. Я УЖЕ ПРОШЕЛ ПРАКТИКУ В РАЗЛИЧНЫХ ОТДЕЛЕНИЯХ ПО ВСЕЙ БОЛЬНИЦЕ, ОТ ХИРУРГИИ ДО ГИНЕКОЛОГИИ, ОТ ДЕРМАТОЛОГИИ ДО ПСИХИАТРИИ.

Так что мое первое вскрытие не имело никакого отношения к какому бы то ни было преступлению. Пациент умер в больнице Сент-Джордж в Тутинге, и его выбрали для меня специально, решив, что никаких затруднений с ним быть не должно.

Я знал, что меня будут окружать старшие коллеги и услужливый персонал морга, однако бабочки у меня в животе все равно напомнили мне первый день в школе. Крупные капли дождя бились об окна автобуса, а затем стекали вниз, размывая мир снаружи, и мне захотелось, чтобы поскорее настал тот день, когда я смогу позволить себе пару хороших ботинок, чтобы не промокали ноги, и хорошее пальто, чтобы защититься от холода. Я уселся, съежившись, на втором этаже впереди автобуса. Он завелся и направился в сторону Тутинг-Бродвей. Я попытался отвлечься, в который раз перечитывая медицинскую карту покойного. Мне выдали ее за день до этого, я обсудил ее содержимое с практикантами постарше и уже знал практически наизусть.

Мне довелось уже увидеть изрядное количество вскрытий в морге, и я отчасти с нетерпением ожидал, отчасти побаивался того момента, когда настанет моя очередь взяться за скальпель. Как и в то первое занятие по анатомии это была своего рода проверка — мне нельзя было ни упасть в обморок, ни побледнеть, ни позволить своему желудку дать слабину. Не то чтобы это означало конец моей карьеры — просто я знал, что мои коллеги никогда не дадут мне об этом забыть. То же самое касалось и ошибок. В случае чего меня бы непременно поправили — а потом с удовольствием поддразнивали бы при любой возможности. И мне правда хотелось сделать все правильно. Не порезать себя вместо пациента, не продырявить важные органы, не разрезать по ошибке кишечник. Мне нужно было сделать ровные разрезы, обнажить нужные органы, сделать все необходимые записи, поставить точный диагноз. А еще мне нужно было немного удачи. И много-много храбрости.

КАК Я СМОГУ АНАЛИЗИРОВАТЬ ПОДОЗРИТЕЛЬНЫЕ, НЕОБЪЯСНИМЫЕ СМЕРТИ И ПРОВОДИТЬ ИХ СУДЕБНО-МЕДИЦИНСКИЙ АНАЛИЗ, НЕ УМЕЯ ПРИ ЭТОМ РАСПОЗНАТЬ ЕСТЕСТВЕННЫЕ ПРИЧИНЫ?

Большинство людей шарахаются от запаха морга. Сейчас я бы сказал, что в морге вообще ничем не пахнет, хотя, возможно, я просто привык. Конечно, тогда формалин так и резал мой нос — запах был колким, словно поломанные ветки деревьев, что-то вроде падуба в зимнее время или кустарника летом. Но гораздо более пронзительный.

Первое, что слышишь, попадая в морг, — это практически неизменно дружелюбные голоса. Хотите верьте, хотите нет, но голоса эти частенько еще и смеются, как это бывает в офисе или на любой другой работе. На самом деле, когда гробовщики приходят и уходят, без добродушного подшучивания дело обычно не обходится, хотя я никогда не слышал шуток над покойниками — по моему опыту, к ним неизменно относятся с большим уважением.

Вестибюль для приема покойников снаружи никто не видит. Как правило, он располагается рядом с аккуратным, светлым офисом, где всех поступивших скрупулезно регистрируют, после чего увозят по ярко освещенному коридору к холодильникам — их штук 15, стоящих вплотную друг к другу.

МНЕ ДОВЕЛОСЬ УЖЕ УВИДЕТЬ ИЗРЯДНОЕ КОЛИЧЕСТВО ВСКРЫТИЙ В МОРГЕ, И Я ОТЧАСТИ С НЕТЕРПЕНИЕМ ОЖИДАЛ, ОТЧАСТИ ПОБАИВАЛСЯ ТОГО МОМЕНТА, КОГДА НАСТАНЕТ МОЯ ОЧЕРЕДЬ ВЗЯТЬСЯ ЗА СКАЛЬПЕЛЬ.

Холодильники эти высотой в несколько метров. Внутри каждого расположены полки, рассчитанные примерно на шесть тел. Покойников перемещают с тележек на полки. Бздынь. Дверь закрывается. Вжух. Тележка откатывается в сторону, готовая для перевозки следующего тела. Бам. Вот такие звуки и можно услышать в морге. Бздынь, вжух, бам.

Я был прекрасно знаком с этими звуками, с этим запахом. В самом деле, я уже начал чувствовать себя в моргах как дома. Сегодня, правда, от этой знакомой обстановки мне не было легче.

«Чаю, Дик?» — любезно предложил помощник. Да я даже ответить ему был не в состоянии, не говоря о том, чтобы пить чай. Весь остальной персонал морга был настроен обратить мой обряд посвящения в шутку.

«Эм-м, Дик, ты только тела не перепутай, ладно?»

И все в таком духе. Я пытался смеяться, однако сардоническая гримаса — зловещая, застывшая улыбка человека, отравленного стрихнином, — не сходила с моего лица.

Я вышел из комнаты для переодевания в халате и надел резиновые сапоги. Они были безжизненно-белого цвета — прямо как мое лицо. На мне были желтые резиновые перчатки и фартук. За годы рабочий наряд судмедэксперта порядком изменился — в те времена фартук напоминал те, что носят на скотобойнях и в мясных лавках. Перчатки были явно дешевыми и прекрасно подошли бы, чтобы мыть в них посуду, однако защищали они лишь от микробов и уж никак не от порезов.

«И помни, Дик, по этим перчаткам ты также сможешь понять, где твои пальцы...» — дали мне напоследок полезный совет, когда я прошел мимо холодильников и вошел в секционную.

Пациентом была пожилая женщина, которую доставили в больницу с острой болью в груди, — несколько дней спустя она умерла в отделении кардиореанимации. Персонал морга услужливо подготовил тело для меня, положив его на мраморный стол. Она все еще была в саване. Медсестры раньше с особой тщательностью плотно заматывали покойников в простыни — это был один из их величайших навыков наравне с тем, как они ловко и аккуратно застилали постель на больничных койках. Сейчас такого уже не увидишь. Это было проявлением уважения к покойникам, однако изводило медсестер — чтобы хорошенько замотать тело, порой уходило до целого часа, и все ради того, чтобы мы потом просто стащили эти простыни в морге перед вскрытием. Неудивительно, что занятой больничный персонал отказался от этого льняного оригами, став использовать вместо него бумажный саван.

БОЛЬШИНСТВО ЛЮДЕЙ ШАРАХАЮТСЯ ОТ ЗАПАХА МОРГА. СЕЙЧАС Я БЫ СКАЗАЛ, ЧТО В МОРГЕ ВООБЩЕ НИЧЕМ НЕ ПАХНЕТ, ХОТЯ, ВОЗМОЖНО, Я ПРОСТО ПРИВЫК.

Работники морга сняли саван, чтобы обнажить тело.

Я стал его изучать. Разрезать трупы на занятиях по анатомии было одно дело — эти тела были уже давно мертвы и настолько замариновались и посерели в формалине, что можно было с легкостью забыть, что они вообще когда-то были живыми. Это же было совсем другое дело. Здесь передо мной был свежий труп. Передо мной была женщина, которая еще сутки назад жила и дышала, разговаривала со своими родными, с врачами. Согласно ее медкарте, она сказала, что намерена поправиться и через месяц посетить свадьбу своей внучки. А всего через час ее не стало.

На самом деле она выглядела вполне себе здоровой и совсем не мертвой. У меня было жуткое чувство, будто в любой момент она может проснуться. И мне предстояло разрезать ее розовую плоть. Провести ножом по ее груди и вскрыть ее.

Конечно, хирурги именно этим и занимаются, однако делают они это по какой-то веской причине, во всяком случае в теории: они пытаются спасти человеку жизнь либо улучшить ее качество. Я же заявлять подобного не мог. В тот момент я даже задумался: не больше ли у меня общего с маньяком-убийцей, чем с врачом?

Мои старшие коллеги перестали надо мной подтрунивать и внимательно смотрели, как я провожу внешний осмотр тела, выискивая следы и причины смерти.

Именно этим мне всегда и хотелось заниматься. Я усердно трудился, чтобы к этому прийти. Теперь же все мои амбиции стать Кейтом Симпсоном и заниматься судебной медициной, чтобы помогать распутывать преступления, стали казаться мне не более чем детскими фантазиями. В реальности же передо мной на мраморном столе лежала без движения женщина. О чем вообще я думал? Должно быть, я свихнулся, раз решил этим заниматься.

ВЫБРАВ СУДЕБНУЮ МЕДИЦИНУ, Я ЗАДУМАЛСЯ: НЕ БОЛЬШЕ ЛИ У МЕНЯ ОБЩЕГО С МАНЬЯКОМ-УБИЙЦЕЙ, ЧЕМ С ВРАЧОМ?

«Ну что?» — послышался чей-то голос. Шутки сменились озабоченностью.

Я сделал глубокий вдох, собрался с духом, взял в руку скальпель и поместил его в небольшую ямку у основания ее шеи между ключицами. Ее кожа легко поддалась, когда я надавил лезвием и начал делать срединный разрез. Решительным движением, чтобы рука не тряслась. Ниже, ниже, еще ниже, прямо до лобковой кости.

Второй разрез пришелся на слой ярко-желтого жира. У пациентки был избыточный вес. После того как тело охладилось после смерти, жир затвердел и пристал к коже, так что снять его не составляло труда. Под ним был слой мышечной ткани, а под ним — грудная клетка худого человека, который всегда был там, внутри этого округлого тела, просто его не было видно.

Следующий разрез также дался мне без труда — я разрезал мышцы. Сложно поверить, насколько сильно тело человека напоминает висящие в мясной лавке туши, если его разделать до костей, а также насколько человеческие мышцы могут быть похожи на стейк.

Теперь я мог отвернуть складки кожи наружу и в стороны, словно открывая книгу. Даже с обеих сторон груди это не составляет особого труда. Главной моей задачей было аккуратно работать скальпелем, чтобы не порезать тончайшую кожу в области шеи: если прощающиеся с ней родственники на похоронах это увидят, то для них такая рана точно станет шоком. На самом деле персонал морга творит чудеса, исправляя допущенные младшими врачами ошибки: только мне это стоило бы бутылки виски, которую я едва ли мог себе позволить.

СЛОЖНО ПОВЕРИТЬ, НАСКОЛЬКО СИЛЬНО ТЕЛО ЧЕЛОВЕКА НАПОМИНАЕТ ВИСЯЩИЕ В МЯСНОЙ ЛАВКЕ ТУШИ, ЕСЛИ ЕГО РАЗДЕЛАТЬ ДО КОСТЕЙ, А ТАКЖЕ НАСКОЛЬКО ЧЕЛОВЕЧЕСКИЕ МЫШЦЫ МОГУТ БЫТЬ ПОХОЖИ НА СТЕЙК.

Когда кожа, жир и мышцы убраны, разрезать и убрать переднюю часть ребер уже несложно. Когда и с этим было покончено, передо мной оказались внутренности этой женщины, которые я должен был изучить.

Ее легкие были фиолетовыми и набухшими. Они были покрыты сажей.

«Хм-м, типичный курильщик», — сказали мои старшие коллеги, неодобрительно качая головами. И пряча при этом за спиной свои собственные пальцы с желтыми пятнами от никотина.

«Однако фиолетовый цвет говорит об отеке…» — добавил один из них.

«Отеке легких…» — нервно повторил я. Это означало, что легкие были наполнены жидкостью. Такое бывает при сердечной недостаточности из-за болезни, однако я также знал, что зачастую это случается и непосредственно в процессе смерти, когда сердце окончательно отказывает. Так как причин у смерти может быть тысячи, наличие заполненных водой легких, как правило, мало чем могло помочь при диагностике.

Я вскрыл сумку, укрывающую сердце, — она расположена по левую сторону груди.

«Никакой крови или избыточной жидкости. Однако похоже на то, что у нее случился обширный инфаркт», — выпалил я, прежде чем это успел сказать за меня кто-то еще. Примерно треть мышцы в передней части сердца была отчетливо бледнее окружающей ткани — это указывало на то, что она была лишена кровоснабжения и доступа кислорода. Инфаркт миокарда, в быту именуемый сердечным приступом, представляет собой смерть сердечной мышцы: если пациент выживает, то в этом месте потом образуется рубец. Этот же сердечный приступ произошел совсем недавно, и рана еще не зарубцевалась.

ИНФАРКТ МИОКАРДА, В БЫТУ ИМЕНУЕМЫЙ СЕРДЕЧНЫМ ПРИСТУПОМ, ПРЕДСТАВЛЯЕТ СОБОЙ СМЕРТЬ СЕРДЕЧНОЙ МЫШЦЫ: ЕСЛИ ПАЦИЕНТ ВЫЖИВАЕТ, ТО В ЭТОМ МЕСТЕ ПОТОМ ОБРАЗУЕТСЯ РУБЕЦ.

— Какое у нее было кровяное давление во время последнего измерения? — спросили они у меня.

— Высокое, 180 на 100.

— Повышенное кровяное давление… ох, и у этой женщины было такое большое сердце, — намекнули другие.

Как по мне, так оно выглядело совершенно нормальным.

— Разве оно увеличенное?

— Стенка левого желудочка выглядит слегка утолщенной… взвесь-ка его.

Сердце весило 510 грамм. Это много.

— Ну, что думаешь? — спросили они.

— Эм-м… заполненные водой легкие. Повышенное давление, увеличенный левый желудочек и инфаркт. В одной из коронарных артерий тромб.

— Да, но в какой именно?

Курс анатомии. Анатомия сердца. По своим личным причинам изучению этого органа я посвятил особенно много времени. Его строению. Его патологиям. Связанным с ним патогенным механизмам. Его артериям. Его клапанам. В особенности митральному. Да, в сердце я разбирался.

— Закупорена, должно быть… м-м-м… передняя нисходящая ветвь левой венечной артерии?

Они закивали.

— Взгляни!

Так я и сделал — тромб действительно оказался там. Большой плотный красный сгусток крови, мешавший кровотоку идти через артерию, лишавший сердечную мышцу крови и кислорода, в которых она так нуждалась. Вот она и умерла.

Каким же удивительным механизмом в тот день мне представилось человеческое тело. Страх сняло как рукой, и я с головой погрузился в свою работу. Но у меня еще оставалось время, чтобы восхититься организмом: запутанными системами его органов, их цветами, их красотой. Кровь была не просто красной — она была алой. Желчный пузырь был не просто зеленым — это был зеленый цвет листвы в джунглях. Мозг белый и серый — причем серый не как ноябрьское небо, а как серебристая рыба в воде. Печень не просто коричневая, как школьная форма, а насыщенного коричнево-красного цвета свежевспаханного поля.

КРОВЬ НЕ КРАСНАЯ — ОНА АЛАЯ. ЖЕЛЧНЫЙ ПУЗЫРЬ НЕ ЗЕЛЕНЫЙ, А ЦВЕТА ЗЕЛЕНОЙ ЛИСТВЫ В ДЖУНГЛЯХ. МОЗГ БЕЛЫЙ И СЕРЫЙ — ПРИЧЕМ СЕРЫЙ, КАК СЕРЕБРИСТАЯ РЫБА В ВОДЕ. ПЕЧЕНЬ НЕ КОРИЧНЕВАЯ, А НАСЫЩЕННОГО КОРИЧНЕВО-КРАСНОГО ЦВЕТА СВЕЖЕВСПАХАННОГО ПОЛЯ.

Когда я закончил осматривать все органы и вернул их обратно в тело, работники морга взялись за свою волшебную работу по его реконструкции.

— Молодчина, — сказал один из старших практикантов. — Не так уж и страшно, не правда ли?

Я был чертовски медленным — было уже далеко за полдень, — однако все сделал правильно. Я отложил свои чувства к пожилой женщине с больным сердцем в сторону и вспомнил все, чему учился, после чего вел себя совершенно отстраненно. Умывшись по окончании, я ощутил волну облегчения. Я был словно беговая лошадь, из года в год скачущая по стадиону, которая занервничала, увидев перед собой барьер, а затем с легкостью его преодолела.

Вскрытие, впрочем, оказалось в тот день не самым тяжелым. Встреча с родными покойной далась мне куда тяжелее. Будь у меня выбор, я предпочел бы и вовсе с ними не видеться. Они, однако, специально попросили о встрече с судмедэкспертом, чтобы тот помог им понять, почему она умерла. И этим судмедэкспертом, очевидно, был я.

Меня спасли коллеги, которые взяли разговор на себя. Я был попросту не готов к этому — настолько невыносимыми для меня были скорбь и потрясение ее родственников. На самом деле, столкнувшись с их эмоциями, я почувствовал себя совершенно беспомощным. Казалось, что их горе как-то передалось мне, моему разуму и телу, словно мы были связаны невидимыми проводами. Не помню, чтобы я вообще вымолвил хоть слово: если же я что-то и сказал, то наверняка просто без конца повторял, как сильно сожалею об их утрате. Думаю, что по большей части я просто кивал, пока говорили мои коллеги.

Эта встреча познакомила меня — а может, меня уже и не нужно было с этим знакомить — с ужасным контрастом между безмолвным, ничего не чувствующим покойником и той бурей эмоций, которую он вызывает у своих родных. Я покинул комнату с облегчением, сделав мысленную отметку во что бы то ни стало избегать близких покойных и придерживаться безопасного мира, населенного мертвецами, где место было только фактам, где все можно было измерить, где не было неопределенностей. В их вселенной не было ни намека на эмоции. Не говоря уже о боли.

7

Даже в 30 мне гораздо лучше удавалось сдерживать свои сильные эмоции, чем в полной мере их прочувствовать. Полагаю, в детстве мне пришлось научиться всячески подавлять тревогу, вызванную болезнью матери. А потом просто продолжать жить дальше, несмотря на скорбь из-за ее смерти. В нашем доме было так тихо и пусто, что он стал своего рода пустыней, где сильным эмоциям, к моему облегчению, было не место. Хотя время от времени они заявляли о себе в виде выходок моего брата или потери самообладания моим отцом настолько внезапно, что казались чем-то устрашающим, словно внезапно прибывшим с другой планеты. И уж точно было сложно поверить, что они все это время были здесь.

Хотелось бы мне, чтобы в жизни вообще не было места эмоциям, однако к тому времени, как я провел свое первое вскрытие, это уже точно было не про меня. Вернувшись домой из морга и открыв дверь, я услышал плач своего новорожденного сына. Он даже не догадывался, какой невероятной силы любовь и замешательство он вызвал у своих родителей.

Мы с Джен познакомились в больнице в мои студенческие годы. Она была той красивой темноволосой медсестрой, которая протирала мне лоб на итоговых экзаменах, которая внесла в мою жизнь невероятную энергию, чьей одаренностью я восхищался. Ежедневно она с невероятной скоростью разгадывала кроссворды в «Times» — хотя делала это не так быстро, как ее отец, Остин, которому давались кроссворды из «Telegraph». У него была в свое время выдающаяся карьера в колониальной полиции в Уганде, до которой он служил в индийской конной полиции, и вот теперь жил на острове Мэн.

ВЕРНУВШИСЬ ДОМОЙ ИЗ МОРГА И ОТКРЫВ ДВЕРЬ, Я УСЛЫШАЛ ПЛАЧ СВОЕГО НОВОРОЖДЕННОГО СЫНА. ОН ДАЖЕ НЕ ДОГАДЫВАЛСЯ, КАКОЙ НЕВЕРОЯТНОЙ СИЛЫ ЛЮБОВЬ И ЗАМЕШАТЕЛЬСТВО ОН ВЫЗВАЛ У СВОИХ РОДИТЕЛЕЙ.

Родители Джен были сердцем местного общества. Когда она впервые взяла меня с собой к себе домой, я был поражен ее головокружительным, суетливым и, как мне показалось, роскошным миром. Остин с невероятным обаянием управлялся с забитой гостями гостиной. Виски с содовой, шум и смех — нехватка физического тепла в старом доме была незаметна на фоне того тепла, с которым здесь всех принимали. Мебель и шторы были изысканны. На просторной, пускай и слегка обветшалой кухне вкусно пахло. А перед духовкой неизменно спали две собаки.

Как бы поздно мы ни заявлялись ночью, нас непременно встречала мама Джен Мэгги с бокалом джин-тоника под опасным углом в одной руке и с деревянной ложкой в другой и тут же угощала отменной едой. Она была из тех женщин, чье присутствие задавало тон любой вечеринке. Из тех родителей, к которым, как заверяли меня брат с сестрой, относилась когда-то и наша мама, хотя мне в это верилось с большим трудом. По сравнению с шумным и кипящим жизнью домом Остина и Мэгги на острове Мэн мой собственный родной дом, в котором я вырос, казался мне тихим, непримечательным, даже пустым. Я силился с любовью вспомнить радиолу, салфетки на креслах, ковер с завитками из своего детства. У меня ничего не выходило.

Когда мы поженились, родители Джен помогли нам с покупкой собственного дома в Суррее. Я получил диплом врача, окончил свои «стажировки» и собирался начать учиться на судмедэксперта. Какое-то время мы не могли позволить себе настоящую кровать, да и мебель в целом, однако были счастливы. Затем, несколько лет спустя, мы почувствовали, что пришла пора заводить семью.

Мы не привыкли к невзгодам, однако теперь, казалось, судьба решила с лихвой это исправить. У Джен случился выкидыш. Мы оба были опустошены. Я понятия не имел, как справляться со своим душераздирающим чувством утраты, мыслями о ребенке, который мог родиться, о жизни, которая могла у нас быть, а также о том, что делать со всей той любовью, которая должна была достаться этому малышу. Моя боль была необъятной, и всюду незаметно меня сопровождала, утяжеляя шаг. Куда, черт возьми, мне ее было деть? Она настолько меня поглотила, что я был не в состоянии дать Джен всю необходимую поддержку в ее собственной безмерной печали. Должен ли я был что-то сказать? Что-то сделать? А если и должен был, то что именно?

Что бы это ни было, я этого не делал, не говорил, а еще я не мог признать, что все эти эмоции были мне не по плечу. Так что, когда мы потеряли следующего ребенка, а потом еще одного, меня все больше и больше удручало безутешное, казалось, горе Джен. Оно было истинным отражением моего собственного невыраженного опустошения, однако вместо того чтобы на него смотреть, я, должен признаться, повернулся к ней спиной. Я стал все больше от нее отдаляться. Она ответила взаимностью.

Мне удалось сказать ей, как сильно я ее люблю и какую сильную грусть и растерянность испытываю оттого, что наши дети не хотят вырастать дальше комочка клеток. Может, этого достаточно?

Нет. Казалось, она ожидала от меня большего. И она была права. Хотя я до сих пор не могу представить, что именно мог ей предложить. Прямо как тогда, в детстве, когда не знал, какого поведения от меня ожидали окружающие после смерти матери.

Наконец, когда выяснилось, что она снова беременна, Джен была вынуждена практически всю беременность провести в больнице. Это было не самое счастливое время, так как мы еще больше друг от друга отдалились. Пока в один прекрасный зимний день в срок не родился красивейший мальчик, названный нами Кристофером.

Большинство родителей помнят суматоху, связанную с появлением своего долгожданного первенца. До этого я был потрясен тем, что никакого ребенка не было. Теперь же меня потрясло его появление. Равно как и Джен, хотя к тому времени она уже и была опытной патронажной сестрой. А я был врачом, которому довелось проходить практику в педиатрии. Тем не менее мы оба были озадачены всем этим нескончаемым плачем и неприкрытым недовольством, с которым наш маленький принц реагировал на все попытки ему угодить. Мы были постоянно переполнены любовью к нему, своей глубиной и необъятностью потрясавшей меня до мозга костей. А то, что он явно недооценивал все прилагаемые нами усилия, шокировало, пожалуй, нас обоих.

Вернувшись домой после своего первого вскрытия и открыв дверь под уже знакомые завывания Криса и сладкий запах детского масла, я обнаружил Джен наверху. Погрязшая в хлопотах мама нашего сынишки была по локоть в ванне с пеленками, ласково успокаивая во всю глотку протестующего Криса. На первом этаже в гостиной на подставках стояли ее открытые учебники: она только начала готовиться к экзаменам в заочном университете, однако Крис своими криками свел все ее планы в тот вечер на нет.

У Джен не было ни минутки свободного времени: неудивительно, что она позабыла, насколько важным для меня был этот день. И теперь, когда барьер моего первого вскрытия остался далеко позади, скаковая лошадка стала уже сомневаться, был ли он действительно таким уж высоким.

Я поднялся наверх, чтобы повидаться с ними обоими. Крис посмотрел на меня и сморщил свое лицо в комок, из которого могла получиться улыбка. Ну или неодобрительный рев.

Как и следовало ожидать, меня оглушил рев. Я взял Криса на руки, и он снова заревел. Я пробовал его качать, смотреть на него, строить ему рожицы. Его крошечные черты лица снова скорчились в забавный, но совершенно неуместный комок. Улыбка? Ну конечно нет. Очередной протяжный вопль. Как, как его остановить?

Джен уложила ребенка в кровать, я приготовил ужин. Как по волшебству, рев Криса наверху улегся, когда на стол было накрыто. Мы поужинали, смакуя тишину не меньше еды. Поев, мы оба уселись заниматься. Я был в мире бесконечных экзаменов, мире, с которым Джен, обучаясь заочно, только начинала знакомиться.

Уже поздно. Я вымотан, так как большую часть предыдущей ночи переживал из-за предстоящего вскрытия и готовился к нему. День подошел к концу, и когда моя голова коснулась подушки, мне только и хотелось, что заснуть сладким сном. Я чувствовал, как он меня обволакивает. Мое тело расслабляется, меня уносит приятный поток, как вдруг... Уа-а-а-а!

Крис. Опять, господи, опять. Он много плакал, и мы уже начали подозревать, хотя он и на грудном вскармливании, что у него непереносимость лактозы. Но какой мне толк от всех этих теорий сейчас? Пускай у Криса и аллергия на молоко, легкие у него точно превосходные, и он плачет изо всех сил, и теперь кому-то из нас нужно пойти его успокоить.

— Твоя очередь, — пробормотала сквозь сон Джен.

Я встал. Дома было холодно.

Я подошел к кроватке и сгреб руками горячее, неподатливое, злобное маленькое тельце Криса. Я люблю его, но мне хотелось вернуться ко сну. Я прошелся по дому, держа его на руках. Недосып лишает меня человеческих качеств, я просто робот, обреченный блуждать до скончания времен со своим дергающимся маленьким комочком. Я знаю, что этот комочек — беззащитный маленький ребенок. Но начинаю задаваться вопросом: не тиран ли он, часом? Тиран, чьей единственной жестокой целью является лишать меня того, чего мне не хватает больше всего на свете, — сладкого сна?

Постепенно, по прошествии долгого времени, легкое раскачивание уменьшило его плач, он стал зевать, закрыл глаза. Я слушал его дыхание. Ровное. Глубокое. Нет никаких сомнений — он спит.

Очень-очень аккуратно, украдкой, словно вор в галерее, я добрался до детской и положил свой крошечный шедевр как можно нежнее в кроватку. Укрыл его сладко пахнущее тело. Теперь, спящий, он куда более податливый. Какое-то время я им любовался. Он скорчил рожицу, и это может быть… Я задержал дыхание, однако тишину ничто не нарушило. Ему просто снятся сны. Плетясь к кровати, я испытал что-то вроде радости. Пуховое одеяло ласково обняло меня, я закрыл глаза. И тут… Уа-а-а-а-а!

Какие отчаявшиеся родители не боялись тряхнуть своего ребенка, выйти из себя и швырнуть его в кровать или же отвесить ему звонкую оплеуху, лишь бы остановить этот невыносимый звук? Какие отчаявшиеся родители не были напуганы своей собственной острой потребностью отдохнуть от постоянных требовательных криков, от этого изматывающего, пронзительного уа-а-а-а-а?

Я знал, что, как бы Крис ни плакал, он в достаточной безопасности. Я знал, что мне нужно побыть в тишине. Захлопнул дверь за своим ревущим сыном и спустился на кухню. Он все еще плакал, но этот плач звучал уже где-то вдалеке. Я закрыл уши руками. Больше не мог его слушать. Пять минут я не убирал руки от ушей. Глубоко дышал. Всячески старался вернуть душевное равновесие. Затем вернулся к его кроватке. Пускай и не переполненный любовью, но точно с любовью и с вновь возрожденным сопереживанием. Я ласково его укачал, и он снова уснул.

После этого мы прочитали про аллергию на молоко у новорожденных, и Джен перестала употреблять в пищу молочные продукты. Крис почти сразу же кардинально изменился. Он спокойно спал. Он даже начал улыбаться. Но я благодарен всему, чему научился у этого плачущего ребенка. Спасибо тебе, Крис, за то, что дал мне понять, с каким невероятным давлением приходится иметь дело родителям.

8

Два года спустя у нас родилась девочка — мы назвали ее Анной. У нее не было никаких проблем с лактозой, и она доставляла куда меньше хлопот. А может, это мы, ее родители, попросту набрались опыта, и теперь нам это давалось куда легче.

К моменту появления на свет Анны мое первое вскрытие осталось далеко в прошлом — с тех пор я провел их множество. Сдав первую часть своих профильных экзаменов по патологии, я стал набираться скорости, знаний и навыков, работая в моргах по всему Лондону, от Уэмбли до Финчли и Тутинга.

Утром я приходил на работу, где меня терпеливо ожидали на столах покойники. В этих смертях не было ничего подозрительного. Большинство, как предполагалось, умерло по естественным причинам, и моей задачей было это подтвердить.

Во многих таких случаях все сразу становится очевидно. Сгусток, напоминающий смородиновое желе, в мозге? Это инсульт. Тяжелобольное сердце? Установить это не составляло труда — нужно было лишь разрезать венечные артерии, обнаружив там холестериновые бляшки, или же вскрыть сердечную сумку, где меня встречал закупоренный клапан либо потемневшая ткань сердечной мышцы, лишенной доступа кислорода. Осмотр почек не занимает много времени, равно как и легких, селезенки, печени, желчных протоков, желчного пузыря, надпочечников, желудка и кишечника. С сердцем приходится повозиться немного подольше, как и с гортанью, шеей, трахеей и бронхами.

УТРОМ Я ПРИХОДИЛ НА РАБОТУ, ГДЕ МЕНЯ ТЕРПЕЛИВО ОЖИДАЛИ НА СТОЛАХ ПОКОЙНИКИ.

Для нас, людей, которые проводят вскрытия, это были времена больших перемен. Современных судмедэкспертов, пожалуй, шокировало бы то, сколько в среднем уходило времени у моих предшественников, включая моего героя, профессора Симпсона, на проведение одного вскрытия и установление причины смерти, когда никаких подозрений в совершенном преступлении не было: в большинстве случаев всего 15 минут.

Частично это было связано с тем, что персонал морга экономил им немало времени, подготавливая тела и вынимая внутренние органы для осмотра еще до прихода судмедэксперта. Когда я только начинал, подобная практика была все еще распространена. Также обычным делом было — и остается до сих пор в некоторых местах — сразу же переходить к следующему пациенту, как только причина смерти была установлена, лишь вкратце описав состояние остальных органов. Судмедэксперты старой школы утверждали, что если у человека явно были проблемы с сердцем, то не было никакого смысла тратить время на почки. Официальные отчеты коронеров, публикуемые государством, тоже это подтверждали — они умещались на одной странице.

Конечно, все это породило разговоры про судмедэкспертов, которые, взглянув на сердце и увидев в нем хоть какие-то признаки болезни, сразу же заключали, что причиной смерти было сердечно-сосудистое заболевание, не считая нужным продолжать поиски и совершенно игнорируя тот факт, что холестериновые бляшки на Западе в той или иной степени имеются практически у всех, и многие спокойно продолжают жить с точно таким же больным сердцем. Никто не знает, как много было таких судмедэкспертов-скорострелов, однако были серьезные подозрения, что столь частая диагностика сердечных заболеваний значительно исказила государственную статистику по причинам смерти.

Когда я наконец получил квалификацию, эти времена уже практически миновали. Дело было не только в том, что меня обучали проводить более тщательный осмотр тел: внутри меня всегда сидел судебно-медицинский эксперт, жаждущий вырваться наружу. Мне всегда хотелось узнать, не была ли смерть на самом деле более подозрительной, чем казалось с первого взгляда. Кроме того, мне не терпелось установить не только непосредственную причину смерти, но и все, что только могло быть с ней связано.

МНЕ ВСЕГДА ХОТЕЛОСЬ УЗНАТЬ, НЕ БЫЛА ЛИ СМЕРТЬ НА САМОМ ДЕЛЕ БОЛЕЕ ПОДОЗРИТЕЛЬНОЙ, ЧЕМ КАЗАЛОСЬ С ПЕРВОГО ВЗГЛЯДА.

Как же тяжело, однако, было увлеченному молодому доктору Шеперду продвигать в старых государственных моргах новомодные методы, которым его обучили. Они включали внешний осмотр тела до того, как к нему прикоснется персонал морга, взвешивание и изучение каждого органа без исключений, взятие образцов для проведения токсикологического или гистологического анализа, подробная запись всего, что удалось обнаружить… да даже просто более яркое освещение. Местному персоналу все это не нравилось. Эти морги находились в глубине каких-нибудь старых кладбищ, и пожилой персонал, проработавший здесь многие годы, привык проводить вскрытия по-старому. Мне не нужно было особо прислушиваться, чтобы услышать доносящееся из их кабинетов недовольное ворчание о молодежи и старых добрых временах. Порой, когда я настойчиво проявлял особый интерес к случаю, казавшемуся им совершенно рядовым, они раздражались и отказывали мне в положенной чашке чая. Это было жесткое наказание, которое, как правило, надолго не затягивалось.

Впрочем, их старомодный подход кое-чему меня научил. Эти люди, готовые с радостью объявить первую обнаруженную ими аномалию причиной смерти, познакомили молодого доктора Шеперда с тем, что истина — понятие растяжимое. Истина основана на знаниях, так что она запросто может быть искажена неполными знаниями. Будучи доктором, я выискивал правду на основании фактов. Теперь же, став судмедэкспертом, я стал понимать, что на истину напрямую может повлиять сделанный мной выбор: то, сколько именно фактов я решу изучить. Это стало первым шагом в изучении природы истины, которое растянулось на всю жизнь.

Скрупулезно проводя в огромном количестве вскрытия, всегда выискивая признаки возможного убийства, я изучил человеческий организм и его многочисленные слабости не хуже, чем карту лондонского метро, — возможно, даже лучше. В эти годы я постоянно был при деле: учился, преподавал студентам-медикам и, конечно, проводил вскрытия. Смерть стала для меня образом жизни, и следующая стадия моего обучения требовала все чаще покидать морг и тратить больше времени на изучение этих ненавистных микропрепаратов с человеческими болезнями.

При любой подвернувшейся возможности я сбегал из больничной лаборатории, чтобы посидеть в кабинете у своего большого друга и наставника — судебно-медицинского эксперта доктора Руфуса Кромптона. Он помогал мне правильно развивать свою карьеру — позволял изучать кипы полицейских фотографий, читать протоколы и погружаться в мир криминалистики: места преступления, травмы, отговорки и объяснения обвиняемых, свидетельские показания — чтобы я не забывал, что ждет меня впереди, когда больше не придется изучать микропрепараты. В конечном счете я все-таки начал проводить — под присмотром — вскрытия людей, погибших внезапной или подозрительной смертью, то есть стал иметь дело с теми случаями смерти, в связи с которыми коронеры начинают вести следствие, а полицейские — проводить расследование.

Наконец, после 16 лет обучения медицине, когда моему сыну было шесть, а дочери — четыре, я получил долгожданную квалификацию. Стал судебно-медицинским экспертом. Цель, которую я преследовал с тех пор, как впервые наткнулся на книгу Симпсона, будучи подростком, была достигнута. Разумеется, многое было еще впереди.

Свою первую работу я получил в больнице Гая. Моим начальником стал Иэн Уэст, один из лучших в профессии. После любого убийства или катастрофы полицейские, коронеры и солиситоры (адвокаты, ведущие подготовку судебных материалов) направлялись в наше отделение. Самым восхитительным было то, что именно здесь работал в свое время мой герой, профессор Кейт Симпсон.

Нас было четверо судмедэкспертов, и мы всегда формально были «на дежурстве» — но могли распределять работу между собой. Самые неинтересные случаи — то есть те, в которых было все просто с медицинской или криминалистической точки зрения, — обычно передавались вниз по иерархии. А будучи только что получившим квалификацию новичком, я находился в самом низу этой иерархии.

В остальное время мы преподавали и читали лекции студентам-медикам или более специализированной аудитории, например полицейским или помощникам коронера. Наши студенты, как правило, проходили четвертый год общей медицинской подготовки, и для большинства из них это было первым знакомством с миром, с которым раньше им сталкиваться не доводилось. Изнасилования, убийства, нападения — от желающих не было отбоя, и на лекциях их всегда было битком. Студенты сидели в проходах и стояли в задней части аудитории. Они узнавали не только про жизнь, но и про то, как глупость и бесчеловечность приводят к смертельным травмам, и мне остается надеяться, что они узнали хотя бы немного о том, как распознать подозрительную смерть.

ПОСЛЕ 16 ЛЕТ ОБУЧЕНИЯ МЕДИЦИНЕ, КОГДА МОЕМУ СЫНУ БЫЛО ШЕСТЬ, А ДОЧЕРИ — ЧЕТЫРЕ, Я СТАЛ СУДЕБНО-МЕДИЦИНСКИМ ЭКСПЕРТОМ.

Было приятно выступать перед столь восхищенной аудиторией, однако мы тратили гораздо меньше времени на лекции об убийствах, чем имели с ними дело непосредственно. Потому что Лондон словно захлестнула волна убийств — ну или по крайней мере внезапных и подозрительных смертей. Мы встречались в наших кабинетах, изучали фотографии, спорили, а затем продолжали наши беседы в пабе, порой вместе с барристерами (адвокатами, которые ведут дела) или полицейскими.

Разумеется, к своим первым делам, какими бы простыми они ни были, я относился крайне сосредоточенно и серьезно, работая под руководством Иэна и остальных коллег. Рано или поздно, однако, я, будучи лектором по судебной медицине, должен был непременно отправиться в одиночку на свое первое убийство, и так как дел было очень много, ждать долго не пришлось. Сложно описать, насколько я гордился собой, направляясь в бесцветные кварталы Кройдона, где меня ждало тело. Гордился и ни капли не нервничал.

Дело было среди недели, в первой половине дня. Мое сердце стучало — так сильно я старался казаться экспертом, которого уже многократно вызывали на место убийства прежде.

Окруженный полицейскими и лентой ограждения, за которой столпились соседи и журналисты, в придорожной канаве лежал труп молодого белого мужчины. Полицейский фотограф уже активно работал над телом, однако прервался, когда я нагнулся, чтобы его осмотреть.

ИЗНАСИЛОВАНИЯ, УБИЙСТВА, НАПАДЕНИЯ — ОТ ЖЕЛАЮЩИХ НЕ БЫЛО ОТБОЯ, И НА ЛЕКЦИЯХ ИХ ВСЕГДА БЫЛО БИТКОМ. СТУДЕНТЫ СИДЕЛИ В ПРОХОДАХ И СТОЯЛИ В ЗАДНЕЙ ЧАСТИ АУДИТОРИИ.

Покойный лежал на спине, и ничего серьезнее нескольких порезов и царапин у него на лице видно не было. Тем не менее я прекрасно понимал, что было нечто большее, поскольку его туловище лежало в луже крови.

Я дотронулся до тела — оно все еще было теплым. Мышечное окоченение еще не наступило, хотя его мышцы уже начали твердеть, особенно вокруг шеи, челюсти и на пальцах.

Я приподнял тело. На его куртке сзади было проделанное ножом отверстие. Вот откуда взялась вся эта кровь. Я вернул тело в изначальное положение.

Фотограф продолжил снимать, а я принялся делать записи для своего отчета. В нем я должен был описать место преступления, а также все, что здесь обнаружил, после чего привести подробное описание проведенного мной полного осмотра тела в морге и, наконец, сделать вывод о причине смерти. С последним, как я надеялся, не должно было возникнуть проблем — из ножевого ранения в спине все еще сочилась кровь. Тем не менее до вынесения итогового вердикта мне предстояло проделать уйму работы.

КОГДА МНЕ ВЫПАЛО В ОДИНОЧКУ ОТПРАВИТЬСЯ НА СВОЕ ПЕРВОЕ УБИЙСТВО – СЛОЖНО ОПИСАТЬ, НАСКОЛЬКО Я ГОРДИЛСЯ СОБОЙ И ПРИ ЭТОМ НИ КАПЛИ НЕ НЕРВНИЧАЛ!

Личность жертвы еще не была установлена, так что пока его зарегистрировали просто как неопознанного молодого европейца. На вид ему было примерно 18. Он был стройным, и кто-то даже назвал бы его красивым. Я сделал схематичный набросок увиденного, уделив особое внимание расположению пятен крови на дороге и тротуаре. Я также нацарапал заметки о месте преступления, одежде убитого и положении тела. Эти записи позже появились в моем отчете:

«Мышечное окоченение сформировалось в области шеи и челюсти, однако по всему остальному телу было менее выраженным. Это указывает на то, что смерть наступила где-то тремя часами ранее».

Все еще стараясь держаться уверенно, не подавая виду, что это мое первое дело, я попросил полицейского отправить тело в морг. Сам последовал туда же, и в морге ко мне присоединились разные полицейские, включая старшего детектива. Читая об этом в своем отчете сегодня, я не верю глазам. Сейчас было бы немыслимо, чтобы старший детектив явился по случаю уличной поножовщины.

В морге продолжили делать фотографии, и я сделал подробные записи об одежде жертвы еще до того, как приступил к работе с телом.

Куртка: крупные пятна крови в левой части спины. Также присутствует гравий с дороги. На ткани имеются повреждения. Повреждение первое — в 8 см слева от срединного шва, примерно 21 см от воротника. 8 мм в длину, почти горизонтальное. Повреждение второе — в 12 см справа от срединного шва, приблизительно 21 см от воротника. Вертикальное. Повреждение третье — на 3,5 см ниже вышеупомянутого, примерно на боковой средней линии правого рукава. 12 мм в длину. Горизонтальное.

ИЗ ЗАПИСЕЙ: ТРУПНОЕ ОКОЧЕНЕНИЕ СФОРМИРОВАЛОСЬ В ОБЛАСТИ ШЕИ И ЧЕЛЮСТИ, ОДНАКО ПО ВСЕМУ ОСТАЛЬНОМУ ТЕЛУ БЫЛО МЕНЕЕ ВЫРАЖЕННЫМ. ЭТО УКАЗЫВАЕТ НА ТО, ЧТО СМЕРТЬ НАСТУПИЛА ГДЕ-ТО ТРЕМЯ ЧАСАМИ РАНЕЕ.

Майка: пятна крови на спине и с левой стороны. Три повреждения ткани…

Пятна крови сзади на поясе джинсов и трусов. Брызги крови замечены сзади на нижней части штанин джинсов…

Когда я нацарапал несколько страниц описания одежды, мы сняли ее, положили каждую вещь в отдельный пакет для вещественных доказательств — их забрали и промаркировали полицейские.

Теперь, когда обнаженного пациента положили на стол для проведения вскрытия, я увидел, насколько обширными были его ранения. Три ножевых ранения в спину, одно из которых, очевидно, стало для него смертельным, а также девять небольших ран на животе и лице. В моем отчете имеются схемы тела — пустые очертания человеческого тела, — на которых я подробно изобразил имеющиеся травмы, указал их число, а затем записал:

«Пять ран на левой стороне лица:

1) ушиб 3 мм в диаметре прямо под боковым краем левой брови;

2) кривая рваная рана 10 мм в диаметре с кровоподтеком на боковом краю левого верхнего века;

3) ссадина 20 × 22 мм сбоку над левой челюстной дугой».

Рваные раны отличаются от аккуратных разрезов, которые оставляет нож. Кожа при этом не режется, а рвется — как правило, их наносят тупым оружием. Мало кто рассматривает дорогу, бордюр или здание как оружие, однако если тело ударяется об это, то последствия такие же, как и после любого другого удара оружием. В данном случае я посчитал, что рваная рана стала следствием удара головы жертвы о бордюр при падении.

Ссадинами называют поцарапанную или ободранную кожу, и такие повреждения обычно затрагивают только эпидермис — верхний слой кожи. Кровотечения как такового не происходит, однако раны могут сочиться кровью, которая зачастую проступает точками. Такие повреждения могут быть вызваны дорожной аварией, когда какая-то часть тела с силой проезжает по неровной жесткой поверхности. Разумеется, царапины случаются в жизни постоянно, однако с точки зрения криминалистики они представляют особый интерес, так как могут появиться уже после смерти. Допустим, тело юноши тащили по дороге: это могло привести к образованию ссадин, по которым было бы сложно сказать, тащили ли его до или уже после смерти.

Ушибы — это кровоподтеки. Поврежденные крошечные вены и артерии рвутся, и из них вытекает кровь. У детей кожа эластичная, так что у них кровоподтеки образуются в меньшей степени, чем у пожилых людей, чья кожа теряет свою эластичность. Кровоподтеки могут запросто ввести в заблуждение, так как их основной составляющей является кровь — биологически разлагаемая жидкость. Результат: внешний вид кровоподтеков меняется со временем, а также под действием гравитации. Наиболее заметно изменение их цвета. Как только кровь покидает кровеносные сосуды, организм начинает ее расщеплять. Если говорить в общем, то цвет кровоподтеков меняется с фиолетового на желтый, потом они зеленеют и в итоге становятся коричневыми. Было проведено немало исследований с целью определить время, прошедшее с появления кровоподтека, по его цвету, и было бы невероятно полезно, будь хоть одна из разработанных систем надежной. К сожалению, проверку на практике не прошла ни одна.

МАЛО КТО РАССМАТРИВАЕТ ДОРОГУ, БОРДЮР ИЛИ ЗДАНИЕ КАК ОРУЖИЕ, ОДНАКО ЕСЛИ ТЕЛО УДАРЯЕТСЯ ОБ ЭТО, ТО ПОСЛЕДСТВИЯ ТАКИЕ ЖЕ, КАК И ПОСЛЕ ЛЮБОГО ДРУГОГО УДАРА ОРУЖИЕМ.

Можно оказаться сбитым с толку, когда кровоподтеки становятся более выраженными после смерти, либо через несколько дней, а то и недель появляются «новые» ушибы. Это не означает, что тело получило травму в морге — это лишь признак того, что красные клетки крови продолжили вытекать из поврежденных кровеносных сосудов, хотя теперь их уже выталкивало не артериальное давление — они делали это под действием силы притяжения.

У меня ушло немало времени, чтобы записать все внешние повреждения жертвы. Закончив, я поднял глаза, щурясь. Полицейские защурились мне в ответ. Нависла пауза, пока я вспоминал, что делать дальше.

НА ДАННЫЙ МОМЕНТ НЕ УТВЕРЖДЕНА НИ ОДНА СИСТЕМА, ЦЕЛЬЮ КОТОРОЙ БЫЛО БЫ ОПРЕДЕЛИТЬ ПО ЦВЕТУ КРОВОПОДТЕКА ВРЕМЯ, ПРОШЕДШЕЕ С МОМЕНТА ЕГО ОБРАЗОВАНИЯ.

Сейчас я не стал бы испытывать ни малейшего стыда, что на какое-то время задумался, однако тогда мне так хотелось создать впечатление полного контроля над ситуацией, что я стал делать вид, будто продолжаю что-то записывать, лишь бы выиграть немного времени. Хотелось бы мне, чтобы персонал выключил радио, однако я слишком стеснялся об этом попросить.

Крис де Бург распевал о женщине в красном.

Я попытался сосредоточиться. Ну конечно. Теперь мазки. С половых органов, ануса и полости рта, чтобы лаборанты могли поискать следы сексуального насилия.

«Не могли бы вы выключить это жужжание?» — сказал старший детектив.

Персонал был не особо доволен, однако, к моему облегчению, выполнил просьбу. Только теперь в помещении воцарилась жуткая тишина, а я тем временем брал у юноши образцы волос и состригал его ногти, чтобы на них потом можно было поискать следы кожи, волокон ткани либо любого другого застрявшего под ними материала, который мог бы связать жертву с убийцей или с каким-то местом. По завершении вскрытия я должен был взять образцы крови, мочи и различных тканей для гистологического анализа, а также все, что только могло пригодиться.

Все образцы были помечены моими инициалами с номером (РТШ/1). Я подписывал каждый образец, испытывая невероятную гордость. Вот уже 30 лет эти буквы обозначают мою причастность к расследуемому делу, однако в тот день, когда я впервые их написал, эти буквы казались мне совершенно незнакомыми, словно новая школьная форма в начале учебного года.

Все собравшиеся — следователи и полицейские — ожидали, когда я начну внутреннее исследование. Мало кто знает, что в обязанности полицейских входит наблюдение за проведением вскрытия: их присутствие является важной частью протокола. Старший детектив, конечно, уже их навидался, однако один из младших полицейских был на вскрытии впервые. Еще во время внешнего осмотра ему было явно не по себе, а когда я взял в руки скальпель, он и вовсе побледнел.

— Всё в порядке, парень? — спросил старший.

Полицейский сухо кивнул.

Я пытался придумать, чтобы такого сказать, чтобы его подбодрить, однако ничего в голову не шло. Я был слишком занят тем, чтобы выглядеть так, словно я уже не раз проводил вскрытия по делу об убийстве в одиночку.

— Ох, да ты скоро привыкнешь, — беззаботно сказал я, стараясь скрыть собственное волнение.

Полицейский сглотнул. Я попытался выдавить из себя подбадривающую улыбку, однако так сильно переживал, что мои мышцы казались крайне неподатливыми. Моя улыбка, возможно, больше напоминала гримасу, потому что полицейский не только не улыбнулся в ответ, но и приобрел еще более встревоженный вид. Вскрыв тело, я почувствовал, что младший офицер не сводит с меня глаз. То, как он таращился на мое лицо, сбивало меня с толку, и пару раз, делая разрез, моя рука слегка дрогнула. Бросив на него взгляд, я увидел, что на его лице застыл неприкрытый ужас. Судя по всему, он зафиксировал свой взгляд на моем лице, лишь бы не смотреть, что делают мои руки.

Хотелось бы мне придумать, как его поддержать, однако я сам был так напряжен, что у меня попросту не оставалось сил ему помогать. Даже опытный старший детектив и следователь, за плечами у которых, судя по всему, было уже немало совместных дел, прекратили свои разговоры и в полной тишине наблюдали за моими действиями. Обычно персонал морга неизменно разбавляет атмосферу своими прибаутками, однако сегодня они были необычайно молчаливы. Почему никто ничего не говорил? Ну хоть слово? Все молчали. Мне даже захотелось, чтобы радио снова включили. Хотя волну уж точно следовало поменять.

Они смотрели, как я отслеживаю внутреннюю структуру ранений. Когда я осмотрел изнутри лицевые раны жертвы, полицейского внезапно затрясло, и он выбежал за дверь, прикрывая рукой рот.

— Ой-ой, — сказал старший детектив.

Следователь засмеялся. Затем снова воцарилась тишина.

Я препарировал труп жертвы, как делал это уже не раз, проверяя на наличие переломов ребра и другие кости. Крайне важно убедиться в отсутствии сопутствующих естественных причин смерти. Юноша, однако, оказался идеально здоровым. Не считая, конечно, того факта, что он был мертв.

Я был рад, что вскрытие подошло к концу, и стал задаваться вопросом, почему атмосфера так сильно отличалась от всех остальных судебных вскрытий, на которых мне доводилось присутствовать. Не то чтобы на них обычно кипело веселье, однако всегда были дружелюбные разговоры, ну или вообще хоть какой-то шум, которые сегодня отсутствовали напрочь. В чем могло быть дело?

Я ПРЕПАРИРОВАЛ ТРУП ЖЕРТВЫ, КАК ДЕЛАЛ ЭТО УЖЕ НЕ РАЗ, ПРОВЕРЯЯ НА НАЛИЧИЕ ПЕРЕЛОМОВ РЕБРА И ДРУГИЕ КОСТИ. КРАЙНЕ ВАЖНО УБЕДИТЬСЯ В ОТСУТСТВИИ СОПУТСТВУЮЩИХ ЕСТЕСТВЕННЫХ ПРИЧИН СМЕРТИ.

Вернувшись к себе в кабинет, я начал составлять отчет:

«Ножевое ранение 1 расположено в 6 см слева от середины спины… верхний край раны заострен: нижний край притуплен… длина раны 26 мм… раневой канал проходит между пятым и шестым ребром в левой половине грудной клетки… затем он входит в левую верхнюю долю задней стороны грудной клетки и продолжается вперед, слегка наклоняясь вниз и в сторону грудины. Раневой канал пересекает верхнюю долю левого легкого и рассекает левую легочную артерию… разрез составляет 40 см в длину и имеет неровные края… в левой половине грудной клетки находится более 1 л частично свернувшейся крови… ушиба кожи вокруг раны не обнаружено».

Получается, внутри тела рана была чуть ли не в два раза длиннее, чем снаружи. Я привел свои рассуждения.

Характер отверстия раны в области мышц спины говорит о том, что левая рука в момент нанесения ранения, должно быть, была поднята. Различный размер внутренней и наружной раны свидетельствует о движении в момент нахождения оружия в полости грудной клетки.

Это движение ножа могло оказаться важным. Оно определенно указывало на то, что удар произошел в движении, как это часто бывает с ножевыми ранениями. Либо жертва или нападавший двигались в момент его нанесения, либо они были неподвижны, и сам нож двигался внутри раны. Порой важность подобного движения всплывает лишь впоследствии, так что о нем непременно следует написать.

ТРАДИЦИОННЫЕ СЛЕДЫ БОРЬБЫ ПРИ НАПАДЕНИИ С НОЖОМ ОБНАРУЖИТЬ ЛЕГКО — У ЖЕРТВЫ ЗАЧАСТУЮ ОКАЗЫВАЮТСЯ ПОРЕЗАНЫ РУКИ И ПАЛЬЦЫ, ТАК КАК ОНА ХВАТАЛАСЬ ЗА ЛЕЗВИЕ, ОТЧАЯННО ПЫТАЯСЬ ЗАЩИТИТЬСЯ.

Я в подробностях описал два других ножевых ранения и отверстия ран: нож прошел лишь через мышцы спины. Затем я пронумеровал тупые раны в левой части лица.

На этом теле были рваные раны, ушибы и ссадины. Имелось три ножевых ранения. Однако не было никаких следов борьбы. Традиционные следы борьбы при нападении с ножом обнаружить легко — у жертвы зачастую оказываются порезаны руки и пальцы, так как она хваталась за лезвие, отчаянно пытаясь защититься. На теле этого юноши никаких следов борьбы не было, но на него напали сзади.

Теперь о моих выводах. Именно с этой части большинство начинает читать отчет, и она должна быть понятна любому обывателю — полицейским, родным и всем причастным.

К этому времени я уже знал порядок. Первым делом необходимо исключить любую вероятность смерти от естественных причин. Затем нужно назвать, что именно вызвало смерть и как быстро она могла наступить. После этого следует привести любые полезные соображения относительно возможного орудия убийства либо событий или действий, которые привели к смерти. Наконец нужно сделать медицинское заключение о причине смерти. Это официальная, имеющая юридическую силу часть отчета, которая — если ее примут — появится в свидетельстве о смерти.

Я написал:

«Смерть не была вызвана естественными причинами. Ножевое ранение 1… привело к кровоизлиянию. Смерть наступила в считаные минуты. Характер ран соответствует оружию с одним режущим краем шириной примерно 18–20 мм, отходящим от острия на 15–17 см. Длина оружия составляет не менее 15 см, и его конец, скорее всего, заострен.

Обе раны с правой стороны и раны с 1 по 5 на лице характерны для удара о плоскую поверхность. То, что они были получены при падении на дорогу, маловероятно, однако полностью исключить такую возможность нельзя. Судя по всему, эти ранения были получены за некоторое время до ранения 5 на левой стороне лица. Это ранение характерно для контакта с грубой поверхностью.

Причина смерти:

1а Потеря крови

1б Ножевое ранение в грудь».

Это преступление, какой бы трагедией оно ни стало для семьи жертвы, было совершенно рядовым для судебно-медицинского эксперта. Мой отчет не был ни самым длинным, ни самым подробным из когда-либо написанных мной. Тем не менее у меня на него ушла, думаю, добрая половина ночи.

Когда парня официально опознали, я смог называть его по имени, однако, если не считать этой определенности, я испытывал сомнения насчет каждого факта, а также относительно своих выводов. Не слишком ли я увлекся догадками? Насколько я был уверен, что эти травмы на лице не были вызваны падением на дорогу? Нужно ли было мне предложить какие-то объяснения столь сильным движениям ножа в грудной полости? Звучал ли я достаточно убедительно? Мне не хотелось выступать в суде на стороне обвинения, когда полиция посадит подозреваемого на скамью подсудимых, чтобы защита меня спрашивала: «Скажите нам, доктор Шеперд, сколько вскрытий людей, погибших от ножевых ранений, вам уже доводилось проводить прежде в одиночку? Что?! Ни одного?»

Хотя я только начал свою карьеру, я уже прекрасно понимал, что выступление в суде может оказаться настоящим минным полем. Одно дело написать отчет о вскрытии, сидя у себя в кабинете, и совершенно другое — представлять его в качестве свидетеля-эксперта в суде, отбиваясь от нападок адвоката обвиняемого. Мне доводилось слышать много связанных с судом историй от старших коллег, и я одновременно и ждал, и боялся своего первого появления за свидетельской трибуной в Королевском суде.

Вскоре полиция уже допрашивала подозреваемого в убийстве — это был мужчина за 30, которого жертва, как оказалось, раньше не знала. Юноша договорился о встрече с ним у гаражей, чтобы купить по дешевке автомобильное радио — скорее всего, краденое.

Полиция попросила меня проверить версию событий подозреваемого, и мы сошлись на том, что лучше всего это сделать непосредственно на месте преступления. Итак, пару дней спустя в сопровождении все того же старшего детектива, а также инспектора и сержанта уголовной полиции я вернулся в Кройдон.

Мы стояли у облезлых гаражей. С их ворот осыпалась краска.

— Обвиняемый утверждает, что кто-то другой ударил парня ножом, когда тот вышел из его гаража. «Что, должно быть, на него напали рядом с тем местом, где мы его нашли», — сказал старший.

— В гараже не было следов крови, так что, возможно, он говорит правду, — ответил я.

Они выглядели разочарованными. Еще не раз в моей карьере мне предстояло разочаровывать детективов.

— Что ж, мы думаем, что обвиняемый ударил его ножом прямо здесь. Но с другой стороны… рядом с гаражом нет никаких следов крови. Да и на дороге. Да и вообще где бы то ни было, кроме как под трупом.

Я почувствовал себя важным. Я почувствовал себя Симпсоном. Вместе с идущими за мной по пятам старшими офицерами полиции я измерил расстояние в шагах (получилась сотня шагов), а также засек, за какое время его мог бы преодолеть умирающий человек с проткнутым легким (53 секунды), не забыв замедлить шаг ближе к концу пути, чтобы учесть усилившуюся одышку и головокружение.

Я повернулся к детективам:

— Возможно, вы правы: он мог добраться до дороги, где его обнаружили, после того как его ударили ножом в гараже.

Они улыбнулись.

Я записал:

«Я считаю, что человек, получивший травму, схожую с ранением 1, может преодолеть это расстояние пешком, прежде чем потеряет сознание.

Отсутствие пятен крови на его пути может быть объяснено двумя факторами. Во-первых, внешнее кровотечение у стоящего человека после получения ранения 1 было бы незначительным, пока уровень крови в грудной полости не достиг бы места раны на коже. Во-вторых, на убитом была одежда, в частности толстая куртка, которая впитала бы значительное количество крови».

Мне не пришлось переживать по поводу своего первого выступления в суде. Судебные разбирательства были приостановлены, так как присяжных из-за юридической формальности пришлось распустить. К тому времени как дело дошло до суда, у меня за плечами было уже столько убийств, что адвокату защиты и в голову бы не могло прийти, что это дело было моим самым первым.

Я дал свои показания, и перекрестный допрос прошел довольно спокойно.

Мне все казалось четче некуда. Я видел доказательства против обвиняемого, и они были более чем убедительными. А три ножевых ранения, включая одну глубокую рану легкого сзади, позволили таблоидам использовать одну из их излюбленных фраз: «жестокое нападение». И уж точно ее использовало и обвинение с целью вызвать презрение у присяжных к подсудимому.

Стоит ли говорить, что я был потрясен, когда обвиняемый был оправдан? Видимо, присяжных не удалось убедить в том, что его вина неоспорима. Какое-то время я переживал, гадая, что именно пошло не так, а также не было ли моей вины в том, что я, будучи неопытным, составил недостаточно убедительный отчет. Или же я просто не угодил присяжным? Мне этого никогда не узнать.

Пару лет спустя я читал в автобусе газету Evening Standard, как вдруг наткнулся на судебный отчет, в котором упоминалось, казалось бы, знакомое имя. Я прочитал о том, что худощавого и привлекательного молодого человека примерно 18 лет трижды ударил ножом неизвестный. Одно из ножевых ранений, которое пришлось на левое легкое, чуть было не стало для него смертельным. Лишь чудом жертве удалось выжить, и она опознала нападавшего: молодой человек помнил, как нападавший навис над ним, и предположил, что тот решил заняться с ним сексом.

Я вспомнил то самое свое первое дело. Тот же обвиняемый. То же преступление. Другая — но крайне похожая и невероятно везучая — жертва.

Я знал о том, что обвиняемого прежде судили по обвинениям в убийстве. Присяжные, конечно, были не в курсе этого, когда признали его виновным в покушении на убийство.

9

Моим вторым делом стала еще одна поножовщина. Однажды вечером около девяти меня вызвали к типичному лондонскому дому из красного кирпича с террасой, который выделялся на фоне всех остальных домов на улице лишь наличием полиции.

Обстановка внутри оказалась неожиданно нарядной. Балясины[1] перил в крови. Поднявшись наверх за кровавым следом, прямо за дверью спальни я увидел в луже крови обнаженное тело мужчины с седыми волосами, который лежал лицом вниз, ногами к двери.

Я распахнул дверь. Блеклые узорчатые обои затемняли комнату, а массивная, тяжелая деревянная мебель еще больше усиливала этот эффект. Несмотря на некоторый бардак, все было

---

[1] Точеный столбик перил.

на своих местах. Будильник. Радиоприемник. Фотографии в рамках. Небольшой телевизор на комоде из красного дерева, повернутый в сторону кровати.

Это была комната работяги, ведущего размеренную жизнь. Однако этой размеренной жизни пришел конец, и сам работяга лежал на полу, залитый собственной кровью. Обойти его было непросто. Его спина была вся в брызгах и ручейках крови. Кровь была и на стенах. Кровать была наполовину застелена одеялом, однако это не помогало скрыть огромные пятна крови на постели. На полу у электрической розетки, чуть ли не плавая в крови, лежал длинный кухонный нож с деревянной ручкой.

С большой осторожностью я перевернул тело. В груди зияла ножевая рана. Я решил, что могут быть и другие, которых просто не видно из-за крови.

Затем я измерил его температуру. Это не составило труда, так как он уже был голым. Когда измеряешь ректальную температуру, особенно если для этого нужно снимать одежду, можно не на шутку усложнить последующую криминологическую экспертизу, так что я уже усвоил: зачастую гораздо лучше измерить температуру уже в морге. Сейчас же температура жертвы была 26,6 °C.

КОГДА ИЗМЕРЯЕШЬ РЕКТАЛЬНУЮ ТЕМПЕРАТУРУ, ОСОБЕННО ЕСЛИ ДЛЯ ЭТОГО НУЖНО СНИМАТЬ ОДЕЖДУ, МОЖНО НЕ НА ШУТКУ УСЛОЖНИТЬ ПОСЛЕДУЮЩУЮ КРИМИНОЛОГИЧЕСКУЮ ЭКСПЕРТИЗУ.

Наблюдавший за мной детектив спросил: «Так что, док, когда именно он умер?»

У меня оборвалось сердце. Особенно после слова «именно». Все непременно начинают с этого вопроса. Вопроса, который обнажает огромную пропасть между общественным восприятием судмедэкспертов и тем, как они работают на самом деле. Я виню во всем сериалы про полицию. В действительности же нам очень сложно с какой бы то ни было точностью определить, когда именно произошла смерть.

Детектив ждал моего ответа.

Я сказал: «Ну… Сложно сказать наверняка…»

Температура тела, может, и является для криминалистов лучшим индикатором предположительного времени наступления смерти, однако надежным его все равно сложно назвать. Основы физики говорят нам, что теплое тело остывает по мере отдачи тепла более прохладной окружающей атмосфере. Конечно, на деле не все так просто. Общее правило заключается в том, что тело становится холодным на ощупь в течение 8 часов после смерти. Но и это еще не все. На самом деле тело может оставаться теплым до 36 часов, и из-за остаточных обменных процессов температура может так и не опуститься до уровня окружающей температуры. Затем, когда начинается процесс разложения, температура даже начинает повышаться.

В ДЕЙСТВИТЕЛЬНОСТИ НАМ ОЧЕНЬ СЛОЖНО С КАКОЙ БЫ ТО НИ БЫЛО ТОЧНОСТЬЮ ОПРЕДЕЛИТЬ, КОГДА ИМЕННО ПРОИЗОШЛА СМЕРТЬ.

Существует огромное число факторов, которые могут повлиять на скорость охлаждения тела после смерти: температура тела в момент наступления смерти, температура окружающей среды, погодные условия, центральное отопление, открытые окна, количество одежды на теле, толщина одеяла над ним, положение тела (как мы все инстинктивно чувствуем, свернувшись калачиком, можно сберечь гораздо больше тепла), мышечная масса (чем меньше мышечной ткани, тем быстрее происходит охлаждение), а также возраст усопшего (отношение площади поверхности тела к его массе у детей больше, чем у взрослых, и как результат они быстрее теряют тепло). Все эти маленькие факторы превращают определение времени смерти по температуре тела в довольно бесполезное занятие.

Даже компьютерная программа, способная учесть все бесчисленные переменные, все равно не смогла быть дать точного решения. Она могла бы выдать некоторый временной диапазон, однако этот диапазон составлял бы множество часов. И все равно никто не стал бы ожидать точности более 90 %.

Детектив с умным видом закивал. «Думаю, вы сможете установить время смерти по мышечному окоченению», — сказал он.

Что ж, на самом деле нет. Это очередное заблуждение. Мышечное окоченение — один из наиболее заметных процессов, происходящих с организмом после смерти, однако оно также зависит от множества факторов, и толку от него в определении времени смерти еще меньше, чем от температуры тела. Время его начала и скорость зависят от окружающей температуры. У тела, лежащего на улице в холодную погоду, мышечное окоченение может не начаться и неделю спустя, хотя окоченение может быстро развиться, как только тело окажется в тепле морга.

Есть и другие запутывающие факторы. Не занимался ли покойник незадолго до смерти спортом? Мышечное окоченение может быть ускорено наличием в мышцах молочной кислоты, вырабатываемой при физической нагрузке. Не было ли у него перед смертью жара? Опять-таки, он ускоряет мышечное окоченение. Не умер ли он от поражения электрическим током? Это также ускоряет процесс окоченения тела — возможно, за счет стимуляции мышечных клеток. Может, он умер перед камином? Тогда окоченение также наступит быстрее. В ванне с горячей водой? Тот же результат.

Причиной мышечного окоченения являются комплексные изменения, которые происходят, когда сердце перестает биться и мышечные клетки оказываются лишены кислорода, необходимого им для обменных процессов. Годами считалось, будто окоченение начинается с лица, как это может почувствовать любой, попытавшийся предпринять запоздалые попытки сделать искусственное дыхание. Теперь же известно, что окоченение развивается единообразно по всему телу, просто наиболее заметным оно становится сначала в самых маленьких мышцах — а они как раз и расположены главным образом в челюсти, вокруг глаз и на пальцах. Как правило, окоченение в этих местах можно почувствовать где-то через три часа после смерти. Затем оно будто бы распространяется по всему телу от головы до ног, хотя на самом деле происходит лишь постепенное затвердевание

ОБЩЕЕ ПРАВИЛО ЗАКЛЮЧАЕТСЯ В ТОМ, ЧТО ТЕЛО СТАНОВИТСЯ ХОЛОДНЫМ НА ОЩУПЬ В ТЕЧЕНИЕ 8 ЧАСОВ ПОСЛЕ СМЕРТИ. НО НА САМОМ ДЕЛЕ ТЕЛО МОЖЕТ ОСТАВАТЬСЯ ТЕПЛЫМ ДО 36 ЧАСОВ И ИЗ-ЗА ОСТАТОЧНЫХ ОБМЕННЫХ ПРОЦЕССОВ.

все более и более крупных мышц. Обычно мышцы твердеют быстрее, чем охлаждается тело, так что какое-то время окоченевший труп будет еще теплым. Да и длится оно не вечно: мышечное окоченение проходит уже через день-другой, и мышцы снова становятся мягкими.

В умеренном климате, как в Великобритании, мышечное окоченение может затронуть все мышцы тела — полное мышечное окоченение — в течение 12 часов. В жарких экваториальных странах окоченение может полностью наступить и затем исчезнуть всего за час. А у некоторых людей — маленьких детей, стариков или людей с истощенным организмом — мышечное окоченение будто бы и вовсе не наступает: так мало у них мышечной массы.

Сила его может потрясать: существуют известные фотографии, на которых окоченевший труп лежит между двумя креслами — голова на одном, ноги на другом — с прямой, как доска, спиной, и при этом без какой-либо дополнительной поддержки. Таким образом, проведение вскрытия окоченевшего тела связано с определенными проблемами — если, конечно, покойник не был так любезен погибнуть, лежа на спине с руками по швам.

У ТЕЛА, ЛЕЖАЩЕГО НА УЛИЦЕ В ХОЛОДНУЮ ПОГОДУ, МЫШЕЧНОЕ ОКОЧЕНЕНИЕ МОЖЕТ НЕ НАЧАТЬСЯ И НЕДЕЛЮ СПУСТЯ, ПРИ ЭТОМ ОКОЧЕНЕНИЕ МОЖЕТ БЫСТРО РАЗВИТЬСЯ, КАК ТОЛЬКО ТЕЛО ОКАЖЕТСЯ В ТЕПЛЕ МОРГА.

Проще всего дождаться, когда мышечное окоченение разрешится. К сожалению, такой возможности у судебно-медицинского эксперта, призванного помочь в расследовании убийства, нет — время работает против него.

Вскоре в тот вечер я покинул окровавленную комнату и оказался в морге. Покойный прибыл вскоре после меня. Его шея, челюсти, руки и колени уже окоченели, а умер он с отведенной за спину одной рукой и сложенной перед собой другой. Его правая нога была приподнята.

Чтобы провести вскрытие, мне нужно было положить его ровно на спину, так что я был вынужден выпрямить конечности. Для этого нужно приложить некоторую силу. Если рука согнута, мне нужно хорошенько надавить на сустав, чтобы разрушить химические связи между молекулами актина и миозина в клетках. Когда связь разрушена, руку можно положить плашмя на стол. Иногда же, если окоченение особенно сильное — например, если покойный был мускулистым юношей, чья работа была связана с подъемом тяжестей, — приходится звать на помощь работников морга. Чтобы преодолеть окоченение, необходимо с силой надавить на конкретный сустав, и он поддается не резко, как при переломе костей, а постепенно.

ОКОЧЕНЕНИЕ РАЗВИВАЕТСЯ ЕДИНООБРАЗНО ПО ВСЕМУ ТЕЛУ, НАИБОЛЕЕ ЗАМЕТНЫМ ОНО СТАНОВИТСЯ СНАЧАЛА В САМЫХ МАЛЕНЬКИХ МЫШЦАХ – ОНИ РАСПОЛОЖЕНЫ В ЧЕЛЮСТИ, ВОКРУГ ГЛАЗ И НА ПАЛЬЦАХ.

Этому же пациенту было 62 года, и справиться с мышечным окоченением не составило особого труда — достаточно было лишь энергично подвигать взад-вперед его руки — и мышцы обмякли.

Когда полицейские повторили свою просьбу, я использовал оба ненадежных параметра — температуру тела и мышечное окоченение, — чтобы получить примерный диапазон времени наступления смерти. Учитывая, конечно, наличие немалого количества других факторов. В данном случае я оценил, что с момента смерти прошло от четырех до шести часов.

— Отличная работа, док, — сказал старший детектив, только что вернувшийся в секционную после разговора по телефону. — Убивший его парень говорит, что это случилось где-то от половины пятого до пяти пополудни.

— Вы его уже взяли?

— Он сам сдался. Они состояли в гомосексуальной связи. Говорит, он вышел из себя.

Нехило он вышел из себя. На теле было восемь ножевых ран, одна из которых по-настоящему зияла снаружи — нож попал прямо в сердце.

Ножи оставляют такие четкие следы, а их рукоятки — кровоподтеки, что мне не составило труда прикинуть подробные размеры орудия убийства. Я впервые составил набросок ножа, основываясь на форме раны, и был изумлен, когда он в точности совпал по размерам с обнаруженным полицией на месте преступления кухонным ножом. Отныне Шеперд стал спецом по ножам.

Вдобавок (хотя сейчас, оглядываясь назад, мне это и кажется нелепым чрезмерным энтузиазмом) я решил, будто смогу в точности установить, что именно там произошло, основываясь на одних только ранах, а также пятнах крови в комнате. Именно так, в конце концов, и поступил бы профессор Симпсон.

Красноречивые брызги на стене давали понять, что первое, и смертельное, ранение было нанесено именно здесь. Удар был нанесен в верхнюю левую часть груди с последующим смещением ножа вправо. Классика. Это говорило о том, что убийца был правшой и они вместе с жертвой стояли, а также что он нанес удар, занеся нож над головой.

У МАЛЕНЬКИХ ДЕТЕЙ, СТАРИКОВ ИЛИ ЛЮДЕЙ С ИСТОЩЕННЫМ ОРГАНИЗМОМ МЫШЕЧНОЕ ОКОЧЕНЕНИЕ БУДТО БЫ И ВОВСЕ НЕ НАСТУПАЕТ, ТАК МАЛО У НИХ МЫШЕЧНОЙ МАССЫ.

После этого жертва упала на левую сторону кровати. Об этом говорило расположение пятен на простынях. А тоненькие брызги крови на потолке — ставшие результатом ее попадания туда с кончика ножа, когда нападающий занес его для нанесения новых ударов, — указывали на то, что убийца стоял над своей жертвой и нанес еще три удара.

Жертва скатилась с кровати и поползла к двери. Об этом свидетельствовал оставленный кровавый след. Последние четыре ранения были практически наверняка нанесены здесь, у двери, где жертва и умерла в луже крови. Вместе с тем убийца мог и не продолжать: самый первый удар был смертельным, и после попадания ножа в сердце жертве оставалось жить считаные минуты. То, что эти последние четыре раны были рядом друг с другом и как две капли воды походили одна на другую, говорило о том, что жертва к этому моменту уже была неподвижна — а может, и вовсе мертва. А что насчет размазанной крови на балясинах? Они определенно были оставлены запачкавшимся кровью любовником: к моменту, когда он добрался до двери, для жертвы уже все было кончено.

Убийца уже признался, однако я все равно был невероятно горд своими догадками, о которых решил непременно сообщить после вскрытия детективу.

— Ага, — сказал он без особого интереса.

— Смотрите, вот… — протянул я ему набросанную мной схему. Он ее брать не стал.

С еще большим пылом я предложил ему дать письменные показания с объяснением моей версии событий. Он сощурился и отвел взгляд.

— Да не, не стоит, док. Никто не станет его читать — парень раскололся.

Я был чрезвычайно разочарован. Так у меня впервые закралось подозрение, что полиции вовсе не нужно, чтобы я изображал Шерлока Холмса. Или даже Кейта Симпсона. Мой герой в первой половине XX века был незаменимым участником расследования преступления, и к следствию по делу об убийстве его привлекали на всех этапах: он обменивался теориями со старшими следователями, обсуждал улики с детективами на месте преступления. Мне тоже хотелось этим заниматься. Меня разрывало от желания дать полицейским понять, что именно, согласно моим навыкам и знаниям, произошло. Только вот расследования теперь проводятся совсем иначе. Место преступления теперь изучают столько разных специалистов, что полиция, получив от них отдельные факты, сопоставляет и интерпретирует их уже самостоятельно, делая собственные выводы. Конечно, такой подход может давать результат — при условии, что задействованные полицейские будут толковыми и опытными.

ДЛЯ СУДМЕДЭКСПЕРТА УДОБНЕЕ РАБОТАТЬ, КОГДА МЫШЕЧНОЕ ОКОЧЕНЕНИЕ У ТЕЛА РАЗРЕШИТСЯ. НО, К СОЖАЛЕНИЮ, ЭТОГО ЖДАТЬ НЕЛЬЗЯ: ВРЕМЯ РАБОТАЕТ ПРОТИВ ЭКСПЕРТА И СЛЕДСТВИЯ.

Затем решение о том, выдвигать обвинения или нет, принимает юрист Королевской прокуратуры. Ладно. Если только юрист не столкнется с трудностями в виде запутанных медицинских фактов.

Мне кажется, что система была бы куда более эффективной, если бы мы все садились за один стол, чтобы обсудить особенно сложное и запутанное дело — полицейские и следователи, судмедэксперты и криминалисты, специалисты по разбрызгиванию крови, токсикологи, специалисты по баллистике — и попытаться разобраться в имеющихся фактах. К сожалению, теперь такого практически не бывает.

Я ВПЕРВЫЕ СОСТАВИЛ НАБРОСОК НОЖА, ОСНОВЫВАЯСЬ НА ФОРМЕ РАНЫ, И БЫЛ ИЗУМЛЕН, КОГДА ОН В ТОЧНОСТИ СОВПАЛ С ОБНАРУЖЕННЫМ ПОЛИЦИЕЙ НА МЕСТЕ ПРЕСТУПЛЕНИЯ КУХОННЫМ НОЖОМ.

10

Постепенно места преступлений и вскрытия стали моей рабочей рутиной. Сначала меня назначали на самые простые дела. Они все были разные, однако в них неизменно все было однозначно. Сплошная банальность. Только на самом деле в месте преступления нет ничего банального — просто мы все так стараемся их воспринимать. Неподвижное тело, порой чудовищно изуродованное, лежит в окружении суетящихся серьезных профессионалов, которые всячески с ним взаимодействуют, одновременно с этим каким-то образом оставаясь отстраненными от всего ужаса произошедшего.

И лишь где-то в стороне, на безопасном расстоянии, находятся горе и потрясение скорбящих родных. Судмедэксперты знают, что даже самые рядовые случаи становятся для кого-то тяжелейшим ударом. На этом этапе своей карьеры я все еще был решительно настроен по возможности держаться от этого удара подальше. Вместе с тем я понимал, что рано или поздно взаимодействия с живыми будет уже не избежать.

Дома у меня были подрастающие дети и вся в хлопотах жена. Я принимал активное участие в воспитании детей, что, пожалуй, было необычно для тогдашних мужчин. Однако таким был и мой отец, и выделять время на детей стало для меня бóльшим приоритетом, чем для многих других мужчин моего поколения.

Тем не менее мне пришлось учиться тому, чтобы, придя домой, оставлять морг позади. Мне нужно было забыть обстановку морга, его запахи, забыть про только что осмотренную мной жертву убийства, а также стянуть с себя маску клинической отчужденности при входе в повседневный мир дневного света и детей. Разумеется, это давалось непросто. Моя маска была плотно натянута. Так что, пожалуй, снять ее до конца мне удавалось не всегда. И моя жена уж точно была этим недовольна. Джен понимала, почему мне нужно вести себя отстраненно, но вместе с тем говорила, что я уж слишком часто вел себя по-научному отстраненно в жизни. У нас дома. В наших с ней отношениях, которые теперь стали натянутыми.

Несколькими годами ранее Джен, которой всегда нравилось быть медсестрой и патронажной сестрой, застенчиво сообщила мне, что втайне ей всегда хотелось стать врачом. В школе ей не удалось многого добиться, так как у ее отца были крайне консервативные, самые что ни на есть колониальные взгляды относительно того, какие профессии подходят женщинам, а также о необходимом для них образовании. Кроме того, у нее была легкая форма дислексии, что еще больше отразилось на ее раннем образовании.

У меня не было никаких сомнений по поводу ее способностей или интеллекта, и когда она сказала мне о своих амбициях, я пообещал поддерживать ее все те долгие годы, что ждали впереди. Теперь же я с гордостью смотрел за тем, как она получает заочное образование, чтобы поступить в мою альма-матер, Университетский колледж Лондона. Она была уже на пути к тому, чтобы получить диплом врача.

Конечно, это значительно усложнило нашу жизнь: не хватало времени, не хватало денег. Я получал весьма прилично, однако нянечки обходились дорого, да и Джен пока что сама не зарабатывала. Очень часто моя работа пересекалась с ее учебой, и тогда кому-то из нас приходилось уступать. Наша жизнь была неспокойной и сложной, и наши отношения прогибались под всей этой нагрузкой.

Криминалистический анализ нашего брака выявил бы скопления мимолетных бесед: пока один из нас спешил домой, другой спешил по делам, и наше общение зачастую ограничивалось непродолжительными встречами, свиданиями, родительскими собраниями, спортивными состязаниями в школе, совместной дорогой.

МНЕ ПРИШЛОСЬ УЧИТЬСЯ ТОМУ, ЧТОБЫ, ПРИДЯ ДОМОЙ, ОСТАВЛЯТЬ МОРГ ПОЗАДИ, СТЯНУТЬ МАСКУ КЛИНИЧЕСКОЙ ОТЧУЖДЕННОСТИ ПРИ ВХОДЕ В ПОВСЕДНЕВНЫЙ МИР ДНЕВНОГО СВЕТА И ДЕТЕЙ.

Прекрасное воскресное летнее утро. Дети, все еще маленькие, вылетают в сад, словно стрелы, как только я открываю заднюю дверь. Я, румяный судмедэксперт, всегда готовый устремиться на место преступления и получающий дозу адреналина каждый раз, когда звонит телефон в дни моего дежурства. Джен, уже почти врач, все время за книгами. Я как раз собирался приготовить завтрак.

С улицы закричали дети: «О нет!» Звонит телефон. В столь ранний час утром это может означать только одно. Я стал размышлять над возможными вариантами. Возможно, так как это было воскресенье, кто-то попросту умер в результате ночной пьяной драки. Я так и почувствовал, как Джен вздыхает наверху. Представил, как она сидит, упершись локтями в стол, обхватив голову руками.

Мне и правда было неудобно. Она с рассвета села за свои книги, и я пообещал ей весь день присматривать за детьми. Если не зазвонит телефон. Но он зазвонил, и теперь Джен была вынуждена принять на себя удар из-за пьяной потасовки.

Голос сообщил мне, что жертва — белый европеец. Что ж, тогда уж наверняка кто-то вчера не поладил в пабе. Смущало только одно: звонивший представился мне главным детективом-инспектором, который сообщил, что будет ждать меня в морге со старшим детективом. Самые шишки. В выходные. С этим делом явно все было не так-то просто.

— Какой морг? — спросила Джен, вставая из-за стола. — Вестминстер?

— Суиндон.

Она не поверила своим ушам.

— Суиндон? В Уилтшире?

Я кивнул. Она вздохнула:

— Ну тогда до вечера.

Когда я приехал в Суиндон, оба старших детектива уже ждали меня вместе с полицейским и следователем. Работник морга протянул мне чашку чая, и старший детектив начал:

— Юноша был за рулем. Содержание алкоголя в крови выше допустимой нормы. На повороте проселочной дороги не справился с управлением. Его девушка была на переднем сиденье, и, по сути… эм-м, у тебя есть ее показания, Джон?

Детектив-инспектор кивнул и открыл папку. Он пролистал несколько страниц печатного текста.

— Итак… парень проработал всю ночь в пятницу, скорее всего, был на ногах всю субботу, немного выпил, так что он уставший и пьяный, а на часах тем временем шесть вечера. Освещение хорошее, но дорога немного влажная. Он забрал свою девушку, чтобы отвезти к себе домой и провести ночь вместе. Они заходят в вираж, и навстречу им несется фургон, и тогда она говорит…

Он перемещает пальцы на нужные строки внизу страницы.

«Я закричала: „Господи, Майкл, осторожно!" — и он сразу же дернул машину влево. Та часть машины, в которой сидел Майкл, врезалась в фургон со стороны водителя. В момент удара я закрыла глаза. Когда я их открыла, обе машины были неподвижны, хотя внутри салона все еще летали осколки стекла. Я посмотрела на Майкла — его голова была запрокинута назад, глаза закрыты.

Я подумала, что он потерял сознание. Я потрясла его, и он уселся прямо, как стрела, словно я его только что разбудила.

Я видела, что другой водитель выбрался из машины. А потом появился этот человек. Не знаю, откуда он взялся. На нем были шорты без футболки, и он был сильно загорелым. Он был похож на рабочего».

Старший детектив добавил: «Он и правда работал в своем саду неподалеку и услышал аварию».

Его коллега кивнул и продолжил читать.

«Мужчина поинтересовался, все ли у нас в порядке. Майкл выбрался через окно и стал обходить машину спереди. Потом принялся доставать осколки и пинать их ногой, он выглядел очень злым и расстроенным. Мне тоже было не по себе. У меня была истерика. Майкл все продолжал пинаться и выплескивать свою ярость.

Я достала сигарету и подкурила ее, другую протянула Майклу. Тогда мужчина с голым торсом сказал: „Не поджигай сигарету, в машине разлился бензин".

Майкл сказал ему, чтобы тот не лез не в свое дело, и мужчина с голым торсом что-то ответил Майклу, я не слышала, что именно, но тот окончательно вышел из себя, и завязалась драка».

Детектив перестал читать и посмотрел на меня. Они оба смотрели на меня, словно ожидая каких-то комментариев.

Я спросил: «Так что же случилось в ходе драки?»

«Майкл попытался ударить мужчину с голым торсом, но промахнулся. Мужчина ударил его в ответ, вот и все».

Не может быть, чтобы на этом было все. Почему они не хотят рассказать мне больше? Я спросил: «Ну а что говорит девушка?»

Детектив зачитал: «Мужчина с голым торсом сжал свой правый кулак и ударил Майкла прямо в лицо, то ли в нос, то ли в рот. К этому времени рядом остановилась еще одна машина. Из нее вышел мужчина с проседью, он схватил Майкла сзади и скрутил ему руки, чтобы сдержать, и тут Майкл стал фиолетово-красным и отключился. Мужчина как бы отпустил его, и он упал на землю».

Детектив снова сделал паузу. Но я знал, что и это не все.

«Еще что-нибудь?» — сказал я, чтобы тот продолжал читать.

«К этому времени начался сильный дождь. Мужчина с голым торсом принялся достаточно сильно трясти Майкла, пытаясь привести его в чувства. Он говорил: „Ну, давай же, вставай!" — но Майкл не двигался, и я видела, что ему совсем плохо — вид у него был ужасный. Фиолетово-красный оттенок пропал. Им не удалось привести его в сознание. Остановился пожилой мужчина на „Сьерре" и накрыл его курткой, чтобы он не замерз до приезда „Скорой". Когда моя „Скорая" уехала, „Скорая" Майкла все еще была там».

Старший детектив закончил рассказ: «Так и не пришел в сознание. Из Суиндона его направили в Оксфорд на компьютерную томографию, после чего привезли обратно в Суиндон. Где он и скончался сегодня утром».

Он протянул мне медицинские записи из Оксфорда. Я глянул на них и кивнул.

«Итак, вы хотите знать, имеете ли вы дело с дорожным происшествием или с убийством?»

На слове «убийство» они аж вздрогнули. Я снова задумался о том, с какой стати собралось все начальство. Погибший был знаменит? С большими связями?

Старший сказал: «Девушка подняла шумиху, говорит, что парень с голым торсом убил Майкла, и теперь его семья тоже начала поднимать шумиху».

Я встал. «Что ж, давайте тогда на него глянем».

«Хорошо, — сказал старший полицейский, и мы зашли в секционную, где нас уже ждало тело парня. — Это Майкл Росс».

Его имя мне ни о чем не говорило, и я частично ожидал, что узнаю лицо. На нем были порезы и кровоподтеки, однако я все равно мог разглядеть за ними красивого молодого человека с густыми вьющимися темными волосами вокруг лба, который выглядел как рок-звезда. Знакомым, однако, его лицо не было.

«Сколько ему?»

«Двадцать четыре».

Я начал делать записи, а когда поднял голову, то увидел, что прибыл фотограф. Он стоял в ожидании указаний от меня.

«Сфотографируйте все тело спереди. Затем несколько крупных планов лица и шеи, затем нужно снять кровоподтеки на коленях, будьте так добры. Ах да, и еще эта драка, в которую он ввязался…»

«Предполагаемая драка», — поспешил меня поправить старший детектив.

«…сфотографируйте, пожалуйста, руки, чтобы запечатлеть его костяшки».

Я нацарапал:

«Свежие поверхностные ссадины, в основном вертикальные, на лбу, спинке носа и слева на подбородке. Полученный недавно кровоподтек (8×2 см) в нижней части шеи справа, по диагонали».

Я отметил раны Майкла на схематическом изображении человеческого тела, после чего присмотрелся к его зубам.

«Никаких признаков удара в область челюсти», — сказал я. Казалось, комната немного пришла в движение, однако, когда я поднял голову, все стояли неподвижно.

Я НАСТОЛЬКО БЫЛ ВОСХИЩЕН УСТРОЙСТВОМ ЧЕЛОВЕЧЕСКОГО ТЕЛА И СВОИМИ НАХОДКАМИ, ЧТО НИ РАЗУ НЕ ИСПЫТЫВАЛ ОТВРАЩЕНИЯ К ТРУПУ И ВСКРЫТИЮ.

На теле также был ряд старых кровоподтеков и рубцов, которые я записал, а также описал татуировки Майкла. На спине никаких следов обнаружено не было. Сфотографировав ее, мы перевернули его обратно, чтобы начать вскрытие. Детективы наблюдали с каменными лицами. К этому моменту обычно у кого-то зеленеет лицо. Удивительно, но на этот раз этим человеком оказался старший детектив.

«Нужно снова к этому привыкать; я уже много лет не был на вскрытии, — сказал он в свое оправдание. — Меня только что перевели обратно из отдела по борьбе с мошенничеством».

С тех пор как молодого полицейского вырвало на моем первом самостоятельном вскрытии, я немало размышлял об отвращении, связанном со вскрытием трупа. Рвотный рефлекс может сработать у любого, кому по работе приходится присутствовать на вскрытии.

Я задумался, почему сам никогда, ни единого раза не испытывал подобного отвращения. Ответ: настолько я был восхищен устройством человеческого тела в целом и своими находками в частности. Я решил, что если смогу поделиться своим восхищением с остальными, то, возможно, помогу им справиться с их ужасом. Моя теория заключалась в том, что если я смогу вовлечь их в процесс, буду объяснять свои действия, то они перестанут чувствовать себя беспомощными, потрясенными наблюдателями.

Напряженная тишина, в которой я проводил свое первое вскрытие, и то, что того полицейского затошнило, не могло быть случайным совпадением. Поэтому я решил, что, как только в следующий раз кому-то станет совсем не по себе, я приведу свой план в действие и не стану молчать. Вежливо, но при этом застенчиво пробормотать: «Эм-м, вы в порядке?» — старшему детективу с позеленевшим лицом будет явно недостаточно.

РЕЗАТЬ МЕРТВУЮ КОЖУ ВСЕ РАВНО ЧТО РАЗДЕЛЫВАТЬ КУРИЦУ: СУСТАВЫ ПОДДАЮТСЯ ЛЕГКО, ЕСЛИ ВЗЯТЬ ОСТРЫЙ НОЖ.

Я заговорил с ободряющей, как надеялся, интонацией: «Как некоторые из вас знают, мне предстоит проверить органы внутри тела — не только на травмы от аварии, не только на повреждения от последовавшей перепалки, но также убедиться, не было ли каких-то других, менее очевидных факторов, способствовавших его смерти, — например какой-то болезни. Так что я внимательно осмотрю все его внутренние органы».

Старший детектив кивнул. Медленно. В комнате царила тишина.

«Можете включить музыку? — спросил я у работника морга. — Что-нибудь из классики было бы к месту».

Они включили радиостанцию Radio 1. Я бросил взгляд на старшего детектива. Может быть, пустая фоновая болтовня успокоит его нервы. Громкость, впрочем, я попросил убавить.

Резать мертвую кожу все равно что разделывать курицу: суставы поддаются легко, если взять острый нож. Если трудности и возникают, то дело не в силе нажима, а в естественной эластичности кожи, а у молодого и здорового Майкла эта эластичность была. Разрезая лежащую под кожей жировую ткань — а она есть в той или иной мере у всех, даже у таких худощавых людей, как Майкл, — я мельком глянул вверх. Дела у старшего детектива были плохи. Радио не помогало. Пришло время снова начать говорить, чтобы проверить мою теорию, что информация — любая информация — действует успокаивающе.

«Я уже почти добрался до грудной полости. С этого момента можно забыть, что мы вообще препарируем человека, но это ни в коем случае не будет ущемлением достоинства Майкла. Вы все резали мясо, так тут все те же цвета и текстуры. Вскоре вы увидите, что печень ничем не отличается от той печени, что вы покупаете в мясной лавке. Та же история с почками. И вот эта мышца, которую я режу сейчас, что ж, она всегда напоминала мне сочный стейк».

«ДА НИЧЕГО, ОН УЖЕ НИЧЕГО НЕ ЧУВСТВУЕТ, — ПОДБАДРИВАЮЩЕ СКАЗАЛ ОН СТАРШЕМУ ДЕТЕКТИВУ. — ЧЕРТОВСКИ ХОРОШЕЕ ОБЕЗБОЛИВАЮЩЕЕ — СМЕРТЬ».

«Кому-нибудь картошечки?» — игриво сказал детектив-инспектор.

Никто не ответил, но старший детектив снова постарался кивнуть. Словно мы вели культурную беседу. Только вот он не смотрел мне в глаза, когда я с ним разговаривал: его взгляд был прикован к Майклу Россу.

Я продолжил свою работу. Старший полицейский, казалось, не обращал внимания на дискомфорт своего начальника, однако следователю это явно доставляло удовольствие.

«Да ничего, он уже ничего не чувствует, — подбадривающе сказал он старшему детективу. — Чертовски хорошее обезболивающее — смерть».

Я снова глянул на детектива. Хм. Продолжай говорить.

«Разумеется, мне нужно будет внимательно изучить мозг и шею Майкла. Судя по медицинским записям, именно там я должен найти следы повреждений, вызванных аварией и дракой. В смысле предполагаемой дракой. Но по этим записям я могу только ориентироваться — нельзя ограничиваться только ими. Я все равно должен тщательно изучить каждый орган на случай, если врачи что-то упустили».

Судя по виду всех присутствовавших, даже следователя, перспектива осмотра мозга Майкла никому не показалась привлекательной. Я решил даже не пытаться говорить им, как увлекательно это будет.

Майкл был достаточно здоровым юношей, однако, несмотря на свой молодой возраст, сильное пьянство уже начало на нем сказываться. Его сердце было слегка увеличенным, а в печени начали образовываться жировые прослойки — два возможных признака злоупотребления спиртным. Я был уверен, что самое интересное обнаружу в его мозге, и, как и ожидалось, когда я его приподнял, оказалось, что он заполнен кровью. Хлопнула дверь. Мне не нужно было поднимать голову, чтобы понять, кто именно вышел.

Я попросил фотографа сфотографировать мозг целиком — чтобы провести гистологический анализ, мне нужно будет его разрезать. Наверное, я попрошу взглянуть на снимки своего коллегу, специализирующегося на патологиях мозга. Мне также нужно было максимально подробно осмотреть шею Майкла — в морге этого было не сделать. Так что я подготовил фиксатор для транспортировки. Оставшиеся полицейские отшатнулись от резкого запаха формалина, когда я перевернул тело и принялся аккуратно отделять ткани шеи вместе с сопутствующими артериями. Я поместил их в специальный контейнер, стараясь не повредить позвонки.

«Хорошо, что я на машине, — положу это в багажник», — сказал я, отдав контейнер работнику морга, чтобы тот его опечатал.

«Вы же не стали бы перевозить это в поезде?!» — воскликнул старший полицейский.

«Иногда приходится, — признался я. — Выглядит странновато, но я просто надеюсь, что пассажиры решат, будто я еду на рыбалку. Конечно, никому и в голову не придет, что у меня там. Если, конечно, не учуют запах».

«Ладненько, — сказал веселый работник морга. — Всем по чаю».

Я пошел в раздевалку, чтобы умыться и переодеться. Полицейские заняли пустующую комнату для родных — когда я зашел, они сидели кружком и пили чай. Это была тихая комнатка в тусклых тонах. Вдоль одной из стен стоял большой аквариум, в котором шумно плавали две рыбки. Понятия не имею, почему в комнатах для родных в морге всегда стоят аквариумы.

Лицо старшего детектива было мертвенно-бледным. Он не столько сидел на своем стуле, сколько на него опирался и уж точно не был настроен на разговоры, вместо этого бросая взгляды на детектива-инспектора.

Детектив-инспектор спросил: «Итак, что вы думаете, док?»

«Понадобится время, прежде чем вы получите от меня полный отчет, так как мне предстоит проделать еще много работы с мозгом и шеей, чтобы подтвердить обнаруженное. Но я могу вам неофициально высказать вкратце свое мнение уже сейчас, если хотите».

«Да, будьте добры», — сразу же сказал он, обменявшись взглядами со старшим детективом. Что же было в этом деле такого, из-за чего начальство так переживало?

«Что ж, я не думаю, будто удар — предполагаемый удар — имеет какое-либо отношение к смерти Майкла Росса. Он был убит в результате столкновения при аварии», — сказал я.

Детектив-инспектор попытался сдержаться, но у него ничего не вышло. Он улыбнулся. Даже старший детектив, все еще бледный и еле прихлебывающий чай, умудрился скорчить нечто отдаленно похожее на довольную гримасу.

ПОНЯТИЯ НЕ ИМЕЮ, ПОЧЕМУ В КОМНАТАХ ДЛЯ РОДНЫХ В МОРГЕ ВСЕГДА СТОЯТ АКВАРИУМЫ.

«Вы уверены? — радостно спросил инспектор. — Как вы можете быть уверены?»

«Осмотр показал, что Майкл остановился очень резко — травма от ремня безопасности на правой стороне шеи это подтверждает. Полагаю, что резкая остановка привела к сильной хлыстовой травме позвоночника. Так как спина была расположена непрямо — а, согласно показаниям его девушки, он в момент аварии отчаянно крутил руль, из-за чего позвоночник мог оказаться еще и закручен, — произошел разрыв одной или нескольких артерий, идущих вдоль позвоночника. Кровь из поврежденных артерий попала в черепную коробку: у него было субарахноидальное кровоизлияние, которое его и убило».

«Хлыстовая травма. Это была хлыстовая травма!» — воскликнул, сияя, инспектор.

«Кровоизлияние в мозг...» — пробормотал старший детектив.

«Вызванное столкновением!» — закончил за него фразу детектив.

Я добавил: «Субарахноидальное кровоизлияние может быть связано с какими-то генетическими проблемами, а я пока не могу со стопроцентной вероятностью исключить наличие наследственной проблемы. С другой стороны, травма также вызывает такое кровотечение, и в данном случае оно практически наверняка стало результатом аварии».

Полицейский выглядел куда серьезнее своего начальства. Он наблюдал за плавающими вверх-вниз по аквариуму рыбами.

«Док… а откуда вы знаете, что кровоизлияние не было вызвано травмой, полученной в драке; в смысле в предполагаемой драке?»

«Если бы кровоизлияние было вызвано дракой, то я бы обнаружил гораздо больше повреждений мягких тканей. У него же лишь один кровоподтек на лице, который мог быть получен от удара. Думаю, это слишком незначительная травма, которая не могла привести к подобным последствиям, но я все внимательно проверю, когда буду осматривать шею. Практически все остальные раны на лице, как по мне, выглядят, словно получены от осколков лобового стекла».

Инспектор сказал: «Родственники Майкла Росса потребуют объяснить, как ему удалось выбраться из машины, пройтись, покурить, поссориться, вступить в драку. Если у него было кровоизлияние в мозг. Пока другой парень, тот, что был с голым торсом, его не ударил».

«Отсроченная смерть — довольно обычное дело при таком кровоизлиянии. Может пройти несколько минут, а порой и часов, пока кровь из поврежденной артерии не попадет по каналу в мозг. Ему удалось сделать все вышеперечисленное в этот сознательный период, который порой предшествует смерти от субарахноидального кровоизлияния».

Они все переглянулись.

«Значит… вы уверены, что драка тут ни при чем?»

«Мне так кажется. Но такие кровоизлияния обнаруживаются и после дорожных аварий, и после пьяных драк, так что мне нужно будет еще много всего проверить, прежде чем я смогу сказать наверняка. Думаю, результаты анализов покажут, что Майкл был приговорен в момент аварии, и драка ничего не поменяла».

Так мне казалось. Совпадение по времени, конечно, было весьма неудачным, так как парень, казалось, умер от удара мужчины. Мне предстояло хорошенько потрудиться, чтобы доказать свою теорию, а также быть готовым ее изменить, так как непременно должно было быть второе вскрытие.

Полицейские уселись обратно на свои стулья и переглянулись.

«Если вы уже выдвинули обвинения в убийстве против человека с голым торсом, то на вашем месте я бы их снял, так как они вряд ли подтвердятся. Думаю, его можно обвинить в нападении», — предложил я.

Они молчали.

Я спросил: «У Майкла Росса лицо и печень рок-звезды. Он что, какая-то знаменитость?»

Они покачали головами.

«Итак... почему тогда здесь в воскресное утро собрались главный инспектор и старший детектив?»

Старший детектив посмотрел на меня. Инспектор тоже поднял глаза. «Между нами, док, мы здесь из-за того, что ситуация получилась неприятная».

Я ждал. Казалось, полицейским не по себе. Наконец старший детектив заговорил:

«Мужчина с голым торсом. Тот, что ударил Майкла. Это был полицейский не при исполнении».

Так вот в чем было дело.

«Мы не стали говорить раньше, так как не хотели как-то на вас повлиять».

Я сказал холодно: «Вы бы никак на меня не повлияли. Вскрытие рассказывает свою собственную историю». Нет, это было совсем неуместно. Слишком помпезно, как если бы меня периодически обескураживало количество различных версий истины, с которыми я сталкивался. «Даже если бы мне захотелось проигнорировать горькую правду, обычно проводится второе вскрытие, так что я попросту не смог бы этого сделать», — добавил я.

Но старший детектив меня не слушал. Со все еще мертвенно-бледным лицом тихим голосом он сказал: «Вы даже не представляете, как сильно я переживал из-за этого дела. Оно могло очернить полицию, и, между нами, про этого полицейского раньше уже поговаривали; он выходит из себя и… конечно же, нам не хотелось верить, что он убил человека, однако в прошлом он… что ж, как бы то ни было, ваши слова стали для нас большим облегчением, док».

МОЖЕТ ЛИ ПРИСУТСТВИЕ НА ВСКРЫТИИ ПРИВЕСТИ К ПСИХОЛОГИЧЕСКОЙ ТРАВМЕ?

«Дело в том, — сказал полицейский, который явно знал человека с голым торсом, — что я теперь понимаю, как все случилось. Со стороны водителя, Майкла Росса, было идиотизмом курить рядом с машиной, когда на дороге разлит бензин, и когда Митч сказал ему об этом, тот начал спорить. Вот Митчу и пришлось его заткнуть. Я прямо представляю себе это».

«Одно дело убедить жертву ДТП соблюдать осторожность, и совершенно другое — выходить из себя и кидаться на него с кулаками», — сказал инспектор.

Теперь, когда они знали, что действия полицейского не способствовали наступлению смерти, они, казалось, дали себе волю обсудить ситуацию. Даже старший детектив немного присоединился к разговору.

«Вам уже лучше?» — спросил я у него перед уходом.

Он кивнул, однако мне показалось, что его лицо все еще выглядело позеленевшим и перекошенным. После этого я задумался, не может ли присутствие на вскрытии на самом деле привести к психологической травме. Мне нужно как-то позаботиться о том, чтобы этого не допустить. Сегодня я старался изо всех сил. Что еще я мог бы сделать?

Уходя по коридору, я все еще слышал голоса споривших полицейских. Я поехал домой вместе со своим странным грузом в багажнике.

«Фу, папа, ну от тебя и воняет», — сказала моя дочка. Анна никогда не любила деликатничать. Джен с радостью вернулась к своим книгам, а я приготовил ужин, после чего, когда мое дежурство официально закончилось, позволил детям убедить себя выгулять собаку в парке.

Я посадил всех троих в машину.

— Анна, ремень, — сказал я.

— Нет.

— Ремень.

— Мне не нравится мой ремень.

— По закону мы не обязаны пристегиваться, — заверещал Крис. — Потому что мы на заднем сиденье. — В те дни это действительно было так.

Майкла Росса тот ремень не спас, однако мне уже доводилось видеть множество смертей, которых можно было избежать, будь жертва пристегнута. Я никогда бы не стал рисковать отправляться в дорогу непристегнутым.

— Я не собираюсь пристегиваться! — заявила Анна. — В любом случае это нечестно, потому что Дилли ты пристегиваться не заставляешь.

Дилли завиляла хвостом.

— Ладно. Тогда мы никуда не едем, — спокойно сказал я.

И чтобы показать, что готов сидеть в машине, пока она не пристегнется, я достал сигарету, закурил и продолжал курить, пока моя дочка не выполнила все требования техники безопасности. Затем мы тронулись в парк. Знаю, знаю. Но окно-то я открыл.

РАБОТА С ТРУПАМИ ПОМОГЛА МНЕ ПОНЯТЬ, ЧТО СМЕРТЬ МОЖЕТ НАСТУПИТЬ СОВСЕМ ВНЕЗАПНО, ТАК ЧТО Я УМЕЮ ПО-НАСТОЯЩЕМУ НАСЛАЖДАТЬСЯ ТЕМ ХОРОШИМ, ЧТО ДАЕТ ЖИЗНЬ.

Как видите, я помешан на безопасности — своей и своих детей — не меньше остальных. Что ж, работа с трупами помогла мне понять, что смерть может наступить совсем внезапно, так что я умею по-настоящему наслаждаться тем хорошим, что дает жизнь. В тот вечер я наслаждался парком, наслаждался всеобщим смехом, когда купал детей, а потом с удовольствием прочитал им сказки перед сном, поцеловал их и уложил в кровать.

Позже Джен устроила перерыв, и мы уселись вместе в саду. Как это обычно бывало по воскресеньям, мы сверяли свои планы на неделю, чтобы понять, как нам справиться со своими многочисленными обязанностями. Мы не могли себе позволить дополнительно платить нянечке, так что каждую неделю приходилось тщательно планировать свое время.

Закончив, мы откинулись в своих креслах и закурили. Вечер был такой тихий и безветренный, что дым от сигарет поднимался ровной вертикальной струйкой. Было приятно расслабиться, наблюдая за заходящим солнцем. А расслабиться без сигарет для нас было просто чем-то немыслимым. Мы прекрасно понимали, каковы последствия у этой привычки: мне частенько доводилось созерцать легкие, покрытые, как это ни странно, красивым, но в то же время смертельным налетом из продуктов горения. Как бы то ни было, мы рассматривали сигареты как неотъемлемую составляющую нашей полноценной и полной хлопот жизни.

На следующий день я побольше разузнал про субарахноидальное кровоизлияние. Оказалось, что жертва зачастую проявляет агрессию в этот период, когда ей, казалось бы, становится лучше: период между несчастным случаем и смертью, когда Майкл Росс и затеял драку. Спиртное, которое зачастую играет в этих кровоизлияниях свою роль, определенно усугубляет ситуацию за счет повышения кровяного давления, что увеличивает вероятность разрыва поврежденных артерий.

Казалось бы, в деле Майкла все было как по учебнику, однако мне все равно предстояло проделать еще много работы. Мне предстояло не только сделать рентгеновский снимок позвоночника для подтверждения хлыстовой травмы, но также выполнить несколько поперечных разрезов позвоночных артерий, чтобы найти образовавшийся разрыв и показать, как именно он привел к кровоизлиянию.

Мне позвонил старший детектив.

— Семья Майкла Росса требует повторное вскрытие. Они думают, что мы защищаем своего, и угрожают завести на полицейского гражданское дело, если мы не выдвинем ему обвинений в убийстве.

— А вы им разве не объяснили, что мне удалось обнаружить?

— Они и слышать от меня ничего не хотели. Они собираются привести собственного судмедэксперта.

— Обычное дело.

Он назвал судмедэксперта, выбранного родственниками. Я обрадовался.

— Ох да, я его знаю, и он очень хорош.

Старший детектив звучал менее довольным.

— Хотят провести это вскрытие послезавтра.

— Я буду там.

Когда проводится повторное вскрытие — а такое происходит часто: к примеру, этого может потребовать адвокат, защищающий в суде своего обвиненного в убийстве клиента, — присутствие первого судмедэксперта является обычным делом, хотя этого никто от него не требует. Я решил, что будет одновременно полезно и интересно понаблюдать за вскрытием, проведенным столь уважаемым коллегой.

КОГДА ПРОВОДИТСЯ ПОВТОРНОЕ ВСКРЫТИЕ — ПРИСУТСТВИЕ ПЕРВОГО СУДМЕДЭКСПЕРТА ЯВЛЯЕТСЯ ОБЫЧНЫМ ДЕЛОМ, ХОТЯ ЭТОГО НИКТО ОТ НЕГО НЕ ТРЕБУЕТ.

Перед вторым вскрытием я еще подробнее осмотрел ткани мозга, убедившись, что кровоизлияние не вызвала какая-нибудь врожденная аневризма. И я продолжил медленно и осторожно рассекать позвоночные артерии, фотографируя каждый свой шаг, пока не нашел вызвавший кровоизлияние разрыв. Я отправил образцы с фотографиями судмедэксперту, выбранному родными Росса, а также еще одному невропатологу, который также собирался присутствовать на повторном вскрытии.

По завершении вскрытия невропатолог с судмедэкспертом переговорили, после чего составили подробный отчет, полностью подтвердивший все мои выводы. Судмедэксперт согласился, что хлыстовая травма, вызванная не только резким ударом по тормозам, но и судорожным поворотом руля, привела к смещению позвонков. Из-за этого смещения произошел разрыв переносящей кровь к мозгу артерии, что и привело к кровоизлиянию.

Он сказал: «То, что он ходил, курил, разговаривал, спорил и дрался, могло ускорить кровоизлияние, однако я очень сильно сомневаюсь, что смерти можно было избежать. Несколько минут спустя крови скопилось столько, что мистер Росс потерял сознание, и с этого момента смерть точно была неизбежной».

Мой отчет о вскрытии пришелся полиции по душе, и после аналогичных результатов второго вскрытия никаких сомнений в причине смерти больше и быть не могло. Но предположим, что полученные мною данные были бы не такими однозначными и полицейские решили бы на меня надавить, чтобы оправдать одного из своих, что тогда? Небольшого изменения формулировки в конце отчета (с «существует вероятность, что…» на «маловероятно, что…») могло бы оказаться достаточно, чтобы повлиять на решение Королевской прокуратуры о выдвижении обвинений. Насколько было бы тяжело противостоять подобному давлению, исходи оно от лондонской полиции, от людей, с которыми я постоянно работаю и поддерживаю дружеские отношения?

Я СТАЛ СУДЕБНО-МЕДИЦИНСКИМ ЭКСПЕРТОМ, ЧТОБЫ ВСКРЫВАТЬ ПРАВДУ. Я ДОЛЖЕН СТОЯТЬ ЗА ПРАВДУ ГОРОЙ, КАК БЫ СИЛЬНО МЕНЯ НИ УБЕЖДАЛИ ЕЕ ИСКАЗИТЬ.

Я напомнил себе, что стал судебно-медицинским экспертом, чтобы вскрывать правду. Это означало, что я должен стоять за правду горой, как бы сильно меня ни убеждали ее исказить. Теперь-то я понимаю, что это лишь благородные мысли увлеченного молодого человека с недостатком опыта. За моими плечами было еще недостаточно много дел, чтобы понять, насколько гибкими являются понятия истины для некоторых людей, а также насколько любая правда подвержена изменениям в зависимости от толкования, чьей-то интуиции и предрассудков, даже если речь идет, казалось бы, о научно доказанных фактах. Хотя мне уже и доводилось видеть некоторые примеры эластичности правды. В суде, например. Однако в целом я продолжал заблуждаться, будто можно найти такой моральный путь, который все вокруг посчитают правильным и безупречным.

11

Кто-то должен был выступить на обучающем курсе для отдела уголовного розыска, и я был рад узнать, что настала моя очередь. В полиции проводится много курсов, посещать которые полицейские обязаны. Некоторые, впрочем, даже не пытаются скрыть, что с куда большим удовольствием играли бы в гольф или даже работали, чем сидеть в лекционном зале.

Я же, впрочем, не сомневался, что сегодня мне удастся завладеть их вниманием, поскольку моим предметом было человеческое тело после смерти. Полиция редко присутствует в момент смерти. Они неизбежно прибывают после случившегося, порой спустя весьма долгое время. Моя лекция была призвана дать им понять, что они могут обнаружить.

Я начал с объяснения, что смерть — это длительный процесс. И когда этот процесс умирания организма завершается, он запускает целый ряд других процессов, которые в конечном счете возвращают нас в землю, замыкая круговорот жизни.

У меня над головой загорелся экран, и полицейские вытянули ноги. Некоторые отпили кофе и расслабились с видом мужчин, которые устраиваются со своей женой на диване, чтобы посмотреть документальный фильм Дэвида Аттенборо о дикой природе.

Мне не хотелось вдаваться в научные подробности, так что я кратко рассказал, что кислород жизненно необходим всем клеткам нашего тела. Он упрощает множественные химические реакции в клетке, необходимые ей для поддержания жизни: это называется обменом веществ. После смерти, когда поступление кислорода прекращается, мышечные клетки быстро обмякают.

В течение нескольких часов, однако, клетки могут продолжать реагировать на прикосновение или умирающие двигательные нейроны. Или на какие-то другие виды воздействия. Как результат, конечности безжизненного тела могут даже дернуться, вводя в замешательство.

Веки могут закрыться, либо, как это часто бывает, закрыться частично, поскольку управляющие ими мышцы становятся слишком вялыми, чтобы довести движение до конца. Реакции на свет больше не наблюдается. Тем не менее в некоторых культурах, главным образом в Азии, но и на Западе тоже, существует поверье, будто глаза сохраняют последнее, что видел человек перед смертью, в частности лицо убийцы. В 1870-х годах в Европе даже пытались это подтвердить. Подобное явление назвали ортографией, и были проведены эксперименты на приговоренных к смертной казни до и после ее проведения, однако никаких убедительных результатов получено так и не было. Несмотря на отсутствие каких-либо научных обоснований, эта идея укоренилась в воображении общественности частично благодаря таким авторам, как Редьярд Киплинг и Жюль Верн, использовавших ее в своих ко-

В ТЕЧЕНИЕ НЕСКОЛЬКИХ ЧАСОВ ПОСЛЕ СМЕРТИ КЛЕТКИ МОГУТ ПРОДОЛЖАТЬ РЕАГИРОВАТЬ НА ПРИКОСНОВЕНИЕ ИЛИ УМИРАЮЩИЕ ДВИГАТЕЛЬНЫЕ НЕЙРОНЫ.

ротких рассказах. Эта концепция даже всплыла в одной из серий «Доктора Кто» в 1970-х. Когда эта идея окончательно закрепилась в общественном сознании, искоренить ее было уже не так-то просто. Еще одна байка — что волосы якобы продолжают расти после смерти. На самом же деле клетки в волосяных луковицах погибают вместе со всей остальной кожей. Кожа, если покойный — европеец, после смерти бледнеет, так как кровь перестает циркулировать по организму и кровяное давление исчезает.

В НЕКОТОРЫХ КУЛЬТУРАХ СУЩЕСТВУЕТ ПОВЕРЬЕ, БУДТО ГЛАЗА СОХРАНЯЮТ ПОСЛЕДНЕЕ, ЧТО ВИДЕЛ ЧЕЛОВЕК ПЕРЕД СМЕРТЬЮ, В ЧАСТНОСТИ ЛИЦО УБИЙЦЫ.

Кольцевые мышцы, контролирующие прохождение крови и других жидкостей по пищеварительной и другим системам, теряют свой тонус, вследствие чего, в зависимости от положения тела и особенностей строения внутренних органов человека, наружу может выйти моча. Кал тоже, однако из-за особенностей структуры толстого кишечника такое случается реже.

Нередко наружу выходит и сперма, так что судмедэксперт никогда не может утверждать наверняка, обнаружив на теле сперму, что усопший незадолго до смерти занимался сексом — хотя такое и могло быть. Точно так же наличие во рту содержимого желудка не указывает на то, что рвота стала причиной смерти, так как регургитация[1] наблюдается примерно у четверти всех трупов во время вскрытия.

Полицейским не особенно нужно напоминать, что смерть бывает грязной. Они знают, что из различных природных отверстий трупов вытекают разные жидкости, отчего владельцу тела при жизни непременно стало бы стыдно. Более того, я уже давно усвоил, поговорив со многими людьми об их связанных со смертью страхах, что многие боятся именно подобного непроизвольного опорожнения внутренних органов. Вместе с тем я считаю, что по этому поводу переживать не стоит. Те из нас, кто выбрал себе работу с мертвыми, не станут осу-

---

[1] Быстрое движение жидкостей или газов в направлении, противоположном нормальному, возникшее в полом мышечном органе в результате сокращения его стенки.

ждать и всегда будут относиться к покойникам уважительно, да и мне кажется, что умирающему человеку вряд ли до всего этого будет дело. В последние минуты жизни человек, как мне кажется, думает совсем о другом. Переживания — это забота живых, от которой умирающие освобождаются. Зачастую, возможно, с облегчением.

ПОСЛЕ СМЕРТИ НЕРЕДКО НАРУЖУ ВЫХОДИТ И СПЕРМА, ТАК ЧТО СУДМЕДЭКСПЕРТ НИКОГДА НЕ МОЖЕТ УТВЕРЖДАТЬ, ЧТО УСОПШИЙ НЕЗАДОЛГО ДО СМЕРТИ ЗАНИМАЛСЯ СЕКСОМ.

Следующий процесс, протекающий после смерти, — это охлаждение организма. Я бы мог посвятить этому отдельную лекцию, однако сказал только самые общие принципы: мне хотелось, чтобы полицейские усвоили, насколько неправдоподобны фильмы, в которых точно определяют время смерти по температуре тела. Следующий процесс — мышечное окоченение: с этим они были знакомы. Затем я показал им фотографии трупных пятен.

После смерти кровообращение прекращается, и все компоненты крови, ее клетки и белки, оказываются подвержены действию силы притяжения. Как результат, тяжелые красные тельца тонут, оседая в нижней части тела. Крошечные кровеносные сосуды на коже в этой области растягиваются от тяжести крови. Как результат, кожа становится розовой на вид, однако в течение пяти-шести часов она приобретает грозный ярко-розовый оттенок с синими переливами. Этот набор красок мы и именуем трупными пятнами.

Эти устрашающие цвета еще больше оказываются подчеркнуты у европейцев, так как особенно четко выделяются на фоне белой кожи соседних участков тела, прижатых к твердой поверхности — кровати, например, или полу, — где кровеносные сосуды оказываются сдавлены и не наполняются. Эти участки остаются белыми. Таким образом, у умершего лежа в кровати европейца будут обильные трупные пятна на коже спины, а также задней части шеи, бедрах и голенях, в то время как на ягодицах и плечах кожа будет очень белой. У людей с темной кожей трупные пятна, разумеется, тоже наблюдаются, однако их последствия не так бросаются в глаза.

Трупные пятна в конечном счете спадают. Но только после того, как кровь пройдет последний процесс после смерти, именуемый разложением. Многим людям противна сама мысль о разложении. Возможно, имеет смысл напомнить, что это важнейший естественный процесс, который завершает жизненный цикл человеческого тела и возвращает вещества, из которых состояло его тело, в землю. Было бы сложно представить, каким был бы наш мир без этого завершающего процесса полной очистки, каким бы вонючим и неприглядным он ни казался живым.

Существует три вида разложения: гниение, мумификация и омыление, из которых в подавляющем большинстве случаев мы имеем дело с гниением.

Я уже показывал разные фотографии, и пока что полицейские не были особо ими впечатлены. Теперь же они выпрямились, надеясь, как мне казалось, что я не заставлю их смотреть на разлагающиеся трупы. Вместе с тем в процессе гниения тело попросту медленно превращается в жидкость. Скорость этого процесса, разумеется, зависит от окружающей температуры. В климате Великобритании трупы, как правило, начинают гнить где-то через три-четыре дня после смерти, и это сразу же становится заметно невооруженным глазом. Я показал им фотографию тела и с помощью указки обратил внимание полицейских на небольшой позеленевший участок внизу живота справа.

РАЗЛОЖЕНИЕ — ЭТО ЕСТЕСТВЕННЫЙ ПРОЦЕСС, КОТОРЫЙ ЗАВЕРШАЕТ ЖИЗНЕННЫЙ ЦИКЛ ЧЕЛОВЕЧЕСКОГО ТЕЛА И ВОЗВРАЩАЕТ ВЕЩЕСТВА, ИЗ КОТОРЫХ СОСТОЯЛО ЕГО ТЕЛО, В ЗЕМЛЮ.

«Как правило, прямо здесь, — сказал я. — Отсюда обычно начинается гниение».

Наш кишечник заполнен разными бактериями, играющими незаменимую роль в пищеварении. После смерти же эти бактерии начинают вырываться из кишечника и попадают в брюшную полость, а затем и в кровеносные сосуды. Этот процесс начинается именно в этой точке живота, рядом с аппендиксом, так как стенка брюшной полости расположена вплотную к кишечнику. Гниение может начаться и в другом месте, но на то должны быть веские причины: такое происходит, например когда тело лежит на трубе отопления либо же какая-то его часть оказалась под солнечными лучами. Где бы оно ни началось, к тому моменту, как зеленое пятно становится заметным на коже, бактерии успевают распространиться по всему организму.

Бактерии без труда перемещаются по кровеносным сосудам, приводя к разложению гемоглобина. Видимый результат: удивительный и по-своему красивый, напоминающий папоротник узор из поверхностных вен проступает на коже, словно коричневая татуировка. Зачастую его отчетливо видно на руках и бедрах.

Кажется, до полицейских наконец начало доходить, что это не документальный фильм Дэвида Аттенборо. Как бы то ни было, эта в чем-то красивая стадия, как и каждый связанный со смертью процесс, является лишь временной. Постепенно узор разрушается, и кожа покрывается пузырями, наполненными красной и коричневой жидкостью. Когда пузыри лопаются, эпидермис слезает.

Одним из продуктов жизнедеятельности всех этих бактерий является газ, так что тело начинает раздуваться. Сначала опухают половые органы, после чего лицо, живот и грудь. Затем выпячиваются глаза и язык, а из носа и рта течет выходящая из легких кровавая жидкость. Из-за округлившихся глаз и высунутого языка лицо покойника выглядит удивленным.

ГНИЕНИЕ НАЧИНАЕТСЯ С НЕБОЛЬШОГО ПОЗЕЛЕНЕВШЕГО УЧАСТКА ВНИЗУ ЖИВОТА СПРАВА.

Те полицейские, что могли смотреть на экран — а многие предпочли этого не делать, — одинаково удивленно смотрели на каждое демонстрируемое мной им тело. Раздутые тела на этой стадии разложения настолько темнеют, что любой обнаруживший труп человек может ошибочно предположить, будто перед ним не худой европеец, а упитанный темнокожий.

Мухи играют в процессе разложения особую роль, лакомясь гниющими тканями и откладывая в них свои яйца, которые затем превращаются в прожорливых личинок. Различные животные, как дикие, так и домашние, также могут внести свой вклад в процесс разложения тела после смерти (вне дома это крысы и лисицы, а внутри... что ж, оказавшаяся взаперти в доме после смерти хозяина оголодавшая собака не станет брезговать его останками, чтобы самой не умереть).

В течение приблизительно недели после смерти — в зависимости, как всегда, от погоды и окружающих условий — полости тела лопаются и начинают превращаться в жидкость. Где-то через месяц все мягкие ткани становятся жидкостью, которая стекает в землю. Как правило, разложение тела происходит в следующем порядке: кишечник, желудок, печень, кровь и сердце. Затем легкие и воздушные пути. Следующие на очереди мозг, затем почки и мочевой пузырь. Наконец, мышцы. Простата, матка, сухожилия и связки относительно устойчивы к разложению и могут месяцами сохранять целостность, не давая скелету распасться. Я не стал показывать им фотографии этого финального этапа процесса разложения. Судя по их виду, с них было и так достаточно.

КАК ПРАВИЛО, РАЗЛОЖЕНИЕ ТЕЛА ПРОИСХОДИТ В СЛЕДУЮЩЕМ ПОРЯДКЕ: КИШЕЧНИК, ЖЕЛУДОК, ПЕЧЕНЬ, КРОВЬ И СЕРДЦЕ.

Куда более необычной формой разложения является мумификация. Мумифицированные тела коричневые и твердые. Кожа плотно обтягивает скелет и кажется высушенной и жесткой, словно кожаная одежда. В ходе этого процесса из тканей выводится влага, они уплотняются, что препятствует их гниению. Как правило, для этого требуется жара, как в пустыне: тела, закопанные в египетских песках, могут мумифицироваться самопроизвольно.

На территории Великобритании мумификация может произойти, если худой человек (худые тела быстрее охлаждаются и высыхают) умрет в очень сухом месте с хорошей вентиляцией — на чердаке или в дымоходе, к примеру. Редко можно наткнуться на мумифицированное тело, однако не так давно они попадались относительно часто.

— Кто-нибудь из присутствующих видел мумифицированное тело, не считая Британского музея? — поинтересовался я у своих слушателей. Несколько человек подняли руки.

Один из пожилых офицеров сказал:

— Младенец. Был спрятан на чердаке. Причем давно. Многие годы тому назад. Возможно, как они сказали, во время войны, потому что тогда такое бывало часто.

— Он был новорожденным? — уточнил я.

Он кивнул. На самом деле мне недавно самому довелось увидеть мумифицированного младенца, и обстоятельства были схожими. Тела новорожденных относительно стерильны, что делает их менее подверженными гниению и повышает вероятность мумификации. Эти дети, как правило, были рождены втайне матерями-одиночками во времена, когда это считалось по-настоящему постыдным. Они либо появлялись на свет уже мертвыми, либо умирали при рождении, так как мать не справлялась в одиночку, либо же их и вовсе убивали, однако во многих случаях похоронить их не представлялось возможным, вот их тела и прятали за половицами или на чердаке. Когда общественные взгляды на рождение ребенка вне брака изменились, подобные находки стали встречаться реже, однако в 1980-х они все еще порой случались, когда пожилые женщины умирали, а молодые пары покупали их дом с целью капитального ремонта — а потом обнаруживали под крышей давным-давно спрятанное мумифицированное тело трагически погибшего младенца.

ТЕЛА НОВОРОЖДЕННЫХ ОТНОСИТЕЛЬНО СТЕРИЛЬНЫ, ЧТО ДЕЛАЕТ ИХ МЕНЕЕ ПОДВЕРЖЕННЫМИ ГНИЕНИЮ И ПОВЫШАЕТ ВЕРОЯТНОСТЬ МУМИФИКАЦИИ.

Существует и несколько примеров убийств взрослых, о которых стало известно многие годы спустя благодаря обнаруженному мумифицированному телу. Самым знаменитым из них был случай в Уэльсе — тело задушенной женщины на протяжении многих лет было спрятано в шкафу, в то время как родственники продолжали получать за нее пенсию. В конечном счете, однако, появляется плесень, и тело постепенно рассыпается в труху. Мумии частенько привлекают внимание грызунов, жуков и моли. Тем не менее, если его вовремя обнаружить, то по сохранившимся кровоподтекам, ссадинам или другим травмам можно достаточно достоверно установить причину смерти.

Третий процесс разложения — омыление, редчайшие химические преобразования в насыщенных жирах тела, в ходе которых происходит их гидролиз — они становятся более жесткими и набухают, превращаясь в напоминающее воск вещество — некое подобие мыла. Иногда его еще называют трупным воском (сапонификация). По сути, тело или его часть сохраняется, внешне напоминая восковую фигуру.

В климате Великобритании процесс омыления тела занимает порядка шести месяцев — хотя я как-то слышал про случай, когда процесс завершился всего через три недели после смерти, предположительно благодаря жаркому солнцу и теплу опарышей.

Для омыления требуется сырость. На ранней стадии процесса, когда происходит гидролиз жировой ткани, она превращается в некую жировую тягучую субстанцию с ужасным прогорклым запахом. Затем, однако, жир становится хрупким и бледным, а по завершении процесса он твердеет и становится серым.

Случаев омыления тела на протяжении истории известно много, и порой тело сохраняется на протяжении столетий. Эци, охотник эпохи неолита, также известный как ледяной человек, чье тело выставляется в Больцано, в Доломитовых Альпах, скорее всего, как минимум частично был подвержен этому процессу. В ходе раскопок на «Кладбище невинных» в Париже в XVIII веке, как утверждается, были обнаружены тонны трупного воска, который быстро разошелся по изготовителям мыла и свечей. Было несколько нашумевших дел в 1970-х в Австралии: процесс омыления сохранил в идеальной форме тела — чего, конечно, не скажешь об их внутренностях — водолазов, обнаруженных через год после того, как они утонули из-за выхода из строя оборудования при исследовании глубокого пресного озера.

Иногда трупный воск помогает установить причину смерти, в точности воспроизводя следы от травм, таких как пулевые отверстия, либо сохраняя жир в определенных органах. Чаще всего подобное наблюдается у упитанных и полных женщин, однако условия должны быть подходящими — как правило, тело должно быть погружено под воду без доступа кислорода либо закопано в сырой земле, особенно в отсутствие гроба и если на покойном была одежда из натуральных, а не синтетических волокон. На процесс формирования трупного воска может влиять время года, глубина могилы, материал гроба, характеристики почвы, а также уровень активности местных насекомых.

Эти три процесса разложения организма — гниение, мумификация и омыление — не являются взаимоисключающими. Признаки всех трех теоретически могут быть обнаружены в различных частях одного и того же тела, хотя подобное на практике было бы чем-то из ряда вон выходящим, так как каждый процесс требует разных условий. Вместе с тем на одном трупе запросто могут быть обнаружены последствия двух процессов разложения — одним из которых неизменно является гниение.

Хотя теперь и принято зачастую обходить описанные мной естественные процессы разложения с помощью кремации, традиционным местом для человеческих останков в нашей стране остается кладбище. Похороны, как правило, тормозят процесс разложения. Считается, что на поверхности тело разлагается как минимум в четыре раза быстрее, чем под землей. Проходит где-то два года, прежде чем под землей от мягких тканей не остается и следа. Сухожилия, связки, волосы и ногти различить вскоре после этого тоже будет невозможно. Где-то через пять лет кости уже голые и никак между собой не соединены, однако зачастую остаются фрагменты хрящей, и если разрезать высокоскоростной пилой кости, эксгумированные пять лет спустя, то появится дымок от опаленных белков, все еще присутствующих в костном мозге, а также запах горелой органики.

ИНОГДА ТРУПНЫЙ ВОСК ПОМОГАЕТ УСТАНОВИТЬ ПРИЧИНУ СМЕРТИ, В ТОЧНОСТИ ВОСПРОИЗВОДЯ СЛЕДЫ ОТ ТРАВМ, ТАКИХ КАК ПУЛЕВЫЕ ОТВЕРСТИЯ, ЛИБО СОХРАНЯЯ ЖИР В ОПРЕДЕЛЕННЫХ ОРГАНАХ.

Человеческий скелет — это последняя часть нашего организма, возвращающаяся в землю, на что, разумеется, может уйти изрядное количество времени: в обедненных влагой регионах мира археологам доводилось обнаруживать кости гоминид возрастом до двух миллионов лет. Влажный английский климат не сохраняет кости в столь хорошем качестве — если, конечно, они не будут защищены от воздействия кислорода в болоте. В конечном счете все кости также разлагаются.

Влажная почва, удерживающая воду, ускоряет этот процесс за счет вымывания из костей кальция и других минералов. Когда в костях появляются крупные поры, их разрушению начинают способствовать бактерии, грибки и даже растения, пускающие свои корни внутрь трещин и углублений, еще больше разламывая кости, — равно как и обгладывающие их животные.

СЧИТАЕТСЯ, ЧТО НА ПОВЕРХНОСТИ ТЕЛО РАЗЛАГАЕТСЯ КАК МИНИМУМ В ЧЕТЫРЕ РАЗА БЫСТРЕЕ, ЧЕМ ПОД ЗЕМЛЕЙ. ПРОХОДИТ ГДЕ-ТО ДВА ГОДА, ПРЕЖДЕ ЧЕМ ПОД ЗЕМЛЕЙ ОТ МЯГКИХ ТКАНЕЙ НЕ ОСТАЕТСЯ И СЛЕДА.

К судмедэкспертам на протяжении их карьеры раз за разом обращаются полицейские с просьбой осмотреть чьи-то кости. Я спросил у присутствующих, доводилось ли им предоставлять судмедэкспертам кости, и двое подняли руку. Обычно найти удается только одну кость, иногда несколько, и они практически всегда принадлежат животным. Практически, но не всегда. У всех судмедэкспертов есть папки с названием «Старые кости», и делаются все возможные попытки, чтобы установить, кому они принадлежат. Некоторые кости, такие как тазовые или кости черепа, с первого взгляда дают понять, был их обладатель мужчиной или женщиной. По другим костям, в частности зубам, можно установить возраст покойного, если тот был очень маленьким или очень старым. В остальных случаях более-менее точно определить возраст по скелету не получится.

Самое же главное то, что наши папки с названием «Старые кости» так и остаются неразгаданной тайной. Наша главная задача — определение возраста костей, чтобы понять, произошла ли смерть — а может, и вовсе убийство — этого человека в последние 60–70 лет, потому что в этом случае убийца мог бы еще быть живым. Датирование костей — это особый навык. Радиоуглеродный анализ эффективен только для очень больших временных промежутков, однако взрывы атомных бомб в 1940-х, вследствие которых в атмосферу был выброшен стронций-90, позволяют достаточно легко определить, жил ли обладатель костей до или после этих взрывов. Если оказывается, что кости появились раньше начала атомной эры, то полиция не проявляет к ним особого интереса, хотя они и могут заинтересовать археологов.

По окончании моего выступления большинство полицейских ринулись в бар. За дверью послышался оркестр из зажигалок. Один из детективов, однако, решил ко мне подойти. Это был тот пожилой мужчина, что участвовал в деле с мумифицированным младенцем.

— Спасибо за это, док, — сказал он. — Мне этот ребенок не давал спать по ночам. А потом еще одно тело — мужчина просидел в своем кресле почти год, пока его не нашли. Иногда они мне снятся. Но когда вы рассказали о лежащей за всем этим науке… что ж, мне немного полегчало. Я даже смог смотреть на те фотографии, что вы нам сегодня показывали.

Это был редкий пример полицейского той эпохи, готового признать свои слабости. И я навсегда запомнил его слова. Я решил с удвоенным усердием разговаривать во время вскрытий. Я должен был говорить не просто все подряд, что приходило мне в голову, а представлять тело в отстраненной, научной манере, что могло бы помочь наблюдателям подавить те ненаучные эмоции, которые они могли испытать.

12

Вскоре после того разговора я впервые выступал в суде на стороне защиты.
Прежде меня вызывали по поводу чьей-то смерти только полиция или следователь. Как результат, я практически автоматически становился свидетелем обвинения, если впоследствии выдвигались обвинения и начинались судебные разбирательства. Иногда суду достаточно лишь отчета судмедэксперта, иногда ему приходится выступать в суде и отвечать на вопросы. Самые дотошные вопросы, конечно, звучат от адвоката защиты.

Защита, как правило, также вызывает судмедэксперта и частенько требует проведения повторного вскрытия. Порой, когда в преступлении обвиняют целую группу лиц, защита каждого из обвиняемых может потребовать отдельного вскрытия, в результате чего их может в итоге быть проведено три, четыре и даже больше. В таких редких случаях судмедэксперты защиты могут провести вскрытие по очереди, однако чаще всего делают это совместно, наблюдают за работой друг друга, окружив тело со всех сторон, словно облепившая лампу моль. Если после этого мы все направляемся в паб, то устраиваем там настоящую конференцию судмедэкспертов. Каждый составляет свой собственный отчет для обвинения или одного из обвиняемых, каждый отчет используется в качестве доказательства, каждый судмедэксперт может быть вызван в суд в качестве свидетеля-эксперта.

МОЖНО ПОДУМАТЬ, ЧТО СУДЕБНАЯ МЕДИЦИНА — ТОЧНАЯ НАУКА И ВСЕ ОТЧЕТЫ О ВСКРЫТИИ ОДНОГО И ТОГО ЖЕ ТЕЛА ДОЛЖНЫ БЫТЬ ИДЕНТИЧНЫМИ. ЭТО НЕ ТАК.

Можно подумать, что судебная медицина — точная наука и все отчеты о вскрытии одного и того же тела должны быть идентичными. Это не так. Одинаково документированные раны могут быть истолкованы по-разному. Множество факторов может повлиять на то, как именно их истолкует тот или иной судмедэксперт. В первую очередь это касается предоставленной по делу информации: чем больше информации, тем меньше вероятность ошибочного заключения.

Таким образом, в ночь моего дежурства полиция может вызвать меня на место преступления, после чего я составлю отстраненный, научный отчет, основываясь на имеющихся в моем распоряжении данных. Королевская прокуратура использует этот отчет, чтобы решить, заводить ли уголовное дело на предполагаемого убийцу. Скорее всего, впоследствии мне придется выступить со своими показаниями в суде на стороне обвинения. Если же полиция позвонит сразу по окончании моего дежурства, то на место преступления поедет кто-то из моих коллег, однако несколько недель спустя я все равно могу начать работу по этому делу — уже на другой стороне, если позвонит солиситор защиты.

Адвокаты защиты как минимум требуют подтверждения выводов, сделанных первым судмедэкспертом. В некоторых случаях, впрочем, защита надеется на нечто большее. Они надеются, что судмедэксперту удастся обнаружить ошибку в первоначальном отчете — что случается редко, однако все равно они надеются на получение информации, которая могла бы помочь оправдать их клиента. Они рассчитывают получить как минимум подробный обзор различных объяснений или толкований фактов и всего, что было обнаружено при вскрытии.

Отчеты о вскрытии для стороны защиты — неотъемлемая часть работы судмедэкспертов, однако адвокаты защиты не сразу узнают имена новичков, так что какое-то время мне не доставались подобные дела. Я не был особо против. Я знал, насколько сложно порой проводить вскрытие тела, которое уже было осмотрено другим судмедэкспертом, с технической точки зрения: какие-то ткани будут непременно разрушены независимо от того, было ли тело замороженным или просто хранилось охлажденным; могут появиться новые кровоподтеки, а раны могут измениться в размере; порой отсутствуют целые органы, если они были извлечены для изучения другим специалистом, и, как правило, на анализ отправляются образцы тканей. Тем не менее последующие судмедэксперты должны получить доступ ко всей имеющейся информации, будь то записи своего коллеги, фотографии с места происшествия, отчеты или образцы тканей.

Есть и другая, более личная причина, по которой вскрытия, запрошенные стороной защиты, могут оказаться сложной задачей для новичка, стремящегося пробиться в мир опытных судебно-медицинских экспертов. Она связана с боязнью высказать противоположное мнение. Подобные различия во мнениях лежат в основе нашей системы правосудия, однако они нисколько не способствуют улучшению отношений с коллегами, особенно если ты лишь новичок, которому противостоит одна из звезд этой профессии.

Прежде чем принять свое первое дело на стороне защиты, я с волнением проверил, что за судмедэксперт выступает со стороны обвинения. Я очень надеялся, что мне не придется пересматривать и, возможно, оспаривать работу одного из своих глубокоуважаемых старших коллег. К своему облегчению я узнал, что судмедэкспертом обвинения был один из моих сверстников.

Так что я отправился в морг, чтобы изучить ранения, нанесенные, по его собственному признанию, 17-летним парнем своему отцу. Ран было 27 — все на лице и волосистой части головы. Череп был разломлен, а мозг сильно поврежден. Адвокаты защиты надеялись убедить обвинение, что их клиент психически болен. Добиться этого им, однако, не удалось, и теперь в Центральном уголовном суде Лондона было назначено рассмотрение дела об убийстве.

Заявления парня противоречили тому, что было обнаружено в ходе первоначального вскрытия. Он сказал, что сделал всего четыре удара, пока отец спал в кровати. Судмедэксперт же настаивал, что травм было более 20.

Когда я провел повторное вскрытие, то не обнаружил ошибок в отчете судмедэксперта обвинения, который в точности описал полученные отцом ранения. Вместе с тем их различный характер вызывал несколько вопросов.

Желая во что бы то ни стало достучаться до правды, я решил сделать копию лома, использованного парнем: только мой лом был сделан из поролона. Узнав рост обвиняемого и изучив фотографии с места преступления, я встал так, чтобы оказаться приблизительно на той же высоте и под тем же углом, что и он перед своим отцом. Я долго бил своим ломом по подушке, которая выступала в роли головы отца.

После своих продолжительных экспериментов я смог доказать, что боковое перемещение лома при ударе могло привести к его вращению и отскоку. Я записал: «Множественный характер полученных травм может быть объяснен отскоком лома. Обнаруженные в ходе вскрытия травмы полностью соответствуют утверждению обвиняемого, что он ударил своего отца четыре-пять раз».

Только вот моим умозаключениям в духе старика Симпсона не было суждено увидеть свет. Томограмма головы юноши подтвердила наличие сильных повреждений мозга в результате случившейся несколькими годами ранее дорожной аварии. Обвинение приняло признание вины в убийстве с ограниченной ответственностью, и судебное разбирательство по делу было отменено.

Не нужно было быть особенно храбрым, чтобы оспорить заключение судмедэксперта по тому делу. Вместе с тем, если не говорить про трусость или карьеризм, судмедэксперты как обвинения, так и защиты сталкиваются с куда более серьезной проблемой. Ни один из них не может — и не должен — признавать своей ошибки. Допустимо признать, что возможны иные толкования, однако при отсутствии каких-либо новых улик судмедэксперт должен быть достаточно уверен в своем мнении, чтобы его придерживаться.

Меня встревожило, когда в начале своей карьеры я узнал, что судмедэксперт по умолчанию считается правым. Присвоение квалификации судебно-медицинского эксперта — это превращение из не совсем уверенного практиканта, которому еще было чему учиться, в эксперта, не имеющего права на ошибку. Так что, если вам доводилось восхищаться тем, как ничего не значащий Кларк Кент превратился в неуязвимого Супермена, представьте себе, каково это было для самого Кента. Могу сказать наверняка, что лично для меня этот плащ неуязвимости стал тяжелой ношей.

Но почему так? Почему я должен всегда быть прав, если в самой человеческой природе заложено иногда допускать ошибки? Ответ: потому что в нашей состязательной системе правосудия нет места для «может быть», «наверное» или «возможно».

Хотя я был решительно настроен во многих аспектах своей жизни придерживаться строк Поупа и судить «твердо, но скромно», моя работа требовала от меня судить с полной уверенностью. Малейшее колебание — и обвиняемого могут посадить за преступления, которых он не совершал, либо же может быть оправдан виновный.

МЕНЯ ВСТРЕВОЖИЛО, КОГДА В НАЧАЛЕ СВОЕЙ КАРЬЕРЫ Я УЗНАЛ, ЧТО СУДМЕДЭКСПЕРТ ПО УМОЛЧАНИЮ СЧИТАЕТСЯ ПРАВЫМ ВО ВСЕМ.

Самая большая проверка на уверенность происходит за свидетельской трибуной. Участие в судебных разбирательствах — особенно в Центральном суде Лондона, от которого так и веет серьезностью и важностью, — бывает не на шутку пугающим занятием. Я знал это задолго до того, как впервые сам с этим столкнулся. Вскоре после того, как я стал квалифицированным специалистом, по всем новостям трубили о закрывшемся из-за допущенной судебно-медицинским экспертом обвинения крошечной ошибки в громком деле. Долгая и выдающаяся карьера этого судмедэксперта закончилась чуть ли не с позором не оттого, что его небольшая ошибка была существенна для дела (причем, боюсь, не была, так как подсудимый был невиновен), а из-за того, что агрессивный барристер защиты использовал этот незначительный промах, чтобы подорвать авторитет судмедэксперта в глазах присяжных.

Это было пугающе, особенно когда Иэн Уэст в красках обыграл весь проведенный перекрестный допрос, одновременно изображая и въедливого адвоката, и незадачливого судмедэксперта. Мы слушали, не отрываясь, однако нам было не по себе.

Когда меня впервые по-настоящему распекали в суде, я ненароком стал вспоминать эту поучительную историю. Полиция вызвала меня на место убийства, и потом я должен был дать свидетельские показания в суде. Защита заказала повторное вскрытие, обратившись к одному из моих бывших преподавателей. По его версии, причина смерти была другой. Барристеру защиты было достаточно бросить беглый взгляд на мое незрелое молодое лицо и сравнить его с лицом достопочтенного профессора, чтобы понять, какую линию нападения ему выбрать. Разговор (по моим воспоминаниям, а не из официальной стенограммы заседания) сложился примерно следующий:

«А: Доктор Шеперд, давайте начистоту, я уверен, что это будет крайне любопытно и интересно присяжным. Могли бы вы сказать, как давно вы работаете судебно-медицинским экспертом?

Я: Эм-м-м… Ну, мое первое дело было…

А: Разумеется, под «работаете» я имел в виду окончание вашей подготовки.

Я: Два года.

А: Два года. Понятно. А вам знаком профессор судебной медицины, который также выступает свидетелем по данному делу?

Я: Да, знаком.

А: Правда? Откуда вы его знаете?

Я: Он был моим преподавателем.

А: Ага. Понятно. Он вас учил. Что ж, доктор Шеперд, тогда вы, наверное, должны знать, что он является практикующим судебно-медицинским экспертом вот уже на протяжении 40 лет.

Я: Ну… что-то в таком роде я и представлял.

А: Могу вас заверить, что он практикует на протяжении 40 лет. Он вас учил. Еще два года назад. И он считает, что вы указали причину смерти неправильно. Вы уверены, что у вас достаточно знаний и опыта, чтобы оспаривать его мнение?

Я [с силой сглатываю]: Я в полной мере ознакомился с делом и… э-э-э… я не собираюсь… э-э-э… пересматривать свое мнение.

А: Вы уверены в этом? Вы абсолютно уверены, что вам лучше знать, чем вашему выдающемуся учителю?

Я: Эм-м… э-э-э…. конечно, я уважаю мнение… э-э-э… своего коллеги. Просто… мое от него отличается. Он учил… э-э-э… меня формировать… э-э-э… свое собственное мнение.

А: И вас не смущает, что сформированное вами мнение настолько отличается от мнения профессора, которого, по вашим же словам, вы так сильно уважаете?

Я: Эм-м… Нет.

А: Что ж, доктор Шеперд, я преклоняюсь перед вашей самоуверенностью [качает головой с трагическим видом и поворачивается к присяжным]. Уважаемые присяжные, вы, конечно, сделаете свои собственные выводы относительно знаний и опыта доктора Шеперда. Ну или об их отсутствии».

Ой! Только вот моему бывшему преподавателю, как мне кажется, было ненамного легче давать собственные показания: более того, он был вынужден признать, что я могу быть прав. Разумеется, было много и других доказательств по делу помимо результатов вскрытия, о чем судья и напомнил присяжным, подводя итоги. А потом они признали подсудимого виновным.

Давая показания по этому делу, я ощущал по-настоящему большое давление, подталкивающее меня отказаться от собственной версии правды. После я повторно изучил полученные мной данные и свои заключения и был горд тем, что придерживался своего толкования событий. Несмотря на устроенный мне разнос, я был по-прежнему уверен, что моя версия была правильной. Я убедил себя, что правда всегда однозначна, как бы меня ни пытались склонить в ту или иную сторону. Мне еще многому предстояло научиться.

13

Мои дети уже ходили в школу, однако все знали, что я всегда ухожу из паба после работы пораньше, чтобы ими заняться, как бы сильно мне порой ни хотелось остаться и дальше слушать захватывающие рассказы Иэна, потому что нянечка уходила домой, а Джен была на работе. Каждый раз, когда к нам поступало дело, связанное с детьми, коллеги непременно говорили: «Дик любит детей, дайте это дело Дику». Словно была какая-то связь между помощью моим собственным детям с домашней работой и вскрытием чьего-то чужого мертвого ребенка. Нет, на самом деле многие старались по возможности избегать подобных дел.

Мне не потребовалось много времени, чтобы понять почему. Если новый ребенок в личной жизни судмедэксперта приносит ему неописуемую радость, то ребенок в профессиональной жизни приносит не меньшие мучения. Факт: убить ребенка, особенно новорожденного, так, чтобы этого никто не мог доказать, довольно легко. Другой факт: порой кажется, что ребенка убили, в то время как смерть на самом деле была совершенно естественной.

Поступило дело о мертвом ребенке, все посмотрели на меня, и вскоре я оказался в морге на окраине Лондона. Это была новорожденная девочка, тело которой было обнаружено в черном мусорном мешке, выброшенном на берег озера в весьма живописном месте. Пуповина с плацентой были все еще к ней прикреплены.

Мой осмотр показал, что ребенок определенно родился доношенным. Она была полностью сформировавшейся, покрыта вязкой первородной смазкой, весила три с небольшим килограмма и, казалось, была совершенно здорова, без каких-либо врожденных аномалий или болезней, которые могли послужить причиной ее смерти.

В полиции сказали, что найти мать не составило труда. Она настаивала на том, что девочка родилась мертвой. Полиция в ее словах крайне сомневалась. Они хотели выдвинуть ей обвинения. Более того, они хотели обвинить ее не в инфантициде, а в убийстве. Такие дела крайне сложны с точки зрения как права, так и судебной медицины. Неудивительно, что мои коллеги так охотно отдали его мне.

Инфантицид (детоубийство) — это непредумышленное убийство, и возможный срок за него куда меньше, чем за обычное убийство. Подобный вид преступления был введен в 1922 году, и под него попадали матери, убившие своих новорожденных детей до того, как тем исполнилось 35 дней. В те годы убийство младенца считалось гораздо менее ужасным преступлением, чем убийство взрослого. Считалось, что младенец не испытывает таких страданий, как взрослый человек, да и горевать о нем не будут так, как о погибшем взрослом члене семьи. Кроме того, принималось во внимание и то, что одним из возможных мотивов матери могло стать чувство стыда из-за незаконнорожденного ребенка.

Подобный подход в наши дни уже неактуален, однако один важный пункт закона 1922 года остался в силе и по сей день. Закон признает, что может иметь место «психическое помешательство матери, ставшее результатом родов», которое теперь принято называть послеродовой депрессией, или более серьезный послеродовой психоз. Подобный взгляд был закреплен в обновленном Законе об инфантициде 1938 года. С тех пор и по сей день матери, убившей своего ребенка возрастом до одного года, может быть предъявлено обвинение в инфантициде, если можно доказать, что «душевное равновесие было нарушено в результате родов или кормления грудью».

С ТОЧКИ ЗРЕНИЯ ПРАВА РЕБЕНОК В УТРОБЕ НЕ СЧИТАЕТСЯ ЖИВЫМ. БОРЦЫ С АБОРТАМИ МОГУТ НЕ СОГЛАСИТЬСЯ, ОДНАКО ТАК ГЛАСИТ ЗАКОН.

Реформирование этого закона многократно обсуждалось. Королевская коллегия психиатрии недавно предложила расширить понятие инфантицида с учетом того, что рождение ребенка может привести к сильнейшему стрессу, например финансовому стрессу для едва сводящей концы с концами бедной семьи. Другие считали, что обвинения в инфантициде в равной степени должны применяться и к отцам, а некоторые и вовсе предлагали увеличить максимальный возраст ребенка по этому преступлению до двух лет. Были и те, кто указывал на отсутствие каких-либо научных подтверждений того, что кормление грудью может привести к нарушению психики.

На деле же после ознакомления со всеми этими соображениями в закон внесли лишь минимальные поправки. Вместе с тем оставшийся неизменным закон не отражает изменений, произошедших в обществе, в том числе признания прав детей и младенцев.

Осматривая обнаруженного на берегу озера младенца, я в первую очередь должен был установить не категорию совершенного преступления, а то, умер ли вообще этот ребенок. Потому что младенец, который никогда не жил, не может умереть. Равно как и не может быть убит. А с точки зрения права ребенок в утробе не считается живым. Борцы с абортами могут не согласиться, однако так гласит закон. Первостепенным вопросом для судмедэксперта в подобных обстоятельствах становится следующий: когда человек не является человеком? Что очень важно, потому что у человека есть права — права на наследование и владение, права человека, в конце концов.

Убей человека, и тебя обвинят в умышленном или неумышленном убийстве. Если же этот человек никогда не жил, то и обвинять не в чем.

По английскому закону мертвый новорожденный считается мертворожденным. В случае подозрений в убийстве или инфантициде судмедэксперт обвинения должен доказать, что ребенок прожил достаточно долго, чтобы его существование можно было рассматривать отдельно от материнского.

Достаточно одного вздоха. Или движения. Или пульсации пуповины, указывающей на бьющееся сердце. Также ребенок должен находиться полностью снаружи тела матери: рожденный головой вперед, как это бывает чаще всего, ребенок теоретически может начать дышать, но при этом все равно умереть прежде, чем его тело полностью выйдет наружу. В этом случае отдельного существования не наступило, и ребенок не может быть убит.

У ребенка, умершего в утробе в последние дни беременности, будут заметны ранние и весьма явные признаки разложения (так, например, у мертвого ребенка европеоидной расы цвет кожи будет розовато-коричневым). Если ребенок был мертв на протяжении еще большего времени, то диагностировать это и вовсе не составит труда: череп, например, может треснуть, а кости черепа наползти друг на друга. Если же, однако, ребенок умер менее чем за день до родов либо же и вовсе, как это чаще всего бывает, во время родов, то ни о каких признаках разложения, разумеется, не может быть и речи.

В случае проведения реанимационных мероприятий — искусственного дыхания или непрямого массажа сердца — от них на крошечном теле могут остаться следы, тем самым еще больше все усложняя. Наконец, большой проблемой является и то, что тела убитых или мертворожденных младенцев по запутанным психологическим причинам зачастую прячут. К тому времени, как их находят и за работу берется судмедэксперт, может быть уже невозможно установить причину смерти, не говоря уже о том, наступило ли отдельное существование ребенка.

Тело этой маленькой девочки в мусорном мешке было обнаружено достаточно быстро, чтобы не допустить разложения, и слишком поздно, чтобы пытаться ее спасти, так что никаких следов на ее теле не было. Теперь же мне предстояло выяснить, успела ли она сделать свой первый вдох или нет.

Многовековую проверку на всплытие, которая уже давно не считается надежной, я все-таки провел, так как боялся критики в случае, если этого не сделаю. На самом деле мнение, будто всплывающие в воде легкие новорожденного означают, что он дышал, было уже давно опровергнуто. Если погруженные в воду легкие младенца тонут, то это действительно указывает на вероятность того, что он родился мертвым и его легкие не успели достаточно расправиться. Вместе с тем обратное еще менее вероятно: если легкие всплывают, то это вовсе не означает, что ребенок самостоятельно сделал свой первый вдох. Теперь известно, что у многих мертворожденных детей легкие будут всплывать, особенно в случае наличия в них образованных в результате начавшегося разложения газов, если ребенок умер за день или два до родов.

Я также изучил под микроскопом крошечные мешочки в легких, именуемые альвеолами. Что бы это ни означало, легкие этой девочки всплыли. Общий и микроскопический осмотр явно указывали на то, что какое-то время ребенок жил отдельно от матери.

Теперь нужно было ознакомиться с предоставленными мне свидетельскими показаниями и понять, насколько они соответствуют тому, что я обнаружил при вскрытии тела. Ключевыми были показания бармена, который жил и работал в одной гостинице с 21-летней матерью ребенка. Они начинались так:

«Когда Мэнди пришла к нам в отель работать помощником управляющего, она вела себя совершенно нормально, только я сразу же подумал, что она беременна. У меня две сестры с детьми, и на вид она определенно была беременной. Все работники бара это знали, однако Мэнди неизменно все отрицала».

Весь персонал жил в одной части гостиницы, а комната бармена располагалась у пожарного выхода, в глубине. Однажды утром его очень рано разбудил крик младенца, доносившийся из-за двери. Он выглянул из своего окна:

«…и увидел спину Мэнди метрах в 50 — она выходила из ворот и направлялась в сторону леса. Это была определенно

Мэнди. Точно не скажу, что на ней было надето, и я не уверен, несла ли она что-то в руках. Мне стало интересно, куда она пошла. Я стал размышлять. Я подумал, что у нее могли быть проблемы, так что решил одеться и пойти за ней. Я знал, что люди в нашем деле порой не выдерживают стресса, и просто хотел с ней поговорить.

У меня ушло несколько минут, чтобы одеться. Я прошел через пожарный выход, миновал ворота и направился в лес. Я пошел в сторону озера и увидел возвращающуюся оттуда Мэнди.

Она спросила:

— Что ты тут делаешь?

Насколько я мог судить, с ней было все в порядке. Она была полностью одета, однако хоть убейте не могу вспомнить, во что. Она сказала, что ее попросту все достали и все достало. Она не стала уточнять. Я уселся с ней на скамейку лицом к озеру, и мы стали говорить обо всем подряд: я рассказал ей про свою девушку, про группу, в которой играю, и все в таком духе. Мы обсудили поднимавшийся с озера туман. Я и подумать не мог, будто что-то случилось. Она казалась совершенно нормальной, вела себя как обычно. Но она сказала необычную фразу:

— Сегодня ночью я пришла домой, и у меня были кровяные сгустки.

Я не стал расспрашивать об этом, однако странно было такое услышать. Мы проговорили, должно быть, 45 минут, и я так ничего и не заподозрил. Больше я не вспоминал об услышанных мною младенческих криках.

Мы вернулись в гостиницу, и она зашла ко мне в комнату за сигаретой, после чего ушла. Я не заметил в ее поведении ровным счетом ничего необычного. Затем я вернулся в кровать и уснул».

Позже в тот день персонал стал говорить между собой, что Мэнди похудела. А на следующий день поднялась шумиха. Согласно показаниям бармена:

«Я работал в баре, когда зашла какая-то женщина с собакой и попросила позвонить. Вскоре после этого зашел наш коллега, Роджер, и сказал:

— На озере полиция, нашли младенца.

Когда он сказал это, мне сразу же стало дурно. Я вспомнил про услышанный предыдущим утром детский плач, про Мэнди у озера — все сходилось. Я не знал, что делать.

— Я знаю, чей он, — сказал я Роджеру.

— Мэнди? — спросил он.

И я ответил:

— Да».

Это весьма убедительные свидетельские показания, указывающие на то, что ребенок был жив, причем, возможно, прожил добрые несколько минут, если у матери было время родить в гостиничном туалете (доказательства чего были вскоре обнаружены), затем одеться и выйти из гостиницы с плачущим младенцем, чтобы от него избавиться. И все это соответствовало обнаруженным мной при вскрытии легких свидетельствам того, что ребенок жил после родов.

Но могли ли мы с уверенностью утверждать, что она убила своего ребенка — и если убила, то как именно?

Это было неприятное дело для всех, в том числе из-за того, как мать хладнокровно родила, выбросила свою девочку — мертворожденную или нет, — а затем вернулась в тот же день на работу, делая вид, будто все в полном порядке. Сейчас бы ее могли пожалеть, однако 30 лет назад многие из участвующих в расследовании дела видели в ней расчетливую, бессердечную детоубийцу. Она не проявила ни капли раскаяния, утверждая, что ребенок родился мертвым, какой-либо печали по этому поводу она также не продемонстрировала. Полиция и прокуратура упорно стояли на том, чтобы обвинить ее в убийстве.

На основании всех полученных доказательств я практически не сомневался, что младенец жил. Но если и так, как тогда девочка умерла? Я не обнаружил каких-либо следов насилия или полученной травмы, равно как и неопровержимых доказательств удушения. Подробный лабораторный анализ желудка подтвердил, что ребенок наглотался воды из озера, однако ее количества было недостаточно, чтобы указать на утопление как причину смерти: она могла попасть туда уже после смерти.

В качестве причины смерти я указал «ненадлежащий уход».

Королевская прокуратура продолжала продвигать свои обвинения в убийстве, однако мой отчет привел их в замешательство. Им хотелось, чтобы я сказал, что мать предприняла более активные действия для убийства собственного ребенка.

С другой стороны, мой отчет пришелся по душе солиситору защиты, который написал в прокуратуру:

«С учетом отсутствия доказательств вменяемых нашему клиенту действий, которые привели к смерти ребенка, мы предлагаем вам рассмотреть вариант снятия обвинения в убийстве… Ваш судмедэксперт утверждает, что смерть произошла вследствие халатности со стороны нашего клиента. Очевидно, что обвинения в убийстве в таком случае не могут быть уместны… доказать непредумышленное убийство [т. е. инфантицид] у вас также не получится, так как вы не сможете продемонстрировать, что смерть ребенка стала результатом преступной небрежности… имеющихся данных недостаточно [чтобы доказать эти обвинения]. Наш клиент сообщила полиции, что положила ребенка и стала его качать, однако решила, что он мертв».

Чтобы преследовать за убийство, Королевская прокуратура действительно должна была доказать намеренное бездействие: то есть умышленное невыполнение ухода за ребенком после родов, в частности отказ перерезать пуповину, кормить ребенка, содержать его в тепле. Когда в качестве обвиняемого выступает напуганная девушка-подросток, очень сложно доказать, что она не делала всего этого из злого умысла. На самом же деле Мэнди сложно было назвать подростком, да и неопытной, как выяснилось впоследствии, она не была, однако дела у обвинения, по крайней мере какое-то время, складывались не очень хорошо.

«Я особенно обеспокоена, — начиналось письмо адвоката ко мне, — тем, насколько расплывчато ваше заключение… У меня нет медицинского образования, однако имеется медицинский словарь, и мне хотелось бы уточнить несколько моментов…»

Она подробно перечислила шесть деталей, касающихся смерти младенца.

Медицинские словари были в те дни настоящим проклятьем врачей — их роль на себя теперь взял Интернет. Порой мне кажется, что я зря потратил 16 лет на учебу, раз было достаточно просто купить медицинский словарь или же научиться пользоваться поисковиком. Но раз словарь позволил адвокату что-то понять в своей работе, пусть она обращается за советом: я только рад подробно объяснить свои находки, и мне редко выпадает возможность обсудить с кем-то дело.

В ответ на эти письменные вопросы из прокуратуры я дал дополнительные показания, подробно прокомментировав каждое ее замечание, дав понять, что большинство из того, что ее беспокоило — например, первородная смазка, — практически всегда присутствует у новорожденного, и ни одна из отмеченных ею деталей не указывает на то, что ребенок был задушен. Я продолжил придерживаться своего мнения, что смерть ребенка была вызвана ненадлежащим уходом. Хотя мать и могла предпринять активные действия для убийства своего ребенка, мы — я — доказать этого не могли.

Прокуратуру мой ответ не устроил. На совещании с юристом на меня всячески пытались надавить, чтобы я склонился в сторону версии обвинения больше, чем это позволяли результаты вскрытия. Я не поддался. Впоследствии я прислал им очередное письмо, ответив на возникшие в процессе обсуждения вопросы:

«Невозможно определить, сколько именно времени могло потребоваться, чтобы вызвать удушение, перекрыв дыхательные пути, однако у новорожденного минимальное время для этого вряд ли будет превышать 15–30 секунд. Вокруг носа и рта не было обнаружено каких-либо травм, которые могли бы подтвердить сдавливание в этой области, однако такие травмы не всегда наблюдаются у жертвы удушения. Их отсутствие хотя и не дает сделать положительного заключения, полностью не исключает вероятность того, что ребенок был задушен».

Я предположил, что ребенок прожил менее 15 минут. Мне кажется маловероятным, что ребенок мог прожить всего одну-две минуты, так как изменения в легких слишком явные. Я считаю, что один-единственный вдох вряд ли мог вызвать обнаруженные мной столь сильные изменения. Разумеется, плач ребенка после появления на свет является распространенным явлением, однако, как и все остальное в медицине, этот показатель не является абсолютным, и для него характерны индивидуальные различия. Плач ребенка практически наверняка способствует расправлению легких.

По результатам проведенного мной осмотра тела младенца невозможно сделать какие-либо конкретные утверждения относительно состояния матери. Вместе с тем на теле ребенка не было обнаружено каких-либо признаков, которые указывали бы на то, что роды были особенно сложными или травматичными.

Очень сложно дать точное определение ненадлежащему уходу. Я считаю, что минимальный уход за ребенком сразу же после родов заключается в том, чтобы завернуть его в какой-нибудь подходящий материал с целью не допустить переохлаждения. Для всех остальных видов ухода необходимо наличие, скорее, предыдущего опыта, чем специализированной подготовки. Даже если просто завернуть ребенка в полотенце, это как минимум значительно снизит вероятность переохлаждения. Переохлаждение могло бы привести к смерти этого ребенка в течение 15 минут. У ребенка очень большая площадь поверхности тела, через которую он теряет тепло, и эта поверхность должна была быть мокрой после родов, что еще больше усилило бы потери тепла. Кроме того, скорость охлаждения обратно пропорциональна окружающей температуре — чем холоднее вокруг, тем быстрее организм остывает.

Патологические признаки, характерные для большого числа возможных причин смерти младенца, включая переохлаждение, утопление и удушение, могут и не присутствовать на теле ребенка в том виде, в котором их обычно можно обнаружить на трупе взрослого человека. Я не могу исключить или подтвердить ни одну из этих причин.

Разочарованная сторона обвинения все равно продолжала гнуть свою линию, с неохотой выдвинув менее серьезные обвинения в инфантициде. Они также добавили обвинение в одном старом преступлении, в котором, впрочем, редко, когда обвиняют: в сокрытии ребенка.

Мэнди судили в Центральном уголовном суде Лондона. Обращение адвоката обвинения к присяжным было процитировано в газетах:

«Забеременев, она решила скрыть свою беременность, а также существование ребенка после его рождения. Она довела свой план до логического конца, дав ребенку умереть либо убив его, а затем избавившись от тела в черном мусорном мешке. Она продолжила врать после родов, присоединившись к всеобщему осуждению, высказываемому после того, как тело было найдено.

БЫЛО БЫ НЕВЫНОСИМО, ЕСЛИ БЫ ЧЕЛОВЕКА СУДИЛИ ЗА УБИЙСТВО НА ОСНОВАНИИ ДОКАЗАТЕЛЬСТВ, ПОЛУЧЕННЫХ ПОД ДАВЛЕНИЕМ: СОВЕСТЬ МУЧИЛА БЫ МЕНЯ ДО КОНЦА ДНЕЙ.

Затем суду было сказано, что изначально Мэнди заявляла, будто беременность наступила в результате изнасилования, однако затем изменила свои показания. Более того, выяснилось, что ей уже доводилось рожать прежде — это произошло в туалете в доме ее матери двумя годами ранее, после чего ребенка отдали на усыновление. Вскоре после этого она прервала вторую нежелательную беременность.

Присяжные посчитали ее виновной в инфантициде. Судья прогремел:

— Вы и только вы были ответственны за эту маленькую девочку, и вы ее подвели… — при этом добавив: — Очевидно, что в момент совершения преступления вы не отдавали себе в полной мере отчет о своих действиях.

Ее приговорили к двум годам условно, назначив один год обязательного психиатрического лечения. Сторона обвинения была разочарована, так как все понимали, что приговор был бы куда более суровым, если бы ее признали виновной в убийстве. Что касается меня, то я ни капли не сожалею. Было бы невыносимо, если бы ее судили за убийство на основании доказательств, полученных под давлением: совесть мучила бы меня до конца дней.

14

Вскоре после этого я узнал о правде еще больше — хотя теперь и оказался в совершенно иной ситуации. Обвинение и я придерживались по делу совершенно одинакового мнения, и к моменту судебных разбирательств у нас не было ни малейших сомнений, что мы достучались до правды.

Это был очередной вызов в воскресное утро. Снова чувство вины, так как Джен пришлось отложить в сторону свои учебники, чтобы присматривать за детьми, а это значило, что ей придется наверстывать ночью. Джен, должно быть, задавалась вопросом, почему мертвые в нашем доме, казалось, были важнее живых, и, оглядываясь назад, я не могу ее винить. Дети уже подросли и стали более самостоятельными, однако наши взаимоисключающие потребности частенько провоцировали стычки между их родителями. Тем не менее наше разделение труда было для меня очевиднее некуда: так как я был кормильцем семьи, то приоритет должен отдаваться моей работе. Только теперь я могу взглянуть на все глазами Джен и понять, насколько это ее обескураживало, а также как сильно, должно быть, я выводил ее из себя. В конце концов, она училась не просто так, и однажды должна была стать врачом, значительно увеличив наш семейный доход. К сожалению, тогда это до меня не доходило: я был настолько погружен в свою работу и настолько сосредоточен на том, чтобы в нашей сумбурной жизни был хоть какой-то порядок, что не мог, ну или не хотел, осознавать ее недовольства.

Тем солнечным утром я направился в центр Лондона, и чувство волнительного возбуждения перевешивало чувство вины. Я обожал своих детей, и совместно проведенное воскресенье сулило много чего: веселье, хлопоты, усталость, чувство удовлетворения. И тем не менее — что теперь мне кажется совершенно неправильным, во что мне сейчас верится с трудом — все эти радости ни в какое сравнение не шли с перспективой пораскинуть мозгами на интересном вскрытии.

Хотя я уже и работал судмедэкспертом несколько лет, каждое мое новое дело по-прежнему невероятно меня будоражило. Романтика, которую внушила мне в детстве книга Кейта Симпсона, все еще никуда не подевалась. Пускай у других сердце уходит в пятки при приближении к Вестминстерскому моргу: мое сердцебиение учащалось, когда я начинал думать о новом деле, о связанной с ним истории, о загадках, которые таило в себе ожидающее меня тело. И все это несмотря на то, что я знал: велика вероятность, что в воскресенье утром я буду снова иметь дело с последствиями очередной пьяной субботней стычки у бара.

Вестминстерский морг скрывается за коронерским судом на Хорсферри-роуд в центре Лондона, однако это не самое знаменитое здание в этом районе. На самом деле туристы, направляющиеся в сторону галереи Тейт, редко когда обращают внимание на прекрасный старый дом из красного кирпича и уж точно не догадываются о расположенном за ним морге. Как и все остальные связанные со смертью учреждения, оно достаточно неприметное, чтобы не напоминать о неизбежном конце тем, кто этого не хочет.

В этом морге не так давно был проведен капитальный ремонт, и теперь он был самым современным в стране. Главный вход был застеклен, лампы ярко светили, все кабинеты были новенькие и аккуратные, а комнаты для скорбящих родственников окрашены в пастельные тона. Тем не менее, несмотря на все это стекло и новизну, поездка сюда в выходной день знаменовала переход от семейной жизни к мрачному миру, в котором, несмотря на дружелюбный персонал и приятную обстановку, все крутилось вокруг смерти.

МОЕ СЕРДЦЕБИЕНИЕ УЧАЩАЛОСЬ, КОГДА Я НАЧИНАЛ ДУМАТЬ О НОВОМ ДЕЛЕ, О СВЯЗАННОЙ С НИМ ИСТОРИИ, О ЗАГАДКАХ, КОТОРЫЕ ТАИЛО В СЕБЕ ОЖИДАЮЩЕЕ МЕНЯ ТЕЛО.

Запах морга, этот знакомый парфюм смерти, ударил в нос, и я поприветствовал небольшую группу ожидавших меня людей: работник морга, криминалист, молодой полицейский и два детектива. Еще был полицейский фотограф, чьи дежурства, казалось, частенько совпадали с моими, так что виделись мы далеко не первый раз.

Закипел чайник, и мы направились в крошечную комнату отдыха персонала. Она пустовала. Детектив-инспектор Фокс заговорил первым:

— Итак, усопший — молодой парень. Субботний вечер, много выпил, немного травки…

Значит, это все-таки было обычное воскресное дело. Мое сердце оборвалось. Лучше бы я остался дома с детьми.

— Немного повздорил…

Это я слышу тоже не в первый раз. Нож, бутылка, кулаки?

— Со своей девушкой, и…

Она зарезала его ножом, как пить дать. Детектив замялся.

— В общем, она его задушила.

Я недоумевающе на него уставился. Такого поворота я не ожидал. Женщина, задушившая кого-то насмерть, — это невероятная редкость, такого практически не бывает. Оглядываясь назад на годы своей карьеры теперь, десятки тысяч вскрытий спустя, могу сказать, что больше с подобными делами я не сталкивался.

— Она призналась? — спросил я.

— Пришла в полицию посреди ночи в крови, царапинах, блузка порвана, вся в слезах. Мы вызвали «Скорую». Она сказала, что сцепилась со своим парнем и, возможно, серьезно его ранила.

— Сколько к тому моменту прошло времени?

— Видимо, считаные минуты. Мы поспешили туда, пульса не было, сделали все, что могли. Приехала «Скорая», но без толку. Когда мы сказали ей, что он мертв, она… в общем, это было ужасно.

Он выглядел расстроенным. Было очевидно, что он давно в полиции, и я задумался, почему это дело так его затронуло.

— Я несколько часов допрашивал ее, и она все придерживалась своей версии. Самооборона. И… ну… она милая юная девушка.

Его коллега согласился.

— Да, ее зовут Тереза Лазенби. Приятное личико. Все время в слезах.

Детектив-инспектор кивнул.

— Кажется, хорошая девушка. Не верится, что она могла… но он пытался ее убить, и ей пришлось спасать свою собственную шкуру.

Мне хорошо знакомо, как живые посылают нам сигналы, призванные тронуть наши сердца. Я по себе знаю, как легко можно им поддаться. Переживания этой девушки явно воздействовали на детективов, и, несмотря на признание в ужасном преступлении, они явно ей сочувствовали. Я почувствовал облегчение от мысли о том, что трупы никак не способны повлиять на наши эмоции. Они могут лишь поведать правду без прикрас.

ТРУПЫ НИКАК НЕ СПОСОБНЫ ПОВЛИЯТЬ НА НАШИ ЭМОЦИИ. ОНИ МОГУТ ЛИШЬ ПОВЕДАТЬ ПРАВДУ БЕЗ ПРИКРАС.

Работник морга протянул мне кружку с чаем, я осушил ее и направился к шкафчикам, чтобы надеть свой рабочий костюм, фартук и сапоги. Когда мы перешли в ту часть морга, куда обычных людей не пускают, лязг и грохот тележек усилился, а вместе с ним усилился и запах. Я бегло осмотрел людей вокруг. Для криминалиста это было обычным делом. Детективы тоже видели все это раньше и вели себя безразлично, ну или хотя бы старались казаться безразличными. Когда же мы миновали холодильники и ряд стоящих у них тележек, я заметил, что молодой полицейский нервничает. Он не стал есть предложенное ему к чаю печенье, теперь его лицо побледнело и осунулось. У дверей в секционную он выпалил:

— Это мое первое вскрытие!

К этому времени я научился куда лучше обращаться с наблюдателями. Никак не мог забыть про того полицейского на своем первом вскрытии, которому так и не смог помочь: казалось, он перенял мое собственное напряжение, что значительно усилило его потрясение. С тех пор я изо всех сил старался выглядеть расслабленным. Вспомнил про вскрытие Майкла Росса, на котором старший детектив с трудом держался на глазах у младших коллег. С тех пор я решил, что с моих вскрытий никто не должен уходить травмированным.

Моим единственным оружием был разговор.

— Когда мы смотрим на мертвое тело, — сказал я полицейскому, — мы ни в коем случае не забываем, что раньше это был человек, про его скорбящих родных, о том, что покойный и его семья заслуживают уважения. Мы собираемся помочь им всем, пытаясь выяснить, что именно случилось. Мы ищем доказательства, мы хотим, чтобы тело поведало нам свою историю. Для всех скорбящих по нему людей важно, чтобы мы отложили наши собственные чувства в сторонку и хорошенько ради них потрудились. Итак, тело, которое мы будем изучать сегодня, будет нашим безмолвным свидетелем и учителем.

Полицейский хмуро кивнул.

Я говорил максимально добрым, подбадривающим голосом.

— Не переживайте, я буду объяснять все свои действия. Будет гораздо легче, чем можно подумать, если будете знать, что именно происходит.

Умудренный жизнью детектив-сержант сказал:

— Это дело привычки.

Детектив-инспектор же решил строить из себя мачо:

— Слушай, эти люди в холодильниках, их уже нет. Так что соберись.

Мы вошли в ярко освещенное помещение, в котором нас ожидало на металлическом столе обнаженное тело, завернутое в полиэтиленовые простыни.

— Его уже опознали, — сказал криминалист, когда я стал разворачивать простыни.

— Как его зовут?

Он знал имя, однако переадресовал вопрос молодому полицейскому, который с радостью оторвал свой взгляд от тела и принялся копаться в своих бумагах.

— Э-э-э, Энтони Пирсон, двадцать два года.

У Энтони Пирсона была копна светлых волос и ярко выраженные черты лица. Его глаза были закрыты. Покойники обычно выглядят умиротворенно, а их лица ничего не выражают. Было ли в нем что-то, отдающее злостью? Не оттого, что он злился перед смертью, — просто черты его лица создавали такое впечатление.

Тогда я посчитал, что у него легкое ожирение, однако нормы с тех пор настолько поменялись, что сейчас я бы описал его просто коренастым. На обеих его руках были большие татуировки, а также кровоподтеки, а старый рубец вокруг запястья намекал на то, что жизнь у него была непростая. Гораздо более свежие рассечения, обозначенные кровавыми линиями вдоль подбородка, это подтверждали. Следы от дефибриллятора на груди свидетельствовали о попытках его реанимировать, описанных полицейским.

Самым же примечательным была его шея. Больничная простыня под ней была обильно залита кровью. Поперек нее проходила толстая неровная полоска высохшей крови, которая стекла из уголка рта.

Я кивнул полицейскому фотографу — папарацци для мертвых. Он поднял свой массивный фотоаппарат и поставил две вспышки, вроде тех, что можно увидеть на премьерах фильмов. Щелк!

— Ок, общий план сделал, док.

— Теперь крупным планом шею, пожалуйста, — попросил я.

Я уже стал заполнять свои официальные бланки. Странгуляционная борозда[1] — важнейшее доказательство, и она, ра-

[1] Наблюдается на шее повешенных или удавленных.

зумеется, может указать на тип использованного материала. Если для удушения была использована проволока, электрический кабель, струна или тонкий шнур, тогда след останется отчетливый и глубокий, с четко выраженными краями. В данном же случае борозда была крайне неровной. Я бы даже сказал — с зазубринами. Должно быть, она использовала нечто мягкое. Ткань? Может быть, шарф?

Для следующего снимка я поспешил разместить линейку поперек горла Энтони, чтобы по фотографиям можно было сверить размеры, которые я укажу в своем отчете. Щелк!

Я записал:

«Ободранная и стертая странгуляционная борозда поперек шеи спереди, начиная от правого угла нижней челюсти и не доходя 2 см вбок до левого угла. На одном уровне с кадыком. Глубокие повреждения по обе стороны от кадыка…»

Я внимательно изучил область вокруг повреждения на шее на предмет наличия других следов. Мне доводилось видеть жертв удушения, у которых вокруг странгуляционной борозды были царапины и ушибы — это указывало на то, что жертва либо пыталась освободиться от удавки, либо что нападавший сначала пытался задушить ее руками и только потом взялся за удавку. В данном же случае ничего подобного не было.

— Она сказала, что использовала ленту, — поведал мне детектив-сержант.

Инспектор покачал головой. Он уже говорил это раньше и теперь повторил:

— Она ведь совсем крошечная.

— Миниатюрная девочка, — согласился с ним детектив-сержант. — Полагаю, когда твоя жизнь под угрозой, ты находишь в себе новые силы.

Я подробно описал рубцы на запястье, царапину на тыльной части левой руки, а также следы от дефибриллятора, измерив их и обозначив расположение.

— Теперь татуировки и запястья, пожалуйста, — сказал я фотографу.

Он сделал крупным планом снимки живописных татуировок: мультяшный персонаж Топ Кэт, а на правом плече слово «ЛЮБОВЬ». Под ним более крупными буквами было написано «НЕНАВИСТЬ».

Так как родственники уже опознали Энтони, татуировки нам для этого были не нужны, однако мы, следуя протоколу, все равно их фотографировали. В те дни, до эпохи ДНК-экспертиз, многие тела опознавали по татуировкам, особенно если из-за начавшегося процесса разложения другие способы оказывались бесполезны.

Несмотря на столь большую странгуляционную борозду, я стал проверять тело на наличие других признаков того, что Энтони действительно умер в результате асфиксии. Первым красноречивым свидетельством было покраснение кожи на его лице, вызванное сдавливанием тончайших вен шеи. Артерии, снабжающие кровью мозг, куда более широкие, и сдавить их не так-то просто, так что кровь может продолжать по ним поступать — проблема в том, что из-за сдавленных вен путь обратно к сердцу оказывается перекрыт. Вместе с тем основной индикатор, стала ли асфиксия следствием удушения, удушья или какой-то другой причины, можно обнаружить вокруг глаз. У большинства людей в результате асфиксии образуются крошечные пятнышки крови на конъюнктиве — тончайшей ткани, покрывающей заднюю поверхность век. Их называют точечным кровоизлиянием (петехиями): в редких случаях такие точки также могут появиться, если человек особенно сильно кашлянет или чихнет. Они редко образуются при удушье, однако практически у всех, кого насильно задушили, они непременно появляются. Были они и у Энтони. Я широко раскрыл его глаза щипцами, чтобы фотограф мог все запечатлеть. Щелк!

Я измерил рост Энтони (180 см), после чего перевернул его на живот, чтобы сфотографировать спину. Полицейский, которого я так успокаивал, ахнул от изумления. Мне стало немного стыдно, что я забыл про него и свое намерение все ему объяснять, однако, с другой стороны, я еще и за скальпель не взялся. Подняв глаза, я увидел, что он с ужасом смотрит на тело Энтони.

— Господи, да она его избила до посинения!

Я покачал головой:

— Нет-нет, подобное изменение цвета является нормальным после смерти.

Он с сомнением перевел взгляд на меня.

— Это называется трупными пятнами. Кто-то называет это еще цианозом. Знаю, что очень похоже на синяки, и когда видишь первый раз, можно не на шутку встревожиться. Но это абсолютно нормально.

Я немного объяснил механизм образования трупных пятен, рассказав, как после смерти под действием гравитации к земле притягиваются красные кровяные тельца, создавая столь шокирующие фиолетовые пятна. Я также отметил, насколько важными они могут быть с точки зрения судебной медицины. Так как эти пятна неизменно образуются в самой нижней точке, то по ним можно определить положение, в котором тело находилось после смерти. Если же положение тела было изменено, то наложение новых пятен на старые также об этом поведает. Вместе с тем гипостатический застой может запросто ввести в заблуждение. У человека, лежащего лицом вниз с прижатым к постели носом, будет лилово-синее лицо с белыми участками вокруг рта и носа: типичный гипостатический застой. На основании этого можно запросто предположить, будто имела место асфиксия, и я знавал многих судмедэкспертов, которые попадали в эту ловушку.

ДО ЭПОХИ ДНК-ЭКСПЕРТИЗ МНОГИЕ ТЕЛА ОПОЗНАВАЛИ ПО ТАТУИРОВКАМ, ОСОБЕННО ЕСЛИ ИЗ-ЗА НАЧАВШЕГОСЯ ПРОЦЕССА РАЗЛОЖЕНИЯ ДРУГИЕ СПОСОБЫ ОКАЗЫВАЛИСЬ БЕСПОЛЕЗНЫМИ.

Теперь, когда Энтони лежал на животе, я мог детально изучить его шею ниже линии роста волос. Здесь никаких следов странгуляционной борозды не было. Совершенно ничего. Я подозвал фотографа, чтобы запечатлеть это, после чего перевернул тело Энтони обратно. Следы были на месте, прямо поперек горла. Но только на горле они и были.

Так как я еще не сделал ни единого разреза, полицейский, должно быть, надеялся, что случится чудо, и мне это не потребуется. Ему было интересно слушать про трупные пятна, и он даже расслабился, ну или почти расслабился. Затем я взялся за свой верный PM40, большой и тяжелый. Первые годы моей практики, когда я проводил вскрытия людей, умерших внезапной, но естественной смертью, в ходу был лишь его младший брат — скальпель. Когда же я перешел в судебную медицину, то постепенно в обиход стал входить PM40 — нож, специально предназначенный для вскрытий, с большими съемными лезвиями. Теперь же он был лучшим приятелем каждого судмедэксперта.

Рукоятка легко легла мне в ладонь, и я ощутил столь знакомую тяжесть. Внезапно все разговоры утихли, и напряжение в помещении стало чуть ли не осязаемым. Я услышал, как полицейский сделал глубокий вдох, словно рассчитывал какое-то время не дышать. Мне же было приятно взять в руку PM40, как если бы я был дирижером, а он — моей палочкой. Оркестр был готов заиграть.

PM40 — НОЖ, СПЕЦИАЛЬНО ПРЕДНАЗНАЧЕННЫЙ ДЛЯ ВСКРЫТИЙ, С БОЛЬШИМИ СЪЕМНЫМИ ЛЕЗВИЯМИ. ОН БЫЛ ЛУЧШИМ ПРИЯТЕЛЕМ КАЖДОГО СУДМЕДЭКСПЕРТА.

Я сделал свой обычный первый разрез, ровно посередине груди.

Я сказал:

— Нам всем понятно, что Энтони задушили, и мы получили подтверждающие это показания, однако я все равно должен удостовериться, не было ли каких-либо других причин смерти. Какой-то естественной причины, к примеру. Возможно, проблемы с сердцем, ну или у него могла быть какая-то болезнь, из-за которой он был особенно уязвим. Я должен осмотреть все его органы, чтобы это установить. Но сначала, конечно же, мне нужно будет изучить травмы внутри шеи, под странгуляционной бороздой.

Ответа от полицейского не последовало. Я продолжил работать, не прекращая говорить.

— Внутренние повреждения, вызванные удушением, могут быть не особенно выраженными. Энтони было всего двадцать два. В его возрасте хрящ гортани все еще гибкий и податливый. С возрастом он все больше твердеет, становясь более хрупким, так что у пожилых он гораздо чаще ломается в результате удушения.

Полицейский наклонил голову, словно кивая. Или он пытался сдержать рвотный позыв?

— Судмедэксперты на протяжении поколений интересовались удушением, потому что никто толком не понимал механизмы, приводящие к смерти, — продолжил я. — Когда-то считалось, что жертвы попросту задыхались. Даже сейчас большинство обывателей наверняка думают, будто сдавливание шеи попросту перекрывает доступ воздуха, однако известно, что сама по себе асфиксия не всегда может быть единственной причиной смерти, так как порой жертвы умирают от сдавливания шеи очень быстро. На самом деле некоторые погибают чуть ли не мгновенно, не демонстрируя каких-либо признаков классической асфиксии. И даже те, у кого эти признаки присутствуют, умирают слишком быстро, чтобы единственной причиной можно было назвать нехватку кислорода.

К моему удовольствию, интерес полицейского к моему рассказу пересилил на какое-то время его отвращение к происходящему.

— Так почему же они умирают? — еле слышно спросил он.

— Что ж, нам известно, что сдавливание яремной вены — здесь, на шее, — слишком сильно увеличивает венозное давление в голове — вот отчего лица некоторых жертв синеют. Сдавливание сонных артерий, вот тут, быстро приводит к потере сознания, так как прерывается кровоснабжение мозга. Кроме того, при удушении могут быть сдавлены нервы шеи, что может отразиться на парасимпатической нервной системе, контролирующей различные процессы в организме, о которых нам не приходится думать, такие как пищеварение. Одним из главных в этой системе является блуждающий нерв, и от сдавливания шеи можно умереть мгновенно, если этот нерв в результате сложных механизмов даст сердцу указание перестать биться. Это рефлекторная реакция.

— Значит, так Энтони и умер? — спросил полицейский, уставившись на вскрытую шею Энтони.

— У него застой крови в голове и шее, а в глазах точечные кровоизлияния. Это указывает на асфиксию, ну или, по крайней, мере определенно говорит о том, что смерть не наступила мгновенно.

Я склонился над телом.

— Очень знаменитый судмедэксперт, профессор Кейт Симпсон, описывал случай, когда один солдат во время танцев легко и нежно ущипнул свою партнершу за шею, после чего она упала замертво. Сам того не ведая, он воздействовал на ее парасимпатическую нервную систему. С тех пор адвокаты защиты по делам об удушении стали пытаться убедить суд, будто обвиняемый не был намерен никого убивать, а просто взялся за шею жертвы, и из-за рефлекторной реакции блуждающего нерва человек умирал практически без видимой причины.

— Но Тереза Лазенби использовала ленту, — заметил один из детективов, хотя и несколько, как мне показалось, нерешительно.

Как же ей так удалось завоевать сердца этих суровых мужчин?

— Судя по полученным травмам, я бы сказал, что она действительно использовала ленту, причем держала ее довольно долго, — подтвердил я. — Так что если на этом строится ее защита, то дела ее плохи.

— Ее защита строится на том, что он пытался ее убить, — поправил детектив.

— Бедняжка, — согласился его коллега.

Полицейский хоть и не принимал участия в этом разговоре, но все еще оставался в помещении, и мне хочется верить, что именно мои подбадривающие разговоры помогли ему продержаться столь долго. Он ринулся наружу, только когда работник морга пришел разрезать череп, чтобы я мог вытащить мозг. Во время этой шумной процедуры, для которой используется специальная пила, даже оба опытных детектива отвели взгляды. Хотя криминалист, для которого это было повседневным событием, и продолжал болтать со мной, перекрикивая жужжание пилы, было практически невозможно не заметить на каком-то глубоком, подсознательном уровне, что пахнет жженой костью.

Когда я закончил вскрытие, полицейские отправились обратно в участок, чтобы доложить своим коллегам результаты и подписать протокол.

— И я скажу тебе, что нам понадобится после этого. Кружка пива. Ну или три. Присоединитесь к нам в пабе, док?

Я бы с радостью посмотрел, как полицейский, которого я всячески подбадривал, возвращается к жизни за пинтой пива, однако ради Джен отказался. Итак, я двинул домой. Всю дорогу, однако, меня преследовало ощущение, будто что-то не так. Мне было как-то некомфортно. Как если бы я надел ботинок не на ту ногу или рубашку наизнанку. Мне не давало покоя дело Энтони Пирсона. Это как-то было связано с его девушкой, сознавшейся в его убийстве. С тем, что сказали про нее полицейские. Но что бы это ни было, оно улетало у меня из-под носа, словно пух, только я был готов за него ухватиться. Наверняка завтра все прояснится, когда я напишу свой отчет о вскрытии. Пока же у меня попросту нет времени об этом думать — я уже у двери своего дома. Портала обмана.

Я обманывал себя, убеждая, будто можно отделить собственные эмоции от всего, с чем мне приходится иметь дело ежедневно: от свидетельств бесчеловечных поступков людей по отношению друг к другу. Не испытывать ничего, помимо научного любопытства, когда сталкиваешься со смертельными проявлениями безумия, безрассудства, печали, безысходности, бесконечной уязвимости человеческого рода. Вести себя по-мужски, как это делали, казалось, все мои коллеги. Быть неуязвимым на работе, никак не реагировать на тот музей человеческой ничтожности, коим является морг, где выставляется напоказ человеческая сущность; не переживать из-за того, как порой сложно отличить, что правильно, а что нет. А затем, подобно все тому же Кларку Кенту, заходить в свой дом и мгновенно превращаться в любящего и заботливого, чуткого и всецело отдающего себя мужа и отца, который, как мне казалось, скрывался за моей рабочей маской.

Я ОБМАНЫВАЛ СЕБЯ, УБЕЖДАЯ, БУДТО МОЖНО ОТДЕЛИТЬ СОБСТВЕННЫЕ ЭМОЦИИ ОТ ВСЕГО, С ЧЕМ МНЕ ПРИХОДИТСЯ ИМЕТЬ ДЕЛО: ОТ СВИДЕТЕЛЬСТВ БЕСЧЕЛОВЕЧНЫХ ПОСТУПКОВ ЛЮДЕЙ ПО ОТНОШЕНИЮ ДРУГ К ДРУГУ.

Итак. Глубокий вдох. Перестань думать о том, что и как Тереза Лазенби сделала Энтони Пирсону. Просто перестань. Ключ. Дверная ручка. Ступенька. Улыбка. Будь веселым. Задавай вопросы. Приготовь что-нибудь. Улыбайся. За ужином спроси у Джен, как прошел ее день, поговори о том, чем она будет вынуждена заниматься ночью. Не думай об Энтони Пирсоне, о той тонкой полоске крови из уголка его рта, о неровной красной странгуляционной борозде. Хорошо.

На следующий день в больнице я достал из портфеля свои записи о проведенном вскрытии. От них на мгновение повеяло запахом сломанных веток и зимнего леса. Запахом морга.

Я написал свой отчет от руки, чтобы Пэм потом его перепечатала. Я заключил, что у Энтони Пирсона не было естественных болезней, и в качестве причины смерти указал «удушение петлей». Я заметил:

«Расположение и распределение странгуляционной борозды на шее указывает на то, что нападавший находился сзади покойного, когда сдавливал ему шею, и что петля не касалась шеи сзади».

Я все еще не мог понять, что именно тревожило меня в этом деле, однако как только отчет был составлен и подписан, сразу же о нем забыл. Я решил, что Королевская прокуратура все равно когда-нибудь со мной свяжется, чтобы получить от меня показания на суде Терезы Лазенби, и вот тогда я достану свою папку и снова обо всем подумаю. Пока же я был слишком для этого занят.

15

Теперь я с гордостью мог назвать себя хозяином своего настроения: я переключался между убийствами и домом, не моргнув глазом. Я также гордился тем, как ловко подбадривал и преподносил информацию присутствующим на вскрытии людям, у которых оно вызывало отвращение. По сути, я стал считать себя первоклассным, профессиональным повелителем эмоций. Пока дело не доходило до встречи с родными усопших.

Потрясенными, убитыми горем и ужасом родными. Родными, пытающими меня вопросом, на который нет ответа («Он страдал, доктор?»). Родными, желающими знать правду, но при этом всячески ее боящимися. Эмоции родственников усопших заполняли комнату, впитывая, словно губка, весь имеющийся кислород, в то время как сами родственники неуклюже сидели на жестких стульях, передавая друг другу носовые платки, с открытыми ртами и заплаканными глазами, качая в неверии головами. В ожидании, когда я заговорю. Эмоции родных, способных в любой момент разразиться яростью или истерикой, разрыдаться. Они меня не на шутку пугали.

Мне нужно было научиться правильно себя с ними вести, и первый урок, как бы странно это ни было, преподнесло мне дело, давшее понять, что может быть что-то тяжелее эмоций родственников покойника. Отсутствие родственников.

МЕНЯ ПУГАЛИ ЭМОЦИИ РОДНЫХ, СПОСОБНЫХ В ЛЮБОЙ МОМЕНТ РАЗРАЗИТЬСЯ ЯРОСТЬЮ ИЛИ ИСТЕРИКОЙ, РАЗРЫДАТЬСЯ. ОНИ МЕНЯ НЕ НА ШУТКУ ПУГАЛИ.

Дело было зимой, и меня вызвали в дом одной старушки, чье обнаженное тело было обнаружено под столом в груде всяких вещей. Полиция расценивала это как место преступления, и действительно складывалось впечатление, будто кто-то искал ценности: шкафы были открыты, ящики выдвинуты, а их содержимое повсюду разбросано. Некоторые легкие предметы мебели были перевернуты набок.

— Холодно здесь! — сказал я полицейскому. За последний день на улице потеплело, однако в этом большом доме все еще было зябко.

— Сыро, — согласился он. — От этого и холодно.

— А что, отопление было выключсно? — спросил я.

Он покачал головой:

— Центрального отопления нет.

Это услышал детектив.

— Наверное, собиралась разжечь камин, однако злоумышленник ей помешал.

Мы осмотрелись. В комнате были высокие потолки. В камине было пусто, и никаких следов попытки розжига не было. В углу стоял старый электрообогреватель. Он не был включен в розетку.

Я снова посмотрел на упавшие полки. По всему полу были раскиданы стоявшие на них книги, лекарства, безделушки, на боку лежал небольшой стул, газеты, когда-то явно стоявшие стопкой, теперь были неравномерно распределены по ковру. Я посмотрел на сгорбившееся тело женщины — казалось, она от чего-то защищается. Она была болезненно худой. Это было жалкое зрелище.

— Что нам известно про ее здоровье? — спросил я.

— Пока ничего, док.

— Кто-нибудь уже поговорил с соседями?

— Да, они ничего толком про нее не знают, она всех сторонилась. Те, что живут напротив, вообще сказали, что она немного того.

Полицейский кивнул.

— Уборщица сказала, что она явно стала терять связь с реальностью.

Немного того. Потеряла связь с реальностью. Стала забывчивой. Не знает, какой сегодня день. Сколько же всяких эвфемизмов.

Черствый хлеб на кухне. Закрытая банка сардин. Консервный нож. Банка с вареньем. Нож для хлеба. Странные следы на крышке от банки с мармеладом, как будто кто-то пытался разрезать ее кухонным ножом, открыть консервным ножом. В холодильнике письма, в основном рекламные или от муниципалитета. Больше никаких эвфемизмов.

— Деменция, — произнес я.

— Подозреваю, она приняла злоумышленника за своего давно потерянного сына или типа того, — сказал детектив. — Наверно, она открыла дверь и накинулась на него с объятиями. Нет никак признаков взлома, никаких следов борьбы в коридоре.

— Кто ее нашел? — спросил я.

— Уборщица.

— Да, она не смогла сегодня утром попасть внутрь и позвонила нам. Сказала, что у старушки не все дома и что она, наверное, где-то заблудилась.

— Как часто к ней приходит уборщица?

— Раз в неделю, но у нее были двухнедельные выходные.

Из-за кухонной двери выглянула голова криминалиста.

— Если нужно, можете перевернуть тело, док, мы закончили.

— Что-нибудь нашли? — спросил детектив.

— Не-а, куча ее отпечатков, отпечатков злоумышленника не обнаружено. Он, наверное, был в перчатках.

Я повернулся к детективу:

— Мне кажется, что никакого злоумышленника и не было.

Он прищурился.

— Все дело в холоде, — пояснил я.

Теперь уже в комнате стояли четверо полицейских. Они ничего не говорили.

— Я полагаю, она умерла от переохлаждения. Думаю, она утратила умственные способности, чтобы включить обогреватель, не говоря уже о камине. Может, даже не могла сделать этого физически.

Детектив замотал головой.

— Да ладно вам, — сказал он. — Не так уж и холодно!

Существует заблуждение, будто смерть от переохлаждения возможна лишь на улице в мороз. Известно, что слабые старики (а также слабые маленькие дети) могут умереть в помещении при температуре 10 °C — и даже более высокая температура может оказаться смертельной на улице при холодном ветре или в доме с сильным сквозняком.

СУЩЕСТВУЕТ ЗАБЛУЖДЕНИЕ, БУДТО СМЕРТЬ ОТ ПЕРЕОХЛАЖДЕНИЯ ВОЗМОЖНА ЛИШЬ НА УЛИЦЕ В МОРОЗ: СЛАБЫЕ СТАРИКИ И МАЛЕНЬКИЕ ДЕТИ МОГУТ УМЕРЕТЬ В ПОМЕЩЕНИИ ПРИ ТЕМПЕРАТУРЕ 10 °C.

Когда температура тела падает где-то ниже 32 °C, сердцебиение замедляется и падает кровяное давление. Когда температура тела опускается ниже 26 °C, практически гарантированно наступает смерть. Хотя и есть один известный случай, когда человеку, как утверждается, удалось выжить — хотя он и получил сильное обморожение — после того как его температура тела упала до 18 °C (поразительно, что в судебной медицине непременно имеется одно-единственное необычайное исключение. Которое адвокаты защиты потом раз за разом будут пытаться представить как нечто заурядное).

Удивительно, но переохлаждение является не такой уж редкой причиной смерти. Люди падают в море или в другой водоем с холодной водой, пьяницы засыпают в парке, у безответственных родителей насмерть замерзают маленькие дети. Подавляющее большинство жертв, впрочем, — старики. Им может казаться, будто они не могут позволить себе центральное отопление — а порой они действительно не могут его позволить, — либо физическая или умственная неполноценность не дает им его включить. Порой переохлаждение становится лишь финальным шагом в трагической череде депрессии и равнодушия к еде, отоплению, личной гигиене.

В данном же случае убойная группа попросту отказывалась верить, что никто не вторгался к ней в дом.

— Вы только гляньте, что тут творится, док! Еще неизвестно, что он взял, тут все вверх дном!

— И почему на ней нет одежды? Надеюсь, не окажется, что этот подонок еще и надругался над ней…

Я сказал:

— Мне кажется, что она сама разделась, потому что ей было холодно.

— Да ладно вам, док!

— И вы считаете, я полагаю, что она сама разбросала вокруг свои вещи?

По моему мнению, однако, это был классический пример проявления синдрома «спрятаться и умереть». Старушка практически наверняка поддалась этому противоречащему здравому смыслу желанию, порой возникающему у умирающих от холода людей. Они снимают с себя одежду. Те, кому удается выжить, рассказывают, что в результате падения температуры тела им становилось невероятно жарко, а снять с себя всю одежду казалось абсолютно разумным решением. Это распространенная реакция на переохлаждение. Иногда жертвы также начинают странным образом прятаться. По углам. Под столами. А затем частенько еще и заваливают себя мебелью либо выпотрошенным содержимым нижних ящиков и книжных полок.

КОГДА ТЕМПЕРАТУРА ТЕЛА ОПУСКАЕТСЯ НИЖЕ 26 °С, ПРАКТИЧЕСКИ ГАРАНТИРОВАННО НАСТУПАЕТ СМЕРТЬ.

Полицейские отнеслись к рассказу про этот синдром скептически. Детектив настаивал, что на вскрытии я непременно обнаружу следы убийства, и я, раз на то пошло, знал, что доказать мою теорию будет непросто. Диагностировать переохлаждение после смерти может быть весьма сложно, так как смерть от холода и охлаждение после смерти выглядят очень похоже. Иногда удается обнаружить красноречивые внешние признаки, такие как красно-коричневый цвет кожи вокруг коленей и локтей у светлокожих людей. Важнейшим же для диагностики признаком является наличие на внутренней стенке желудка многочисленных небольших черных язв.

В данном случае, к моему облегчению, мне удалось обнаружить оба этих характерных признака. Причиной смерти определенно стало переохлаждение. Мне было приятно подтвердить свою теорию, однако правда меня странным образом расстроила. Эта старушка, которая жила и умерла одна, казалась мне карикатурой на мою бабушку, тетю и их приятельниц — одиноких женщин, живущих на севере Англии. Когда я в детстве приезжал к ним на каникулы, мир старых одиноких женщин казался мне крепким сообществом подруг, которые всячески друг друга поддерживали. Когда они больше не могли справляться в одиночку, о них начинал кто-то заботиться, и они не теряли связи со своими подругами. Покойная же старушка жила одна, лишенная подобной поддержки. По сути, она умерла из-за отсутствия надлежащего ухода. Конечно, она сама перестала о себе заботиться, однако за ней никто не ухаживал — ни друзья, ни родные, ни государство, — что и привело к столь печальному исходу. Судя по фотографиям на комоде, она была чьей-то мамой, тетей или бабушкой. Где они были? Где были эти родственники, которым, казалось, до нее нет дела? Будет ли им дело теперь, когда она умерла?

ДИАГНОСТИРОВАТЬ ПЕРЕОХЛАЖДЕНИЕ ПОСЛЕ СМЕРТИ ВЕСЬМА СЛОЖНО, ТАК КАК СМЕРТЬ ОТ ХОЛОДА И ОХЛАЖДЕНИЕ ПОСЛЕ СМЕРТИ ВЫГЛЯДЯТ ОЧЕНЬ ПОХОЖЕ.

Мне всегда казалось сложным иметь дело с эмоциями родных погибших, однако теперь мне впервые хотелось встретиться хоть с кем-то из родственников этой женщины, мне хотелось объяснить ее детям, как именно умерла их мать. Со мной так никто и не связался. В ходе следствия родные также не объявились. Собрав дополнительную информацию о погибшей, коронер признал ее смерть случайной, согласившись с установленной мной причиной смерти: переохлаждение, спровоцированное деменцией. В коронерском суде этот вердикт был оглашен лишь передо мной, младшим полицейским и помощником коронера. Какой же это был печальный и одинокий конец человеческой жизни.

Когда в следующий раз представилась возможность встретиться со скорбящими родственниками, я боялся этой встречи, однако напомнил себе, что лучше иметь дело с чужими эмоциями, чем размышлять о трагическом одиночестве того, на кого родным было наплевать. Правда, окончательно бояться я от этого не перестал. От одной только мысли об этих родственниках меня начинало подташнивать, и я даже думал прикинуться больным, лишь бы с ними не видеться. Но знал, что бежать некуда. Мне придется принять на себя боль их утраты. Что, как я понимаю теперь, означало признать отголосок своей собственной, годами подавляемой боли.

Дело выдалось непростым. Семья была безутешной: однажды утром их старшая дочь зашла в спальню к своей 15-летней сестре и обнаружила ее мертвой — она скончалась ночью без каких-либо явных на то причин. Алана увлекалась балетом, была милой девочкой с чудным личиком. Родители и остальные дети были в недоумении, смятении и потрясении от ее смерти, так что их терапевт, а может, и кто-то из офиса коронера назначил им встречу со мной, чтобы все обсудить.

Я встретил их в специальном помещении для родственников в морге. Это была приятная комната в мягких тонах с приглушенным светом, а звуконепроницаемая дверь скрывала лязганье и стук тележек, равно как и неуместные реплики персонала. Я прибежал впопыхах — только что прочитавший лекцию молодой судмедэксперт, который вскоре должен был провести вскрытие, после чего собирался отправиться домой к детям. Открывая дверь, я стал прикидывать, как быстро у меня получится с этим разделаться.

Передо мной сидела вся потрясенная семья. Мать покойной. Ее отец. Ее брат. Ее сестра. Оказавшись под гнетом их физически осязаемого горя, моя собственная жизнь вмиг замерла. Время остановилось.

Я изо всех сил хотел проявить к ним доброту. Я открыл было рот, чтобы заговорить. И тут же закрыл его. Их страдания были невыносимыми. Казалось, они начали пропитывать меня самого, словно несмываемый краситель. Мне стало крайне не по себе. Какую доброту я мог проявить по отношению к ним? Что вообще я мог сказать? Брат всхлипнул. Сестра держалась руками за голову. По щекам отца текли слезы. Внезапно мне захотелось поплакать вместе с ними. А я никогда не плачу. Не плакал как минимум с тех пор, как умерла моя мама — хотя, может, и тогда тоже не плакал. Сколько бы всего жестокого и печального ни преподносила моя профессиональная жизнь, я ни разу не заплакал. Но теперь мне захотелось. Словно мне нужно было увидеть чьи-то чужие слезы, чтобы высвободить свои собственные.

Разумеется, профессиональная этика мне ничего подобного не позволяла.

Итак, они терпеливо ждали, пока я найду в себе силы пробормотать свои соболезнования. Повисла мучительная тишина.

Наконец кто-то заговорил. Это должен был быть я, однако слово взяла мать погибшей девочки — лицо этой женщины выдавало ее горе, однако она все равно умудрялась сохранять самообладание.

— Вы в порядке, доктор? — спросила она. Ее интонация с налетом скорби была доброй и великодушной. Великодушной, потому что она смотрела на меня с чем-то вроде сострадания.

Я заверил ее слегка дрожащим голосом, что со мной все в порядке.

— Вы не могли… не могли бы вы пролить для нас немного света на смерть Аланы? — спросила она.

Ну конечно! Вот зачем я сюда пришел. Она напомнила мне мою роль. Им не требовалось, чтобы я разделил с ними их горе. Они не нуждались в моих слезах по их прекрасной дочери, которую у них забрали.

Щелк. Я снова надел маску профессионала. У меня была информация об их дочери, которой не было у них. Информация о том, как работал ее организм, о том, что именно произошло той ужасной ночью. Она, раз уж на то пошло, со мной говорила. Трупы так делают. Вскрытие говорит мне столько всего об образе жизни покойного, пожалуй, даже о его личности, однако по большей части рассказывает о его смерти. В случае с убийством все сказанное мне покойным, если я буду достаточно хорошо к нему прислушиваться, может помочь привлечь к ответственности преступника. В случае же со смертью Аланы я мог бы принести ее семье утешение, поделившись всем, что от нее узнал.

Разумеется, это была не первая моя встреча со скорбящими родственниками, однако именно в этот момент я наконец осознал очевидное. Родные, которые просят встретиться с судмедэкспертом, хотят лишь одного — знать правду.

СКОЛЬКО БЫ ВСЕГО ЖЕСТОКОГО И ПЕЧАЛЬНОГО НИ ПРЕПОДНОСИЛА МОЯ ПРОФЕССИОНАЛЬНАЯ ЖИЗНЬ, Я НИ РАЗУ НЕ ПЛАКАЛ.

Алана страдала от эпилепсии и принимала прописанные ей медикаменты. Я объяснил, что, по результатам токсилогического анализа, как и ожидалось, в ее крови не было обнаружено других препаратов или алкоголя. Кроме того, что было не менее важно, она приняла правильную дозу своего лекарства. Никакой передозировки, будь то намеренной или случайной. Следов того, что она задохнулась в постельном белье во время припадка, также обнаружено не было.

Внешний осмотр показал отсутствие каких-либо следов борьбы на ее теле или внешнего вмешательства. Внутренний осмотр подтвердил отсутствие врожденных заболеваний сердца или других очевидных причин смерти. И не было никаких свидетельств того, что Алана умерла в ту ночь во время или после судорожного припадка.

— Тогда отчего? Отчего? — рыдая, спросил отец.

Я спросил у них про историю болезни Аланы. Конечно, я ее прочитал, однако я хотел быть уверен, что в ней не было ничего пропущено. Когда они мне все рассказали, я мог достоверно сказать, что, ввиду отсутствия каких-либо других объяснений, причиной смерти должна была быть эпилепсия.

Синдром внезапной смерти при эпилепсии (СВСЭП) хорошо известен современной медицине. Известно, что иногда такое внезапно случается с больными эпилепсией, как правило ночью и вовсе не обязательно после припадка. Что до сих пор неизвестно, так это причина СВСЭП — а в те годы знания про СВСЭП были еще более обрывочными.

Итак, я мог рассказать им об этом, однако был не в состоянии предоставить подробное объяснение конкретного механизма смерти Аланы. Возможно, нарушение электропроводимости в мозге, электрический разряд или нейронная буря, которые привели к остановке сердца? СВСЭП — это загадка. Они приняли мое объяснение, однако нуждались в том, чтобы услышать от меня еще кое-что.

Им нужно было, чтобы я сказал:

— Это не была ваша вина. Она принимала правильные лекарства от эпилепсии в правильных дозах.

Это было правдой. Это я и сказал.

Им нужно было, чтобы я сказал:

— Она мертва не из-за того, что вы не услышали, как она звала ночью на помощь.

Это тоже была правда. И я тоже это сказал. А потом добавил:

— Скорее всего, Алана и вовсе не кричала. Но если бы она и кричала, если бы вы ее услышали и если бы вы поспешили к ней на помощь, то все равно ничего не смогли бы сделать.

Эта фраза очень важна для многих скорбящих родных. Одним из нормальных этапов скорби является чувство вины. Фраза «вы ничего не смогли бы сделать» не ликвидирует чувство вины словно по волшебству, однако помогает быстрее ему пройти. Надеюсь.

Я ПЕРЕСТАЛ ПЫТАТЬСЯ ОГРАЖДАТЬ СКОРБЯЩИХ ОТ ИХ ГОРЯ, ВМЕСТО ЭТОГО НАЧАВ СТАРАТЬСЯ КАК МОЖНО БОЛЕЕ МЯГКО ПРЕПОДНОСИТЬ ИМ ПРАВДУ — ПРИ ЭТОМ ПРИЗНАВАЯ, ЧТО ПРАВДА НЕ ВСЕГДА ПРОСТАЯ И ЦЕЛЬНАЯ.

Вот это я им и предоставил. Правду в том виде, в котором я себе ее представлял. Не приукрашенную фразами, призванными их от нее уберечь. Прекрасную в своей простоте. В своем первозданном виде, не искаженную неприкрытыми бурными эмоциями, которые провоцирует смерть. Позволив себе поддаться их чувствам, я несколько усложнил правду, что не было нужно никому, так что я дал себе слово, что впредь такого больше не допущу.

Сестра Аланы, сидевшая все это время в какой-то скрюченной позе, на моих глазах расслабилась и выпрямила спину. Брат перестал всхлипывать. Отец вытер слезы. Пускай, наверно, и ненадолго. Как бы то ни было, от правды, казалось, им всем полегчало.

Тот разговор навсегда изменил мое отношение к встречам с родными погибших и в какой-то мере избавил от страха перед ними. Я перестал пытаться ограждать скорбящих от их горя, вместо этого начав стараться как можно более мягко преподносить им правду — при этом признавая, что правда не всегда простая и цельная. Она может порой состоять из множества кусочков, не все из которых мне удается разглядеть. Кроме того, правда может быть разной в зависимости от того, с какой стороны на нее посмотреть — и, как результат, некоторые семьи просят сказать им правду, а затем отказываются в нее верить, если она не совпадает с их ожиданиями или предположениями.

ДАЖЕ САМАЯ ЖЕСТОКАЯ НАСИЛЬСТВЕННАЯ СМЕРТЬ В КОНЕЧНОМ СЧЕТЕ ПРЕДСТАВЛЯЕТ СОБОЙ ВЕЛИЧАЙШЕЕ ОБЛЕГЧЕНИЕ, РАССЛАБЛЕНИЕ.

Но не эта семья. Были у них, впрочем, и другие вопросы, которые мне в точности задавали с тех пор множество раз многие семьи.

Брат тихим голосом, чуть ли не шепотом:

— Каково это — умирать?

Ответ:

— Я не знаю.

Я могу сказать, что даже самая жестокая насильственная смерть в конечном счете представляет собой величайшее облегчение, расслабление. Таким образом, не основываясь на каких-либо научных данных и руководствуясь исключительно своим собственным чутьем, а также будучи свидетелем многих смертей в реанимации и в палатах, я пришел к заключению, что — хотя умереть на самом деле хотят лишь единицы, — когда это происходит, смерть сама по себе, пожалуй, связана с приятными ощущениями.

Когда я сказал это, сестра покойной, обнаружившая ее тело утром, выпалила:

— Она выглядела такой умиротворенной! Будто ей снилось что-то приятное!

Я частенько слышу эту фразу: «Она выглядела такой умиротворенной!» На самом же деле, как мне кажется, выражение лица покойника не обязательно означает, что смерть была спокойной. Кажущаяся безмятежность покойного — лишь результат полного расслабления мимических мышц после смерти. С учетом того, какое утешение это умиротворенное выражение лица может принести живым, этой правдой я делюсь весьма скупо, хотя, если меня и спросят, я не стану юлить и буду придерживаться своего принципа быть откровенным. В данном же случае сестра умершей девочки не задавала вопрос — она просто подметила увиденное. Строки Поупа, процитированные мне отцом в школе, вновь всплыли в моей памяти:

Ум, вкус и знанья пользу принесут,
Когда правдив и откровенен суд.
(Перевод А. Субботина)

Смерть, может, и приносит приятное облегчение, однако то, что ей предшествует, может быть, конечно, крайне ужасным. Теперь настала очередь отца девочки. Охрипшим голосом он задал традиционный вопрос:

— Доктор, скажите, Алана страдала? Надеюсь, ей не пришлось долго мучиться.

Как же часто судмедэкспертам задают этот вопрос. Когда на него отвечаешь, желание утешить скорбящих налетает на скалы правды, потому что факты могут быть весьма неприглядными.

Многие предпочитают говорить родным человека, погибшего насильственной смертью, что тот быстро потерял сознание, после чего умер спокойной смертью. Даже когда они в этом не уверены. На деле же крайне сложно оценить чьи-то страдания, а также то, как долго организм боролся со смертью. Я могу осмотреть полученные травмы и следы имеющихся болезней, а потом прикинуть, насколько больно могло быть человеку. В некоторых обстоятельствах я также могу дать оценку того, насколько быстро наступила смерть. Вместе с тем по одному лишь телу редко можно с точностью определить скорость наступления смерти.

Существует заблуждение, будто наличие большого количества воды в легких — отека легких — является индикатором медленной смерти. Этот отек — распространенный этап процесса умирания для большинства людей: так как сердце замедляет свой ход, жидкость из кровеносных сосудов просачивается в легкие. Таким образом, у человека, которому отрубили голову, отека легких не будет, так как его смерть наступила мгновенно. Но обильное количество жидкости в легких вовсе не обязательно указывает на мучительную медленную смерть.

Как же тогда ответить на вопросы этой семьи — любой семьи — относительно страданий и скорости наступления смерти? Я решил использовать тот же интуитивный прием, с помощью которого помогал людям, присутствующим на моих вскрытиях: предоставлять информацию, чтобы смягчить болезненные эмоции.

Я сказал:

— У большинства людей неправильное представление о смерти. Они видят в ней мгновенное событие. Вы думаете, что в одну секунду ваша дочь была жива, а уже в следующую… ее не стало. Но смерть наступает совсем не так. Люди могут полностью отключиться в одно мгновение, словно погашенный свет, если испарить их тело ядерным взрывом. Во всех остальных обстоятельствах смерть является длительным процессом.

Смерть — это процесс. Как же часто я уже использовал эту фразу. В ходе этого процесса каждый орган нашего тела отказывает со своей собственной скоростью, зависящей от его внутриклеточного обмена веществ. Это, в свою очередь, запускает дальнейшие процессы, которые в конечном счете приводят к разложению и естественной ликвидации тела. Прах к праху.

> **СМЕРТЬ — ЭТО ПРОЦЕСС. В ХОДЕ ЭТОГО ПРОЦЕССА КАЖДЫЙ ОРГАН НАШЕГО ТЕЛА ОТКАЗЫВАЕТ СО СВОЕЙ СОБСТВЕННОЙ СКОРОСТЬЮ.**

Очевидный процесс смерти, который можно наблюдать у кровати больного, может длиться считаные секунды — а может растянуться на десятки секунд и даже минуты. Формально же смерть длится многие часы, в течение которых организм умирает клетка за клеткой. Некоторые клетки, например клетки кожи и костей, могут оставаться «живыми» до суток: в этих клетках продолжается обмен веществ без участия кислорода, пока их внутренние резервы не будут окончательно истощены. Более того, эти клетки можно изъять, а затем выращивать в лаборатории на протяжении нескольких дней после констатированной смерти тела.

На протяжении нескольких часов возможны случайные удары сердца. Пищеварительный процесс может продолжаться. Белые кровяные тельца могут двигаться сами по себе до 12 часов после смерти. Могут дергаться мышцы. Можно даже увидеть выдох. К дыханию, правда, он никакого отношения иметь не будет.

Какое только определение ни пытались дать смерти, однако каждое из них является спорным как с научной, так и с моральной точки зрения. Если человек никогда больше не сможет общаться или осознанно взаимодействовать со своим окружением, когда он больше никогда не придет в сознание, не будет воспринимать мир вокруг и свое собственное существование — вот что такое смерть.

Разумеется, под такое определение может попасть кто-нибудь крепко спящий или человек под общей анестезией, но такие состояния являются обратимыми. Кроме того, под него может попасть человек в коме или стойком вегетативном состоянии. Но у этих пациентов продолжает биться сердце и наблюдается активность мозга: это не смерть.

Когда отсутствуют сердцебиение, дыхание, а на ЭКГ прямая линия, то это и будет настоящая смерть. Иногда люди говорят мне, будто видели конкретный момент смерти, сидя у кровати своего ныне покойного родственника. Что ж, они почти наверняка ошибаются. Они говорят о том моменте, когда он перестал дышать, а его сердце остановилось. Они стали свидетелями соматической смерти организма. Клеточная смерть занимает больше времени.

— Я не знаю, как долго умирала Алана, однако имеющиеся данные по отдельным случаям указывают на то, что внезапная смерть при эпилепсии наступает быстро. Я не знаю, как сильно она мучилась, однако на ее теле нет никаких признаков того, что она вообще мучилась.

— Она могла даже не проснуться? Она могла даже не знать, что умирает? — с надеждой в голосе спросил отец.

Соблазн подтвердить его догадку был огромный. Но это не было бы полной правдой.

— Невозможно установить, что именно испытала Алана. Могу лишь сказать, что никаких признаков мучений перед смертью не обнаружено. И я повторяю, что смерть — это процесс, в ходе которого жизнь постепенно угасает. А также что этот процесс, как мне кажется, является приятным.

Казалось, родные готовы покинуть комнату — они успокоились, расслабились. Как вдруг отец ошеломил меня:

— Нам действительно было нужно все это услышать, вы нам очень помогли. Но... Я просто не могу смириться с мыслью, что вы разрезали нашу дочку на кусочки.

На этих словах мать, которая все это время держала себя в руках, разразилась слезами.

— Нам бы хотелось увидеть ее в последний раз. Но мы не можем! Потому что вы ее разрезали!

Сын с силой сглотнул. Лицо живой дочки искривилось. Отец снова заплакал.

Мне прежде никогда и в голову не приходило, что для большинства людей я темная фигура в мрачных одеяниях, которая «разрезала» их близкого. Это был первый случай, когда я столкнулся с ложным представлением, будто мы, судмедэксперты, превращаем прекрасные тела в изуродованное мясо. Впрочем, с тех пор мне доводилось иметь с ним дело довольно часто.

Многие люди — и я должен с сожалением констатировать, что среди них есть и полицейские, а порой и помощники коронера (которые должны в этом разбираться), — ошибочно советуют родным, желающим увидеть тело после вскрытия, этого не делать. Из-за «всего того, что сделает судмедэксперт». Люди, которым не по себе от самой мысли о вскрытии, среди которых бывают и профессионалы, которые, возможно, и в морге никогда не были и не видели тело после вскрытия, попросту не должны навязывать свои собственные чувства родственникам погибшего в столь тяжелой для них ситуации. Разумеется, они пытаются помочь. Вместо этого,

ДЛЯ БОЛЬШИНСТВА ЛЮДЕЙ Я ТЕМНАЯ ФИГУРА В МРАЧНЫХ ОДЕЯНИЯХ, КОТОРАЯ «РАЗРЕЗАЛА» ИХ БЛИЗКОГО.

однако, они могут нанести глубокую и долго не заживающую рану тем, кто хочет попрощаться.

К сожалению, в результате подобного заблуждения многие родственники отказывают в проведении вскрытия, когда их об этом просят. Конечно, выбор у них есть далеко не всегда: если смерть была внезапной, будь то по естественным причинам или в результате несчастного случая, за дело, как правило, берется коронерская служба, и коронер практически наверняка потребует проведения вскрытия в случае возникновения подозрений в убийстве. Общество имеет право знать правду, и в этой ситуации пожелания родных уже никто учитывать не станет. С учетом того, что кто-то из родственников может быть — и достаточно часто оказывается — убийцей.

Тот ужас, который вызывает у людей вскрытие, стал для меня очевиден после прочтения одного заявления кого-то из родных после массовой катастрофы. Женщина узнала о проведенном без ее согласия вскрытии тела ее сына. Так как он стал жертвой катастрофы, ей казалось, что причина смерти была и без того очевидна:

Я ОПРЕДЕЛЯЮ ТОЧНУЮ ПРИЧИНУ СМЕРТИ, И МНЕ КРАЙНЕ НЕПРИЯТНО, ЧТО МЕНЯ ВОСПРИНИМАЮТ КАКИМ-ТО ТАИНСТВЕННЫМ МЯСНИКОМ В ПЛАЩЕ.

«Я считаю, что было неправильно проводить без надобности столь серьезное вмешательство, которое изуродовало тело и стало проявлением неуважения к нему, а также к эмоциональным и религиозным чувствам всей нашей семьи. Для меня он все еще оставался моим сыном, и любое нецелесообразное издевательство над его телом является непростительным нарушением наших прав».

Я прекрасно понимаю, насколько тяжело осознавать необратимость смерти. Понимать, что ее сын, вчера еще живой, со своими мыслями и чувствами, сегодня уже таковым не является. Осмыслить, что еще вчера я со своим ножом вызвал бы у него мучительную боль, однако сегодня он уже ничего не чувствует. Причем, пожалуй, сложнее всего видеть в действиях человека с ножом не преступное посягательство, а выражение уважения, может быть, даже любви.

Вот слова одного королевского адвоката, выступавшего от имени группы разъяренных скорбящих родственников, среди которых была и процитированная мною выше мать:

«То, как мы обращаемся с мертвыми, является отражением цивилизованности нашего общества. По понятным причинам многое из этого происходит за закрытыми дверями, и по этой причине на людей, которым доверена эта работа, а также на контролирующие их власти, следящие за тем, чтобы к мертвым относились с должным уважением, возлагается огромная ответственность. Именно этого вправе ожидать скорбящие близкие погибших, именно этого требует общество в целом».

Кто станет с ним спорить? Только вот он представлял родственников, которые, помимо прочих своих бед, злились из-за того, что любимые ими люди попали под нож судмедэксперта.

По-моему эти слова подчеркивают всю важность вскрытия. Когда я провожу вскрытия, то отношусь к мертвым не просто со всем уважением, которое ожидает от меня цивилизованное общество, — я отношусь к ним с любовью, как к своим собратьям. Я определяю точную причину смерти, и мне крайне неприятно, что меня воспринимают каким-то таинственным мясником в плаще. Я искренне надеюсь, что те, с кем мне довелось поговорить лично, кто слышал в суде мои показания относительно смерти своих родных, понимали, что я выполнял свою работу со всем уважением. А также с любовью к человечеству, как я себе это представляю.

Стараясь быть как можно мягче, я попытался объяснить заплаканной семье Аланы, что ее тело в процессе вскрытия было не жестоко изуродовано, а очень аккуратно изучено — ради них же самих, ради нее, ради общества в целом. Общество не пожало плечами со словами: «Ну что ж, вот и еще одна 15-летняя девочка». Оно потребовало правды.

Я заверил их, что мои коллеги тщательно и в самом лучшем виде восстановили ее тело после вскрытия, как это делается со всеми телами. Работники морга по праву гордятся своими навыками. Семья Аланы не должна бояться ее увидеть. Более того, они должны это сделать. Чтобы попрощаться. Чтобы осознать необратимость смерти и продолжить жить дальше.

Я договорился, чтобы они могли посмотреть на Алану в последний раз. Они тихонько поблагодарили меня, и я ушел. Я знал, какая долгая и мучительная дорога скорби их ждет впереди. Может быть, мне удалось облегчить им хотя бы несколько шагов по ней. Эта встреча наверняка навсегда врезалась в память всем присутствовавшим — пускай у меня и у них были разные на то причины.

Разумеется, я не могу лично испытывать скорбь по каждому из десятков тысяч людей, вскрытие которых провел за свою карьеру. Разрезая тело, я не испытываю скорби. Я испытываю ее, когда вижу, как страдают из-за своей утраты другие, будь то в формальной обстановке коронерского суда либо же в более неформальной атмосфере морга или моего кабинета. В итоге я научился управлять своей реакцией. За годы, прошедшие после встречи с родными Аланы, я даже пришел к выводу, что сводить судмедэкспертов и близких покойного следовало бы гораздо чаще. Надежная и достоверная информация приносит не только ясность, но также и поддержку, облегчение, она является той прочной основой, отталкиваясь от которой скорбящие родственники могут в конечном счете начать жить дальше.

Что касается меня, то я бы сказал, что всю свою карьеру уважал и понимал страдания родных — при этом всячески пытаясь не дать им себя поглотить. Любящие все анализировать читатели наверняка связали мое нежелание в начале своей карьеры встречаться с родственниками погибших со смертью моей собственной матери в столь раннем возрасте. По поводу же моей последовавшей готовности принимать чужую скорбь они скажут: «Ага! Он не позволял себе ощутить всю необъятность горя собственной утраты! Так что он испытывал скорбь снова и снова в умеренных количествах через чужое горе, а по окончании встречи оставлял все позади!»

Должен признать, что в этой теории, пожалуй, может быть некое здравое зерно.

16

Хотя я и выполняю свою работу с глубочайшим уважением и человеколюбием, я также делаю ее и с обязательной научной отстраненностью. После нескольких лет в деле я считал, что весьма неплохо научился оставлять эту отстраненность на пороге своего дома, так что был несколько разочарован намеками Джен на то, что применял ее и в семейной жизни; на то, что вместо веселого и любящего мужа, коим я себя видел, на самом деле я был угрюмым и поглощенным своими мыслями трудоголиком.

Кто, я? Ну уж нет. Ну и что, что меня поймали за тем, как я протыкаю подготовленное к запеканию мясо разными ножами под разными углами, ожидая, пока разогреется духовка. Что в этом такого? Я был убежден, что смогу вычислить точный размер и форму ножа по оставленным им ранам, и ничто так не напоминает человеческую плоть, как кусок говядины. Было бы глупо с моей стороны немного не поэкспериментировать, прежде чем запихнуть говядину в духовку. Не так ли?

— Ты хочешь сказать, папочка, что представлял, будто наш обед — это живой человек? — спросила Анна, откладывая в сторону свои нож с вилкой. — Живой человек, которого убивают?

— Не говори глупостей, очевидно же, что это не человек, — сказал я, энергично расправляясь с жаркúм у себя в тарелке.

— У меня на мясе полно следов от удара ножом, — добавил Крис. — Смотрите!

Про мужскую солидарность он, видимо, не слышал. Я покосился на него, но было уже поздно. Теперь уже все отложили свои столовые приборы.

Наша жизнь была до абсурда суетливой. Я старался почти каждый вечер возвращаться с работы вовремя, чтобы отпустить домой нянечку и приготовить ужин. Джен теперь работала младшим врачом, и планировать неделю стало еще сложнее.

А однажды, когда нас не было дома, он сгорел. Не полностью, но достаточно сильно, чтобы нам пришлось переехать. Пожар был вызван либо неисправной проводкой, либо обозлившимся преступником, против которого я дал показания в суде (как подозревала полиция), либо и вовсе это была моя вина. Мы так никогда и не узнали, что именно послужило причиной, однако Джен упорно склонялась к последней версии.

ОДИН РАЗ МЕНЯ ПОЙМАЛИ ЗА ТЕМ, КАК Я ПРОТЫКАЮ ПОДГОТОВЛЕННОЕ К ЗАПЕКАНИЮ МЯСО РАЗНЫМИ НОЖАМИ ПОД РАЗНЫМИ УГЛАМИ, ОЖИДАЯ, ПОКА РАЗОГРЕЕТСЯ ДУХОВКА. И ЧТО В ЭТОМ ТАКОГО?

Мы остались у друзей, мы сняли жилье, мы носились со строителями, мы никак не могли решиться, продать ли выгоревший изнутри дом и купить новый или же отремонтировать его и вернуться туда жить. Я старался не видеть в этом доме метафору своего брака, корпус которого остался нетронутым, однако вся внутренняя отделка и мебель сгорели, и даже я понимал, что сложности и неудобства, связанные с чередой временного жилья, нисколько не способствовали укреплению моего брака.

Каким же облегчением стал долгожданный отпуск. Посадив в машину детей и собак, мы медленно поплелись на север по автостраде. Мы отправлялись на остров Мэн, где нас ждали мои щедрые тесть и теща с едой, любовью, вечеринками, пляжными полотенцами, детскими чаепитиями, виски с содовой по вечерам. Остин и Мэгги превращались в обворожительные карикатуры на самих себя: он крепкий солдат-колонист, она со своими ломящимися от эффектных платьев шкафами и их друзья, которым не уместиться в доме, а то и на всем острове.

На время этого отпуска мы с Джен объявили перемирие, и напряжение между нами исчезло благодаря заботе ее родителей, всячески старавшихся облегчить нашу ношу. Меня лишь однажды поймали на том, что я тыкал ножами на кухне в говядину, и Мэгги была скорее заинтригована, чем недовольна. Затем, довольные и отдохнувшие, с загорелыми хихикающими детьми на заднем сиденье и ведрами с ракушками, втиснутыми между шлепок и виляющими хвостами собак, с которых то и дело сыпался песок, мы вернулись в Лондон и выглядели совершенно непохожими на тех обозлившихся людей со стиснутыми челюстями, которые из него уезжали.

Понадобилось где-то два дня, чтобы все вернулось на круги своя. И не успели мы вернуться к своей суетливой жизни родителей-врачей, как вернулось и напряжение. Мы не устраивали ссор: недовольство просто молча накапливалось. Наверное, я пытался загладить свою вину за очередное безмолвное кипение, причину которого я уже позабыл, когда подарил Джен новое платье вместе с билетами в оперу. Это была «Тоска» Пуччини. Мне и правда хотелось на ней побывать — один из коллег сказал, что это «прекрасная судебно-медицинская опера».

Подобный выход в свет был для нас крайне изысканным событием, так что мы оба его ждали. Единственной ложкой дегтя было то, что на тот вечер дежурным судмедэкспертом выпало быть мне и я не смог ни с кем поменяться. Как и следовало ожидать, когда пришла нянечка, а мы готовились к выходу в спальне, зазвонил телефон. Джен смотрела, как я беру трубку.

— Пэм на проводе.

Несокрушимая Пэм. Сама серьезность, способная организовать неорганизованных судмедэкспертов. Это могло означать только одно. Джен видела, как я изменился в лице, и прищурилась.

— Ладно, — сказала Пэм. Она всегда так начинала разговор. — Тебя вызвали. Громкое дело. Всю семью перестреляли в их кроватях. Наверное, прошлой ночью, но нашли их лишь сегодня вечером. Отец выжил. Сильные ранения, сейчас он в больнице.

Столь серьезное дело определенно требовало моего немедленного появления. Наверное, по моему лицу сразу стало это понятно. Джен увидела это и повернулась ко мне спиной. Миленькое новое платье так и не было снято с вешалки. Вместо того чтобы снять его, она с печалью открыла шкаф и повесила его обратно.

— Где? — спросил я Пэм.

— Я скажу тебе где, но сегодня ты никуда не поедешь.

Я сделал резкий вдох. Я всегда сразу же выезжал на место преступления.

— Ты подарил Джен это платье, ты купил эти билеты, и ты ни за что не станешь отменять запланированный вечер.

Пэм всегда была в курсе всего.

— Но…

— Если ты сейчас помчишься на очередное убийство, она больше никогда не будет с тобой разговаривать! Это может подождать.

От такого у любого судебно-медицинского эксперта участится сердцебиение. Судмедэксперты спешат на место преступления не только из-за спешки полиции и потребности родственников знать правду — чем раньше мы прибудем на место, тем более точно сможем определить время смерти по таким ранним признакам, как охлаждение и трупное окоченение.

Я сказал:

— Пэм, думаю, я должен поехать, потому что…

— Я уже сказала, что сегодня ты никуда не поедешь. А если ты переживаешь по поводу времени смерти, то не надо. Полиция уже все знает. Отец оставил предсмертную записку, а соседи слышали какие-то выстрелы и сказали, что это было где-то в час ночи. Как бы то ни было, все случилось прошлой ночью, а полицейские занялись этим только сегодня вечером. Пока они будут оформлять три трупа и все прочее, до завтрашнего дня ты им не понадобишься.

— Но…

— Трупы никуда не денутся, а отец в больнице, так что спешить некуда.

Всегда есть куда спешить!

— Просто приезжай завтра утром к восьми, я уже обо всем договорилась.

— Но…

— Дик. Ты же не собираешься со мной спорить, не так ли?

Нет. Никто не спорит с Пэм.

Так что мы пошли на оперу, и Джен надела свое платье, и это был чудесный вечер, если не считать того, что застреленная в своих кроватях семья каким-то образом пошла на оперу вместе с нами. Я старался не думать о них, но не мог остановиться. С чьего тела я начну? Насколько тяжело ранен отец? Неужели он всех убил и собирался убить себя, но в последнюю минуту струсил? Или же просто не туда выстрелил? Или же к ним в дом ворвался какой-то безумец в маске, заставивший убить всю семью и написать предсмертную записку — но в таком случае почему только отец остался в живых?

Я не поехал на вызов, но для Джен было очевидно, что я был более чем готов туда поехать и что лишь Пэм удалось меня остановить. Весь вечер Джен была немногословной. Мы вернулись домой и дождались ухода нянечки. И вот тут-то мы устроили ссору. Точнее, Джен устроила ссору. Несмотря на всю ее злость, я был крайне спокоен и молчалив, словно маленький зверек, притаившийся в кустах, ожидая, пока мимо пролетит хищная птица. Я умудрился испортить весь наш чудесный вечер.

— Я так больше не могу, — сказала Джен, — когда ты весь такой тихий и угрюмый. Я расстроена! Почему ты меня не обнимешь? Не успокоишь?

— Эм-м. Потому что…

— Поэтому ты работаешь с трупами, Дик?..

Подождите-подождите.

— Потому что они не заметят, как отстраненно ты себя с ними ведешь?

Прямое попадание.

Хотя Джен и винит в моей способности отчуждаться, когда становится туго, столь раннюю смерть моей матери, я подозреваю, что, скорее, все дело во взрывном характере моего отца. Я полностью от него зависел, и он создал для меня по большей части безопасный, наполненный любовью мир. Который раскачивался время от времени его вспышками ярости. Как результат — я, став взрослым, практически никогда не позволял себе дать волю собственному вулкану.

Разумеется, порой я испытываю злость, грусть или разочарование. Только никак их не выражаю и вместо этого предпочитаю хранить молчание. Я редко когда спорю и никогда не повышаю голоса. Точнее, как-то раз я закричал — это было как раз в этот период или чуть раньше. Многие годы спустя моя дочка сказала на своей свадьбе, что за всю свою жизнь может вспомнить лишь единственный раз, когда я вышел из себя (новый костюм, дети, водяной пистолет). Мне за тот случай ни капли не стыдно. Более того, я даже рад, что вообще смог выйти из себя.

Наш романтический поход на оперу оказался не таким удачным, как я на это надеялся, так что я подумал, почему бы мне все-таки не улизнуть прямо сейчас и не поехать на место преступления. Однако только взгляда на лицо Джен было достаточно, чтобы понять, что это может стать основанием для развода, так что я воздержался. Как бы то ни было, на следующее утро, в субботу, я встал в половине седьмого, чтобы отправиться к дому убитой семьи. Джен к моему уходу не проснулась. Во всяком случае, не подавала виду.

Я приехал в восемь утра, как и сказала мне Пэм. День обещал быть очень длинным. Полицейских вокруг было по-прежнему предостаточно, однако журналистов оказалось на удивление мало. Наверное, они просто уже все ушли. Каким бы страшным ни было убийство — особенно множественное, — о нем непременно напишут в газетах, расскажут по телевизору. По моему опыту, чем все хуже, тем журналистам только лучше. Убийства Джека-потрошителя и по сей день широко освещаются в печати. Кажется, лишь подробности некоторых убийств на сексуальной почве не предаются огласке — хотя, пожалуй, это связано с сокрытием информации полицией, нежели с соблюдением приличий по отношению к скорбящим родным со стороны репортеров.

Когда я вошел в дом убитой семьи, в нем все еще стояла та смертельная тишина, что была мне уже так хорошо знакома, хотя полицейские вовсю работали, а люди переговаривались. То, что я обнаружил внутри, было леденящей кровь пародией на субботнее утро в домах обычных семей по всей стране.

В доме был идеальный порядок. Не было и следа от бардака, столь характерного для мест убийства: ни пустых бутылок из-под пива и водки, ни замусоленных грязных ковров, ни убитой кухни, ни залитого кровью туалета. Эта семья хорошо готовила и питалась, они заботились о себе и друг о друге.

Комната дочки-подростка была опрятной и приятной на вид: она прилежно выполнила свою домашнюю работу и сложила тетради в рюкзак. Ее одежда была аккуратно сложена. Она лежала в кровати в своей яркой пижаме. Единственная пуля прошла насквозь через ее голову.

ПОРОЙ Я ИСПЫТЫВАЮ ЗЛОСТЬ, ГРУСТЬ ИЛИ РАЗОЧАРОВАНИЕ. ТОЛЬКО Я НИКАК ИХ НЕ ВЫРАЖАЮ И ВМЕСТО ЭТОГО ПРЕДПОЧИТАЮ ХРАНИТЬ МОЛЧАНИЕ. Я РЕДКО КОГДА СПОРЮ И НИКОГДА НЕ ПОВЫШАЮ ГОЛОСА.

В соседней комнате на спине лежит старший брат, застреленный в лоб по центру где-то с 15 см. Судя по всему, во сне. Никаких следов борьбы не было.

Их мать — симпатичная женщина с темными волосами — лежала на правой стороне супружеского ложа. Сложенные вместе, словно в молитве, руки лежали под ее правой щекой. Вид умиротворенный. Пуля пробила ее лоб слева, и ручеек запекшейся крови стекал вниз по лицу.

— Никаких сомнений, это сделал отец, — сказал криминалист.

— Насколько тяжело он ранен? — спросил я.

Он пробыл здесь бóльшую часть ночи и был бледный и растрепанный на вид.

— Ну, судя по всему, умереть он не должен.

Я задумался, действительно ли отец хотел умереть или же изначально намеревался лишь ранить себя. Предыдущие три выстрела вышли у него довольно точными. Себе он тоже выстрелил в голову? Если и так, то сложно было бы выстрелить так, чтобы наверняка избежать смерти. Странно все это.

Я узнал у фотографа, что он уже успел сфотографировать, а затем объяснил, какие еще мне нужны фотографии. Взглянув в последний раз на мать и обоих детей, я дал добро на то, чтобы забрать эти три трагически убитых тела в морг.

Когда их увезли, а все отпечатки уже были сняты, я мог свободно пройтись по месту преступления и внимательно его изучить. В то время про ДНК-экспертизу никто и не слышал, и судебная медицина уж точно не была столь развита, как сегодня. Как результат, наше поведение на месте преступления сегодня сочли бы более чем безответственным. Конечно, мы всегда старались не трогать ничего, кроме тела, однако если и оказывалось, что снятый отпечаток пальца принадлежит судмедэксперту, то единственным последствием для него была покупка криминалисту бутылки виски.

МЫ ВСЕГДА СТАРАЛИСЬ НЕ ТРОГАТЬ НИЧЕГО, КРОМЕ ТЕЛА, ОДНАКО ЕСЛИ ОКАЗЫВАЛОСЬ, ЧТО СНЯТЫЙ ОТПЕЧАТОК ПАЛЬЦА ПРИНАДЛЕЖИТ СУДМЕДЭКСПЕРТУ, ТО ЕДИНСТВЕННЫМ ПОСЛЕДСТВИЕМ ДЛЯ НЕГО БЫЛА ПОКУПКА КРИМИНАЛИСТУ БУТЫЛКИ ВИСКИ.

Я провел вскрытия, и все обошлось без сюрпризов: в конце концов, передо мной были три тела абсолютно здоровых людей, застреленных в голову. Вместе с тем это дело преследовало меня больше всех остальных. Этот дом со своими тихими, прибранными комнатами и совершенно не вписывающимися в общую картину трупами определенно врезался мне в память. Его мрак преследовал меня до дома, и я не мог от него избавиться, когда закрыл за собой дверь. Время близилось к вечеру, и дети беспорядочно носились по дому. Увидев их, смеющихся и с розовыми лицами, столь живыми, я почувствовал себя счастливым до невозможности.

Я направился прямиком к столу, за которым сидела, обложившись книгами, Джен, обнял ее и извинился за то, что был настолько поглощен своей работой, за свой холод и отстраненность дома. Понимая, что ничего не может быть хуже холодной отстраненности той семьи, чьи тела я только что осматривал, я шепотом пообещал ей на ухо, что стану изо всех сил стараться быть более любящим, открытым, эмоциональным мужем и отцом.

Позже выяснилось, что застреливший всю свою семью отец стрелял себе не в голову. Его ранения не представляли никакой угрозы для жизни. После выписки из больницы он был прямиком отправлен в психиатрическое отделение. Полицейский, которого я уже встречал ранее по другому делу, сказал, что адвокатам защиты отца не составило труда убедить всех, что он был достаточно неуравновешенным для предъявления обвинений в простом убийстве с ограниченной ответственностью.

Как правило, за простое убийство дают куда меньший срок, чем за убийство с отягчающими обстоятельствами, да и добиться признания ограниченной ответственности в те дни не составляло особого труда. Позже, в 2010 году, в результате проведенной правовой реформы понятие ограниченной ответственности было значительно сужено, так что теперь оно применимо лишь к людям с диагностированными психическими заболеваниями. На протяжении многих лет, предшествовавших этой реформе, адвокаты защиты частенько, как мне кажется, злоупотребляли возможностью заявить об ограниченной ответственности. Впрочем, по данному конкретному делу мне — а судя по всему, и вообще никому — даже в голову не приходило, что отец мог быть психически здоровым. Нужно окончательно сойти с ума, чтобы застрелить свою семью. Не правда ли?

Я решил, что дело на этом и закончится, однако в судебной медицине, несмотря на то что наши пациенты умирают окончательно и бесповоротно, их дела имеют привычку возвращаться к жизни. Несколько месяцев спустя меня вызвали для дачи показаний в суде по делу этого папаши. К своему удивлению, я узнал, что ему предъявили обвинение в убийстве своей семьи с отягчающими обстоятельствами.

Полицейский тихонько мне объяснил, что в психиатрической лечебнице мужчина завел отношения с одной из пациенток. Своей новой любовнице он признался, что лишь притворяется сумасшедшим и что на самом деле его достала семейная жизнь. Он застрелил свою семью, потому что попросту устал от них.

Можно подумать, будто это явно указывает на психическое заболевание, однако когда его любовница передала эту информацию властям, они немедленно организовали полное психиатрическое обследование, по результатам которого отец был признан вменяемым. Как результат, его обвинили в убийстве двух и более человек с отягчающими обстоятельствами. Отца признали виновным, и он получил пожизненный срок. Ужасная сцена уничтожения семьи, живущей в столь чудесном доме в полной, казалось бы, гармонии, стала результатом не проявления безумия, а хладнокровного, обдуманного и запланированного убийства.

ДУМАЛ ЛИ Я СЛИШКОМ МНОГО О СВОЕЙ РАБОТЕ, ИГРАЯ РОЛЬ ХОРОШЕГО ОТЦА?

Судебные разбирательства по его делу напомнили мне о своем собственном решении стать более любящим и заботливым мужем. Никто бы не смог обвинить меня, не говоря уже о моих детях, что я не заботливый отец. Я собирал их по утрам, а по возвращении с работы сразу же принимался читать им сказки, готовить, помогать с домашней работой, играть с ними, укладывать их спать. Что же касается моей супружеской роли, то тут мне уж точно было над чем поработать.

Джен хотела, чтобы я был открытым, любящим мужем, который демонстрирует свою любовь. Мне же казалось, что я демонстрирую ее, принимая на себя львиную долю домашних хлопот, включая присмотр за детьми, на протяжении ее длительной учебы. Когда же я задумался об отце, которого только что засадили за решетку, то понял, что он, возможно, делал вид, будто заботится о своей семье, как это положено, — при этом втайне планируя их убийство. До меня дошло, что можно принимать полноценное участие в семейной жизни, при этом думая о чем-то совершенно другом. Неужели подобным образом вел себя и я? Думал ли я слишком много о своей работе, играя роль хорошего отца? Может, именно это и было причиной недовольства и жалоб Джен? Может, я на самом деле не был любящим и внимательным?

Я задумался. Но ничего не сделал. Мы снова вернулись к жизни, которая, казалось, не допускала любовных отношений. Один из нас постоянно собирался уходить на работу. А если мы оба были дома, то нашего внимания требовала тысяча дел: дети со своими домашними заданиями, трудности на работе, ремонт по дому…

Я не понимал, как можно найти посреди всего этого место для любви. Может, я должен написать это в своем ежедневнике: «17:00 — Служебное совещание, 19:00 — Любовь»? И что я должен был делать? Приходить домой с цветами? Зажигать свечи за ужином? Хотелось бы мне спросить других мужчин, как им удается наполнять свою повседневную семейную жизнь теплом, юмором и этой самой любовью, однако подобные разговоры были бы в наших профессиональных кругах неприемлемы. На самом деле это было попросту невозможно. Мы говорили об убийствах, а не о любви. Так что я продолжил портачить.

17

Королевская уголовная прокуратура в итоге связалась со мной по делу Энтони Пирсона. Его девушке Терезе Лазенби было предъявлено обвинение в убийстве, и вскоре должно было начаться разбирательство в суде.

Была назначена предварительная встреча (роскошь, которой Симпсон вдоволь наслаждался на протяжении всей своей карьеры, однако на протяжении моей она постепенно уходила в прошлое), перед которой я освежил свою память заметками и фотографиями по делу. Адвокат обвинения также направил мне дополнительный материал, включая протоколы допросов Терезы полицией.

Читая, я вспоминал, как опрашивавшим ее детективам было сложно связать задушенное тело взрослого мужчины с этой молоденькой девушкой. Как они ее защищали, когда говорили о ней. Вскоре я начал понимать, в чем было дело.

Во время допроса Тереза объяснила, что с Энтони они были знакомы на протяжении пяти лет. У нее была от него четырехлетняя дочка, жившая с ее родителями. Ночевала она обычно в квартире, которую снимала вместе с ним, а бо́льшую часть дня проводила в доме родителей неподалеку.

В момент смерти Энтони родители Терезы вместе с ее дочкой были на отдыхе. Она подробно описала свой день, и я могу лишь сказать, что это был самый обычный день, закончившийся самым невероятным образом. Все это с трудом укладывалось в голове. Она купила поздравительную открытку для подруги и записала на видео телесериал, чтобы по возвращении его могли посмотреть родители. Затем она отправилась к своей бабушке, чтобы узнать про дедушку, дела которого были плохи. Она безуспешно попыталась занять немного денег на запланированный с подругами отдых на острове Тенерифе. Пока что ничего необычного.

Позже она встретилась в пабе с Энтони. Он был уже изрядно выпившим и странным образом злился из-за того, что она пришла так рано. Он не одобрил ее поездки с подругами («Ах ты дрянь!»), после чего потребовал денег, чтобы купить еще выпивки, а затем и травки.

Тереза заняла денег для Энтони у своего на тот момент начальника за барной стойкой. Последовал непростой вечер, состоящий из выпивки, травки и злости. Сама Тереза выпила лишь полпинты светлого, травку не курила и, судя по ее описанию событий, всячески старалась угодить своему трудному и непредсказуемому парню. Согласно ее заявлению, когда они пришли домой со взятой с собой пиццей, он уже себя не контролировал:

«Я дала ему пиццу в гостиной, а он сказал, что потерял травку, на что я сказала: „Не говори глупостей". Я начала шарить у него по карманам, а он оттолкнул меня к стене… он швырнул в стену две стеклянные пепельницы… И я сказала: „Вечно тебе надо что-то разбить". Он сказал: „Еще как надо".

Он просто взбесился, принялся скидывать видеокассеты с каминной полки, разбрасывать вещи вокруг, он орал, принялся ломать на части проигрыватель, и я схватила его, чтобы он перестал (плачет), а он ударил меня по голове, я упала и порезала руку (показывает порез на ладони правой руки), а повсюду было стекло, и я лежала у двери в гостиную, а он не мог ее открыть, так как мешала моя голова, так что он все бил и бил мне дверью по голове.

Он пошел в туалет и позвал меня, так что я зашла, а он специально порезал себе руку бритвой... я взяла полотенце и сказала — не делай глупостей. Я взяла полотенце и обернула его вокруг руки, кажется, это была его правая рука. Кажется, сначала он стащил с себя полотенце. Потом он выдернул из розетки шнур светильника...

Я пошла в спальню, а он все продолжал швыряться вещами, всякими безделушками. Он пошел на кухню. У меня стеклянный обеденный стол, и я попросила его не разбивать, однако он схватил солонки и перечницы, потом пошел в спальню и принялся швырять их из окна. Потом он взялся за зеркало, так что я закрыла окно и схватила его, и мы оба упали спиной на кровать (всхлипывает), и я его держала.

Он порезал мне руку. Не знаю чем, но я убрала руку (показывает порезы на правом предплечье). Я убрала руку, а он двинул мне локтем в живот. Я снова схватила его рукой, а он порезал и укусил ее (показывает порезы и кровоподтеки на правом плече). Я схватила кусок ленты (всхлипывает), он лежал на прикроватной тумбочке слева, и я просто придушила его этой лентой. Я не хотела причинить ему вред, я просто хотела, чтобы он перестал делать мне больно, я хотела, чтобы он больше никогда не делал мне больно. Я кричала, чтобы он оставил меня в покое, чтобы отстал от меня. Отвали! Отвали! Потом, когда он перестал меня бить, я выбежала из дома и пришла сюда.

П (полицейский): Когда вы душили Тони, вы находились сверху него на кровати или же он был сверху вас? А может, вы лежали бок о бок?

З (задержанная): Мы были рядом друг с другом, бок о бок. Я была слева. Я лежала на спине. Он был под моими ногами. Он меня не удерживал. Он несколько раз ударил меня в живот. Я схватила ленту и обвила его вокруг ее шеи... (всхлипывает).

П: Продолжайте...

З: Я скрестила ленту, потянула с силой, чтобы он перестал меня бить. Не знаю, как долго это продолжалось, но, когда он перестал меня лупить, я выбежала из дома и прибежала сюда.

П: Вы хотели его убить?

З (всхлипывает): Нет, я не хотела его убивать.

П: Вам показалось, что вы его убили?

З: Я знала, что он пострадал, так как он все пытался поймать ртом воздух. Он посинел. Его рот, его язык, его высунувшийся язык… Я посмотрела на него. Я знала, что он пострадал. Мне нужно было просто выбраться из дома. Мне нужно было прийти сюда, чтобы Тони помогли. Я так сразу и сказала полицейскому».

Тереза рассказала, что Тони в прошлом уже на нее нападал, однако, не переставая всхлипывать, она сказала, что любила его, а также чувствовала, что нужна ему. Казалось, она была очень молодой мамой — должно быть, они с Тони были еще подростками, когда она забеременела, — оказавшейся затянутой в полные насилия отношения, в которых ее удерживала вера в то, что она ему нужна.

Меня тронули ее возражения, то, как она настаивала, будто она впервые дала отпор, и то под угрозой физической расправы со стороны Тони. Порой преступники больше похожи на жертв, и Тереза одновременно и страдала, и сожалела о содеянном. Обвинение, однако, планировало полагаться на мои показания. Которые должны были быть беспристрастными. Так что я был намерен придерживаться правды, прекрасной в своей простоте, и не позволить предательским эмоциям эту правду запутать.

Встреча по делу проводилась в одном из служебных помещений Королевской уголовной прокуратуры на верхних этажах Центрального суда Лондона. Обшитые деревянными панелями залы суда выглядят величественно: ничто так не дает почувствовать силу правосудия, его историю и значимость, как Первый судебный зал в Центральном суде Лондона.

В расположенных над ним кабинетах, впрочем, ничего величественного нет и в помине.

Я ожидал встречи в комнате с потертой мебелью и плохо подогнанными окнами, как вдруг внезапно появились адвокаты — старший и младший. Они пришли прямиком с проводимого внизу судебного заседания, все еще в мантиях, бросили свои парики на стол и поздоровались со мной по имени, прежде чем мы приступили к формальной части процедуры. Вскоре после них прибыли двое детективов. Совместные вскрытия сближают, и мы обменялись с ними теплыми дружескими рукопожатиями.

Мы уселись за большой поцарапанный стол, попивая чай из фарфоровых чашек — адвокаты не держат одноразовой посуды, — а вокруг нас были разложены всевозможные бумаги и фотографии. Все сделанные полицией фотографии были распределены по небольшим папкам с жесткими коричневыми обложками, связанными черными пластиковым кольцами.

Я молча наблюдал, как все остальные обсуждают предстоящий суд над Терезой Лазенби. Ее обвиняли в убийстве, однако никто не сомневался, что ее адвокат предложит признание в неумышленном убийстве с ограниченной ответственностью — за которое, разумеется, ей светил куда меньший срок. Детективы не сомневались, что обвинение согласится на сделку. Было очевидно, что им нравилась Тереза и что они не сомневались: это была самооборона. И действительно, они даже не возражали против того, чтобы ее отпустили до суда под залог, что было весьма необычно для обвиненного в убийстве.

— Вы ознакомились с протоколом допроса, доктор Шеперд? — спросил меня старший адвокат.

— Да.

— И вы видели фотографии того, что он с ней сделал, прежде чем она схватилась за ленту? — спросил детектив.

— Нет, мне эти фотографии не показывали.

После долгих поисков адвокат наконец достал нужную папку. В полицейских папках с фотографиями, которые мне доводилось видеть прежде, как правило были снимки мест убийства либо вскрытий. Здесь же меня ждали фотографии миленькой молодой девушки, которая была более чем живой.

— Итак, — сказал я. — Это Тереза.

Своей молодостью и здоровьем она оживляла снимки. У нее были розовые щеки, а ее длинные рыжие волосы были в меру покрашены в темный цвет. Как и сказали мне детективы несколько месяцев тому назад, у нее было милое личико. Ничего общего с типичным подозреваемым в убийстве.

Я внимательно осмотрел каждую фотографию, в то время как все остальные потягивали свой чай и болтали. Наконец я поднял голову.

— Я полагаю… — начал было я.

Но тут же запнулся. Был ли я полностью уверен? Мне не хотелось, чтобы связанная с этим делом предвзятость ослепила меня и заставила забыть ужасные последствия, которые влекли за собой ошибки.

Полицейские пристально, выжидающе на меня смотрели. Адвокаты нахмурились.

Пауза слишком затянулась.

— Ну? — поторопил меня старший адвокат, своим тоном давая понять, что моя нерешительность может подорвать убедительность того, что я собираюсь сказать.

Тогда я вспомнил те сомнения, что грызли меня после вскрытия. Уже тогда они были связаны с несоответствием фактов рассказанной истории. Теперь же я обнаружил еще более серьезные несоответствия между правдой и ее версией Терезы.

Да. Я был уверен.

Я сказал:

— Я полагаю, что все эти раны Тереза нанесла себе сама.

Его младший коллега потянулся к снимкам.

— Эти порезы на руке. Вы утверждаете, что она сделал их сама?

— Я так полагаю. Я не верю, что она убила Энтони Пирсона из самообороны, потому что тот нападал на нее со стеклом, лезвием и всем прочим.

Они переглянулись.

— Вы скажете это на суде?

— Да. Конечно, мне бы хотелось перед этим внимательнее изучить дело.

— Но как?..

Детектив-инспектор был невозмутим. Выглядел он, однако, скверно.

— Как вы можете быть уверены, что Энтони Пирсон ее не порезал?

На самом деле у всех ран на фотографиях были классические признаки того, что они были нанесены ею самой. Когда на человека нападают, он пытается убежать, вырваться, увернуться, защититься: это происходит рефлекторно. Если, конечно, его предварительно не обездвижить — а по словам самой Терезы, ее никто не удерживал. Также отсутствие сопротивления может быть связано с воздействием алкоголя или наркотиков, из-за которых человек позволяет другому резать себя снова и снова в одном и том же месте под одним и тем же углом — Тереза же в тот раз была практически трезвой.

Были и другие доказательства. Раны находились исключительно в самых распространенных для самостоятельно нанесенных себе травм местах (это объясняется тем, что до них попросту легко дотянуться самому), и была применена лишь умеренная сила. Когда люди в бешенстве кого-то режут, они обычно не сдерживают свои силы. Самому же себе сильные травмы нанести гораздо сложнее.

Все это я объяснил присутствовавшим.

— Эти раны определенно не были получены в результате самообороны, — сказал я.

Адвокаты снова переглянулись, после чего посмотрели на полицейских. Я снова обратил внимание, что детективам, хотя они и выдвинули против нее обвинения в убийстве, Тереза нравилась. Один из них взял папку с ее фотографиями.

— Посмотрите на ее лицо. Должно быть, Энтони Пирсон поцарапал ее, — сказал он.

Я покачал головой.

— Нет. Это следы от ногтей.

Я поднес руку к своему лицу и изобразил, как царапаю его в том же самом месте.

— Если я правильно помню, у жертвы ногти были коротко подстрижены. Они не могли оставить такие глубокие царапины.

Я взял в руки папку с бумагами о вскрытии. Там были сделанные мной записи, и когда я их достал, воздух немного разбавил тот самый едкий запах морга, напоминающий поломанные засохшие ветки.

Я быстро пролистал содержимое папки, пока не наткнулся на фотографию, на которой было отчетливо видно пальцы Энтони.

— Да, он точно стриг свои ногти. Они были недостаточно острыми, чтобы оставить у нее на лице царапины.

Я показал им фотографию. Внимательно ее изучив, детективы передали ее старшему адвокату, который надел очки, чтобы лучше все рассмотреть, а затем положил ее перед младшим адвокатом. Тот через силу бросил на нее взгляд, а затем сразу же захлопнул папку.

ЗНАЕТЕ, СЛЕДЫ ОТ ЗУБОВ У ВСЕХ ОЧЕНЬ РАЗНЫЕ!

Я взял фотографии Терезы.

— С другой стороны… — достал я одну из них, на которой было видно ее пальцы, — ее ногти тоже подстрижены, однако она определенно могла поцарапать ими себе лицо.

Эта фотография также пошла по рукам. Затем повисла тишина.

— А что насчет следов от укуса у нее на руке? — поинтересовался первый адвокат.

— Она могла дотянуться до своего правого плеча своими собственными зубами.

Немного неловко я продемонстрировал, как это могло произойти, укусив свою собственную руку. Затем я снова открыл папку с фотографиями.

— И посмотрите внимательно — размер следов от укуса указывает на небольшой рот, слишком маленький для взрослого мужчины. Можно, конечно, подтвердить это, измерив ее рот, однако придется попросить судебного одонтолога[1] осмотреть ее. Знаете, следы от зубов у всех очень разные.

Снова повисла тишина.

— Я обратил внимание в ваших показаниях, — сказал я, поворачиваясь к инспектору, — что когда Тереза появилась у полицейского участка, то вы сначала вызвали «Скорую». А потом…

— Осмотрев ее раны, мы отменили вызов, — подтвердил он.

---

[1] Одонтология — наука, изучающая строение, вариации и эволюцию зубочелюстной системы.

— Потому что не сочли их слишком серьезными, — напомнил я ему.

Адвокат спросил:

— Вы изначально собирались нам все это сказать, направляясь сюда?

— Я не видел фотографий. Но я определенно собирался сказать, что изложенная Терезой версия событий не может быть правдой. Я понял это, прочитав протокол ее допроса.

Адвокаты обвинения выглядели довольными, в то время как на лицах полицейских появилось понурое выражение, свидетельствующее, что их обвели вокруг пальца.

Я был уверен в своем заключении как минимум частично, так как уже обсудил полученную информацию со своими коллегами в больнице Гая, и мы все сошлись во мнении. По странгуляционной борозде вокруг шеи я знал, что она не скрещивала ленту у него за шеей и не стягивала ее с силой, как утверждала сама. Лента не обхватывала шею полностью. Ее концы не пересекались. Она касалась шеи лишь спереди.

Я принялся объяснять:

— Поначалу я решил, что она, должно быть, задушила его сзади, потянув за оба конца ленты, однако она точно описала выражение его лица в момент удушения.

— Она и правда сказала, что находилась спереди.

— В это, по крайней мере, я могу поверить. Но если она сделала все так, как описала, то находящийся в сознании взрослый мужчина без труда смог бы ее остановить.

Они ждали. Детектив с озадаченным видом пробормотал:

— Так как же?..

— Энтони Пирсон напился вдрызг, почти в три раза превысив разрешенную для вождения автомобиля концентрацию алкоголя в крови. Кроме того, он покурил травку, что должно было еще больше усилить эффект от выпивки. Скорее всего, он просто лежал в кровати в отключке. Думаю, она просто прижала ленту спереди к его шее и удерживала ее. Он же, должно быть, был настолько пьян, что попросту не мог сопротивляться. Есть все основания предполагать, что он лежал на животе, она просунула ленту у него под шеей и просто потянула за оба конца. Но тогда она бы не смогла так точно описать его лицо перед смертью.

Адвокат наклонился.

— Вы хотите сказать, что никакой потасовки в квартире не было? Что она все это выдумала, лишь бы оправдать тот факт, что она просто...

— Думаю, они и правда повздорили в квартире — соседи, в конце концов, слышали шум, — однако все было далеко не так серьезно, как описывала она. Нет никаких свидетельств, что она стала жертвой физического насилия. Напротив, я полагаю, что она, должно быть, задушила его, пока он был без сознания, ну или почти без сознания. А затем сама нанесла себе все эти раны.

ВО ВРЕМЯ СВОИХ ПЕРВЫХ ВЫСТУПЛЕНИЙ В СУДЕ Я ТАК СИЛЬНО НЕРВНИЧАЛ, ЧТО ТОЛЬКО И МОГ СМОТРЕТЬ НА ЗАДАЮЩЕГО МНЕ ВОПРОСЫ АДВОКАТА.

Все переглянулись между собой.

— Тогда мы ни за что не станем соглашаться на непредумышленное убийство, — сказал старший адвокат. — Это самое настоящее умышленное убийство. И трюк с самообороной у нее тоже теперь не прокатит.

Пожав руки, мы направились каждый в свою сторону. Разбирательства по делу должны были начаться через несколько недель, и в следующий раз нам предстояло встретиться уже в суде.

Во время своих первых выступлений в суде я так сильно нервничал, что только и мог смотреть на задающего мне вопросы адвоката. Иногда же, осмелев, я смотрел на судью.

Однажды Иэн пришел, чтобы посмотреть на меня за свидетельской трибуной. После суда, в пабе, он сказал:

— Итак, кто же должен тебе поверить и понять твои доказательства?

Как это было свойственно Иэну, он ответил на свой собственный вопрос прежде, чем я успел что-либо сообразить.

— Не адвокат, это уж точно. Адвокат и так знает, что ты скажешь, а также знает слова, которые он будет пытаться из тебя выдавить. Что касается судьи, то убеждать его — тоже не твое дело.

— Присяжные.

Иэн кивнул своей огромной головой.

— Присяжные, Дик, — проскрипел он с шотландским акцентом. — Присяжные, не забывай про присяжных.

Конечно, он был прав. В суде Иэн чувствовал себя в своей тарелке: 12 добропорядочных граждан, а также сидящие в зале журналисты и обычные люди были для него зрителями, и он никогда не отказывал себе в удовольствии перед ними сыграть. Из меня же актер никакой, и судебные драмы давались мне не лучше, чем роль эмоционального, любящего мужа.

> **Я ПРИХОЖУ В СУД, ЧТОБЫ ПРЕДОСТАВИТЬ НАУЧНЫЕ ДОКАЗАТЕЛЬСТВА, А НЕ СУДИТЬ, ПОЭТОМУ Я СТАРАЮСЬ НЕ СМОТРЕТЬ НА ОБВИНЯЕМОГО.**

Тем не менее я все-таки постарался брать пример с Иэна. Я наблюдал за ним в Центральном суде Лондона, за тем, как он слушает вопросы адвоката, ненадолго задумывается, поворачивается лицом к присяжным, делает паузу, глубокий вдох, кладет руки на края свидетельской трибуны. Из этого положения он мог делать причудливые жесты, а затем отвечать на вопросы так, словно их ему задавали присяжные. Его глаза непрерывно бегали по их лицам. Он уверенно говорил все, что ему нужно было сказать. Что касается присяжных, то они, наверное, все равно что побывали в театре.

Мне точно было не повторить выступления Иэна, однако к моменту суда над Терезой я уже вовсю поворачивался к присяжным. Поскольку я прихожу в суд, чтобы предоставить научные доказательства, а не судить, я старался тогда и стараюсь сейчас не смотреть на обвиняемого.

В те ранние годы своей карьеры, однако, мне порой не удавалось сдержать собственного любопытства. Я не мог удержаться от желания увидеть лицо человека, обвиняемого в столь гнусном преступлении, свидетелем последствий которого мне довелось стать.

Меня всегда поражало, насколько неприметными казались большинство убийц. Столь многие из них выглядели подобно тем тихоням, на которых толком и внимания не обратишь, усевшись рядом с ними в поезде, пока они услужливо не поднимут оброненный тобою билет.

Встав за свидетельскую трибуну на суде по делу «Государство против Лазенби», я поймал себя на том, что кошусь на обвиняемую.

Я увидел молодую девушку, которая, прямо как на сделанных сразу после убийства снимках, была миловидной, оживленной и с розовыми щеками. Ее рыжие волосы были затянуты в аккуратный обворожительный хвост. Когда я давал показания, ее глаза блестели от слез. Адвокат протянул ей платок. Она прижала его к щекам и склонила голову. Я заметил, что присяжные смотрят на нее с сочувствием.

Как эта миниатюрная, хрупкая девушка могла стать одной из нескольких на всю страну женщин-душителей? Как она могла хладнокровно все провернуть, а затем наделать себе по всему телу ран, после чего явиться в слезах в полицейский участок? Это казалось немыслимым. Я чуть ли не засомневался в собственных заключениях.

Тем не менее во время перекрестного допроса я держался молодцом. Позже я узнал, что нанятый защитой судмедэксперт, изучив мое мнение и составленный мной отчет, не стал его оспаривать: он согласился, что как минимум некоторые, а то и большинство ран Тереза нанесла себе сама.

Таким образом, на основании моих показаний обвинение настаивало, что Тереза попросту задушила своего парня, пока тот был либо в отключке, либо не в состоянии ей сопротивляться. Но всем было крайне тяжело поверить, что настолько милая и раскаивающаяся девушка могла сделать столь ужасную вещь не ради спасения собственной жизни. Присяжным уж точно было сложно в это поверить. Они признали ее невиновной, единогласно решив, что она действительно действовала из самообороны.

Адвокаты Терезы смогли убедить их, что сторона обвинения не смогла доказать свою версию так, чтобы она не вызывала ни малейших сомнений. Конечно, стратегия была довольно самонадеянной, однако, окажись я на скамье подсудимых, я бы тоже вне всяких сомнений попробовал и такой подход. Как бы то ни было, однако, я был удивлен, когда Тереза ушла из зала суда свободным человеком. Я знал, о чем мне рассказало тело Энтони Пирсона, однако присяжные, очевидно, и слушать меня не хотели. Мне казалось, что они закрыли глаза на все имеющиеся доказательства, и их вердикт стал попросту проявлением сочувствия к женщине, которая якобы подвергалась насилию.

В тот вечер Джен удивилась, когда я принялся бурно обсуждать с ней это дело. Я объяснил ей, что женщина, в виновности которой я не сомневался, смогла избежать наказания. Я подозревал, что ее оправданию способствовали ее молодость и красота, что казалось мне большой несправедливостью.

— Что ж, ну хоть какое-то разнообразие, а то обычно симпатичные молодые девушки сами становятся жертвами, — заметила Джен. Она была озадачена столь эмоциональной реакцией на это дело своего обычно лишенного эмоций мужа. Даже мне было не по себе оттого, что я поддался всколыхнувшей меня злости, которой обычно всячески старался избегать.

— Мне нужно взять себя в руки, — сказал я. — Я не могу переживать подобным образом каждый раз, когда в суде все выходит из-под контроля.

Конечно, я взял себя в руки. Дело Лазенби, пожалуй, стало последним случаем, когда я позволил себе эмоционально отреагировать на результаты судебного разбирательства. Моя работа заключается в установлении научных фактов. Эти факты я рассказываю присяжным. Они же имеют право делать с ними все что заблагорассудится — в конце концов, они выслушали все показания и ознакомились со всеми доказательствами по делу, что я сам редко делаю. После того как я изложил все факты, мое участие в процессе заканчивается.

Так что больше никакой эмоциональной нагрузки. Больше никаких взглядов украдкой на обвиняемого или расспросов полицейских об исходе разбирательств. Очень часто после дачи мной показаний в суде мне никто не сообщал вынесенный приговор. Если я пропускал газетный отчет, то мне приходилось расспрашивать полицейских или других коллег, которые могли быть причастны к делу.

После суда над Лазенби я решил больше никогда ни о чем не спрашивать. Впредь мне будет безразличен вердикт присяжных, и весь мой интерес будет ограничиваться моими собственными показаниями. Я не должен чувствовать никакого воинствующего энтузиазма упрятать преступника за решетку, а также не испытывать никакой эмоциональной потребности убедить присяжных в своей правоте. Пускай Иэн Уэст вкладывает всю душу и сердце в свои судебные представления, а потом страдает, если присяжные отказываются с ним согласиться. Отныне, оказавшись за свидетельской трибуной, я буду доводить до совершенства свою способность эмоционально отстраняться, которой научили меня морги.

ОЧЕНЬ ЧАСТО ПОСЛЕ ДАЧИ МНОЙ ПОКАЗАНИЙ В СУДЕ МНЕ НИКТО НЕ СООБЩАЛ ВЫНЕСЕННЫЙ ПРИГОВОР. МНЕ ПРИХОДИЛОСЬ РАССПРАШИВАТЬ ПОЛИЦЕЙСКИХ ИЛИ ДРУГИХ КОЛЛЕГ, КОТОРЫЕ МОГЛИ БЫТЬ ПРИЧАСТНЫ К ДЕЛУ.

Когда я сказал об этом Джен, она тяжело вздохнула.

— Еще больше отстраненности, — сказала она. — Это твой ответ на все.

— Я не должен был позволить себе переживать из-за вердикта. Уверен, это правильно, — сказал я.

Джен пожала плечами.

— Было любопытно наблюдать, как ты рассказываешь об этом деле с такой страстью. Может быть, тебе стоит делать это чаще.

Меня передернуло. Я точно не хотел испытывать ничего подобного, тем более чаще. Подобные вещи могут принести массу неприятностей.

18

В конце 1980-х годов в Великобритании произошла серия катастроф, которые унесли множество жизней. Мало какие — если вообще хоть какие-то — из этих несчастий можно было бы назвать случайностью. Практически все они обнажили серьезные недочеты системы. Или же это был просто период, когда послевоенная привычка полагаться только на себя перерождалась в конфликт интересов человека и государства. Одно можно сказать наверняка: по мере роста населения общие настроения менялись, и система, на которую мы все полагались, становилась все больше и сложнее.

В марте 1987 года автомобильно-пассажирский паром «Геральд оф Фри Энтерпрайз» перевернулся после выхода из бельгийского порта Зебрюгге из-за незакрытых носовых ворот: 193 пассажира и члена экипажа погибли.

В августе 1987-го Майкл Райан устроил бойню, подстрелив 31 человека в Хангерфорде, после чего покончил с собой.

В ноябре 1987 года брошенная в эскалатор зажженная спичка на станции «Кингс-Кросс» линии Пикадилли привела к пожару, вследствие которого погиб, как заявляется, 31 человек, а еще сотня были ранены.

В июле 1988 года взорвалась нефтяная платформа Piper Alpha в Северном море, унеся жизни 167 человек.

Двенадцатого декабря 1988 года из-за неполадок в сигнальной системе на железнодорожной развязке Клэпхем произошло столкновение трех поездов: 35 пассажиров погибли и более 400 получили ранения, из которых 69 — тяжелой степени.

Позже, в том же месяце, над шотландским городом Локерби взорвался из-за заложенной бомбы самолет компании Pan American — погибли все 259 человек на борту и еще 11 на земле.

Не прошло и трех недель, как 8 января 1989-го у самолета Boeing 737 компании British Midland отказал двигатель, а из-за последовавшей ошибки экипажа самолет ударился о лесополосу автострады M1, совсем немного не дотянув до летного поля аэропорта Ист-Мидлендс. Из 126 человек на борту 47 погибли и 74 получили тяжелые травмы.

В апреле 1989 года 96 футбольных болельщиков «Ливерпуля» были раздавлены насмерть, а более 700 получили ранения в результате давки на стадионе «Хиллсборо» в Шеффилде. Лишь в 2016 году в ходе повторного расследования было установлено, что причиной столь большого количества жертв стала преступная халатность: критике были подвергнуты действия «Скорой», полиции, а также руководства стадиона за несоблюдение элементарных правил безопасности.

В августе 1989 года в результате столкновения прогулочного корабля и дноуглубительного судна на Темзе погиб 51 человек, большинству из которых не было 30.

Каждое из этих происшествий повергло нацию в шок. Каждое в конечном счете привело к значительным улучшениям, когда эмоциональные волнения улеглись и были выявлены и проанализированы зачастую многочисленные взаимосвязанные причины этих трагедий. Устаревшие системы были пересмотрены, начался период расцвета охраны труда и техники безопасности, работодатели стали осознавать важность обучения персонала, а также позиции компании и государства в целом по отношению к рискам и ответственности. Ко всем этим вещам внезапно стали относиться гораздо серьезнее, и безопасность людей была поставлена на первое место.

Я был вовлечен во многие из этих событий непосредственно после катастрофы или же на стадии расследования. Благодаря им судебная медицина научилась справляться с последствиями массовых катастроф — научился этому и я. Именно та переломная эпоха помогла нам успешно справиться с террористическим ужасом 2000-х.

Для меня первым таким делом стали события в Хангерфорде. Тем не менее это была эпоха главным образом транспортных катастроф, и первой из них для меня была авария на железнодорожной развязке Клэпхем. Первый битком набитый пассажирский поезд проехал на зеленый свет у развязки Клэпхем и, в 8:10 утра в понедельник зайдя в поворот, обнаружил стоящим на тех же путях задержавшийся состав из Бейзингстока.

БИТКОМ НАБИТЫЙ ПАССАЖИРСКИЙ ПОЕЗД ПРОЕХАЛ НА ЗЕЛЕНЫЙ СВЕТ У РАЗВЯЗКИ, И В 8:10 УТРА В ПОНЕДЕЛЬНИК ЗАШЕЛ В ПОВОРОТ. НА ТЕХ ЖЕ ПУТЯХ СТОЯЛ ЗАДЕРЖАВШИЙСЯ СОСТАВ. СТОЛКНОВЕНИЯ БЫЛО НЕ ИЗБЕЖАТЬ.

Столкновения было не избежать. Потому что зеленый сигнал должен был быть красным, но не был. Потому что плохо закрепленный провод отошел. Потому что его оставил таким электрик. Потому что за предыдущие 13 недель у него был всего один выходной. А также потому, что, хотя начальство и было довольно его работой, в ходе проведенного впоследствии расследования было установлено, что на протяжении 16 лет он плохо справлялся со своими обязанностями, ставя жизни людей под угрозу. Оказалось, что никто не контролировал его работу, никто не проверял ее результаты, потому что ему доверяли, а проводить проверки попросту не было принято. Как результат, однако, все сразу же устремились менять сигнальную проводку. А знаете почему? Потому что она стояла с 1936 года, и теперь появилась потребность обеспечить более высокий уровень безопасности на железной дороге. Это закон природы, который порой оказывается виновником немалой части моей работы: закон непредвиденных последствий.

При столкновении движущийся на скорости поезд повело в правую сторону, и он врезался в третий поезд, мчащийся навстречу по противоположным путям. К счастью, этот поезд ехал пустым, так как направлялся обратно в депо Хэслемера: машинист увидел, что произошло впереди, однако попросту не успел затормозить. Следом за первым поездом ехал еще один, однако электричество после столкновений было автоматически отключено, так что он стал замедлять свой ход на повороте. Машинист умудрился вовремя задействовать аварийный тормоз, благодаря чему состав остановился, чудом избежав столкновения.

Все 35 погибших находились в первых двух вагонах первого ехавшего на скорости поезда. Эти вагоны были разорваны с одной стороны. От той части вагона, что была ближе всего к месту столкновения, почти ничего не осталось. Первый прибывший на место крушения старший пожарный — а столкновение произошло в глубине лесосеки — осмотрелся и сразу же вызвал еще восемь пожарных расчетов, восемь машин «Скорой помощи» и хирургическую бригаду, а также режущее и подъемное оборудование для извлечения застрявших пассажиров.

План действий на случай чрезвычайной ситуации полностью сосредоточен на жертвах, однако с первого взгляда многое в нем может показаться не особенно значимым. Дорожное движение и возможность заезда могут показаться незначительными проблемами, однако если вовремя обо всем не позаботиться, то спасательный транспорт не сможет быстро приехать на место катастрофы или покинуть его. Необходимо обеспечить доступ для транспорта к месту аварии (в данном случае пришлось убирать деревья и рельсы), предупредить больницы и тщательно контролировать процесс извлечения тяжело раненных людей. Должны приехать врачи. Необходимо организовать работу травмпунктов для раненых, способных передвигаться самостоятельно, а также временный морг для погибших. Необходимо собрать информацию о каждом пассажире и как-то предоставить ее взволнованным родственникам (в 1988-м не было мобильных телефонов). Кто-то должен переносить раненых и доставлять медикаменты врачам, и вся спасательная операция должна находиться под централизованным контролем с организованной радиосвязью между спасателями.

Это сложнейшая задача, которая должна быть выполнена в кратчайшее время. Добиться же необходимой скорости решения проблем можно только путем тщательного планирования и практики. Так случилось, что 12 декабря 1988 года стал первым рабочим днем в новеньком отделении экстренной помощи ближайшей больницы Сент-Джордж в Тутинге. Персонал, получивший сигнал тревоги, пришлось убеждать, что это не розыгрыш коллег из соседней больницы и железнодорожная катастрофа произошла на самом деле.

ЭКСТРЕННЫЕ СЛУЖБЫ В ПЕРВУЮ ОЧЕРЕДЬ ДОЛЖНЫ ЗАБОТИТЬСЯ О ВЫЖИВШИХ – ТОЛЬКО ПОСЛЕ ЭТОГО ЗАНИМАЮТСЯ ПОГИБШИМИ.

В спасательной операции в Клэпхеме приняло участие огромное число людей: со всего Лондона приехали пожарные машины и кареты «Скорой помощи», прибыли полицейские, транспортная полиция, члены Британской ассоциации неотложной помощи (особенно квалифицированные врачи, главным образом терапевты, которые ушли с работы и устремились к месту катастрофы), работники Британской железной дороги, администрация округа Уондсуэрта (который по счастливому стечению обстоятельств оказался одним из немногих муниципалитетов в стране, где был разработан собственный план действий в случае чрезвычайной ситуации, тут же приведенный в исполнение, благодаря чему на место прибыли 134 незаменимых специалиста) и, конечно, Армия спасения, организовавшая полевую кухню и предоставившая не только материальную помощь в виде еды и напитков, но и психологическую поддержку жертвам, спасателям, персоналу и родственникам.

Экстренные службы, разумеется, в первую очередь должны позаботиться о выживших, как можно быстрее извлечь застрявших людей и доставить пострадавших в безопасное место. Только после этого можно заняться погибшими.

Лондонские пожарные, первыми прибывшие на место крушения, убедились, что рельсы обесточены, и разрешили способным ходить раненым покинуть поезд. Их сопроводили в травмпункты, организованные в ближайших школе и пабе, а точкой сбора объявили парк Спенсер.

Для перевоза раненых в больницу было задействовано 67 машин «Скорой помощи». Тела 35 погибших были извлечены вместе со всеми оторванными конечностями. Сначала их разместили во временном морге, где они пробыли, как и следовало, недолго. Организованные коронером работники похоронных бюро устремились туда на своих катафалках, чтобы забрать тела. Их увезли для опознания и проведения полного вскрытия. В любой массовой катастрофе наряду с лечением раненых не менее важно понять, куда девать погибших.

К 13:04 последнего живого пострадавшего унесли на носилках из поезда. К 15:40 из искореженных вагонов было извлечено последнее тело. К сожалению, на место крушения не было направлено ни одного судмедэксперта, так что никто не сфотографировал тела на месте, что могло бы сильно упростить их опознание. И это уж точно значительно помогло бы нам при анализе полученных травм.

Трупы повезли в недавно отремонтированный современный морг Вестминстера.

Мы направились туда из больницы Гая вчетвером, включая Иэна, который, разумеется, был главным, а также Пэм, которая держала нас (а также лондонскую полицию) под контролем. Изначально мы понятия не имели, сколько именно будет погибших, так что набросали схему прохождения тел через морг. При поступлении тел или частей тел в морг им присваивался номер, после чего их фотографировали. Затем каждое тело направлялось в отдельный холодильник, на котором стоял этот самый номер.

В ЛЮБОЙ МАССОВОЙ КАТАСТРОФЕ НАРЯДУ С ЛЕЧЕНИЕМ РАНЕНЫХ НЕ МЕНЕЕ ВАЖНО ПОНЯТЬ, КУДА ПОМЕЩАТЬ ПОГИБШИХ.

При поддержке работников морга мы вчетвером работали одновременно, и как только один из нас освобождался, очередное тело под присмотром полицейского извлекалось из холодильника и снова фотографировалось. Это важнейшая часть цепочки доказательств. У нас должны были быть подтверждения того, что тело, при поступлении в морг которому был присвоен, скажем, номер 23, совпадало с телом под номером 23, вскрытие которого мы проводили, а также что именно это тело было передано под номером 23 похоронному бюро после проведения опознания.

Сначала мы не проводили полное вскрытие — нас интересовала в первую очередь информация, которая могла бы помочь полиции установить личности погибших. Мы описывали общий внешний вид, имеющиеся ювелирные украшения, одежду, татуировки, а также любые серьезные травмы, такие как отсутствующие конечности. Полиция заполняла карточку на каждое тело. Снимались отпечатки, тела мылись и чистились. Им еще предстояло покинуть свой холодильник повторно для проведения еще одного полного вскрытия и взятия образцов крови.

Установление личности погибших — первостепенная задача для судмедэксперта при любой массовой катастрофе: множество обеспокоенных родственников ждут хоть какой-то информации. СМИ сообщили телефонный номер контактного центра для друзей и родственников пострадавших, однако звонки не ставились в очередь, и как результат линия попросту была постоянно занята. Можно только представить, сколько злости и недовольства это спровоцировало. Но урок был усвоен, и впредь работе контактных центров стали уделять гораздо больше внимания. Было 35 погибших, однако на следующий день в контактный центр поступило 8000 звонков, а еще больше людей позвонили в больницы и даже в морги.

УСТАНОВЛЕНИЕ ЛИЧНОСТИ ПОГИБШИХ — ПЕРВОСТЕПЕННАЯ ЗАДАЧА ДЛЯ СУДМЕДЭКСПЕРТА ПРИ ЛЮБОЙ МАССОВОЙ КАТАСТРОФЕ: МНОЖЕСТВО ОБЕСПОКОЕННЫХ РОДСТВЕННИКОВ ЖДУТ ХОТЬ КАКОЙ-ТО ИНФОРМАЦИИ.

В случае легких травм полиция предоставляла информацию по телефону. Плохие новости же полицейские сообщали лично. Можно было запросто напутать и сообщить, например, кому-то о смерти мужа, который на самом деле выжил, и наоборот. Требовался тщательный контроль. Так, например, среди пассажиров было четыре человека, чьи имена и фамилии совпадали. Удивительно, но двое из них ехали в одном вагоне — выжить, однако, удалось только одному.

Отпечатки пальцев и слепки зубов в те годы были единственным надежным способом опознания: было бессмысленно полагаться на личные вещи, такие как сумочки или кошельки, которые поступали вместе с телами, так как они практически неизбежно оказывались принадлежащими кому-то другому. Кроме того, полицейские и пожарные так тщательно старались собрать всю человеческую ткань, что в мешке для трупов с тремя частями тела зачастую оказывались три части тела трех различных людей, а не одного, как могли предположить спасатели.

У НАС БЫЛО ПОРЯДКА 60 ОТДЕЛЬНЫХ ЧАСТЕЙ ТЕЛА — ГОЛОВЫ, НОГИ, ЧЕЛЮСТИ, ВНУТРЕННИЕ ОРГАНЫ ,— КОТОРЫЕ НУЖНО БЫЛО СОПОСТАВИТЬ ДРУГ С ДРУГОМ.

У нас было порядка 60 отдельных частей тела — головы, ноги, челюсти, внутренние органы, — которые нужно было сопоставить друг с другом. Помощники коронера и полицейские вводили в базу данных подробную информацию, из которой в виртуальном пространстве постепенно вырисовалась фигура человека… мужчина, возраст где-то 44, рост 182 см, небольшой избыточный вес, с залысинами, родимое пятно на правом плече, находился в первом вагоне поезда — так постепенно это тело превращалось в человека с именем. Мы стремились поскорее установить личность каждого погибшего, однако каждое успешное опознание знаменовало конец надеждам его друзей и родственников.

Мы трудились до раннего утра, прежде чем с предварительным осмотром было покончено. Затем мы пошли домой, чтобы выспаться и избежать вызванных усталостью ошибок при вскрытиях, для проведения которых мы вернулись позже в тот день. В морг стали поступать тела тех немногих, что скончались в больнице. Это прибавило нам работы, однако процесс был гораздо проще, так как в больнице их всех уже опознали родные.

Большинство погибших в первых вагонах стали жертвами несовместимых с жизнью травм, которые они получили не только в сам момент удара, но и сразу после него, когда по инерции полетели со своих сидений. Многие умерли от травматической асфиксии, поскольку столики, за которыми они сидели, впились им в живот, либо из-за упавших на них предметов.

Общий отчет, составленный Иэном Уэстом, был очень полезен: сиденья стали лучше прикручивать к полу, начали изменять внешний вид внутренних поверхностей вагонов, чтобы они оказывали меньшее сопротивление при ударе. Кто-то даже призывал оснастить вагоны ремнями безопасности, однако это было непрактично, и в поездах они никогда не применялись. Как результат, Британская железная дорога, которая в те годы отвечала за сигнальное оборудование, узнала о необходимости значительного усовершенствования систем безопасности, а также аварийных систем. Эти улучшения стали фениксом, возродившимся из пепла аварии в Клэпхеме.

Возродился и мой собственный феникс.

После катастрофы в морге царила суета, и я взялся за работу. Осматривая тело каждой жертвы, я напоминал себе, что эти люди однажды утром отправились на работу, однако так до нее и не добрались. Они были раздавлены и изуродованы, а их семьи понесли тяжелую утрату. Еще многие годы, если не поколения, последствия этого происшествия будут находить отголоски в их жизни. Я думал обо всем этом, однако не мог позволить себе это почувствовать. Вообще что-либо почувствовать. Я знал, что эти эмоции были бы настолько сильными, что не дали бы мне делать свою работу, так что я был вынужден сдерживать их изо всех сил.

В какой-то момент я приподнял голову и обратил внимание на побелевшее лицо полицейского, последние несколько часов находившегося рядом со мной.

Я сказал:

— Может, вам стоит отдохнуть? Выглядите не очень.

Он ответил:

— Док, думаю, со мной все будет в порядке. Потому что есть нечто, что помогает мне держаться.

Я ожидал услышать от него, что его наградой станет кружка пива в пабе или объятия его девушки.

Он сказал:

— Мои летные занятия.

Должно быть, я ослышался. Мне показалось, будто он что-то сказал про полеты…

— Да, док, после дежурства у меня летные занятия.

Я недоуменно уставился на него.

— Ты пилотируешь самолет? — не веря своим ушам спросил я. — Мне всегда хотелось это попробовать! — я не стал добавлять, что никогда не мог себе этого позволить.

Кто не мечтал управлять самолетом? Но одна только мысль, что нужно найти на это деньги, а потом еще и выделить время между домашними хлопотами, лекциями, совещаниями, вскрытиями и выступлениями в суде… казалось, нет смысла даже пытаться.

Полицейский продолжал:

— Могу вам сказать, свежий воздух в небе напрочь выбивает запах морга.

Я осмотрел разложенные вокруг меня раздавленные конечности, изучением которых мы занялись. Разве мне нужно было напоминать, что в облаках куда лучше, чем здесь?

Полицейский стал объяснять:

— У лондонской полиции есть аэроклуб, вот как мне это удается. Если вас заинтересует, думаю, вы тоже можете вступить, раз уж работаете с нами бок о бок.

Несколько недель спустя я оказался в аэропорту Биггин-Хилл. В начале взлетно-посадочной полосы 2-1. В двухместном «Сессна-152» вместе с полицейским, который по совместительству был квалифицированным летным инструктором.

Мы сидели, попивая кофе, в то время как он проводил инструктаж перед моим первым занятием, а затем с колотящимся сердцем, трясущимися от волнения руками и чувством трепета в животе от наполняющего меня животного страха я открыл дроссель, и полоса 2-1 передо мной пришла в движение.

— Когда достигнем пятидесяти узлов, плавно тяни на себя, — сказал мой инструктор. — Плавно!

Так и сделал, и нос самолета приподнялся. У меня замерло сердце, когда грохот шасси по летному полю прекратился, и, помимо рева двигателя и свиста воздуха, больше ничего не было слышно. Да! Мы взлетели.

Мы набирали высоту. Выше, еще выше. Голубая линия горизонта удалялась. Я посмотрел на скорость: 75 узлов. Мимо проплыло облако. Мы просто пролетели мимо него, как по утрам проезжает мимо меня автобус, на который я опаздываю. Я летел высоко в небе. В крошечной металлической коробке. И при этом не падал.

До меня дошло, что я задержал дыхание. Я выдохнул. И вдохнул. Я осмелился посмотреть вниз. Дома Большого Лондона остались позади, и я видел все до южного побережья, прямо до Брайтона.

Мой взор был прикован к совершенно невероятной красоте раскинувшегося передо мной ландшафта. Это был настоящий шедевр искусства, словно облака устроили пикник. Я ощутил блаженство. Я летел. Оставил позади всю серость и печаль. Морги, забитые неподвижными телами людей, утратившими свою человечность, все свои небольшие просчеты, грызущие меня беспокойства, разочарования, ссоры с женой, внезапный наплыв вынужденных надоедливых компромиссов «причина смерти: не установлена», проявления глупого тщеславия и раздражающей вражды. Все остальные безрадостные пустяки, способные лишить жизнь красок, попросту растворились, и им на смену пришел всплеск безудержного счастья.

Я сосредоточился на управлении небольшим самолетом, зависшим в воздухе где-то над Кентом, и понимал, что если полет вызывает у меня подобные ощущения, то я не должен себе в нем отказывать. Никогда в жизни.

19

После пяти занятий мне пришлось отказаться от полетов. После пожара в нашем доме возникло столько трудностей и проблем, что времени на необузданные всплески безграничной радости в моей жизни попросту не осталось. Проводить свое ограниченное свободное время наедине с инструктором в воздухе, а не в кругу семьи, было с моей стороны крайне, как мне казалось, эгоистично. Так что я вернулся к своим дневным вскрытиям и вечерним хлопотам: готовке, составлению отчетов, звонкам строителям. Спустился с небес на землю.

Не то чтобы эта жизнь была скучной. Мне нравилось в моей работе ее разнообразие — за одну неделю я мог столкнуться с самоубийством, отравлением угарным газом, утоплением, жертвой поножовщины, передозировкой наркотиками, различными случаями внезапной естественной смерти. У каждой был свой собственный почерк, каждая была интересна, если в достаточной степени отстраниться от той эмоциональной нагрузки, что несет смерть для окружающих ее живых людей.

Передозировки наркотиками были все еще редким явлением, особенно если человек умирал с иглой в руке: этим уж точно можно было впечатлить заинтересованных коллег (сейчас, разумеется, подобное случается регулярно). Если умерший от передозировки вводил себе наркотики внутривенно, велика была вероятность наличия у него ВИЧ, так что подобные смерти требовали значительных мер предосторожности. СПИД был все еще относительно новым и загадочным явлением, он внушал ужас, и в дни общей неосведомленности о способах его передачи по больничным коридорам разгуливал страх.

ПОСЛЕ ПЯТИ ЗАНЯТИЙ МНЕ ПРИШЛОСЬ ОТКАЗАТЬСЯ ОТ ПОЛЕТОВ. ПОСЛЕ ПОЖАРА В НАШЕМ ДОМЕ ВРЕМЕНИ НА НЕОБУЗДАННЫЕ ВСПЛЕСКИ БЕЗГРАНИЧНОЙ РАДОСТИ В МОЕЙ ЖИЗНИ НЕ ОСТАЛОСЬ.

Иэн Уэст стал величайшим экспертом Великобритании, а возможно, и всего мира, в смертях от пули или бомб: его карьера взлетела параллельно с активностью ИРА (Ирландская республиканская армия), и о его работе то и дело писали в газетах. Мне нравилось, с каким разнообразием дел мне приходилось сталкиваться, однако коллеги намекали, что и мне тоже следует выбрать для себя область, в которой я бы мог стать узкоспециализированным экспертом. Только какую?

Смерти от передозировки наркотиками случались все чаще, равно как и смерти из-за вдыхания паров клея, однако подобные случаи требовали в большей степени вмешательства токсикологов, чем судебно-медицинских экспертов.

Младенцы? Ну уж нет, спасибо. Мне казалось, мало кто из судмедэкспертов может получать удовольствие от работы со столь сложными с моральной точки зрения и эмоционально изматывающими делами, хотя в ближайшие годы эту специальность и ждал бурный рост — ей предстояло стать куда более важной и сложной.

Моя интеллектуальная любознательность тянула меня к ножам — орудию убийства, которое было старо как само человечество и которому всегда будет, как мне казалось, место на земле, покуда на ней живут люди. Одной из любопытных особенностей убийств с использованием ножей является то, что зачастую холодное оружие выбирают женщины. Каждый кухонный нож в стране — это потенциальное орудие убийства. К тому же они просты в использовании. Не нужно какой-либо подготовки или специализированных знаний. Даже особых сил прикладывать не нужно. Все, что требуется, — это вплотную подобраться к жертве.

Вместе с тем меня интересовал не столько бытовой или уличный аспект поножовщины, сколько тот факт, что с каждым разом у меня крепла уверенность, будто по одним только порезам я могу попытаться восстановить обстоятельства убийства. Хотя я уже и смирился с фактом, что в постсимпсоновскую эпоху полиция, казалось, не рассматривала подобные реконструкции событий в качестве настоящего доказательства, а у адвокатов все реже и реже находилось время или желание их выслушать, я просто не мог полностью отказаться от того, из-за чего я и стал судебно-медицинским экспертом: чтобы помогать распутывать загадки, связанные со смертью.

МНЕ НРАВИЛОСЬ В МОЕЙ РАБОТЕ ЕЕ РАЗНООБРАЗИЕ — ЗА ОДНУ НЕДЕЛЮ Я МОГ СТОЛКНУТЬСЯ С САМОУБИЙСТВОМ, ОТРАВЛЕНИЕМ, УТОПЛЕНИЕМ, ЖЕРТВОЙ ПОНОЖОВЩИНЫ, РАЗЛИЧНЫМИ СЛУЧАЯМИ ВНЕЗАПНОЙ ЕСТЕСТВЕННОЙ СМЕРТИ.

Не думаю, что я принял осознанное решение стать специалистом по ножам. Казалось, эта специализация сама меня нашла. Мой интерес закрепился окончательно после того, как меня вызвали одним солнечным воскресным осенним утром, когда я встал спозаранку, чтобы полюбоваться чистым небом и с грустью помечтать, как я лечу по нему на маленьком самолете. Наш сгоревший дом был отремонтирован и продан, суматоха переезда осталась позади, в нашем новом доме все было более-менее в порядке… И тем не менее я понимал: не могло быть и речи о том, чтобы вместо семьи и работы тратить время на мои летные занятия.

Было холодное утро, листья на деревьях уже меняли цвет, и я направлялся к деревушке, в которой на полу своей кухни был обнаружен старик с перерезанным горлом. Приближаясь к указанному адресу, я увидел череду полицейских машин, припаркованных у обочины. Утомленный молодой констебль пытался убедить кучку судачащих между собой соседей отойти в сторону.

Старик жил в большом старом доме из красного и черного кирпича. Когда я приблизился, соседи притихли. Они прислушивались, когда я представлялся констеблю, а когда тот приподнял ограждающую ленту, чтобы я прошел, снова разом заверещали. Уголком глаза я заприметил кого-то в полицейской машине. Это была женщина, обхватившая свою голову руками.

— Я помощник коронера, спасибо, что так скоро приехали, — сказал высокий краснолицый мужчина у двери, который, как мне показалось, подобно многим помощникам коронера того времени, был бывшим полицейским. Криминалисты возились со сбором улик, и я заприметил пару старших детективов. Прибыл полицейский фотограф.

ОДНОЙ ИЗ ЛЮБОПЫТНЫХ ОСОБЕННОСТЕЙ УБИЙСТВ С ИСПОЛЬЗОВАНИЕМ НОЖЕЙ ЯВЛЯЕТСЯ ТО, ЧТО ЗАЧАСТУЮ ХОЛОДНОЕ ОРУЖИЕ ВЫБИРАЮТ ЖЕНЩИНЫ.

— Его обнаружила дочь, — пробормотал помощник коронера, показывая на полицейскую машину, в которой сидела женщина. — Позвонила ему, а когда никто не ответил, сразу же ринулась сюда…

На кухне рядом с задней дверью ногами ко входу в гостиную лежало тело старика.

— Мистер Джозеф Гарланд. Восемьдесят два года, — пробубнил помощник коронера мне в ухо.

Мистер Гарланд лежал на правом боку. Его одежда была испачкана кровью. Пол под ним также залит кровью. Кровь была на шкафах и стенах.

На нем были пижама, твидовый пиджак. Его руки были окровавлены. Он был босиком. У открытой задней двери стояли окровавленные резиновые сапоги.

Я слышал разговор двух детективов у себя за спиной.

— Итак, они постучали в дверь, а может, он просто увидел их снаружи в саду. Он накинул пиджак, надел сапоги, вышел, и… они ударили его ножом, но ему удалось вернуться в дом, наверное, он тянулся к телефону…

Я оглянулся на мистера Гарланда. Расположение пятен крови было необычным. Его пижама и пиджак были обильно пропитаны кровью спереди. Кровавое пятно странным образом протянулось вниз до верхней части голени. Ниже крови не было — только на подошве. Резиновые сапоги, однако, были снаружи в крови, внутри же имелся лишь тоненький ободок из крови вверху.

Было очевидно, что сапоги были на нем в момент нанесения травм или сразу же после этого. Зайдя в дом, он их снял. Они аккуратно стояли на своем явно привычном месте у двери. Должно быть, у их владельца была давно укоренившаяся привычка снимать их, как только он переступал порог.

— Готов поспорить, когда-то у него была жена, которая всю плешь ему проела, чтобы он не заносил грязь в дом, — сказал я, ни к кому конкретно не обращаясь.

Я смотрел на зеленый сад, который теперь прочесывали полицейские. К теплице вел кровавый след. Снаружи теплицы стояли горшки, а внутри через запачканные окна виднелись посаженные летом помидоры. Их листья были коричневыми — они погибали с наступлением осени.

За теплицей находились гараж и площадка для стоянки, которая была залита кровью: очевидно, ранение было нанесено именно здесь. Поблизости под странным углом стояла красная машина. Водительская дверь была закрыта не до конца, словно кто-то в спешке из нее выпрыгнул.

— Это машина дочки, — объяснил помощник коронера.

Фотограф закончил с предварительными снимками, и я вернулся к телу. Я перевернул его: сбоку на шее, прямо над лацканами, зияла огромная резаная рана. Нож разрезал мышцы и правую яремную вену, а также частично повредил сонную артерию. Имелись также несколько горизонтальных порезов поперек горла, однако ни один из них не был таким же глубоким, как основное ранение, которое почти наверняка его убило.

Я потрогал его руки и ноги. Мышечное окоченение уже началось, однако в ногах оно было неполным. Я измерил температуру тела.

Полицейский внимательно прислушивался к своей рации.

— Подозрительный фургон… двое мужчин, двадцать с небольшим, подходили утром к этому пенсионеру. Интересовались, не нужны ли ему садовые рабочие. Фургон — белый «Форд», регистрационные номера, скорее всего, содержали буквы Т и К…

— Пускай кто-нибудь займется их поиском, — услышал я голос человека в возрасте, который позже представился детективом-суперинтендантом.

Я сидел на корточках у тела и теперь встал.

— Не могли бы вы спросить у его дочери, не левша ли он, случаем?

Детектив глянул на меня, а затем исчез в полицейской машине. Через открытую дверь я услышал, как заплаканная дочь мистера Гарланда подтвердила, что тот действительно был левшой. Она поняла, что означал этот вопрос. Возможно, даже раньше детектива, потому что сразу завыла.

— Не думаю, что мы имеем дело с убийством, — сказал я вернувшемуся детективу.

Суетившиеся на месте преступления полицейские — как внутри, так и снаружи дома, — казалось, разом оцепенели.

— Эти ранения не были причинены кем-то другим. Боюсь, мистер Гарланд покончил с собой.

Детектив покачал головой:

— Так мы сначала и подумали. Но мы обыскали все вдоль и поперек, а ножа так и не нашли.

— Он должен где-то быть.

Детектив стал раздражаться:

— Нельзя убить себя, а потом избавиться от ножа. Его здесь нет, значит, это убийство.

— Может быть, он бросил нож куда-то в кусты.

Детектив показал рукой на своих полицейских, все еще рыскающих по цветочным клумбам.

— Они уже второй раз прочесывают сад. Он не такой уж большой, а ножа как не было, так и нет.

Я был уверен, что нож где-то там. Был уверен, что старик покончил с собой. Я задумался. Насколько был уверен?

Детектив не сводил с меня глаз.

— Вы не можете ничего утверждать, пока не проведете вскрытие, док.

Люди вечно полагают, будто, вскрывая мертвых, я нахожу спрятанные внутри их секреты, словно взломщик сейфов. В данном же случае я уже многое узнал, внимательно изучив тело снаружи.

Смысла спорить не было, так как вскрытие мне предстояло проводить в любом случае. Я повернулся к помощнику коронера:

— Не могли бы вы позаботиться о том, чтобы тело доставили в морг?

Он кивнул и подозвал двоих полицейских в форме.

— Что ж, давайте его в пакет, а потом в Ройал Суррей.

Я повернулся к детективу. Я был уверен на все сто.

— Конечно, я проведу вскрытие, но уверен, что это самоубийство.

— Откуда такая уверенность? — спросил он меня нелюбезным тоном. Подобная интонация была хорошо мне знакома, однако я редко сталкивался с ней на месте преступления, где все обычно работали сообща и вели себя доброжелательно. Подобному ехидству было место в суде, когда старший адвокат задавался целью публично унизить судмедэксперта, чьи показания доставляли неудобства его клиенту.

ЛЮДИ ВЕЧНО ПОЛАГАЮТ, БУДТО, ВСКРЫВАЯ МЕРТВЫХ, Я НАХОЖУ СПРЯТАННЫЕ ВНУТРИ ИХ СЕКРЕТЫ, СЛОВНО ВЗЛОМЩИК СЕЙФОВ.

Я ответил максимально хладнокровным голосом.

— Во-первых, место ранения. Мистер Гарланд порезал себя несколько раз, и выбранное им место является совершенно типичным для ран, которые люди наносят себе сами. Они практически всегда приходятся на шею или запястья. Он порезал себе шею справа, что было бы крайне маловероятно, будь он правшой. Но вы только что подтвердили, что он левша. И вы только посмотрите на эти небольшие порезы. Они все параллельны.

Детектив неохотно бросил взгляд на шею старика. Я показал на тонкие, поверхностные полоски крови по обе стороны от большого разреза и рассказал ему про подобные нерешительные раны.

— Неизвестно, зачем люди это делают: возможно, так они просто набираются смелости. Подготавливают себя к боли.

Либо же пытаются найти нужное место. Как бы то ни было, нерешительные раны являются надежным индикатором самоубийства.

Детектив по-прежнему был настроен скептически.

— Эти линии всегда указывают на самоубийство?

— Согласно моему опыту, как правило, да…

Мой опыт к тому времени был не таким уж и богатым, однако рассказывать об этом детективу у меня намерений не было.

— Если он порезал себя здесь, — детектив указал на лужу вязкой крови на площадке для стоянки, — и умер здесь, то сколько у него было времени, чтобы избавиться от ножа?

НЕРЕШИТЕЛЬНЫЕ РАНЫ ЯВЛЯЮТСЯ НАДЕЖНЫМ ИНДИКАТОРОМ САМОУБИЙСТВА.

Я задумался.

— До минуты.

Не то чтобы он был в состоянии спрятать нож, потеряв столько крови. Возможно, у него хватило бы сил его куда-то швырнуть, однако он практически наверняка просто его обронил.

Детектив, которому явно хотелось порадовать себя в воскресенье убийством, сказал:

— Кто-то мог ударить его ножом, а потом скрыться с орудием убийства.

— Ну…

— Но это возможно, вы же признаете возможность того, что эти ранения ему нанес кто-то другой?

Я замялся. Разумеется, такое было возможно, вообще все на свете возможно. Но моя работа заключалась в сборе и представлении доказательств, а не в обдумывании каждой сумасбродной теории.

Я сказал:

— Это маловероятно. Но возможно.

Детектив выглядел ликующим.

— Тем не менее я полагаю, что нож где-то здесь, — настаивал я. — Причем в весьма очевидном месте.

Полицейские, разыскивающие нож, это услышали. Они прекратили поиски. Кто-то поднес руки к губам. Кто-то стоял, словно вкопанный, уставившись на меня. Они уже довольно давно занимались поисками, и им было неприятно услышать, будто они упустили что-то очевидное.

Я вышел через небольшую заднюю дверь, миновал окровавленные резиновые сапоги, теплицу и старые глиняные цветочные горшки, поваленное набок жестяное корыто, идя по кровавому следу к его источнику.

— Он потерял много крови и стал терять ее быстрее по мере приближения к дому. Думаю, он бросил нож где-то рядом с этим местом, а не швырнул его, — сказал я. — Может, его дочь?..

Когда имеешь дело с самоубийством, у кого-то из друзей или родных сразу же возникают такие подозрения. Возможно, мистер Гарланд угрожал покончить с собой либо же просто выглядел крайне подавленным. Я попытался представить, как его дочка средних лет подъезжает второпях на своей машине, ее сердце стучит, она боится того, что может увидеть. Первым делом она должна была увидеть кровавую лужу. Ее машина едва в эту лужу не заехала. Оставив машину поперек, даже толком не закрыв дверь, она выскочила из нее и побежала в дом, где и нашла своего отца.

— Нет ножа — нет самоубийства, — решительно отрезал детектив.

— Не могли бы вы, пожалуйста, отогнать машину?

Все переглянулись между собой, и детектив пошел просить у дочки ключи, после чего вернулся и медленно откатил машину назад.

Там, где изначально было колесо, лежал окровавленный хлебный нож с рукояткой из кости.

Детектив даже представить себе не мог, какое облегчение я почувствовал, когда моя теория подтвердилась. Должно быть, моя речь звучала очень самоуверенно. Да я и был чрезвычайно уверен. Тем не менее глубоко в душе я с самого детства понимал, что жизнь представляет собой череду непредсказуемых поворотов судьбы. Осознание этого не давало мне покоя. Хотя по работе я и должен был быть во всем уверен, в тот день не мог отделаться — да и по сей день не могу отделаться — от самой большой неопределенности, которая заключается в том, что всегда возможно что-то еще.

20

К этому моменту я уже начал подозревать, что мои попытки воссоздать обстоятельства убийств по оставленным ножевым ранениям могут оказаться в тени новой методики, которая засияла на далеком горизонте судебной медицины. Начались разговоры про ДНК-анализ. ДНК, говорили люди, станет более эффективным средством установления личности, чем отпечатки пальцев или любые другие используемые тогда методы. Как-то раз мы принялись обсуждать эту тему во время одного из наших шумных пятничных обедов в пабе, на работе разговор продолжился, и к нему стали присоединяться секретари и лаборанты. Было ли за ДНК будущее? Или же это была одна из тех новых технологий, эффективного практического применения которым не удается найти на протяжении многих лет?

Подобные разговоры заставили меня задуматься, не станет ли мое особое увлечение следами ножевых ранений вскоре настолько устаревшим, что толку никому от него больше не будет. Я был очарован идеей, однако так случилось, что приблизительно в это время другая специализация словно сама нашла меня. Поначалу я старался ее игнорировать, однако каким-то образом ей удалось со всей силы ударить меня по уязвимому месту, о существовании которого я толком не знал: по моей социальной сознательности. Мне и так казалось, что я работаю на благо общества: судебно-медицинские эксперты, в конце концов, помогали родным и государству разобраться в смерти, а также добиться правосудия, не так ли? Мне понадобилось какое-то время, чтобы принять во внимание идею, что лично я могу сыграть куда более прямую роль в том, чтобы добиться социальных перемен.

Работать бок о бок с полицией на месте преступления было частью моей работы. Благодаря их профессионализму и дружелюбию мне было гораздо проще иметь дело с кровавым беспорядком, грязью и человеческой трагедией среднестатистического убийства. Если я был в хороших отношениях с полицейскими, ведущими дело, то они держали меня в курсе расследования, и я это ценил.

Как же мне было тяжело становиться свидетелем работы полицейских другого типа. Тех, у которых было мало общего с достойными, серьезными мужчинами и женщинами, которых мне доводилось встречать.

Однажды, прибыв ночью в больничный морг на вскрытие, я получил весьма обрывочную информацию по делу. Вскоре все встало на свои места. Пациент скончался, будучи в тюрьме. Мы переоделись и направились в секционную, чтобы осмотреть тело: я заметил, что никто не подшучивает и не переговаривается, как это бывало обычно.

Погибшим оказался 28-летний нигериец. В ходе внешнего осмотра были обнаружены ссадины спереди на носу и вокруг губ. Также я заметил у него свежие ушибы на руках и особенно вокруг запястий, а также на животе.

Я сказал:

— Значит, на нем был смирительный пояс, когда он умер?

Они угрюмо кивнули.

Смирительный пояс — это невзрачное устройство, состоящее из толстого и увесистого кожаного ремня, через который с обеих сторон продеваются в кольца наручники. Пояс, разумеется, надевается вокруг живота, а запястья прикрепляются к нему с помощью наручников.

Проведя внутренний осмотр покойного, я обнаружил у него тяжелый атероматоз внутренней сонной артерии (крайняя степень развития атеросклероза, когда атеросклеротические бляшки начинают распадаться), которая была выражена лишь в одном месте: внутри сонной артерии. Главной артерии шеи, по которой кровь попадает в мозг. Это было крайне необычно для человека 28 лет. Через несколько лет эта проблема могла поставить его жизнь под угрозу. Но причина смерти определенно была не в ней. Дальнейший анализ показал наличие у него серповидно-клеточной анемии.

ЕСЛИ Я БЫЛ В ХОРОШИХ ОТНОШЕНИЯХ С ПОЛИЦЕЙСКИМИ, ВЕДУЩИМИ ДЕЛО, ТО ОНИ ДЕРЖАЛИ МЕНЯ В КУРСЕ РАССЛЕДОВАНИЯ, И Я ЭТО ЦЕНИЛ.

Серповидно-клеточная анемия — самое быстрорастущее генетическое заболевание в Великобритании. Его носителями являются миллионы людей по всему миру, главным образом африканского или карибского происхождения. Люди, подверженные этому заболеванию, чаще выживают после малярии (не особо полезное качество в столичном Лондоне). Но на этом хорошие новости заканчиваются. Болезнь вызывает мутацию в гене, отвечающем за гемоглобин, а важнейшей функцией гемоглобина является перенос кислорода по всему телу. У здоровых людей с нормальным гемоглобином эти красные кровяные клетки толстые и круглые, а посередине приплюснутые, чем-то даже похожи на пончик. Самое же главное то, что они гибкие. В результате вышеупомянутой мутации заменяется одна из аминокислот, из-за чего молекула гемоглобина меняет свой вид. Бóльшую часть времени это не вызывает каких-либо проблем, однако, когда молекула гемоглобина не привязана к молекуле кислорода, она может стать жесткой и принять необычную форму. В этом случае эритроциты становятся похожими по форме на бананы — ну или на серпы, откуда и пошло название болезни.

В результате повышенной жесткости и странной формы эти кровяные тельца не скользят по кровеносным сосудам, а скапливаются, закупоривая сосуды, тем самым лишая кислорода жизненно важные органы.

Боли в суставах и животе, а также частая анемия являются лишь началом проблем, которые сулят закупоренные сосуды. Людям, страдающим от этой болезни, когда-то была гарантирована короткая жизнь, однако новые знания об этой болезни, а также появившиеся виды лекарственной терапии меняют ситуацию к лучшему, а вскоре, возможно, болезнь можно будет лечить еще эффективнее с помощью генетической терапии.

Наличие болезни в крайне тяжелой форме означает, что человек унаследовал один и тот же мутировавший ген от обоих родителей. Такие мутации называются гомозиготными, и в результате организм человека оказывается в состоянии вырабатывать лишь дефектный гемоглобин. Если же человек наследует мутировавший ген от одного родителя и нормальный ген от другого, то такая мутация называется гетерозиготной. В организме таких людей может вырабатываться как нормальный, так и дефектный гемоглобин. Болезнь у этих людей будет выражена в меньшей степени, и таких, как это часто бывает с подобными генетическими заболеваниями, еще больше. В этом случае говорят уже не о полноценной серповидно-клеточной болезни, а о серповидно-клеточном признаке.

Долгое время считалось, что серповидно-клеточная анемия не оказывает значительного влияния на носителя (если тот, конечно, не заболеет малярией). Лишь в последние десятилетия эта болезнь была признана серьезным фактором риска в определенных обстоятельствах. А этими обстоятельствами является значительное ограничение доступа кислорода. Так что людям с серповидно-клеточным признаком лучше и не замышлять покорение Эвереста. На самом деле людям с этим заболеванием следует избегать любых ситуаций, в которых имеется риск нехватки кислорода, так что, помимо высокогорного альпинизма, им также необходимо воздерживаться от подводного плавания с аквалангом, парашютного спорта… и принудительного ограничения подвижности. Последний пункт, в отличие от всех остальных, делом выбора, впрочем, уже не является.

Этот случай стал для меня первым — хотя вскоре последовали и другие, — когда темнокожий пациент умирал, будучи связанным смирительным ремнем, а мне только и удавалось обнаружить, что несколько эритроцитов с серповидно-клеточной аномалией при изучении тканей под микроскопом. Это указывало на то, что у них не было полноценной серповидно-клеточной болезни, а лишь серповидно-клеточная анемия, что впоследствии подтверждалось специализированными анализами гемоглобина. К сожалению, многие даже не знали, что были носителями этого признака.

У этого пациента также наблюдались симптомы гипоксии — то есть нехватки кислорода. Его насильно обездвижили, однако ни одна из полученных им травм не представляла угрозы для жизни. Было очевидно, что действия полиции зашли гораздо дальше того, на что указывали кровоподтеки, все из которых я подробно описал в своем отчете.

Лишь позже мне рассказали всю историю целиком. Его содержали в лондонской тюрьме, где он ожидал суда по обвинениям в сговоре с целью мошенничества. Не знаю, что именно он такого делал, раз тюремный медперсонал счел его поведение достаточно странным, чтобы организовать его перевод в больничное крыло Брикстонской тюрьмы. Из этого я мог бы предположить наличие у него психических проблем, хотя напрямую об этом в его медкарте не говорится. Я думал, что его поведение не было связано с приемом наркотиков: концентрация обнаруженного у него в моче кокаина была минимальной.

В процессе перевода в больничное крыло он стал «возбужденным или агрессивным, а затем потерял сознание». Это описание было получено от врача в отделении неотложной помощи, куда пациент был доставлен впоследствии. Согласно записям полиции, при его поступлении в больницу Брикстонской тюрьмы «было замечено, что он не дышит».

Итак, его бросили в кузов фургона и отвезли в отделение неотложной помощи. По пути была предпринята СЛР (сердечно-легочная реанимация), однако реанимационные мероприятия успехом не увенчались. Более того, врачи в отделении неотложной помощи записали: «Пальцы окоченели».

Мне кажется, его могли удерживать в положении, которое мешало дыханию и ограничивало доступ кислорода: возможно, он лежал лицом вниз либо же кто-то надавил ему коленями на грудь. Вскрытие, однако, показало, что смерть наступила в результате тяжелой пневмонии.

Этого было достаточно, чтобы вычеркнуть его из категории подозрительных смертей. Он умер по естественным причинам — от пневмонии в сочетании с серповидно-клеточной анемией. Хотя я и считал — о чем и сообщил, — что смерти от пневмонии можно было бы избежать, если бы ему немедленно обеспечили надлежащее лечение, а также если бы он не был обездвижен смирительным ремнем лицом вниз, ну или в каком-то другом положении, которое еще больше затрудняло его дыхание.

У покойного не было определенного места жительства, а значит, он мог жить на улице и подхватить пневмонию до своего ареста либо же мог заболеть уже в заключении. Было проведено расследование, по результатам которого был вынесен вердикт: заключенный умер по естественным причинам, усугубленным, как мягко сказал коронер, отсутствием надлежащего ухода.

ИЗ-ЗА БЕЗРАЗЛИЧИЯ ОБЩЕСТВЕННОСТИ И ПОЛИЦИИ НИКТО ТОЛКОМ НИЧЕГО НЕ ЗНАЛ О ТОМ, КАК И КОГДА ОБЕЗДВИЖИВАТЬ ЗАКЛЮЧЕННЫХ БЕЗ УГРОЗЫ ДЛЯ ИХ ЖИЗНИ И ЗДОРОВЬЯ.

Это случилось менее 30 лет назад, однако в те дни большая часть общественности — пускай и не везде — считала, что преступники заслуживали подобного обращения и что полиция всегда, ну или как минимум чаще всего, права. Таким образом, даже при отсутствии естественных и смягчающих вину полицейских факторов наличия серповидно-клеточной анемии и пневмонии никто бы не стал возмущаться по поводу смерти этого заключенного. И как бы мне ни было грустно это признавать, в те времена подобное безразличие было особенно выраженным по отношению к черным заключенным.

Из-за безразличия общественности и полиции никто толком ничего не знал о том, как и когда обездвиживать заключенных без угрозы для их жизни и здоровья: этому попросту не учили, так как подобный навык не считался важным или полезным для повседневной работы полицейского или тюремщика. Они попросту прыгали на людей, как в регби, валили их на пол, боролись с ними, делали все, что потребуется, чтобы их утихомирить — то есть чтобы те не шевелились.

Считалось, что полицейские и тюремщики делают все правильно, и общество даже думать не хотело, что может быть иначе. Я же не имел права разделять подобное отношение. Мне довелось увидеть ряд людей, убитых в заключении или под стражей. Многие из мертвых были черными. Проблема была не только в серповидно-клеточной болезни, хотя именно она и обратила на ситуацию мое внимание. Я почувствовал, что должен что-то сделать. Но что? Я работал вместе с полицией, и хорошие отношения с ними были необходимы как на месте преступления, так и в ходе расследования. Многие полицейские мне нравились и вызывали у меня уважение. Мне было важно поддерживать с ними дружелюбные отношения, так что я не знал, как призвать их к ответственности за свое поведение. Но я понимал, что должен это сделать, а так как смерти во время усмирения случались с завидной частотой, то понял, что должен сосредоточиться на них. Я все еще не был уверен, как использовать свои знания, чтобы изменить ситуацию к лучшему. В конце концов, судмедэксперты изучают тела и выясняют причину смерти. Наши находки могут внести свой вклад в спасение будущих жизней или свершение правосудия. Спасение мира, однако, в мои обязанности не входило. Или все-таки входило?

НАХОДКИ СУДМЕДЭКСПЕРТА МОГУТ ВНЕСТИ СВОЙ ВКЛАД В СПАСЕНИЕ БУДУЩИХ ЖИЗНЕЙ ИЛИ СВЕРШЕНИЕ ПРАВОСУДИЯ. СПАСЕНИЕ МИРА, ОДНАКО, В МОИ ОБЯЗАННОСТИ НЕ ВХОДИЛО. ИЛИ ВСЕ-ТАКИ ВХОДИЛО?

21

Я не мог закрыть глаза на проблему смертей при усмирении, однако все равно продолжал заниматься и интересоваться поножовщиной. Иэн специализировался на пулях и бомбах, с которыми все было относительно просто. Преступник, желая кого-то убить, стрелял в него — вот и вся история. Ножевые ранения же подразумевали, что преступник и жертва были знакомы, даже близки, так что за ними зачастую скрывались запутанные мотивы. Ножевые ранения могут иметь некоторый театральный, драматический аспект, а не ограничиваться одним лишь желанием убить — особенно когда человек наносит их себе самостоятельно. Больше же всего меня интересовала моя собственная теория, согласно которой каждое ножевое ранение рассказывает историю. Я по-прежнему был уверен, что след от ножевого ранения на теле — а удары ножом жертвам зачастую наносили многократно — может стать для человека, разбирающегося в этих ранениях, своего рода фотографией самого убийства.

С каждой поножовщиной мне не терпелось получить по характеру ран как можно больше информации. Вскоре после самоубийства старика хлебным ножом мне досталась еще одна смерть от ножевых ранений. Это было совершенно рядовое убийство, однако оно показало мне, что все те мои эксперименты с жарки́м были не напрасны.

Я БЫЛ УВЕРЕН, ЧТО СЛЕД ОТ НОЖЕВОГО РАНЕНИЯ НА ТЕЛЕ МОЖЕТ СТАТЬ ДЛЯ ЧЕЛОВЕКА, РАЗБИРАЮЩЕГОСЯ В ЭТИХ РАНЕНИЯХ, СВОЕГО РОДА ФОТОГРАФИЕЙ САМОГО УБИЙСТВА.

После того солнечного осеннего дня зима не заставила себя долго ждать, и вскоре начались первые морозы. Однажды утром меня вызвали по поводу найденного у канала на севере Лондона тела. Я прибыл в полдень и обнаружил молодого парня в джинсах и куртке, лежащего лицом вниз с отведенными за спину руками на заросшем травой пустыре. На улице было всего 2 °C, что не особо помогало с традиционными проблемами, связанными с определением времени смерти. Температура тела упала до 20 °C, и полицейский фотограф показал, что в момент обнаружения на теле был иней. Мышечное окоченение уже произошло, однако по-прежнему было неполным.

Основываясь на этой информации, я только и мог сказать полиции, что смерть произошла где-то между полуночью и шестью утра — на что полицейские, как всегда, отреагировали со сдержанным недовольством.

Трава у ног покойного была в крови, а рядом с телом лежал окровавленный кухонный нож. Перевернув тело, я обнаружил, что его рот, нос, руки и передняя часть груди залиты кровью.

Тело направили в морг на полное вскрытие, по результатам которого я смог подтвердить, что в результате единственного удара нож сначала прошел через одежду, а затем через хрящи трех соседних ребер. Хрящевая ткань отклонила нож. Совсем немного, однако этого, к сожалению, было достаточно, чтобы он угодил прямиком в аорту. Прорезав аорту, нож вошел в расположенную за ней трахею. След от ножа заканчивался в пищеводе. Глубина ранения, если считать от поверхности кожи, составила 12 см. Разрез получился горизонтальным, с небольшим смещением в сторону.

Обнаруженный поблизости кухонный нож с черной рукояткой определенно был подходящего размера и формы, чтобы оставить подобную рану. Удар был явно нанесен с большой силой, раз нож прошел через одежду и три ребра. Кроме того, были обнаружены незначительные ссадины на лице покойного и различные царапины на его левой руке.

Казалось, это рядовая поножовщина. Полиция пыталась сопоставить увиденное на месте убийства с показаниями подозреваемого. Подозреваемый и жертва — обоим где-то 20 — вместе выпивали, после чего отправились на прогулку. Они были хорошими друзьями, однако, как выяснилось в ходе допроса полицией, подозреваемый втайне злился на своего приятеля:

П (полицейский): О чем вы говорили?

З (задержанный): Да ни о чем.

П: Вы были вооружены?

З: Нет.

П: А он?

З: Да, он вечно носит с собой нож.

П: До этого вы оба носили с собой ножи?

З: Да, но мой остался тогда дома.

П: Напоминаю, что вы несете ответственность за дачу ложных показаний. Итак, вам известно, как он умер?

З: Кажется, да.

П: Будьте так добры, расскажите нам.

З: Мы дошли до канала, и он сказал, что его тошнит. Я стоял и ждал, пока он закончит, потом увидел, что у меня развязался шнурок на кроссовке, нагнулся, чтобы его завязать, а он спросил, как бы я отнесся к тому, чтобы он встречался с моей сестрой.

П: Мэри?

З: Да.

П: А сколько Мэри лет?

З: Ей 13.

П: И что вы ответили?

З: Я сказал, что мне бы это крайне не понравилось, так как ей всего 13. Я поднял глаза, чтобы посмотреть ему в лицо и спросить, с чего вдруг ему такое спрашивать, но не успел — он доставал что-то из-за пазухи. Я подумал, что он собирается меня ударить, так что я запаниковал, толкнул его, а затем развернулся и убежал. Один раз я обернулся и увидел, как он пятится. Я продолжил бежать. Я не знал, что он был ранен, иначе вернулся бы и помог ему.

В ходе дальнейшего допроса выяснилось, насколько сильно был расстроен юноша, оттого что его приятель, возможно, занимался сексом с 13-летней Мэри. После одного из многочисленных перерывов, в течение которых он совещался со своим солиситором, подозреваемый сказал:

— Если это нож, то, кажется, я видел его у него в квартире. Он выпал из сушилки для посуды с кучей других, я подобрал его и положил на столешницу.

Затем солиситор снова попросил переговорить со своим клиентом, который, вернувшись, признался в причинении смерти, однако настаивал, что это была случайность:

— Он был моим лучшим другом, и у меня даже в мыслях не было ему навредить.

Я был уверен, что подозреваемый врет. Чутье подсказывало мне, что невозможно вывернуть нож, который держит кто-то другой, и вонзить его в грудь подобным образом — ранение было прямым и горизонтальным. И уж точно нельзя было ударить ножом так высоко в грудь, находясь при этом на корточках.

Тем не менее, поскольку подозреваемый оставался невиновным до тех пор, пока не было доказано обратное, вернувшись домой, я попытался воссоздать обстоятельства смерти. Я присел на корточки, представляя, что завязываю шнурок (правой рукой), посмотрел вверх и отклонил приближающуюся ко мне линейку нападающего (изображавшую нож и удерживаемую мной в левой руке), направив ее в самого нападающего (подушка на стуле) и нанеся прямое горизонтальное ранение. Только я ткнул линейкой в подушку, как до меня дошло, что в комнате есть кто-то еще.

Я обернулся. Ко мне в кабинет зашел Крис. Обоим детям было велено стучаться, чтобы они ненароком не наткнулись на какую-нибудь жуть, связанную с моей работой. Должно быть, я настолько увлекся, что попросту его не услышал. Теперь же он смотрел на меня, и ему явно было немного неловко.

— Да? — сказал я, стараясь делать вид, будто все было совершенно нормально.

У него в руках был школьный учебник.

— А что ты делаешь? — спросил он голосом, который требовал каких-то объяснений. Ему было девять, и он стал спокойным, уравновешенным ребенком, который, казалось, не имел ничего общего с тем орущим маленьким тираном, что без конца измывался над нами по ночам.

Я встал. Решил, что лучше всего рассказать правду.

— Ну, я пытаюсь понять, если один человек будет завязывать шнурки… это я, здесь, моей правой рукой… а другой подойдет к нему с ножом… это тоже я, моя левая рука изображает этого другого человека, а линейка вместо ножа… так вот, я пытаюсь понять, мог ли сидящий на корточках человек повернуть нож в обратную сторону и воткнуть его в того, кто на него нападал.

Крис призадумался.

— Да, — сказал он наконец. — Думаю, это возможно.

— Думать здесь недостаточно. Первого человека могут надолго отправить за решетку — так что я должен быть уверен.

— Первый человек убил второго?

— Ну… да.

— А ты видел его?

— Первого? Нет.

— Второго.

— Да, Крис, я видел его в морге. Я изучил его ранения, и мне известно, что нож вошел в его тело под определенным углом, определенным образом. Я пытаюсь понять, мог ли первый человек это сделать, защищаясь от нападения второго человека, в то время как сам он завязывал шнурки.

Крис кивнул. Я не был уверен, что он в полной мере осознает, о чем я говорю. Он попросту понял, что его отец делает какие-то странные вещи.

— Я пришел показать тебе свою тетрадь по биологии. Я получил самый высокий балл из всех!

Ну конечно! Мой сын пришел не просто так. А я был настолько поглощен своим занятием, что стал рассказывать про свою работу, даже не удосужившись поинтересоваться, что он хотел. Мы вместе просмотрели его тетрадь, и я с гордостью восхищался его пятерками. Крис ушел довольным, а я продолжил свой эксперимент. Как бы я ни старался, у меня попросту не получалось придумать, как сидящий на корточках человек может направить удерживаемый нападающим нож так, чтобы тот вошел в грудь нападающему, да еще и оставил настолько высокий горизонтальный след на подушке. В смысле на теле. Как я изначально и предполагал, удар ножом определенно был нанесен из стоячего положения.

МАЛО ТОГО ЧТО МЫ ПРИУЧИЛИ ДЕТЕЙ СТУЧАТЬСЯ, Я ТАКЖЕ ВСЕГДА ТЩАТЕЛЬНО ПРЯТАЛ ЛЮБЫЕ ПОЛИЦЕЙСКИЕ ФОТОГРАФИИ НА ВЕРХНЕЙ ПОЛКЕ.

В дверь тихонько постучали.

— Папуля, мы думаем, что он это сделал, — сказала, забежав в кабинет, Анна.

— Кто что сделал?

— Ну, Крис был первым человеком, завязывавшим шнурок, а я была вторым человеком, который нападал на него с ножом, и...

— Ты же не стала брать настоящий нож?

— Нет, я взяла ручку. В общем, Крис запросто вывернул ее и ударил меня ею, так что мы думаем, что тот первый человек и есть убийца.

— Ну да. Ладно. Спасибо.

— Показать тебе? Или, если хочешь, ты можешь быть первым человеком, а я буду вторым, у меня это получается лучше, чем у Криса.

Мне показалось, что Анне, которой на тот момент было, наверное, семь, не следует помогать мне воссоздавать обстоятельства убийства. Если она и заставала меня с ножом, то непременно считала это своего рода шуткой. Трупы казались ей чем-то противным, однако полного понимания смерти у нее еще не было, и она уж точно никогда не видела труп, даже на фотографии. Мало того что мы приучили детей стучаться, я также всегда тщательно прятал любые полицейские фотографии на верхней полке.

— Во что это ты тут играешь с детьми?! — спросила Джен, с грозным лицом придя из гостиной.

— Да ни во что. Крис пришел, и я объяснил ему, чем занимался.

Джен закатила глаза.

— Видимо, мне придется уйти из больницы, — язвительно сказала она.

Крису и Анне еще предстояло в полной мере понять, что у меня за работа, однако пока им попросту было сказано говорить всем интересующимся, что их папа врач. Они уже знали, что я был каким-то особенным врачом, что помогал полицейским и про меня упоминали в газетах, однако они и понятия не имели, что такое судебная медицина. Хотя примерно в то время до них и начало доходить, что в своей работе я не помогаю людям идти на поправку. В нашем доме было довольно обычным делом для папы тыкать линейками и ножами в подушки и куски мяса, и пока что Крис с Анной, казалось, и не подозревали, что отцы других детей подобными вещами не занимаются.

В наши дни адвокаты, защищавшие обвиняемого в том убийстве у канала, могли бы сослаться на то, что убийство было совершено в состоянии аффекта. Присяжные, живущие в эпоху громких дел о сексуальном насилии над несовершеннолетними, могли бы счесть ярость, вскипевшую при мысли о сексуальном контакте твоего друга с твоей 13-летней сестрой, достаточно убедительным основанием. Имелись многочисленные показания друзей и членов семьи, подтверждавшие, как сильно переживал и злился брат из-за возможного сексуального насилия над ней со стороны друга.

Чтобы сослаться на убийство в состоянии аффекта в наши дни, необходимо доказать, что человек одного возраста и пола с обвиняемым, со схожей степенью сдержанности и восприимчивости при подобной ситуации также потерял бы контроль над собой. Думаю, у этого юноши были бы все шансы это доказать. Вместе с тем потеря контроля также подразумевает отсутствие предварительных намерений совершить преступление. Главной проблемой для этого обвиняемого было то, что убийство могли счесть запланированным,

КРИСУ И АННЕ ЕЩЕ ПРЕДСТОЯЛО В ПОЛНОЙ МЕРЕ ПОНЯТЬ, ЧТО У МЕНЯ ЗА РАБОТА, ОДНАКО ПОКА ИМ ПОПРОСТУ БЫЛО СКАЗАНО ГОВОРИТЬ ВСЕМ ИНТЕРЕСУЮЩИМСЯ, ЧТО ИХ ПАПА ВРАЧ.

если бы он действительно принес с собой на канал в ту ночь нож. Он объяснил наличие на рукоятке своих отпечатков, однако ему также было необходимо убедить присяжных, что именно жертва взяла нож из кухни с собой, когда они отправились на прогулку.

Это убийство случилось задолго до реформ 2010 года, в гораздо более темные времена. Такого понятия, как убийство в состоянии аффекта, тогда попросту не было. Таким образом, для юноши, который хотел защитить свою сестренку, не было никакой надежды. Его обвинили в убийстве и признали виновным: для 1980-х дело было более чем очевидным.

Рядовое убийство, в котором, однако, конкретный угол и путь ножевого ранения стали важнейшими доказательствами. Как это часто и бывает. Не только сам след, но и движения ножа внутри органа могут порой обозначить соответствующие движения нападающего и его жертвы. По мере того как мое портфолио дел становилось толще, я все больше и больше убеждался, что ножевые ранения способны поведать обо всем, нужно лишь понять, что они говорят. Мне хотелось провести всесторонний анализ различных следов, углов, ушибов от рукоятки… У себя дома я вечно ошивался на кухне, чтобы воткнуть очередной нож в очередной кусок мяса. На самом деле я купил столько разных ножей всевозможных форм и рукояток, что, будь у полиции привычка останавливать для обыска белых представителей среднего класса, меня бы частенько арестовывали по ночам за ношение холодного оружия.

У СЕБЯ ДОМА Я ВЕЧНО ОШИВАЛСЯ НА КУХНЕ, ЧТОБЫ ВОТКНУТЬ ОЧЕРЕДНОЙ НОЖ В ОЧЕРЕДНОЙ КУСОК МЯСА.

К растущему отвращению моей семьи, теперь для своих экспериментов с ножевыми ранениями я стал использовать свиные желудки и коровьи почки. Было чрезвычайно сложно воссоздать ощущения, будто нож проходит через человеческую кожу, мышцы, а затем и внутренние органы — наверное, все оттого, что в супермаркетах редко бывает свежее мясо.

На деле же люди, которые убивали с помощью ножа, как правило оказываются поражены тем, насколько это просто. Как только лезвие прошло через одежду и кожу, внутренние ткани тела практически не оказывают ему сопротивления. Лишь небольшое усилие требуется, чтобы пронзить основные органы, такие как сердце и печень, так что даже слабый преступник может убить с помощью ножа. Многие убийцы говорят: «Я не собирался его убивать!» На самом же деле они имеют в виду: «Я не думал, что мои действия приведут к его смерти». И это с большей вероятностью может быть правдой, если орудие убийства — нож. Ножи дают убийцам огромное преимущество над своими жертвами, даже если жертва гораздо сильнее их. Неудивительно, что женщины так часто к ним прибегают.

Я РАЗВИЛ У СЕБЯ СПОСОБНОСТЬ ДЕЛАТЬ БОЛЕЕ-МЕНЕЕ ТОЧНЫЙ НАБРОСОК ОРУДИЯ УБИЙСТВА НА ОСНОВАНИИ ОСТАВЛЕННЫХ ИМ В ТЕЛЕ ЖЕРТВЫ СЛЕДОВ.

Так что, удалось ли мне после всех этих экспериментов доказать, что историю убийства можно прочитать, словно книгу, по ножевым ранениям, как я на то надеялся? Нет, не удалось. Тем не менее я обнаружил, что ножи способны рассказать об убийстве очень многое. Я развил у себя способность делать более-менее точный набросок орудия убийства на основании оставленных им в теле жертвы следов. А когда полиция предоставляет мне несколько возможных орудий убийства, я могу исключить большинство из них и чаще всего выбрать нужное, если оно среди них присутствует.

22

Всего через восемь месяцев после железнодорожной катастрофы в Клэпхеме одним воскресным утром мне позвонили, чтобы сообщить еще об одной катастрофе. Это было в августе, Иэн уехал в отпуск, и я был дежурным судмедэкспертом Лондона и южного побережья Англии. Пока что никто не знал, как много тел у нас будет, однако одно было известно наверняка: тела непременно будут.

В тот раз трагедия произошла не на железной дороге, а на реке Темзе. Дождавшись более подробной информации, я направился на вызов, и моей первой остановкой стал полицейский пирс в Ваппинге. Где-то рядом с Саутворком затонул прогулочный корабль, и поднятые из воды тела находились здесь. Это было все, что я знал.

Меня поприветствовал сержант полиции в возрасте, и, к моему удивлению, вид у него был такой, словно он вот-вот расплачется.

«Почти 30 лет в полиции, док. И вот теперь 25 трупов в реке, из них 24 на корабле, еще одного подобрали сегодня через восемь мостов вниз по реке в Воксхолле. Никогда не думал, что увижу нечто подобное. Они все дети. Им и 30 нет».

Итак, должно быть, затонувшее судно было одним из тех кораблей для вечеринок, которые люди нанимают, чтобы плавать вверх-вниз по Темзе. Я видел и слышал их много раз. Молодые люди на палубе в мерцающей в огнях прожекторов одежде, словно гигантская моль. Музыка и смех слышны на обоих берегах. В окнах — силуэты, цвет и движения на танцполе.

Сержант добавил: «Док, здесь уже побывал полицейский врач, и он официально констатировал, что все мертвы». На этих словах он уже не мог больше сдерживать слезы и ушел, покачивая головой. Я слышал, как он высморкался, а затем вернулся на пост дежурного, чтобы продолжить отгонять представителей прессы.

Полицейский пирс в Ваппинге — это полицейский участок прямо на берегу реки. В глубине участка под временный морг выделили помещение. Это была обычная комнатка, бетонный пол которой был завален мешками с телами. Все они лежали открытыми, и в каждом находилось тело молодого человека. Все были празднично одеты для вечеринки, многие — в яркие цвета. Окинув взглядом это ужасное зрелище, я заметил нечто странное. Их одежду явно кто-то трогал — юбки стащили, брюки расстегнули.

Я сразу же вернулся к сержанту. Он скривил лицо.

— Полицейский врач снял одежду со всех тел. Думаю, он, наверное, проверял их пульс.

Мне это не очень понравилось, однако я ничего не мог с этим поделать. Наверное, он был потрясен произошедшим и отчаянно хотел сделать хоть что-то полезное, вот и принялся проверять пульс, слушать сердцебиение. Мне уже доводилось видеть подобную реакцию прежде — даже самые опытные профессионалы хотят что-то сделать, когда прекрасно понимают, что на самом деле ничего делать не нужно.

Затем я направился в Вестминстерский морг. Я знал, что покойные надолго не задержатся во временном морге в полиции. Мне хотелось позаботиться о том, чтобы Вестминстерский морг был подготовлен к наплыву большого количества трупов, которые ему вскоре предстояло принять.

О нет. Я вспомнил, что управляющий моргом Питер Бивен был в отпуске. За главного остался его заместитель, который, как мне всегда казалось, и в подметки не годился своему начальнику в плане организованности и эффективности. Чтобы разобраться с последствиями массовой катастрофы, мы, как никогда, нуждались в рассудительности и организаторских способностях Питера. Как бы то ни было, остальные его подчиненные всячески готовились к грядущим поступлениям. Столы для проведения вскрытий и все необходимое оборудование были уже на месте. От вида всех этих приготовлений у меня впервые в жизни возникло чувство страха, напоминающее накатывающую тошноту. Оно было мимолетным. Но очень мощным.

Постепенно до нас стали доходить факты. В ту тихую летнюю ночь огромное дноуглубительное судно столкнулось на Темзе неподалеку от моста Саутворк с небольшим прогулочным кораблем «Маркиза».

Судно «Боубелл» отгрузило щебень в порту Найн-Элмс и направлялось обратно в море на добычу. Корабль «Маркиза» сняли на празднование дня рождения, и молодые люди из разных стран веселились на борту.

Сначала «Боубелл» ударил маленькую «Маркизу» сзади в правый борт. От удара корабль качнулся и опрокинулся: один из свидетелей рассказал, что «Боубелл» стал наваливаться на корабль сверху, погружая его под воду, словно игрушечный кораблик. Своим якорем судно распороло верхнюю палубу прогулочного корабля, а последовавший повторный удар смял корму в сторону правого борта.

Вот несколько показаний выживших:

«Я почувствовал удар… затем увидел, как корма движется в сторону правого борта… В открытом окне я увидел воду. Я почувствовал, что корабль начал опрокидываться… Помню, как развернулся и направился вперед к окну, чтобы выбраться… тут хлынула вода… я понимал, что корабль идет ко дну. Через считаные секунды выключился свет. Воцарилась полная тьма… Стена воды отбросила меня назад. Весь корабль мгновенно наполнился водой… Когда я выплыл на поверхность, то «Маркиза» была уже на некотором расстоянии от меня, частично под водой…»

«Я… почувствовал, как правый борт резко потянуло вниз… Когда корабль перевернулся, вода хлынула через открытые окна на правом борту. Все на танцполе оказались повалены с ног, и вместе со стульями и всем, что не было закреплено, нас понесло к правому борту, прямо в воду, которая невероятно быстро заполняла танцпол. Я оказался под водой…»

«Вдруг корабль наклонился набок, и туалет начал заполняться водой. Я стала пытаться открыть дверь и выбраться наружу. Когда мне удалось ее открыть, корабль был уже полностью под водой».

«Я почувствовал, как корабль качнулся, меня повело в сторону, и я потерял равновесие. Кажется, ударился об стол… Я видел, как через корабль проходит этот огромный корпус, я видел его надвигающийся якорь, начало биться стекло, все окна разбились, и на нас посыпался дождь из осколков, начала заливаться вода…»

Ужасающее испытание для молодых людей на борту. Невероятно быстрое внезапное вращение корабля, незакрепленная мебель, темнота, холод, мутная вода, а также отсутствие в некоторых местах доступных аварийный выходов — все эти факторы значительно уменьшили шансы пассажиров на спасение. Чтобы выбраться, была необходима значительная физическая выносливость и сила. Из-за чего многим было попросту не спастись.

ТЕМЗА — ВЕРОЛОМНАЯ РЕКА С ГЛУБОКИМИ И ТЕМНЫМИ ВОДАМИ, А ИЗ-ЗА ВСЕВОЗМОЖНЫХ ТЕЧЕНИЙ И ПРИЛИВОВ ОНА НЕДЕЛЯМИ СПОСОБНА ПРЯТАТЬ ТЕЛА.

Специалист по выживанию и температурной медицине доктор Говард Оукли в своем заявлении, сделанном гораздо позже, сказал: «Известно, что внезапное опрокидывание повергает в шок, и реакция людей варьируется от паники до спокойных и решительных действий по спасению своей жизни… физиологическая реакция на этот шок, скорее всего, сократила время, на которое жертвы были в состоянии задержать свое дыхание, что, в свою очередь, снизило их шансы на спасение».

Через 30 секунд после удара «Маркиза» уже лежала на дне Темзы. Четырнадцать судов помогали спасать живых. Тела мертвых же начали доставать лишь через несколько часов. Многие из погибших, скорее всего, застряли на корабле. Других, должно быть, выбросило за борт. Темза — вероломная река с глубокими и темными водами, а из-за всевозможных течений и приливов она днями и даже неделями способна прятать тела, прежде чем отпустить их на поверхность. На самом деле прошло пять часов, прежде чем первое тело пассажира «Маркизы» было найдено в реке. И почти две недели, прежде чем Темза отдала последнее.

ВРЕМЯ, ЧЕРЕЗ КОТОРОЕ ТЕЛО ВСПЛЫВАЕТ НА ПОВЕРХНОСТЬ, ЗАВИСИТ ОТ ОБЪЕМА ГАЗОВ ВО ВЗДУТОМ И РАЗЛАГАЮЩЕМСЯ ТЕЛЕ. КАК ПРАВИЛО, ЛЮДИ С ОЖИРЕНИЕМ ВСПЛЫВАЮТ БЫСТРЕЕ ВСЕХ.

У тела утопленника — либо погруженного под воду тела человека, умершего каким-то другим путем, — кожа неизменно сначала становится бледной и морщинистой. Любой, кому доводилось засиживаться в ванне, знает, как это выглядит. Такой эффект часто называют «руками прачки»: толстый слой кератина на пальцах, ладонях и подошвах пропитывается водой, и кожа становится крайне белой и морщинистой на вид независимо от этнической принадлежности покойного. По прошествии нескольких дней, если тело продолжает оставаться в воде, этот пропитанный водой слой кожи начинает отделяться, и в конечном счете полностью слезает. Важно знать, что время, через которое тело всплывает на поверхность, зависит от объема газов во вздутом и разлагающемся теле. Как правило, люди с ожирением всплывают быстрее всех.

«Маркиза» утонула около двух часов в ночь с субботы на воскресенье 20 августа. К концу того дня, хотя вместе с моим коллегой из больницы Гая мы и осмотрели все тела, нам не было доподлинно известно, сколько находящихся на борту людей погибло. Выживших явно было полно, так что мы питали надежду, что новых тел будет немного.

По закону за все эти тела отвечал коронер, и вестминстерский коронер Пол Кнапман вернулся в Лондон из своего отпуска в Девоне и встретился со мной и старшими офицерами полиции, чтобы согласовать дальнейшие действия с трупами. Будучи коронером, он должен был организовать опознание тел, и мы обсудили, как именно это сделать.

При массовых катастрофах ошибочное опознание является самым большим страхом. Это, очевидно, ужасно для всех, особенно если родственники позже начнут подозревать, что, возможно, они похоронили тело другого человека. Коронер совершенно справедливо хотел, чтобы мы использовали максимально надежные и точные методы идентификации тел. Теперь одним из вариантов идентификации личности стал ДНК-анализ, однако, несмотря на все разговоры о нем за кружкой пива в пабе, ДНК-анализ был для нас тогда все еще недоступен. Самыми надежными методами по-прежнему оставались отпечатки пальцев и стоматологические данные.

Проблема со стоматологическими данными в том, что для связи с нужным стоматологом необходимо, разумеется, сначала узнать имя считающегося пропавшим человека, и, лишь узнав имя стоматолога, можно запросить карту его пациента. На исполнение этого запроса может уйти достаточно долгое время, особенно если карту должны прислать из-за границы. Нам же теперь было известно, что люди с вечеринки на «Маркизе» были из разных стран по всему миру. Проблем и задержек в связи с этим было явно не избежать.

ПРИ МАССОВЫХ КАТАСТРОФАХ ОШИБОЧНОЕ ОПОЗНАНИЕ ЯВЛЯЕТСЯ САМЫМ БОЛЬШИМ СТРАХОМ.

Отпечатки пальцев стали нашим первым средством идентификации. Отпечатки пальцев плюс стоматологические данные стали бы идеальным сочетанием. Для стопроцентной точности требуется немало времени, однако коронер сразу решил, что точность в данном случае куда важнее скорости. Что, разумеется, было с его стороны совершенно правильно, хотя я и могу себе представить, каково пришлось обеспокоенным родным.

Люди, которым неизвестно о судьбе своих родных после массовой катастрофы, зачастую не могут понять, почему их попросту не приглашают в морг, чтобы среди жертв трагедии узнать тело своего близкого. Многие родственники жертв крушения «Маркизы», полагая, будто им не составит труда провести опознание, действительно просили пустить их в морг. Я прекрасно понимаю их потребность и логику их рассуждений, однако она в корне ошибочна. К тому же было бы совершенно бесчеловечно допустить подобное.

Людям сложно в это поверить, но после массовой катастрофы нельзя полагаться на визуальную идентификацию, особенно если смерть была связана с получением травм или тело было под водой. Но даже неповрежденные и не пострадавшие от разложения тела зачастую не опознаются теми, кто знал их при жизни. Лишенные жизни, мимики, неподвижные, утратившие свою личность, наши тела выглядят совершенно иначе. Про тела же, проведшие в водах Темзы многие часы или дни, и говорить нечего.

Дело в том, что родственники под действием сильнейшего стресса с большой вероятностью могут допустить ошибку. Они могут опознать тело, которое на самом деле не принадлежит их близкому. Либо же они могут не узнать труп своего родственника. Такие случаи называются ложноположительной и ложноотрицательной идентификацией и имеют место гораздо чаще, чем можно предположить. Спустя какое-то время — а то и по прошествии довольно длительного промежутка времени — опознавшие тело родственники порой начинают переживать, что ошиблись. А затем меняют свое решение. Это может произойти спустя много времени после похорон или кремации, когда наши методы идентификации личности уже бесполезны. Ко всем трудностям, связанным с опознанием тела, следует также добавить и эмоциональную травму, связанную с необходимостью осматривать множество тел в морге, прежде чем найти то, которое, возможно, принадлежит кому-то из ваших родственников. По своему обширному опыту с мертвыми и со смертью в целом могу сказать, что я не смог бы ходить между разложенными рядами жертв трагедии и достоверно опознать свою собственную жену, детей или родителей.

ПОСЛЕ МАССОВОЙ КАТАСТРОФЫ НЕЛЬЗЯ ПОЛАГАТЬСЯ НА ВИЗУАЛЬНУЮ ИДЕНТИФИКАЦИЮ, ОСОБЕННО ЕСЛИ СМЕРТЬ БЫЛА СВЯЗАНА С ПОЛУЧЕНИЕМ ТРАВМ ИЛИ ТЕЛО БЫЛО ПОД ВОДОЙ.

Должен сказать, что вызывать родных для опознания тела и разрешать им на него посмотреть после того, как судмедэксперты и полиция уверены, что установили его личность, — это две совершенно разные вещи. Лично я убежден, что каждый желающий это сделать родственник имеет полное право увидеть тело своего близкого. Крайне жестоко лишать — по какой бы то ни было причине — семью этой возможности лично попрощаться с покойным. Проблема в том, что трупы могут быть изуродованы, находиться в определенной стадии разложения и жутко пахнуть.

Реконструкция тел позволяет многое исправить, однако мы не способны творить чудеса. Таким образом, проходят долгие часы разговоров и обсуждений, демонстраций фотографий тела, прежде чем мы пускаем родных в помещение с телом. После чего также может пройти какое-то время, прежде чем родные все-таки посмотрят на тело. Очень важно проводить подобную подготовительную работу с родными. Точно так же, как важно заботиться о них и проявлять к ним сочувствие. Никакие наши действия не должны усилить полученную ими эмоциональную травму.

Ненадежной является не только зрительная идентификация, но и использование подвижных индикаторов, таких как одежда, ювелирные украшения или кошельки. Их можно использовать лишь как вспомогательные средства идентификации личности, потому что люди могут меняться украшениями или присматривать за кошельками друзей. А чтобы средством опознания была одежда, нам необходимо в точности знать, во что была одета жертва в момент смерти, основываясь на описаниях других людей, которые редко когда удается получить, а если и удается, то их точность оставляет желать лучшего.

Несмотря на эти сложности, коронер был готов на визуальную идентификацию и использование мобильных индикаторов — но только в отношении тел, которые были извлечены непосредственно с «Маркизы», и лишь при условии отсутствия признаков разложения. Во всех остальных случаях коронер запретил полагаться на мобильные средства идентификации тел.

В ходе нашего разговора коронер заключил, что нашим основным средством опознания тел будут отпечатки пальцев. Когда был составлен полный список предполагаемых пропавших без вести, полицейских направили по домам (если, конечно, отпечатки потенциальной жертвы не удавалось каким-либо образом обнаружить в базе данных) для сбора личных вещей пропавшего с целью снятия отпечатков пальцев, чтобы потом сравнить их с отпечатками тел в морге.

Проблема была в том, что эти люди утонули. Тела многих были повреждены, будь то подводными хищниками или в результате удара о камни, мосты, суда или любые другие препятствия под водой. На телах утопленников наблюдаются все те же изменения цвета кожи и вздутие, что и при обычном процессе разложения, а вдобавок к ним также и ряд других быстрых изменений на коже. Даже в случае извлечения тела в течение первых нескольких часов наличие тех самых «рук прачки» может значительно усложнить снятие отпечатков пальцев, а в случае полной потери кожи на ладонях — что называется обнажением — снять отпечатки с глубоких слоев кожи, с дермы становится практически невозможно.

Поначалу казалось, что с опознанием будет проще, чем после трагедии в Клэпхеме, потому что все тела оставались относительно целыми. Время, однако, шло, и тела прибывали во все более плачевном состоянии — разложение стало работать против нас.

Как я уже говорил, каждое тело проходит через заранее определенный процесс. Сначала мы составляем подробное описание одежды, украшений и внешности. Затем мы снимаем одежду и проводим внешний осмотр, описывая татуировки, рубцы и все необычные детали, которые могли бы помочь с опознанием. Полицейские делают заметки, тела фотографируются и помещаются в холодильник.

Второй этап — проведение полного вскрытия, после которого внутренние органы, как обычно, возвращаются в полости тела. Тело зашивается, и работники морга придают ему более-менее привычный вид, чтобы показать родным.

Последний шаг — составление отчета по каждому из погибших для коронера, в заключении которого я указываю причину смерти: в данном случае — утопление. Если коронер остается доволен проделанной работой, особенно процессом опознания, он открывает расследование и отдает тело.

Первое свободно плавающее тело было обнаружено в Темзе чуть ранее семи утра в то воскресенье. В тот день больше не нашли ни одного, однако после обеда «Маркизу» подняли со дна, и когда я добрался до полицейского участка в Ваппинге, на борту было обнаружено 24 тела, которые доставили в Ваппинг теплым августовским днем. Тела промаркировали, после чего отвезли в Вестминстерский морг.

НЕЗАВИСИМО ОТ НАРУЖНОЙ ТЕМПЕРАТУРЫ, ТЕЛА ОХЛАЖДАЮТСЯ ДО 4 °C. ЭТО ПОЗВОЛЯЕТ ЗАМЕДЛИТЬ ПРОЦЕСС РАЗЛОЖЕНИЯ, ОДНАКО ПОЛНОСТЬЮ ЕГО НЕ ОСТАНАВЛИВАЕТ.

Моргом этим руководит городской совет Вестминстера. На тот момент морг был оснащен шестью холодильниками, в которых можно было разместить на хранение 60 тел, а также шестью дополнительными модулями для особенно тучных людей. Имеющиеся морозильные камеры были рассчитаны на 18 тел.

Независимо от наружной температуры, тела охлаждаются до 4 °C. Это позволяет замедлить процесс разложения, однако полностью его не останавливает. Мы замораживаем тела лишь после того, как вскрытие было полностью закончено.

В случае массовой катастрофы доступная информация все время меняется, и мы зачастую помогаем пересматривать ее снова и снова. Ключевой проблемой для людей, ответственных за жертв с «Маркизы», было то, что никто не знал, сколько в точности людей находилось на борту, равно как и не были известны их личности. Таким образом, в течение пары часов, пока спасательная операция была в самом разгаре и прежде, чем близ моста Воксхолл было найдено первое тело, был открыт контактный центр для обработки информации от друзей и родных, которая могла бы помочь с опознанием жертв. Ко второй половине дня, когда Вестминстерский морг подготовился к наплыву тел, родные некоторых пассажиров начали приходить к полицейскому участку с фотографиями своих близких и описаниями одежды, которая могла быть на них в тот день.

К концу первого дня полиция полагала, что на борту «Маркизы» находилось 150 человек, 65 из которых, включая 24 обнаруженных на корабле тела, считались пропавшими без вести.

На следующее утро я вернулся в морг, чтобы начать длительный процесс опознания и вскрытия тел. Мы узнали, что о себе заявили 87 выживших, так что понимали: если полиция не ошибается с количеством человек на борту, то впереди нас ждет еще больше тел.

Ожидая столь много новых тел, мы работали так быстро, как это позволяла требуемая точность. Неделя выдалась крайне напряженная. Видеть столь много молодых тел в морге было не просто необычно — это было шокирующе. Я прекрасно осознавал — словно видя их боковым зрением — страдания родителей, которые, ожидая новостей, боялись худшего. Тела выкладывали по одному на шесть столов в секционной, и мы тщательно трудились над каждым, понимая, что максимально эффективно и качественно делать свою работу — это наибольшая услуга, которую мы можем оказать убитым горем родным.

В МОРГЕ ПОГИБШИМ ОТРЕЗАЛИ КИСТИ РУК, ОТПРАВЛЯЛИ ИХ, ЧТОБЫ СНЯТЬ ОТПЕЧАТКИ, ПОТОМ КИСТИ ВОЗВРАЩАЛИСЬ В МОРГ, ГДЕ ИХ ПРИШИВАЛИ ОБРАТНО К ТЕЛУ.

К восьми часам в тот вечер мы закончили со вскрытиями всех 25 тел в морге, из которых установить личность пока что удалось лишь 13. На следующий день, 22 августа, мы узнали, что в контактный центр поступило 4725 звонков от обеспокоенных родственников, было собрано более 2000 документов по поводу людей, которые предположительно были на борту. Пока мы ждали, еще несколько тел было обнаружено в различных местах на Темзе как вверх, так и вниз по течению от места крушения, а полицейские сократили свою оценку количества людей на борту «Маркизы» до 136.

К концу дня в морге находилось уже 30 тел, и, как полагала полиция, еще 27 предстояло найти. К этому времени воздействие воды начинало серьезно сказываться на телах. Пропитанная водой кожа слезала с пальцев, и полицейским не удавалось снять отпечатки с помощью чернил. Коронер запросил стоматологические записи, чтобы помочь опознать оставшиеся жертвы, однако на это требовалось время, а родственникам не терпелось узнать новости. Таким образом, полиция и дальше продолжала пытаться взять отпечатки пальцев, однако с каждым часом толку от стандартных методов было все меньше. Теперь требовалась специализированная методика и более сложное оборудование. Это оборудование располагалось в лаборатории в Саутворке, в которой не было условий для размещения тел.

Стандартная процедура для тел, выловленных в Темзе, с которых было невозможно снять отпечатки стандартным способом, была следующей: в морге им отрезали кисти рук, отправляли их в Саутворк, где с них снимали отпечатки, потом кисти возвращались в морг, где их пришивали обратно к телу. Тела затем подготавливали для показа родным, которые в итоге обычно даже не замечали швов. Коронер дал добро на выполнение данной процедуры, и мы отрезали 17 пар рук.

В тот вечер между Вестминстерским и Лондонским мостом были обнаружены новые тела. Еще одно тело было найдено дальше вниз по течению, за Ваппингом. На следующий день нашли еще 8 тел. На одном, выловленном на пирсе Черри-Гарден в Бермондси, была надета униформа — все указывало на то, что это был капитан «Маркизы» Стивен Фалдо. Еще одно тело было неподалеку, а еще четыре нашли рядом с крейсером-музеем HMS Belfast недалеко от Лондонского моста. Еще два тела были найдены по другую сторону от места крушения — вверх по течению в районе Вестминстера.

Таким образом, количество тел возросло до 44, из которых опознать удалось пока лишь 24. Разумеется, предполагалось, что все обнаруженные тела принадлежали пассажирам «Маркизы», однако гарантировать этого никто не мог: в Темзе чуть ли не каждую неделю всплывают тела убитых и самоубийц, так что было необходимо учитывать и это.

К следующему дню у нас было 48 тел, и, хотя мы и бились изо всех сил, шестеро все еще ожидали вскрытия. Полиция стала утверждать, что, по их последним данным, на борту «Маркизы» было 140 человек, из которых 84 выжили, а 56 считались пропавшими без вести. Были запрошены стоматологические карты всех известных жертв: запросы на карты иностранцев были поданы в соответствующие посольства. В тот день — это была среда — контактный центр был закрыт, так как вся возможная информация о пропавших была собрана.

Тела тем временем продолжали находить, и полицейские снова пересмотрели свои оценки. Они решили, что выжило 83 человека, а пропали без вести 56. Стало известно, однако — впервые с момента столкновения, — что на борту была 54-летняя женщина, которая отвечала за организацию дискотеки. Затем поступило сообщение о женщине, прыгнувшей следом за набитой кирпичами сумкой в Темзу рядом с крейсером-музеем HMS Belfast, чье тело было обнаружено на берегу. Мы проводили вскрытия, а полицейские начали недовольно ворчать из-за закрытия контактного центра, так как многие тела все еще оставались неопознанными. К вечеру четверга появилась новая информация, на основании которой полиция вновь увеличила свои оценки. В участок пришла компания людей, явившихся на вечеринку без приглашения, сообщив, что им удалось выжить после крушения, однако их друг потерялся.

Тем временем из морга послали запрос на возвращение в кратчайшие сроки 17 пар кистей, чтобы пришить их обратно. В лабораторию доставили восемь пар рук.

Теперь мы могли только ждать. Это была пятница перед августовскими банковскими каникулами, и люди за пределами морга уезжали на выходные из знойного Лондона. Мы все ждали поступления стоматологических карт, информации по отпечаткам пальцев из лаборатории и просто новые тела: к этому времени были обнаружены 50 трупов. После всей этой суеты в морге было чуть ли не до жути тихо и спокойно.

За долгие выходные в морг не поступило ни единого нового тела. В среду полиция предприняла попытку назвать имена людей, все еще считавшихся пропавшими без вести. Одним из них был организатор вечеринки Антонио Васконселлос, который отмечал на корабле свой 26-й день рождения. Также пропавшим считался один француз. В морге оставалось одно неопознанное тело мужчины 20 с чем-то лет: была вероятность, что он и вовсе не имел к «Маркизе» никакого отношения. Либо же он мог оказаться тем самым пропавшим незваным гостем, имя которого до сих пор не было установлено.

К концу недели 46 из 50 тел были полностью опознаны, а остальные — опознаны частично, то есть нам требовалась дополнительная информация, чтобы окончательно подтвердить их личность. Не считая этого неизвестного молодого человека. Кто это был? Никто понятия не имел. Он не соответствовал ни единому описанию.

Так как у него был весьма необычный брелок для ключей, полиция решила сфотографировать его и попросить выложить снимки в газетах. Итак, у нас было одно полностью неопознанное тело и двое пропавших без вести людей: француз и Антонио Васконселлос. Про незваного гостя, впрочем, можно было больше не беспокоиться: он объявился живой и здоровый.

В пятницу был сделан еще один важный шаг для идентификации неизвестного трупа. Найденный при нем брелок с ключами принесли к квартире пропавшего француза, и с помощью него удалось открыть дверь. Теперь пропавшим без вести оставался лишь именинник. Той ночью вниз по течению от места крушения между Лондонским мостом и Бермондси — где-то в так называемом верхнем бассейне Темзы — было обнаружено еще одно тело. Мы практически не сомневались, что оно принадлежало Антонио Васконселлосу, однако мы понимали, что после двух недель в воде понадобится какое-то время, чтобы достоверно подтвердить его личность. Мы также были уверены, что все остальные тела в морге не имели к «Маркизе» никакого отношения, а полиция была уверена, что больше жертв нет. Итак, конечный результат: 51 погибший, 137 человек на борту.

Мы хорошо потрудились, и, как мне казалось, сослужили хорошую службу жертвам и их родным. Лишь потом я узнал, что, пока я был погружен в свою работу в морге, внутри и снаружи происходило гораздо больше, чем я предполагал.

Каждый человек реагирует на катастрофу быстро и от всего сердца. Каждый старается изо всех сил, делая все от него зависящее. Таким образом — хотя и каждый, из каких бы хороших побуждений он ни действовал, должен нести ответственность за свои поступки — сложно принимать критику постфактум за действия, которые, возможно, были совершены под большим давлением обстоятельств в кризисной ситуации. После многих из перечисленных мной катастроф 1980-х годов на экстренные и другие государственные службы, занимавшиеся последствиями трагедий, зачастую обрушивался шквал обозленной критики. Эта критика была пропитана такой злостью, после которой обычно следуют реформы. Крушение «Маркизы» стало, пожалуй, ярчайшим тому примером.

Мне стало известно, что — хотя некоторые родственники в первые дни после трагедии и опознали тела своих близких в специально отведенном для этого помещении морга — многим другим было сказано, что тела были обнаружены слишком поздно, и в результате разложения они были изуродованы настолько, что их не позволят увидеть близким. Печальное воссоединение живых и мертвых обычно происходит не в морге: чаще всего тело сначала забирает гробовщик. Гробовщики, однако, вторили полиции, утверждая, будто им дали приказ под любыми предлогами не показывать тела покойников родным, как бы те этого ни требовали.

КАЖДЫЙ ЧЕЛОВЕК РЕАГИРУЕТ НА КАТАСТРОФУ БЫСТРО И ОТ ВСЕГО СЕРДЦА. КАЖДЫЙ СТАРАЕТСЯ ИЗО ВСЕХ СИЛ, ДЕЛАЯ ВСЕ ОТ НЕГО ЗАВИСЯЩЕЕ.

Я не знаю, кто и зачем дал подобный приказ. Когда я о нем узнал, то решил, что он стал результатом неуместного сочувствия, потому что кто-то решил, будто родители получат сильную травму, увидев своего сына или дочь на столь сильной стадии разложения. Этот человек, однако, не знал, что не увидеть тело своего ребенка гораздо хуже.

Один из родственников позже написал:

«На самом деле нам формально не запрещали увидеть [нашу дочь], однако постоянно от этого отговаривали… когда я пришел к гробовщику в надежде ее увидеть, гроб был уже заколочен… я не мог просто сидеть в комнате с коробкой, так что покинул похоронный зал. Я убежден, что мне должны были дать возможность с ней проститься. …потом показали фотографии нашей дочери, и, судя по ним, не было никаких причин нам ее не показывать».

Другой написал:

«В пятницу 25 августа помощник коронера сказал мне, что мой сын уже не похож на человека. В четверг 31 августа мне позвонил гробовщик и сказал, что они забрали [его тело]. Я сразу же ринулся к ним в бюро и попросил открыть крышку гроба. Мне хотелось убедиться, что это действительно был мой сын. Гробовщик сказал, что ему было велено не показывать мне тело моего сына. Меня это сильно расстроило. У меня так и не было возможности увидеть его, дотронуться до него, попрощаться с ним. Гробовщик сказал мне, что вот уже 25 лет этим занимается, и прежде ему никогда не говорили, чтобы он не показывал тело родственникам. «Мне сказали, что гроб заколочен и открывать его нельзя», — сказал он. Насколько я знаю, именно гробовщик кладет тело в гроб, и он его закрывает, так что он явно говорил неправду.

Я до сих пор переживаю, действительно ли мы закопали нашего сына. Полагаю, все дело в том, что мне не позволили на него взглянуть… еще я переживаю, что тела могли перепутать… [Позже] я посмотрел на фотографии его тела. Вид был гораздо менее ужасный, чем я себе представлял… Мне все не по себе, оттого как все это организовали… Из-за своих опасений по поводу того, что это могло быть не его тело, я даже потребовал сначала провести эксгумацию».

Я понятия не имел, почему родным жертв с «Маркизы» было отказано в доступе к телам их близких: это было жестокое и совершенно ненужное решение. Прошло еще несколько лет, прежде чем мы — родственники, а также те, кто работал над делом, — узнали возможную причину того, почему тела не показывали, а гробы отказывались открывать.

23

Начало осени, 1992 год. Джен стала врачом. Она получила диплом годом ранее, и мы отправились на устроенную для выпускников ночную дискотеку в баре при ее медицинской школе, где я почувствовал себя немного стариком. Затем мы решили потанцевать. Я чрезвычайно гордился Джен, но не демонстрировал этого. Наверное, и она была мне благодарна за всю поддержку — за заботу о детях, домашние хлопоты, оплачиваемые мною счета, — однако тоже не подавала виду. Как же сложно было преодолеть развερзшуюся между нами пропасть. Гораздо проще было не обращать на пропасть внимания, особенно теперь, когда она стала младшим врачом и днями напролет работала, в то время как я был погружен в свою работу в больнице Гая.

Сегодня, в кои-то веки, я работал дома. Дети в школе, у няни выходной, Джен у себя в больнице. На улицах днем тишина — гораздо спокойнее, чем у нас в офисе. В комнате тепло и уютно, на каждой ноге на полу развалилось по собаке. Мой стол завален фотографиями, связанными с убийством, которое меня полностью поглотило.

Поверх фотографий со вскрытия и альбома со снимками одежды жертвы лежали фотографии с места преступления. Я никогда не забуду тот довольно серый июльский день. Большой утопающий в зелени парк на юге Лондона. Тропинка в тени деревьев, освещенная березовыми стволами. Лента с надписью: «ПОЛИЦИЯ, ПРОХОД ЗАПРЕЩЕН», намотанная между деревьями.

Я заметил что-то белое в траве среди деревьев, что издалека можно было принять за выброшенный носовой платок. По мере того, как я приближался к этому платку в сопровождении двух детективов, он увеличивался в размере и все больше шел вразрез со своим окружением, а когда я подошел к нему вплотную, меня поразил контраст между этим зеленым местом и бледным, частично обнаженным человеческим телом, лежавшим под переливающимися светом березовыми листьями. Девушка. Свернулась в обороняющейся позе. Множество ножевых. Нижняя часть тела оголена. Была подвержена сексуальному насилию.

Дождавшись, когда полицейские фотографы закончат свою работу, я измерил температуру тела и взял несколько предварительных мазков для выявления следов спермы. Я ощупал тело на предмет мышечного окоченения — оно было выражено только в челюстных мышцах. Затем осмотрел место преступления, изучил участки с изрытой землей, пятна крови на траве, на которые указали детективы, помятые листья и сломанные ветки, другие следы борьбы. На все это ушел не один час. Наконец тело забрали в морг, где под наблюдением все тех же мрачных детективов я провел вскрытие. Теперь, находясь в своем уютном кабинете, я вспоминал ту долгую-долгую ночь. Уже рассвело, когда все 49 ножевых ранений были измерены и

УЖЕ РАССВЕЛО, КОГДА ВСЕ 49 НОЖЕВЫХ РАНЕНИЙ БЫЛИ ИЗМЕРЕНЫ И ОПИСАНЫ С УКАЗАНИЕМ ВНУТРЕННИХ ОРГАНОВ, ЧЕРЕЗ КОТОРЫЕ ОНИ ПРОШЛИ.

описаны с указанием внутренних органов, через которые они прошли.

Я поднял голову. В тишине дома было слышно, как тикают часы. Я взял в руки свой отчет о вскрытии и перечитал заключение. Наступлению смерти жертвы не способствовали какие бы то ни было естественные причины. Она умерла от многочисленных глубоких ножевых ранений, нанесенных ножом или ножами длиной примерно 9 см и толщиной лезвия порядка 1,5 см у рукоятки. Она пыталась оказать сопротивление, о чем указывало сквозное ножевое ранение руки. Когда она умерла, нападавший не перестал наносить удары ножом. После чего надругался над ее телом.

ИЗВЕСТНО, ЧТО УСТАНОВЛЕНИЕ КОНТРОЛЯ ЯВЛЯЕТСЯ ОСОБЕННО ВАЖНОЙ ЧАСТЬЮ БОЛЬШИНСТВА УБИЙСТВ НА СЕКСУАЛЬНОЙ ПОЧВЕ.

Жестокое убийство Рэйчел Никелл вызвало общественный ужас. Она была красивой 23-летней матерью, которая взяла своего маленького ребенка на прогулку в парк «Уимблдон Коммон». Нация была в шоке, и от полиции ждали скорейшей поимки преступника. Давление было настолько большим, что лондонская полиция решила отступить от своих принципов. Полицейские стали просить у судебных психологов составить психологический профиль убийцы. А меня же они попросили воссоздать события преступления.

Я уже было окончательно оставил надежды сыграть свою роль в полицейском расследовании. Я отчетливо помнил, как детектив и слушать не захотел мою версию событий по моему самому первому делу — убийству в спальне. Теперь же полиция сама обратилась ко мне и попросила воссоздать обстоятельства преступления. В частности, им было нужно, чтобы я, основываясь на найденных на месте убийства уликах и результатах проведенного вскрытия, представил им вероятную последовательность событий, произошедших в тот день.

Незадолго до этого я получил мощный заряд вдохновения на американской конференции судебно-медицинских экспертов. Уже какое-то время меня не оставляло чувство, что судебная медицина как профессия особо не развивается: мы все носились со своими делами, а потом обсуждали их в пабе, однако ничего общего с развитием — как индивидуальным, так и профессии в целом — это не имело. Я стал посещать американские конференции в надежде узнать что-то новое, и совсем недавно узнал, что американских судмедэкспертов стали всячески привлекать к расследованиям преступлений, прямо как это было при Симпсоне.

Итак, я прочитал свой первоначальный очень толстый отчет о вскрытии Рэйчел Никелл. Полученные ею ножевые ранения были расписаны на четырех страницах. Три раны, которым я присвоил номера 17, 41 и 42, выделялись на фоне остальных. Это были единственные поверхностные порезы на теле жертвы, которую многократно ударили ножом. Могли ли они быть нанесены первыми?

В самом начале цепочки событий, которая заканчивается убийством вроде этого, имеется момент, когда преступник должен подобраться к своей жертве достаточно близко, чтобы получить над ней контроль. Известно, что установление контроля является особенно важной частью большинства убийств на сексуальной почве. У жертв таких преступлений мы зачастую находим ранения, недостаточно глубокие, чтобы причинить травму, однако достаточно пугающие, чтобы жертва подчинилась требованиям нападающего: мы называем их принуждающими ранениями.

Были ли ранения 17, 41 и 42 принуждающими? Лишь одна рана была на спине жертвы — под номером 17, — в то время как все остальные располагались спереди в верхней части груди. Я снова на них посмотрел. Возможно, сначала он порезал ей спину, после чего она повернулась к нападающему лицом?

На фотографиях с места преступления было несложно различить самые обильные пятна крови. Они находились не под деревьями, а в месте, где трава была оставлена нескошенной — что-то вроде лужайки. Тело было обнаружено где-то в пяти метрах от этого места потрясенной матерью, вышедшей на прогулку с маленьким ребенком в коляске и собакой.

Был и второй, меньший по размеру, залитый кровью участок, находившийся гораздо ближе к трупу: он располагался у ветвистой березы, под которой было обнаружено тело. Можно было смело предположить, что первоначальное нападение было совершено в самом окровавленном месте, что жертва была затем перемещена под деревья, а потом еще на один метр в свое окончательное положение.

Было сложно решить, какое из многочисленных ранений было нанесено первым, однако зияющие раны на шее, должно быть, были одними из первых, так как бо́льшая часть крови вытекла из них. Это также объяснило бы, почему жертва, судя по всему, не кричала. Удар ножом по шее был сделан со всей силы, и боль, должно быть, была невыносимой. Если это и не заставило ее замолчать, то последующее повреждение мышц вокруг гортани уже не оставило ей выбора.

Фотографии одежды Рэйчел Никелл поведали мне другую часть истории. Ее футболка сочилась кровью. Ее джинсы же в области колена и под ним были в грязи спереди и в брызгах крови сзади. Я был абсолютно уверен: это указывало на то, что вскоре после начала нападения она оказалась на коленях, и в этом положении ей и были нанесены первые раны на шее.

Разумеется, после таких травм она не могла продолжать стоять на коленях. Должно быть, она упала. Вероятнее всего, она упала вперед, после чего нападавший принялся бить ей ножом по спине — в общей сложности было нанесено 18 ударов.

В какую бы сторону она ни упала — и тем более если она упала вперед, — из шеи на землю должна была хлынуть кровь. Может, именно поэтому убийца передвинул тело под деревья? Или же он сделал это, потому что к этому времени она уже была мертва? Или же он опасался, что на открытой траве его будет легче увидеть?

Судя по фотографиям, под деревьями крови было меньше, однако распределена она была на более широком участке. Это с большой вероятностью указывало на то, что она лежала здесь ничком. Я глянул на фотографии тела, сделанные при вскрытии. Ну да, на спине следы лиственного перегноя. Должно быть, здесь он и стал бить ее ножом спереди. Если она и не была мертва, когда он ее переместил, то наверняка умерла вскоре после этого. Тем не менее он продолжил наносить удары ножом. Уже после смерти он пронзил ножом ее сердце и печень. Об этом говорило отсутствие крови — мертвые не кровоточат.

Затем я заметил, что следы перегнивших листьев были не только на спине, но и на ягодицах. Итак, должно быть, здесь, под деревьями, он стянул с нее джинсы, после чего — или одновременно с этим — передвинул тело в его окончательное положение и сексуально над ним надругался.

Продолжил ли он бить ее ножом после этого? Или же сразу убежал?

«По моему мнению, минимальное время, потребовавшееся на причинение всех полученных жертвой травм, составляет три минуты», — гласило мое заключение о вскрытии.

Я знал это, потому что, как обычно, повторил все движения убийцы дома. Если убийство заняло всего три минуты, оно определенно должно было быть быстрым и яростным. К тому же все указывало на то, что преступник действовал с особым буйством и жестокостью. Даже сам коронер использовал эти слова, а газеты уж и подавно не могли не поддаться соблазну их вставить.

УЖЕ ПОСЛЕ СМЕРТИ ОН ПРОНЗИЛ НОЖОМ ЕЕ СЕРДЦЕ И ПЕЧЕНЬ. ОБ ЭТОМ ГОВОРИЛО ОТСУТСТВИЕ КРОВИ — МЕРТВЫЕ НЕ КРОВОТОЧАТ.

Я провел долгие часы, анализируя ножевые ранения: некоторые из них сопровождались следами квадратной ручки оружия на коже, потому что лезвие было введено на всю длину. Впервые в жизни я сделал томографию части тела. Магнитно-резонансная томография в точности показала след раны, оставленной в печени. На основании всей этой информации я отверг все показанные мне полицией ножи, с уверенностью сказав, что ни один из них не мог быть орудием убийства.

Закончив перечислять цепочку последних событий в жизни Рэйчел Никкел, девушки, чье имя стало широко известным по самым печальным причинам, я почувствовал смертельную усталость. Приятную усталость. Я взглянул на часы. Скоро будет пора забирать детей и выгуливать собак.

Я выключил компьютер, который издал привычный слабый стон. Собакам этот звук был хорошо знаком, и они одновременно проснулись, начав зевать и потягиваться. Они смотрели, как я запираю в шкафчике для документов фотографии по делу, чтобы никто — тем более дети — на них не наткнулся.

Предложив вероятную версию произошедших событий, которая действительно могла помочь полиции поймать убийцу той девушки, я почувствовал огромное удовлетворение. Не за горами было мое 40-летие, и проделанная мной работа была тем самым вкладом, который, как я всегда верил, судебно-медицинские эксперты способны вносить в расследование убийств.

Собаки виляли хвостами, ожидая прогулки. Я не шевелился. Мне не хотелось возвращаться в реальный мир от своей целиком поглощающей работы. Потому что мне нужно было сделать еще кое-что, прежде чем выгулять собак и забрать детей.

С большой неохотой я взял телефон и набрал сначала один, а потом другой номер из списка, найденного в объявлениях.

— Здравствуйте, это гробовщик?

— Да, сэр, чем я могу вам помочь?

Мой отец умирал в хосписе в Девоне. У него был рак в терминальной стадии, и теперь он получал паллиативный уход. Пару дней назад я уже с ним попрощался, так как из-за назначенных выступлений в суде и других дел был вынужден вернуться в Лондон. Повидаться с ним приехала моя сестра Хелен, а затем и наш брат Роберт. Я решил сделать этот звонок уже сейчас, понимая, что никто из нас, скорее всего, не будет в силах это сделать, когда придет время.

Человек на другом конце провода пришел в замешательство.

— Простите... Должно быть, я не так услышал. Вы сказали, что ваш отец на самом деле еще не умер?

— Боюсь, скоро его с нами не станет, и я решил организовать все прямо сейчас.

— Понимаю. — Что это было — шок или неодобрение? Мне было стыдно.

— Просто я судмедэксперт, так что я... я постоянно работаю с трупами и в курсе всех... практических аспектов.

— Ах.

Мое ходатайство о смягчении приговора было принято.

Все формальности были улажены, и когда мне позвонили, чтобы сообщить о смерти отца, я уже не был ими обременен и мог позволить себе в полной мере ощутить скорбь. Не заплакать, но в полной мере ощутить, что мой добродушный и горячо любимый отец ушел в мир иной. Его долгая жизнь на пенсии в Девоне вместе с Джойс подошла к концу. Моя жизнь не вращалась вокруг него, но он постоянно в ней присутствовал. Я звонил каждое воскресенье, он писал каждые две недели. Всегда рядом. Теперь же его больше не было. Казалось, я столкнулся с чем-то необъятным и неизведанным. Смерть со всей своей безграничностью, которой я всегда умудрялся избегать в своей работе, внезапно начала поглощать меня с головой.

Где-то через день я отправился в Девон и взял необходимые бумаги, чтобы отдать их в бюро регистрации рождений и смертей, как мне было сказано это сделать. Надпись на конверте гласила: «Конфиденциально. Не вскрывать».

Конечно, я проигнорировал эту надпись. Каждый день я имею дело с конфиденциальными подробностями чьей-то смерти, и в данном случае речь шла о моем отце. Пока я ждал в бюро регистрации, я вскрыл конверт и, не поведя бровью, изучил его содержимое.

Чья-то холодная рука вырвала у меня конверт.

— Что это вы делаете?

— Ну, я тут читал…

— Раз вы умеете читать, то вам должно быть известно, что эта информация является конфиденциальной. Вы не имеете ни малейшего права открывать конверт.

Меня отчитали, и мы перешли в небольшую ободранную комнатку, чтобы уладить формальности. Только я успел увидеть в бумагах, что в качестве причины смерти врач указал карциному простаты. Из-за неразборчивого почерка можно было подумать, будто там написано «карценома простаты».

Я смотрел, как женщина все с тем же каменным лицом тщательно составляет сертификат о смерти.

Я сказал:

— Прошу прощения… «карцинома» пишется через «и», а не через «е»…

Она бросила на меня злобный взгляд.

— Я… я судмедэксперт. Вот почему мне было интересно прочитать записи о смерти своего отца… что ж, я пишу слово «карцинома» постоянно и могу вас заверить, что оно пишется через «и».

Женщина пристально на меня уставилась.

— Врач написал через «е». Моя обязанность — записать причину смерти в том виде, в котором она указана врачом. Таким образом, я обязана написать «карценома», потому что так решил написать врач.

Итак, в свидетельстве о смерти моего отца, которое я был вынужден многократно отправлять, каждый раз содрогаясь от глубокого раздражения, значилась новая и совершенно неизвестная науке причина смерти под названием «карценома». Хотя он, несомненно, и обрадовался бы своему уникальному месту в государственной статистике.

В СВИДЕТЕЛЬСТВЕ О СМЕРТИ МОЕГО ОТЦА ЗНАЧИЛАСЬ НОВАЯ И СОВЕРШЕННО НЕИЗВЕСТНАЯ НАУКЕ ПРИЧИНА СМЕРТИ ПОД НАЗВАНИЕМ «КАРЦЕНОМА».

За два дня до моего 40-летия все семейство Шеперд собралось в Девоне на похороны моего отца. Приехала Хелен, жившая тогда на севере Англии со своей семьей. Был и Роберт, живший во Франции с женой. Несмотря на географическую удаленность, мы все равно оставались близки.

В ночь перед похоронами мы устроили семейный ужин, на котором были все дети, но не было Джойс. Надеюсь, это было не слишком некрасиво с нашей стороны. Я поддерживал с ней контакт до конца ее дней и следил за тем, чтобы у нее всегда была крыша над головой, чтобы о ней было кому заботиться. В ту ночь, однако, нам не хотелось избегать историй о нашем отце, которые случились до нее, нам хотелось свободно обмениваться историями об этом удивительном человеке со своим специфическим характером. Не все из них представляли его с лучшей стороны, однако все их он бы непременно подтвердил и был рад услышать. Мы много смеялись и пили за его здоровье, и этот вечер стал настоящей данью уважения его жизни.

Умереть, будучи всецело почитаемым своими детьми, — это немалое достижение. Он был старшим ребенком в большой семье, и если там не хватало денег на образование, а возможно, и не хватало на всех любви, он решил самостоятельно обеспечить этим себя и собственную семью.

Охваченные ощущением утраты, но также и чувством гармонии и взаимоподдержки внутри семьи Шеперд, мы отправились на машине обратно в Лондон — дети на заднем сиденье, я за рулем, Джен рядом со мной, воспользовавшись возможностью немного поспать, потому что младшим врачам вечно не хватает сна. Другая семья, другое поколение.

По правде говоря, я с некоторой неохотой покидал Девон, возвращаясь к своей работе. Больница Гая была дружелюбным, активным и всячески мотивирующим местом, и я любил свою работу. Но, к сожалению, теперь для меня настали неспокойные времена. Во-первых, мои коллеги открыто ополчились на меня за то, что я выполнил просьбу полиции воссоздать обстоятельства убийства Рэйчел Никелл.

— Ты вышел далеко за область своей компетенции, — говорили они.

Я знал, что на самом деле полностью полагался на свою компетенцию в реконструкции событий преступления.

— В Америке судебная медицина движется именно в этом направлении, — добавил я.

Они не были впечатлены тем, как развивается судебная медицина в Америке. Они качали головами. Они сказали:

— Когда они арестуют кого-то и сторона обвинения воспользуется твоей версией событий, адвокат защиты уничтожит тебя за трибуной.

К этому времени я уже испытал достаточно публичного унижения, выступая в качестве эксперта, чтобы понимать, что они, скорее всего, правы.

Моим вторым беспокойством была «Маркиза».

Эта трагедия случилась тремя годами ранее, однако она снова и снова давала о себе знать. Разумеется, горю тех, кто потерял кого-то в результате крушения, не было предела — и прямо сейчас их горе стало превращаться в злость.

Мы, профессионалы, может, и думали, что для нас уже все позади: кое-что в спасательной операции и последовавших после нее действиях, может, и не прошло гладко, однако наше внимание с тех пор было сосредоточено на выяснении причин этой трагедии. В ту ночь на Темзе должны были быть задействованы различные системы безопасности, однако задействованы они не были, и, по общему мнению, катастрофа случилась из-за того, что суда вовремя друг друга не заметили — потому что ни на одном не было организовано должного наблюдения за водой. Тем не менее какова бы ни была причина, гигантский «Боубелл» явно протаранил крошечную «Маркизу», и против капитана «Боубелла» было заведено уголовное дело.

Родственники жертв были в ярости, оттого что капитан крепко выпивал в день, предшествовавший катастрофе, ожидая прилива, чтобы его дноуглубительное судно могло направиться вниз по реке. Специалисты, однако, заявили, что капитан хорошенько проспался перед отплытием ночью, и весь алкоголь у него выветрился. Таким образом, его обвинили в отсутствии на корабле должного наблюдения за водой.

Директор государственного обвинения вынудил коронера отложить расследование смертей до завершения этого уголовного дела — которое, однако, так и не привело к какому-либо результату. Двое присяжных так и не согласились признавать капитана «Боубелла» виновным, и последовавшая попытка добиться уголовного преследования владельца дноуглубительного судна в частном порядке также была безрезультатной.

После вынесенного по делу «Боубелла» вердикта — точнее, после отсутствия вердикта — коронер принял решение, что заново открывать расследование не в интересах общественности, так как к этому моменту был проведен тщательный анализ причин столкновения и уровень безопасности на Темзе был значительно увеличен. Это решение, однако, усилило недовольство родственников: кто-то счел его предвзятым, особенно когда коронер дал прессе ряд опрометчивых комментариев, которые были затем опубликованы. Родственники требовали не только полноценного расследования — они хотели проведения открытых разбирательств. Не было проведено ни того ни другого, и к их чести нужно сказать, что их решимость не дрогнула. Они решили искать справедливости в Апелляционном суде.

Их злость, однако, была подпитана недавним открытием — и многие, к сожалению, сделали это открытие с помощью воскресных газет, — что в целях опознания у некоторых тел отрезали руки. Еще более их удручал тот факт, что, как они теперь узнали, руки были отправлены обратно в морг, однако некоторые так и не были пришиты обратно к своим телам — это было непростительно. И родственники стали подозревать, что единственная причина, по которой им было отказано увидеть своих близких перед похоронами, заключалась не в том, что они были слишком изуродованы, а потому что у них отсутствовали руки.

Теперь все направили свою злость на главного судмедэксперта по тому делу. Этим судмедэкспертом был я. Оказавшись на их месте, я тоже был бы зол. Тем не менее было крайне паршиво оказаться в эпицентре такой ярости. Не было никакого смысла объяснять убитым горем людям, что отрезание рук является в данных обстоятельствах стандартной процедурой. Было без толку говорить, что для снятия отпечатков пальцев с разложившихся утопленников неизбежно требуются специальные лабораторные технологии, недоступные в морге. И было уже слишком поздно задаваться вопросом, была ли данная стандартная на то время процедура удаления рук приемлемой.

На самом деле ни решение отрезать кисти рук некоторым жертвам, ни сам процесс их отрезания, равно как и то, что они не были пришиты обратно, ко мне не имело никакого отношения. Но все мои отрицания были проигнорированы, а мои возражения восприняты как попытка уйти от ответственности. Моя фотография (несколько зернистая, с вечно летящим позади меня галстуком, создающим мрачное впечатление) то и дело появлялась в газетных статьях, написанных обвинительным или высокомерным тоном. Мне круглосуточно звонили журналисты. За мной то и дело ходили по пятам, пытаясь взять интервью. Один появился, словно по волшебству, у нас в офисе. Я застал его сидящим за моим письменным столом с важным видом и предвещающим недоброе открытым блокнотом.

УМЕРЕТЬ, БУДУЧИ ВСЕЦЕЛО ПОЧИТАЕМЫМ СВОИМИ ДЕТЬМИ, — ЭТО НЕМАЛОЕ ДОСТИЖЕНИЕ.

Что касается моих коллег, то их покачивание головами по поводу моего вклада в дело Рэйчел Никелл продолжилось относительно моего участия в деле «Маркизы». Они спрашивали меня, не мог ли я попросту запретить отрезать жертвам руки? Особенно с учетом того, что, как и во многих других случаях, быстро стали доступны и другие способы идентификации их личности. В конце концов, разве полиция не сообщала, что их завалили стоматологическими картами со всего мира? Так что я определенно должен был вмешаться в этот маразм с отрезанием рук.

Мои коллеги, однако, согласились, что у них не было никакого опыта с массовыми катастрофами, и уж точно с утоплением столь большого числа людей. И они согласились, что задним числом судить гораздо проще, признав, что сами, скорее всего, не стали бы вмешиваться в стандартную для того времени полицейскую процедуру — особенно после того, как ее одобрил коронер.

Иэн, глава нашего отделения, сохранял полное молчание по поводу происходящего, как он это делал с каждым важным делом, о неучастии в котором жалел. Казалось, меня бросили одного на растерзание прессы и родных жертв. Находиться в таком положении было крайне тяжело, с каким бы пониманием я ни относился к этой общественной ярости.

Пэм, которая могла меня поддержать, больше не была нашим главным организатором. Будучи уже в годах, она влюбилась в одного вдовца и вступила в роль жены и приемной матери. Она даже не стала пытаться совмещать судебную медицину с семейной жизнью. Она понимала, что семейный очаг не оставляет места для всех перипетий убийств и судебной медицины. Мы устроили ей грустное прощание, всех остальных ассистентов потом перетасовали, появился новый младший помощник, которого нам предстояло познакомить с мрачным миром лондонских убийств, и во главу поставили способную Лоррэн.

Ах да, еще у нас появился новый судмедэксперт.

В один прекрасный день высокая длинноногая блондинка зашла к нам в офис. На ней была короткая юбка, она дружелюбно улыбалась, а ее скулы выглядели так, словно их вырезали острыми ножницами из плотной белой бумаги. Остальные толком не успели поднять глаза из-за своих столов, как вдруг Иэн, будучи самым главным альфа-самцом в офисе альфа-самцов, подскочил со своего стула и застолбил ее — да, прямо как неандерталец, потому что в прошлом веке мужской пол был менее развитым.

Весна Джуркович, судмедэксперт, была наполовину сербкой, наполовину хорваткой родом из тогда еще Югославии. Она совершенно немыслимым для того времени образом сочетала в себе сногсшибательную красоту и невероятный профессионализм. Она прошла практику в Белграде и теперь подыскивала себе работу в Лондоне. В больнице Гая она нашла не только работу, но и мужа, чего сама явно не ожидала. Иэн был уже женат, и дальнейшие маневры были сложными и запутанными, однако Весна и Иэн вскоре стали звездной парой нашего отделения, осветив, насколько это было возможно, наши мрачные, наполненные убийствами будни.

У нас с Джен быть такой парой никогда не получалось. Когда Весна и Иэн стали встречаться, коллеги начали чаще устраивать мероприятия, на которые нужно было приходить со своими партнерами, однако чаще всего мы были слишком заняты, чтобы их посещать. Джен только закончила свой второй год стажировки в больнице. Она работала 36-часовыми сменами — то есть проводила в больнице долгие дни и каждую вторую ночь. Тем временем, однако, подобный режим стал смягчаться, поскольку она проходила стажировку на терапевта, одновременно с этим найдя область, которая ее особенно интересовала: дерматология.

Я понимал, что на этой стадии своей карьеры она нуждается в огромной поддержке. Мне она в свое время тоже была нужна, и она мне ее предоставила. Теперь же я пытался сделать то же самое и для нее. Она начала учиться, когда ей было уже за 30, так что стать врачом для нее было огромным достижением. Возможно, я недостаточно часто говорил о том, как сильно ею горжусь. Надеюсь, что хотя бы иногда я выражал свои чувства.

Теперь наши пути почти не пересекались, а когда и пересекались, мы зачастую спорили. Казалось, ничто не поможет нам вернуться к счастливой и спокойной жизни. Я лишь наблюдал, как все больше отчаивалась моя прекрасная жена из-за своего вечно занятого, погруженного в свои мысли мужа.

— Почему ты не хочешь позволить мне любить тебя? — сквозь слезы говорила Джен. — Почему ты все время такой молчаливый?

Мы ходили к семейному психологу. Я на это согласился, однако в то же время я не мог отделаться от ощущения, что меня туда затащили силком.

— Его мать умерла, когда ему было девять, — с многозначительным видом сказала она. Психолог кивнула — тоже, как мне показалось, многозначительно. Были ли эти две женщины подругами или же весь женский род был в некоем сговоре?

— Что бы вы хотели, чтобы Дик сделал для вас, Джен? — спросила психолог.

— Просто чтобы он меня обнял и сказал, что любит меня! Я ведь не так много прошу, не так ли?

— А вы, Дик? Что бы вы хотели, чтобы Джен сделала для вас?

Я задумался. Но ненадолго.

— Приготовила мне ужин, — ответил я.

Психолог откинулась на спинку стула, нахмурив брови. Я частенько подшучивал над отсутствием у Джен кулинарных способностей.

— Чтобы она приготовила что-то и накормила меня. Это было бы проявлением любви. Но мне приходится за всеми присматривать, и поэтому я все время занят, чтобы принимать любовь, а Джен слишком занята со своей практикой, чтобы ее давать.

— Получается, Дик, вы чувствуете, что вам приходится за всеми присматривать?

— Я не жалуюсь. Мой отец тоже так делал, он меня вырастил. Мне нравится заботиться о детях, готовить, проводить с ними время. Мне это кажется нормальным. Просто…

Я ЛИШЬ НАБЛЮДАЛ, КАК ВСЕ БОЛЬШЕ ОТЧАИВАЛАСЬ МОЯ ПРЕКРАСНАЯ ЖЕНА ИЗ-ЗА СВОЕГО ВЕЧНО ЗАНЯТОГО, ПОГРУЖЕННОГО В СВОИ МЫСЛИ МУЖА.

Мой отец все это делал. Но была еще и злость. Злость, которая то и дело вырывалась из него наружу, сметая все на своем пути. Теперь я начал задумываться, не спускал ли он таким образом пар из-за того, что был глубоко несчастен. Мой отец был несчастен. Может быть, и я тоже был несчастен. Впервые в жизни мне пришло в голову, что моему браку, возможно, пойдет на пользу, если я, подобно отцу, хотя бы иногда буду терять контроль и давать волю своим чувствам. Вместе с тем если у меня и были такие чувства, то я надежно закопал их в далеком, недоступном месте. И если я не мог даже плакать, как я мог взорваться?

> **ВПЕРВЫЕ В ЖИЗНИ МНЕ ПРИШЛО В ГОЛОВУ, ЧТО МОЕМУ БРАКУ, ВОЗМОЖНО, ПОЙДЕТ НА ПОЛЬЗУ, ЕСЛИ Я, ПОДОБНО ОТЦУ, ХОТЯ БЫ ИНОГДА БУДУ ТЕРЯТЬ КОНТРОЛЬ И ДАВАТЬ ВОЛЮ СВОИМ ЧУВСТВАМ.**

— Да? — сказала психолог. Я и забыл, что сижу в этой комнате в Клэпхеме с воющими за окном сиренами «Скорой», а моя жена с психологом смотрят на меня, ожидая, когда я закончу свою мысль.

Она решила помочь:

— Вы готовите и много присматриваете за детьми, но... что?

— Мне бы хотелось, чтобы Джен демонстрировала свою любовь, тоже что-нибудь делая.

Эти сеансы долго не продлились. Либо вся затея выдохлась, либо мы были слишком заняты. Наши дети все еще ходили в начальную школу, они были счастливы и здоровы, и мы всячески старались создать дома любящую атмосферу. У нас частенько было шумно, иногда звучала музыка, иногда смех. Мы с Джен оба целиком отдавались любимой работе. Мы ни в чем не нуждались. Я вступил в родительский хор в школе наших детей, и к этому времени стал громким и беззастенчивым певцом. Джен, Крис, Анна и я пели всю дорогу, отправляясь в наш полный песка, естественных бассейнов, гор и торфяных болот отпуск на острове Мэн, где нас встречали щедрые и заботливые хозяева. Наша жизнь определенно была неплохой.

24

Мой 40-й день рождения почти совпал с похоронами отца, и я неизбежно стал раздумывать о собственной кончине. Смерти как таковой я не боялся, однако мне был не по душе предшествующий ей процесс дряхления, запрограммированного старения. К этому времени я уже повидал столько трупов, что был слишком хорошо знаком с процессом увядания организма и мог себе представить, как, скорее всего, выглядят некоторые из моих собственных жизненно важных органов.

Я знал, что к 40 годам на гладкой поверхности моих легких крошечные черные точки начали выстраиваться в линии, образуя древовидную структуру. Эти узоры можно было бы назвать красивыми, однако это была грязь: лондонская сажа, которая и без 20 с лишним выкуриваемых мной ежедневно сигарет наверняка наградила меня в той или иной степени эмфиземой. Курил, разумеется, не только я. Мои коллеги тоже курили, и мы постоянно работали в голубоватой дымке. Дома курила Джен. На острове Мэн курили ее родители. Везде, куда бы мы ни пошли, курили наши друзья. В 1992-м мы все курили в пабах и ресторанах, в поездах, за столами на работе и в автобусе. Мы знали, что это вредно, мы знали, что в сигаретах содержится более 4000 веществ, многие из которых токсичны, начиная с синильной кислоты и заканчивая бензопиреном, однако мы готовы были мириться со всем этим ради одного-единственного ингредиента: никотина. До сих пор мы были достаточно молоды и продолжали думать, будто нам все нипочем. Теперь же я понимал, что должен бросить курить, и за это могу получить в награду десяток дополнительных лет жизни. Хотя внутренняя структура моих легких и была безвозвратно повреждена, и эти повреждения со временем будут только накапливаться.

СМЕРТИ КАК ТАКОВОЙ Я НЕ БОЯЛСЯ, ОДНАКО МНЕ БЫЛ НЕ ПО ДУШЕ ПРЕДШЕСТВУЮЩИЙ ЕЙ ПРОЦЕСС ДРЯХЛЕНИЯ, ЗАПРОГРАММИРОВАННОГО СТАРЕНИЯ.

Перекачивать кровь через поврежденные легкие — тяжелая работа для сердца, и я надеялся, что его правая часть еще не увеличилась из-за этой дополнительной нагрузки. Что касается его левой стороны, то я понимал, что если не научусь контролировать свою реакцию на стресс, то мое кровяное давление будет то и дело подскакивать, и стенки моего левого желудочка будут утолщаться, пытаясь с этим справиться.

Сердце — это орган, способный уместиться в ладони. Такой маленький, но такой надежный небольшой кулачок, сжимающийся и разжимающийся 70 раз в минуту, днем и ночью, год за годом, за всю жизнь человека совершая 30 млрд ударов. Верный друг. Пока не перестанет биться. Я должен был отплатить ему за его верность, следить за своим питанием, заниматься спортом, бороться с курением и стрессом. Точно так же я понимал, что должен время от времени давать своей печени отдохнуть от алкоголя, чтобы она могла выполнять свою волшебную работу по самовосстановлению.

Отличные решения, все до единого. Которые быстро забываются. Виски с содовой время от времени казался отличным способом расслабиться, и было гораздо проще зажечь очередную сигарету, чем тратить время на мысли о том, как мне хочется покурить, но нельзя. Два главных способа снятия стресса. Оглядываясь назад, я понимаю, что отказаться от них ни в тот год, ни в следующий для меня было невозможно, потому что 1993-й ознаменовал начало периода очень громких дел.

Первого апреля я провел рядовое вскрытие молодого чернокожего юноши из южной части Лондона, которого зарезали. В те времена уличная поножовщина была обычным делом, и эта смерть на первый взгляд мало чем отличалась от многих других. Как правило, оказывалось, что во всем замешаны наркотики или уличные банды. В те времена никто и не думал, что нападение может быть совершено на почве расовой ненависти. Мне только и сказали, что этот юноша участвовал в драке. Ничто не могло указать судмедэксперту на необычность этого дела, равно как и на то, что вскоре имя его пациента станет широко известным, а мне придется многократно выступать со свидетельскими показаниями в суде.

Стивен Лоуренс был смышленым и амбициозным 18-летним парнем, никоим образом не вписывавшимся в сложившийся у широкой общественности в 1993 году образ чернокожей молодежи. Правильно это или нет, но то, что он был усердным студентом, которого ждало профессиональное будущее, стало ключевым фактором, который повлек за собой изменение общественных взглядов и предрассудков. Он просто ждал с другом автобус, и его порезала группа белых молодых людей, выкрикивавших, как позже стало известно, расистские лозунги. У него был поверхностный порез на подбородке, глубокое ножевое ранение, которое прошло через легкое, и еще одно глубокое ранение в плече. Несмотря на обильное кровотечение, он умудрился встать и пробежать со своим другом более сотни метров, после чего рухнул замертво.

В последующие месяцы полиция показала мне в общей сложности 16 ножей, из которых семь были возможным орудием убийства. Один из них выглядел особенно подходящим. Первого июля меня попросили сделать новое заявление, и я сказал, что, как мне кажется, Стивен стоял, когда получил удар в шею, однако, скорее всего, начал падать, когда его ударили ножом в левое плечо. Несмотря на тщательные размышления, я не мог с полной уверенностью сказать, был ли нападавший на него человек левшой или правшой. Сделав выбор, я, может, и произвел бы на кого-то впечатление, однако доказательств было слишком мало и можно было ошибочно оправдать убийцу.

На этом мое участие в полицейском расследовании смерти Стивена тогда закончилось. Я был не в курсе безразличия и расизма, которые встали у него на пути. Семья Стивена, однако, прекрасно обо всем знала. Они понимали, что в деле были свидетели, улики и даже подозреваемые. Никаких обвинений, однако, выдвинуто не было.

Четыре месяца спустя меня вызвали в качестве наблюдателя на коронерское вскрытие на севере Лондона, чтобы выступать на стороне полиции. Вскрытие проводил другой судмедэксперт: моя задача заключалась в том, чтобы смотреть, брать все необходимые образцы и, возможно, принимать участие, если меня об этом попросят, однако по настоянию другого судмедэксперта я лишь смотрел. У меня не вызывало сомнений, что женщина, тело которой мы осматривали, умерла от тяжелых повреждений головного мозга вследствие удушения, однако могли быть и другие причины смерти, для обнаружения которых были приглашены эксперты с целью высказать свое мнение относительно некоторых внутренних органов — в частности, мозга и сердца.

Покойная, очевидно, перед смертью ожесточенно боролась, после чего на нее надели смирительный пояс — тот самый надеваемый на живот ремень с прикрепленными к нему наручниками. Она была покрыта порезами и кровоподтеками, и она была связана не только вокруг талии, но и вокруг бедер и лодыжек. Может, она также перенесла и травму головы? Специализирующийся на мозге судмедэксперт должен был ответить на этот вопрос.

Это дело также стало громким. Джой Гарденер была 41-летней ямайкой, жившей со своим пятилетним сыном. То, что она просрочила свою визу и находилась в Великобритании нелегально, не подлежало сомнению. Ее мама и многие другие родственники были рядом, поддерживая ее, пока она училась, и ей не хотелось возвращаться обратно на Ямайку.

Ранним утром без какого-либо предупреждения к ней домой явились работники иммиграционной службы, чтобы ее депортировать. Им помогали полицейские — видимо, они ожидали сопротивления. И Джой Гарденер это сопротивление оказала. Должно быть, ей казалось, что она борется с ними за свой образ жизни. Вряд ли она могла предположить, что сражается за свою жизнь.

НЕКОТОРЫЕ ОШИБОЧНО ДУМАЮТ, ЧТО ЕСЛИ ЧЕЛОВЕКУ ЗАКРЫТЬ ТОЛЬКО РОТ, А НОС ОСТАВИТЬ ОТКРЫТЫМ, ТО ОН НЕ УМРЕТ.

Неопытные, необученные полицейские были решительно настроены выполнить приказ, так что они надели на нее смирительный пояс, пока она отбивалась от них и кусала их, и все это на глазах ее маленького сына. Чтобы она перестала кусаться, они намотали почти четыре метра клейкой хирургической ленты шириной два с половиной сантиметра вокруг ее рта и лица. Они ошибочно полагали, что с открытым носом она сможет продолжать дышать. Это миф. Человека можно убить, закрыв ему рот. Дело тут не в том, чтобы просто иметь доступ воздуха — воздуха должно быть достаточно. Особенно когда из-за стресса и борьбы потребности организма в кислороде резко возрастают. В данных обстоятельствах человек оказывается попросту не в состоянии получить необходимое количество кислорода, которого ему может потребоваться в несколько раз больше, чем обычно.

Завязывание рта может привести к рвоте, которой, очевидно, некуда будет деваться, так что она попадает в воздушные пути. Кляп, в свою очередь, может надавить на язык и протолкнуть его назад, что также может помешать нормальному дыханию. В ротовой полости и глотке скапливается слюна, что также мешает попаданию воздуха в легкие. Завязать рот взволнованной женщине, которая отчаянно вырывалась многие минуты, было достаточно, чтобы вызвать остановку сердца.

Джой Гарденер не была задушена. У нее не было травмы головы. Она не вдохнула свою собственную рвоту. Она задохнулась из-за кляпа. Фельдшерам «Скорой», однако, удалось ее реанимировать. То есть им удалось снова запустить ее сердце, и ее в спешке отправили в больницу, где подключили к аппаратам искусственного жизнеобеспечения. К сожалению, ее мозг претерпел настолько сильные повреждения из-за продолжительной нехватки кислорода, что четыре дня спустя она скончалась.

В этом деле были замешаны разные стороны — больница, полицейские, родственники, — и было проведено столько вскрытий и взято столько образцов тканей, что порой собрания по делу Джой Гарденер напоминали конференцию судмедэкспертов. Судмедэксперт, выполнивший вскрытие, на котором я присутствовал, утверждал, что она умерла от травмы головы. В итоге, однако, все пришли к соглашению, что она умерла от асфиксии, вызванной кляпом.

Я написал подробный отчет, рассмотрев все возможные причины смерти, у которого, как обычно, было несколько черновых вариантов и переработок. Тем временем огромную шумиху подняли организации, занимающиеся защитой прав человека, и не только они. Многим, особенно темнокожим, казалось, что полицейские, считавшие депортацию своей работой, которую нужно выполнить любой ценой, убили Джой Гарденер, бездумно переусердствовав с ее усмирением.

Я БЫЛ ОБЕСПОКОЕН МЕТОДАМИ, КОТОРЫЕ ПОРОЙ ПРИМЕНЯЮТ ПРЕДСТАВИТЕЛИ ЗАКОНА: БЫЛО ОЧЕВИДНО, ЧТО НЕКОТОРЫЕ ПОПРОСТУ НЕ ЗНАЮТ, КАК БЕЗОПАСНО УСМИРЯТЬ ЛЮДЕЙ.

Вы, должно быть, помните, что после первого случая смерти под стражей, с которым мне довелось столкнуться, я был несколько недоволен постановлением коронера. У пациента была пневмония и серповидно-клеточная анемия, так что он посчитал, будто тот умер по естественным причинам, усугубленным ненадлежащим обращением.

С того самого дня я был обеспокоен методами, которые порой применяют представители закона: было очевидно, что некоторые попросту не знают, как безопасно усмирять людей.

Причем случаи смерти в результате усмирения явно стали учащаться. Джой Гарденер усмирили, чтобы ее можно было депортировать. Другие смерти были вызваны полицейскими, пытавшимися арестовать подозреваемых, у многих из которых, как потом оказывалось, была серповидно-клеточная анемия. Теперь же большинство смертей в результате усмирения были связаны с другим фактором: растущей популярностью одного наркотика. Наркотик этот — кокаин.

Кокаин блокирует поступление в мозг нейромедиаторов, результатом чего становится продолжительная приятная стимуляция: кокаин придает уверенность, энергию, вызывая при этом эйфорию. Люди, употребившие кокаин, могут говорить часами, у них обостренная реакция на физические раздражители, так что секс под кокаином более приятный, снижается потребность в еде и напитках. Кокаин в то же время может привести к чрезмерно учащенному сердцебиению, перевозбуждению и психозу. Таким образом, людям, употребившим кокаин, усмирение обычно требуется, потому что кажется, будто они страдают от неконтролируемого психоза.

Впервые с подобной связанной с кокаином смертью я столкнулся примерно в то самое время, и это был первый признак растущего в Англии потребления кокаина. Сразу же после приобретения большой партии кокаина был арестован очень крупный, мускулистый наркоторговец (который сам также сидел на наркотике), который принялся лупить пытавшихся взять его под стражу полицейских. Полицейский обхватил его рукой вокруг шеи, однако на этом маневре драка закончилась: наркоторговец был мертв. Но как именно он умер?

Один достопочтенный невропатолог подтвердил, что наркоторговец не получил в ходе драки травму головы, так что причина смерти была не в этом. Он мог задохнуться из-за руки вокруг своей шеи, однако у него наблюдался лишь один из трех классических признаков удушения: этого было недостаточно, чтобы назвать удушение причиной смерти. Он употребил изрядное количество кокаина, однако анализ крови показал, что его уровень был далеко не смертельно опасным, так что он вряд ли умер от передозировки.

Наконец, я констатировал несколько причин смерти: повышенная нагрузка на сердце, вызванная дракой с полицией, вкупе с общей нагрузкой на организм, связанной с употреблением кокаина. Несмотря на молодость, у него наблюдалось воспаление сердечной мышцы. Теперь этот симптом является общеизвестной особенностью кокаиновых наркоманов — его даже иногда называют кокаиновым миокардитом.

Обвинения с двух полицейских были позже сняты. Тем не менее после этого дела у меня тоже остался неприятный осадок, на который я не мог закрывать глаза. Слишком часто случались смерти, когда полицейские пытались кого-то усмирить. Они явно полагали, что попросту выполняют свои обязанности, и уж точно не намеревались кого-либо убивать. Люди же продолжали умирать. Я понимал, что должен что-то с этим сделать, однако все еще не знал, что именно могу изменить.

Пока мы ждали арестов по делу Джой Гарденер, заголовки повсюду объявили об аресте убийцы Рэйчел Никелл. Меня это не удивило. Я был в курсе подозрений полиции в отношении мужчины по имени Колин Стагг. Я знал, что в отсутствие судебно-медицинских данных они подготовили наживку, основываясь на психологическом портрете злоумышленника. Они записали интимный разговор на сексуальные темы между Стаггом и женщиной-полицейским под прикрытием в надежде, что Стагг выдаст себя как убийцу Никелл. Он этого не сделал, однако Королевская уголовная прокуратура сочла сказанное им достаточным для выдвижения обвинений. Я ответил на ряд вопросов об убийстве от команды обвинения, и моя реконструкция событий того дня в парке «Уимблдон Коммон» была использована обвинением в качестве доказательства. Я ожидал выступления в суде в качестве эксперта на следующий год.

Так как самый известный в Великобритании убийца, как предполагалось, теперь был за решеткой в ожидании суда, я был удивлен, когда осенью меня вызвали осмотреть труп другой молодой девушки. Она стала жертвой еще более одержимого нападения, чем Рэйчел Никелл.

Джек-потрошитель, убивший пять женщин в Восточном Лондоне в 1888-м, по-прежнему является персонажем фильмов, баек и бесконечных ежедневных экскурсий вокруг квартала Уайтчепл. Полагаю, общественность настолько восхищается его ужасными преступлениями, потому что они были совершены столь давно. Имя Саманты Биссет, а также ее убийцы мало кому известно — она стала жертвой настолько шокирующего убийства в духе Джека Потрошителя, что, как мне кажется, пресса на этот раз попросту не осмелилась знакомить читателей с ужасающими подробностями, случившимися с их современницей. По тем же самым причинам я решил не вдаваться в подробности этого убийства и в своей книге.

Убита и изнасилована была не только сама Саманта Биссет, но и ее четырехлетняя дочь. Чье тело было уложено в кровать вместе с ее игрушками, в связи с чем прибывшие на место преступления полицейские поначалу питали надежду, которая вскоре испарилась, что девочка спокойно спала, пока ее маму убивали.

ИМЯ САМАНТЫ БИССЕТ, А ТАКЖЕ ЕЕ УБИЙЦЫ МАЛО КОМУ ИЗВЕСТНО — ОНА СТАЛА ЖЕРТВОЙ ШОКИРУЮЩЕГО УБИЙСТВА В ДУХЕ ДЖЕКА-ПОТРОШИТЕЛЯ.

Меня вызвал коронер — мой интерес к ножам к этому времени стал общеизвестным фактом, — чтобы провести повторное вскрытие тел Саманты Биссет и ее дочери. Это повторное вскрытие проводилось не для стороны защиты, так как никому еще пока не были предъявлены обвинения, а для коронера, чтобы тела можно было отдать родным.

На квартиру Саманты Биссет, в которой произошли эти убийства, ездил один мой коллега, так что я был знаком с местом преступления только по фотографиям. Я мог только представлять себе ужасную тишину, царившую в доме, в котором произошли столь жестокие убийства и издевательства: обычно оживленно общающиеся между собой, обменивающиеся шутками, расспрашивающие друг друга о семье и проведенных выходных — мы делаем так всегда, чтобы не забывать о нормальной жизни, сталкиваясь с убийствами, — следователи, судя по всему, были не в состоянии себе такое позволить.

Когда я провел вскрытие, мне стало очевидно, что убийца, подобно Джеку-потрошителю, собирал своего рода трофеи.

Я сказал присутствующим полицейским:

— Если бы я не знал, что вы уже задержали Колина Стагга, то непременно подумал бы, что это тот же человек, который убил Никелл.

Старший полицейский пожал плечами.

— Быть такого не может; мы уже взяли Стагга, и он почти сознался.

— Не так уж они и похожи, — заметил его коллега. — Тело Рэйчел Никелл не было изуродовано.

— Может быть, у него попросту не хватило на это времени. Может быть, ему и хотелось над ней поиздеваться, однако он был в общественном месте, так что рисковал быть пойманным. Медленное убийство женщины у нее дома, возможно, стало для него следующим шагом.

— Что ж, он за решеткой и останется там до конца своих дней, — сказал полицейский. И вскоре то же самое можно было сказать и про убийцу Саманты Биссет. Роберт Наппер был 28-летним работником склада, который уже проявлял признаки насилия и психических расстройств. Он частенько попадал во внимание полиции, однако каким-то образом — возможно, из-за того, что до широкого распространения компьютеров в те дни данные хранились как попало, — он все время ускользал из поля зрения. Теперь же его отпечатки в квартире Саманты Биссет связали его с этим преступлением.

Я СЛИШКОМ ХОРОШО УСВОИЛ, ЧТО СИСТЕМЕ НАПЛЕВАТЬ НА ЭКСПЕРТНОЕ МНЕНИЕ, И ПОСЛЕ СВОЕЙ НЕПРОДОЛЖИТЕЛЬНОЙ ПОПЫТКИ ВОССОЗДАВАТЬ СОБЫТИЯ ПРЕСТУПЛЕНИЯ Я ПЕРЕСТАЛ ПЫТАТЬСЯ ПРЫГНУТЬ ВЫШЕ ГОЛОВЫ.

Когда его арестовали, полиция была уверена, что посадила двух беспощадных убийц — Стагга и Наппера. Так что для всех стало большим шоком, когда в 1994-м Стагга оправдали.

Дело было закрыто судьей, который сказал, что проведенная полицейская операция была не более чем ловушкой, и так как Стагга подтолкнули к разговору с женщиной-полицейским под прикрытием, то все сказанное им нельзя было рассматривать в качестве доказательства.

Я был поражен не меньше других: полицейские работали по этому делу совместно со многими профессионалами, — и мне даже и в голову не приходило усомниться в их абсолютной уверенности в том, что именно Колин Стагг убил Рэйчел Никелл.

Колина отпустили на свободу — которая была ненамного лучше тюрьмы. Он подвергался невероятно жестоким нападкам, стоило ему только выйти за порог. Полиция, пресса и, самое главное, общественность продолжали считать, что именно Стагг убил Рэйчел Никелл, однако ему удалось избежать наказания из-за какой-то юридической лазейки. Это убеждение было настолько повсеместным, что мне даже не пришло в голову снова привлечь внимание к схожести между убийствами Никелл и Биссет. Я слишком хорошо усвоил, что системе наплевать на экспертное мнение, и после своей непродолжительной попытки воссоздавать события преступления я перестал пытаться прыгнуть выше своей головы.

25

Родственники погибших на «Маркизе» все эти годы упорно продолжали добиваться своего. Наконец им удалось одержать победу. Когда их попытки убедить коронера заново открыть дело ничем не обернулись, они обратились в Апелляционный суд, который согласился, что, отказав в проведении расследования, коронер был подвержен реальной опасности демонстрации несправедливой, пускай и неосознанной предвзятости. Как результат, расследование все-таки было проведено другим коронером. Через шесть лет после крушения, в 1995 году, следственные присяжные согласились девятью голосами против одного, что жертвы катастрофы были «противоправно убиты».

Судить пока было некого, так как обе попытки отдать под суд капитана «Боубелла» закончились неудачей, однако данный вердикт вселил родным погибших надежду на публичное расследование. Инициативная группа продолжила требовать его проведения. Им сопротивлялись власти, так как система безопасности на реке была полностью пересмотрена после происшествия и публичное расследование, как утверждалось, никому не принесло бы никакой пользы. Инициативная группа с этим не согласилась. Несмотря на то, как им было тяжело с эмоциональной точки зрения продолжать свою тяжбу, родственники погибших настаивали, что из их личной трагедии есть еще чему поучиться, а лучшим способом для этого является проведение публичного расследования.

АДВОКАТ ПРОТАЩИЛ МЕНЯ ПО ВСЕМ ОТЧЕТАМ, ЗАСТАВЛЯЯ ОБЪЯСНЯТЬ КАЖДОЕ ИЗМЕНЕННОЕ СЛОВО, УДАЛЕННУЮ ЗАПЯТУЮ ИЛИ ДОПОЛНИТЕЛЬНУЮ ТОЧКУ С ЗАПЯТОЙ.

Никто не забыл про отрезанные руки жертв, и я все еще чувствовал свою личную ответственность за это. Так что, хоть я и был согласен с доводами родных погибших в пользу расследования, я его боялся. Потому что всей этой истории, включая отрезанные руки, снова предстояло всплыть.

Давление общественности на непреклонные власти наблюдалось и в других делах того времени. Расследования смертей Джой Гарденер и Стивена Лоуренса по прошествии двух лет, казалось, сошли на нет. Только теперь многие люди были решительно настроены этого не допустить. Сначала родственники, а затем и более широкие группы людей принялись призывать общественность к действиям, демонстрируя, что в случае Стивена Лоуренса расследованию препятствует процветающий в лондонской полиции расизм. Что касается дела Джой Гарденер, то им пришлось показать, что виновный в ее смерти полицейский был оправдан вовсе не судом.

Поначалу в расследовании смерти Лоуренса не было особых перемен. Тем не менее, к изумлению лондонской полиции, настаивавшей, что ее работники просто выполняют свою работу, прокуратура выдвинула обвинения в непредумышленном убийстве Джой Гарденер трем полицейским.

На суде по этому делу королевский адвокат устроил мне перекрестный допрос, который я не забуду никогда в жизни.

Кто-то выдал копию одного из первых черновиков моего отчета по этому делу, и он указал на то, что в окончательном варианте было более 70 изменений. Он протащил меня по всем отчетам, заставляя объяснять каждое измененное слово, удаленную запятую или дополнительную точку с запятой. Мне казалось, что мои незначительные изменения (например, «возможно» вместо «вероятно» или «быстро» вместо «стремительно») мало меняют общую ситуацию, однако ему было бесполезно говорить, что с каждым новым вариантом я подбираю более четкие и ясные слова. Королевский адвокат явно подразумевал, что я тесно сотрудничал с полицией и был склонен сделать так, чтобы они выглядели менее виновными в смерти Гарденер.

Наш разговор был примерно следующим (я пишу его по памяти, так как протокол, судя по всему, не сохранился):

А (адвокат): Давайте взглянем на страницу 36... Почему вы изменили слово «сильные» на «умеренные», доктор Шеперд? Это явно значительная правка.

Я: Поразмышляв, я решил, что это более уместное определение.

А: И почему же оно более уместное?

Я: Ну, я снова тщательно взвесил все факты и пересмотрел свое мнение.

А: Вы уверены, что этот пересмотр не был связан с получением дополнительной информации?

Я: Я основывался исключительно на собственном анализе дела.

А: Но с какой стати вам делать столь значительную правку без получения дополнительной информации?

Я: Мне показалось, что так будет более точно.

А: Итак... вы хотите сказать, что... передумали?

Я: Действительно, я передумал.

А: Вы просто передумали! Просто взяли и передумали, потому что вам так захотелось?

Я могу понять причину его подозрений. Разумеется, я постоянно работаю бок о бок с полицейскими, и можно было справедливо предположить, что я буду пытаться им угодить. На самом же деле никто на меня не давил. Да и я не пытаюсь никому угодить. Возможно, мне было бы неловко работать с полицией, если бы с моей помощью были приговорены трое полицейских, однако я всегда понимал, что судебно-медицинскому эксперту время от времени приходится сталкиваться с подобного рода дилеммами. Я надеялся, что отважно отреагирую в случае попытки оказать на меня давление и буду придерживаться правды. К возмущению многих, всех троих полицейских оправдали.

Лично для меня, хотя я и не мог закрыть глаза на их действия, было очевидно, что все эти полицейские в каком-то смысле сами были жертвами крайне несовершенной системы. Их не обучали, как правильно и безопасно усмирять людей, их не предупреждали о возможных опасных последствиях их действий. Они не знали, что правильно, а что нет в депортации Джой Гарденер. Они были обязаны физически выполнить приказы чиновников, принявших свои решения от имени британского народа. Усмиряя Джой Гарденер, они думали, что попросту выполняют свою неприятную работу, за которую им платят. Тот факт, что они выполнили ее настолько плохо, как мне кажется, говорит о недобросовестности их работодателя.

Смерть Джой Гарденер стала катализатором изменений. Для меня же она стала последней каплей. Теперь я знал, что делать. Я стал активным и полным энтузиазма участником, а то и вовсе инициатором создания структур, призванных не только пересмотреть существующие процедуры усмирения, но и должным образом обучать всех, чья работа требует от них усмирять людей: главным образом работников полиции, тюрем и службы иммиграции.

Невозможно предсказать, какие заслуги человека при жизни будут иметь значимость в будущем: я же рассчитываю, что в моем случае это будет мой вклад в это изменение. От меня главным образом требовалось всем надоедать, проводить обучающие курсы, организовывать конференции, писать отчеты, заседать в различных комитетах, но самым же главным фактором было образование.

Критики полиции, возможно, удивятся, однако большинство полицейских были только рады узнать, как правильно и гуманно усмирять людей: они, как никто другой, были в курсе недостатков применяемых ими методов. Они, как никто другой, знали, что страдают не только друзья и близкие жертв, но также и жизни и карьеры полицейских, течение которых могло кардинально измениться в результате событий, длившихся всего несколько минут. Тем не менее потребовалось много лет, прежде чем каждая организация, обладающая законным правом усмирять людей, начиная со службы пограничного контроля и заканчивая Советом ювенальной юстиции, наконец утвердили ряд принципов для безопасного усмирения, которые мы успешно внедрили в процесс подготовки лондонской полиции после дела Джой Гарденер.

Я стал членом Независимого консультативного комитета Совета министров по смертям под стражей. Его финансированием занимается Министерство здравоохранения совместно с Министерством внутренних дел. Звучит, будто мы погрязли в бюрократии? Что ж, это не так. Именно столько поддержки нам было необходимо, чтобы составленные мной рекомендации были одобрены и им начали следовать.

БОЛЬШИНСТВО ПОЛИЦЕЙСКИХ БЫЛИ ТОЛЬКО РАДЫ УЗНАТЬ, КАК ПРАВИЛЬНО И ГУМАННО УСМИРЯТЬ ЛЮДЕЙ: ОНИ, КАК НИКТО ДРУГОЙ, БЫЛИ В КУРСЕ НЕДОСТАТКОВ ПРИМЕНЯЕМЫХ ИМИ МЕТОДОВ.

В этих рекомендациях объяснялось, что усмирение может оказывать значительное психологическое воздействие на всех участвующих, в том числе и свидетелей происходящего. Одним из основных принципов было то, что усмирение следует применять только в случае необходимости, обоснованно и пропорционально представляемой угрозе. Также в них утверждалось, что неправильно примененное усмирение может привести к смерти человека, так что следует использовать только утвержденные методы и только уполномоченным, обученным персоналом.

Как только процесс начался, необходимо полностью его контролировать. Мне нравится думать, что на составленные мной рекомендации оказал влияние мой летный опыт. Когда в самолете два пилота, только один из них полностью контролирует полет, и при передаче управления от одного другому оба пилота должны устно это утвердить.

Первый пилот: Контроль принял.

Второй пилот: Контроль передан.

Такой заведенный порядок вносит ясность в кризисной ситуации. Так что мне пришла в голову идея перенести распространенную в авиации практику на кризисную ситуацию в случае усмирения. В данной ситуации контроль находится в руках человека, ответственного за голову, шею и дыхание усмиряемого. Даже если это самый младший из присутствующих полицейских, он должен взять на себя контроль, сказав: «Я контролирую ситуацию». Остальные должны это подтвердить: «Теперь ты контролируешь ситуацию». Самое же главное: наличие контроля дает человеку право приказать немедленно освободить усмиряемого, и его должны все слушаться.

Разумеется, этим дело не ограничивается: необходимо также отслеживать физическое состояние человека, снимать происходящее на видео, составить рапорт и отчитаться о случившемся. Главной же целью было превратить насильственное усмирение в духе регби в нечто, применяемое только по необходимости, а также контролируемым и безопасным образом. В результате уровень смертей в процессе усмирения властями значительно сократился. На самом деле теперь стало гораздо опаснее быть арестованным гражданским лицом либо охранником в клубе или магазине.

После того как полицейские по делу Джой Гарденер были оправданы, общественность стала требовать публичного расследования. В чем было решительно отказано. Что же касается дела Стивена Лоуренса, то было очевидно, что расследовавшим дело полицейским были известны некоторые имена и у них были даже подозреваемые. Тем не менее никакого разбирательства не было, так что родители и друзья Стивена начали героическую и благородную борьбу за справедливость. Они подали гражданский иск против трех из пяти предполагаемых убийц.

Меня вызвали на этот суд в качестве свидетеля. Королевский адвокат Майкл Мэнсфилд выступал от имени семьи в непривычной для него роли частного обвинителя. Тем не менее все было тщетно. На глазах у всего мира обвинение рухнуло чуть ли не до начала разбирательств из-за отсутствия свидетельств, которые судья счел бы приемлемыми для рассмотрения. Хуже того, из-за существовавшего в то время закона о повторном привлечении к уголовной ответственности этих троих больше никогда нельзя было отдать под суд за то же самое преступление, и, казалось, для семьи Лоуренса надежды добиться правосудия были потеряны.

Тем не менее они с этим не смирились. Теперь они стали требовать расследования. Казалось, общественность полностью на их стороне. Многие были шокированы оправданием полицейских по делу Джой Гарденер. Теперь же люди стали полагать, что расследованию дела Стивена мешали те же самые расистские взгляды, что и привели к его смерти, и даже публичное расследование — которое проводится только по инициативе министра правительства и значительно превышает по масштабу и юридической силе коронерское расследование — стало казаться реальной перспективой.

Терпение и настойчивость родных Лоуренса наконец все-таки привели к расследованию. Пяти подозреваемым были высланы повестки. Они явились, однако отказались, воспользовавшись своим законным правом, отвечать на какие бы то ни было вопросы. Коронер, по закону не имевший права называть убийц по имени, был не в силах что-либо предпринять из-за их наглого молчания. Присяжные, однако, нашли способ это обойти и находчиво заключили в феврале 1997-го, что Стивен Лоуренс был «противоправно убит в совершенно неспровоцированном расистском нападении пятью белыми молодыми людьми». Они точно так же могли сказать: «...пятью белыми молодыми людьми, сидящими перед нами». И газета Daily Mail практически так и поступила, опубликовав фотографии всех пятерых, назвав их по именам и предложив подать на газету в суд, если она не права.

Я НЕ МОГ НЕ ЗАМЕТИТЬ, ЧТО МНОГИЕ ИЗ СМЕРТЕЙ ПОД АРЕСТОМ ИЛИ ПРИ УСМИРЕНИИ, С КОТОРЫМИ Я ИМЕЛ ДЕЛО, БЫЛИ СМЕРТЯМИ ТЕМНОКОЖИХ.

Возмущение общественности из-за того, что напавших на Стивена так и не арестовали, достигло такого накала, что по крайней мере появилась реальная надежда на проведение публичного расследования недобросовестного исполнения лондонской полицией своих обязательств, которого так настойчиво все требовали. Лично я был рад подобному значительному шагу в сторону перемен, который теперь вынуждал пересмотреть поведение властей и полиции. Я не мог не заметить, что многие из смертей под арестом или при усмирении, с которыми я имел дело, были смертями темнокожих, и, проще говоря, потенциально повышенная уязвимость некоторых людей с серповидно-клеточным признаком определенно не объясняла этого расхождения. Я понимал, что перемены необходимы, однако не мог себе представить, как эти изменения могут произойти. Во время осмотра тела Стивена Лоуренса мне и в голову не могло прийти, что именно эти ножевые ранения на протяжении последующих 20 лет будут движущим фактором этих перемен.

26

После восьми лет работы в больнице Гая я почувствовал, что засиделся на месте. Под крылом Иэна Уэста мне было уже несколько душно, но, несмотря на нашу дружбу и его многочисленные обещания меня повысить, он так и не сделал этого. За его спиной я напрямую подал декану заявление на должность старшего лектора, и меня сразу же повысили. Иэн же на самом деле не хотел, чтобы я, а возможно, и вообще кто-либо, стал его заместителем. Что касается его потенциального раннего выхода на пенсию, чтобы в полной мере наслаждаться загородным образом жизни, состоящим из охоты, стрельбы и рыбалки, то Иэн ясно дал понять, что подобных планов у него нет даже на отдаленное будущее.

Я ждал, когда освободится место где-нибудь еще, и продолжал заниматься своей работой. К этому времени — дело шло к середине 1990-х —

оба моих ребенка ходили в среднюю школу, и порой мне удавалось мельком разглядеть в их юных лицах не маленьких детей, которыми они когда-то были, а взрослых, которыми им предстояло стать. Мне всегда было тяжело проводить вскрытия детей — ровесников моих сына и дочери: был, пожалуй, единственный случай, когда моя рука дрогнула — на мгновение — над телом. И теперь, когда они подросли, у меня, казалось, стало больше дел, связанных с детьми. Неужели раньше я их просто избегал? Или же детская смертность реально возросла?

Однажды меня вызвали осмотреть тело десятимесячного младенца, скончавшегося на руках у своей матери. По моим наблюдениям, ребенок хорошо питался и развивался. Разумеется, были предприняты попытки его реанимировать, однако никаких других следов на его теле не было, и уж точно никаких признаков насилия или травмы. Внутренний осмотр также ничего не выявил: не было ни одного признака какого-то отклонения.

МНЕ ВСЕГДА БЫЛО ТЯЖЕЛО ПРОВОДИТЬ ВСКРЫТИЯ ДЕТЕЙ — РОВЕСНИКОВ МОИХ СЫНА И ДОЧЕРИ: БЫЛ, ПОЖАЛУЙ, ЕДИНСТВЕННЫЙ СЛУЧАЙ, КОГДА МОЯ РУКА ДРОГНУЛА — НА МГНОВЕНИЕ — НАД ТЕЛОМ.

Я ждал токсикологического отчета, результатов анализов на вирусы и бактерии, однако решил, что если и они ничего не скажут, то укажу в качестве причины смерти синдром внезапной детской смерти. Полиция не очень обрадовалась, узнав о моих подозрениях на СВДС, и поспешила предоставить мне дополнительную информацию. Теперь у дела появился некий контекст, и прочитанное мной, казалось, все меняло.

Полицейские прибыли в квартиру матери в ответ на ее звонок в службу спасения. Ей было 22, она жила одна, ей угрожал убийством отец ребенка. Из-за этих угроз — а также материнской привычки выпивать — десятимесячного ребенка поставили на учет как живущего в неблагополучной семье. Чтобы защититься от отца ребенка, у нее дома была установлена тревожная кнопка на случай его нападения.

Когда мать позвонила в службу спасения около девяти вечера, у нее был пьяный голос и она говорила о «смерти в семье». Тревожная кнопка тоже сработала, и полиция в этот момент была уже на полпути к ее квартире.

Полицейские были обеспокоены, потому что всего месяцем ранее молодую мать осудили за то, что была пьяна, присматривая за ребенком. За такое нарушение обычно назначается штраф, оно редко приводит к тюремному заключению: главная задача, судя по всему, — пристыдить мать, чтобы она перестала пить, либо же оповестить социальные службы о потенциальном небрежном или жестоком отношении к ребенку.

Прибыв на место всего через семь минут после звонка, полиция позвонила в дверь. Никто не открыл. Заглянув в щель почтового ящика, они увидели, как мама расхаживает по коридору с ребенком на руках.

Она не паниковала, и никакой очевидной угрозы не наблюдалось, так что они не стали выламывать дверь. Они вежливо убедили ее открыть дверь, что, однако, далось им с большим трудом, так как она была пьяна. Когда полиция наконец смогла попасть внутрь, они обнаружили, что ребенок у нее на руках мертв.

Были предприняты все возможные попытки его реанимировать. Мать злилась, вела себя агрессивно и, разумеется, была расстроена. Пару часов спустя у нее взяли образец крови, на основании которого можно было вычислить уровень алкоголя в крови в момент предполагаемой смерти ребенка: то есть когда она позвонила в службу спасения. Этот уровень составлял 225 мг/100 мл крови. В Англии и Уэльсе нельзя садиться за руль, если уровень алкоголя в крови превышает 80 мг (в Шотландии разрешенное значение теперь составляет 50 мг), а для незакоренелого пьяницы уровень в 225 мг/100 мл крови запросто мог бы стать смертельным. Таким образом, можно сделать заключение, что, хотя женщина и была явно привыкшей к спиртному, в тот момент она оказалась чрезвычайно пьяной.

Анализ образца не выявил никаких следов употребления наркотиков. Тем не менее она была слишком пьяной, чтобы объяснить, умер ли ребенок у нее на руках, в своей кроватке либо на диване или кровати. Также она не могла сказать, где она в это время находилась.

Возможно, ваше сочувствие к потерявшей ребенка матери немного пошатнулось. Возможно, так случилось и со мной. Я заказал анализ крови ребенка на алкоголь и наркотики. К этому времени стало известно, что некоторые выпивающие или принимающие наркотики родители дают детям то, что принимают сами, чтобы те не мешали им и вели себя тихо. Иногда они дают смертельную дозу. Токсикологический отчет, однако, показал, что причина смерти этого ребенка была в чем-то другом.

В мире болезней, как и в большинстве других областей, существует мода. Их популярность растет и падает в зависимости от нашего восприятия. Синдром внезапной детской смерти, когда здоровый с виду младенец погибает без видимой на то причины, постепенно вошел в общественное сознание в 1970–1980-х, а к началу 1990-х приобрел весомую статистическую значимость, взлетев до двух случаев из тысячи рожденных детей.

СВДС стал долгожданным диагнозом для многих судмедэкспертов. Казалось, он объяснял необъяснимое, избавляя при этом родителей или опекунов от какой бы то ни было ответственности. СВДС говорит о том, что ребенок не умер от какой-либо неестественной причины, так что следует подозревать естественные причины смерти. Вместе с тем диагноз СВДС устраивал не всех: ряд полицейских и коронеров, не связанных с медициной, относились к нему скептически.

В данном конкретном случае полиция подозревала, что в смерти младенца была замешана рука пьяной матери. Это было вполне разумное предположение в данных обстоятельствах, только вот никаких доказательств в его пользу не было. Таким образом, я исключил все другие возможные причины смерти, и мне ничего не оставалось, кроме СВДС. Сразу же после этого в моей жизни произошло множество изменений. И всего год спустя мне пришлось снова вернуться к причине смерти, установленной мной по этому делу, и несколько удивиться.

Это дело стало для меня последним в больнице Гая. Я узнал о грядущем выходе на пенсию доктора Руфуса Кромптона из моей альма-матер, больницы Сент-Джордж в Тутинге. Он был моим бывшим учителем и наставником, ныне возглавлявшим отделение. Возможность прийти ему на смену не могла меня не волновать. В Сент-Джордже были готовы расширить отделение, и при получении руководящей должности я смог бы применять постоянно высказываемые мной и полностью игнорируемые Иэном рекомендации по управлению.

В один пасмурный день я спросил у Лоррэн, свободен ли Иэн, после чего зашел, несколько нервничая, к нему в кабинет. Это была просторная комната, в которой был полнейший бардак. Стопки файлов и других бумаг раскачивались на письменном столе, на каждой полке, на полу, а также на огромном столе в центре комнаты, который использовался для проведения собраний. Когда собрание назначалось, Лоррэн убирала с этого стола все груды бумаг, найдя для них свободный уголок на полу, а также опорожняла переполненные пепельницы и выбрасывала пустые пачки из-под сигарет. По окончании встречи все начиналось заново. Судя по хламу на столе, я предположил, что, наверное, с момента последнего собрания прошло больше недели.

Иэн сидел за своим письменным столом и не сразу повернул ко мне свои огромные щеки, когда я вошел. Наверное, это было не лучшее время к нему подходить, поскольку я знал, что он устал. Вчера он на кого-то кричал, а это всегда означало, что на самом деле он злился на себя, как правило, из-за того, что не сделал что-то важное. Хотя, конечно, винил он во всем Лоррэн: она не напомнила ему вовремя подготовить тот отчет. Отчет этот практически наверняка засосал водоворот всех остальных бумаг на полу в его кабинете, однако суд не стал относиться к нему с пониманием и потребовал предоставить отчет не позднее сегодняшнего утра. Так что они с Лоррэн вчера допоздна проторчали в его кабинете: он диктовал, а она, отказавшись от блокнота, печатала прямо на компьютере.

НЕКОТОРЫЕ ВЫПИВАЮЩИЕ ИЛИ ПРИНИМАЮЩИЕ НАРКОТИКИ РОДИТЕЛИ ДАЮТ ДЕТЯМ ТО, ЧТО ПРИНИМАЮТ САМИ, ЧТОБЫ ТЕ НЕ МЕШАЛИ ИМ И ВЕЛИ СЕБЯ ТИХО.

Теперь он сидел, зажав между пальцев ментоловую сигарету. Другая, забытая, тлела в пепельнице рядом с его микроскопом. Третья сигарета лежала, испуская спиральные вихри дыма, обращенная в глубь комнаты напротив мерцающего экрана его огромного настольного компьютера.

Я сказал:

— Иэн, вы, наверное, слышали, что Руфус Кромптон уходит на пенсию…

Он приподнял брови. Руфус, я и Иэн уже давно понимали, что однажды я могу захотеть вернуться в Сент-Джордж.

— Я претендую на открывшуюся вакансию, — сказал я.

Он подкурил новую сигарету от кончика той, что докуривал, оглянулся в поисках пустой пепельницы, не смог такую найти и засунул окурок себе в карман.

— Полагаю, вам понадобятся рекомендации, — сказал он.

Он курил больше, чем обычно, однако ничем другим не выдавал своих эмоций. Он сердечно пожелал мне удачи, и мы сошлись на том, что, если мы оба будем заведовать отделениями, то не будем соперничать, а станем всячески сотрудничать друг с другом. Не уверен, впрочем, в искренности ни одного из нас. Мы уже были соперниками, и теперь нам предстояло стать равными в разных больницах, что вряд ли ослабило бы это соперничество.

Уйти из больницы Гая со знаменитым руководителем отделения и изобилием увлекательных дел, чтобы прыгнуть в неизвестность, было пугающе. В то лето я устроил перерыв в проведении вскрытий, перебрался в Сент-Джордж и принялся обустраивать новое отделение. Было важно, чтобы о нас узнала полиция и стала к нам обращаться, так что, как бы это ни было нудно, я был вынужден создать надежную финансовую структуру и систему управления.

ВСЕ ЭТИ ГОДЫ Я ОГРАЖДАЛ СВОИХ ДЕТЕЙ ОТ РЕАЛИЙ СВОЕЙ РАБОТЫ, ПРИ ЭТОМ НЕ ОБМАНЫВАЯ ИХ И НЕ ВВОДЯ В ЗАБЛУЖДЕНИЕ.

После нескольких месяцев этой работы я с удивлением обнаружил, что мне не хватает морга, в котором я бы мог использовать оттачиваемые мной на протяжении стольких лет навыки. Когда мой друг, судмедэксперт с южного побережья, отправился в отпуск, я согласился подменить его для проведения рядовых коронерских вскрытий. Это был период летних каникул в школе. Анна и Крис были уже подростками. Анна все еще ходила в школу, однако Крис сдал свои экзамены и ошивался дома, так что я предложил ему поехать со мной, чтобы после недолгой работы прогуляться по холмам. Крис был легким на подъем парнем, так что он с радостью остался почитать в машине, пока я отправился в морг делать свою работу.

Я надел спецодежду. Работники морга выложили тела на столах в ряд и подготовили их для меня: в те дни это означало, что трупы были уже вскрыты, грудная клетка удалена, черепная коробка тоже вскрыта.

Мы, как водится, поболтали с помощником коронера, и я ненароком упомянул, что мой сын читает в машине, ожидая, пока я закончу. Помощник коронера явно увидел в этом пренебрежение к сыну с моей стороны.

— Я приведу его к нам в офис, там ему будет удобней, — предложил он. — Чаю попьет.

Я возился над трупом с ножом PM40 в руке, как вдруг уголком глаза увидел Криса. Он расхаживал по секционной в сопровождении помощника коронера. Вид у него был невозмутимый. Я же, однако, был крайне возмущен. Мне хотелось закричать: «Уведите его отсюда!»

Но я понимал, что от этого посещение морга еще больше шокирует неподготовленного подростка, так что, собрав волю в кулак, я подмигнул ему через надетую маску и беспечно помахал своим PM40. По правде говоря, я почувствовал себя так, словно с меня сорвали маску. Все эти годы я ограждал своих детей от реалий своей работы, при этом не обманывая их и не вводя в заблуждение, и вот теперь Крис внезапно оказался ее свидетелем.

Прогуливаясь по холмам, мы в свойственной для разговоров между отцами и сыновьями манере обменялись парой слов о случившемся.

— Эм… Тебя не смутило то, что ты увидел в морге?

— Нисколько, — ответил он. — Но этот помощник коронера тот еще придурок.

О чем бы они там ни поспорили (думаю, речь была о футболе), это запомнилось Крису больше, чем зрелище и запахи секционной в разгаре работы. Они вместе с Анной порой приходили ко мне в морг, когда я работал, так что уже были знакомы с запахами и лязгом, а также общей атмосферой этого места. Когда комната для скорбящих родных пустовала, они усаживались в кресла и делали домашнюю работу у аквариума с рыбками, в то время как работники морга с лучезарной улыбкой угощали их чаем с печеньем. Они никогда не спрашивали меня, чем это я там занимаюсь.

Я ничего не сказал, однако надеялся, что Крис и словом не обмолвится дома о своей экскурсии по секционной. Ну и, конечно, он рассказал об этом Анне.

— А можно я приду на вскрытие? — потребовала она. — Нечестно, что Крис там был, а я нет.

— Я бы не назвал это посещением вскрытия… — возразил я. Это услышала Джен.

— Ты был — где? — спросила она Криса, метнув на меня обвиняющий взгляд.

— Мне нужно привыкать к подобным вещам, раз я собираюсь стать ветеринаром, — отважно заявил Крис. — Мне придется постоянно резать трупы.

— Что ж, я тоже стану ветеринаром, — добавила Анна. — Ну или врачом.

У нас была семья врачей, и происшествия и дела обсуждались здесь постоянно, зачастую весьма открыто, хотя я и продолжал по-прежнему прятать фотографии с работы. Когда наших детей спрашивали, чем занимаются их родители, они все так же отвечали: «Они врачи». На дальнейшие расспросы они говорили: «Папа режет трупы», — после чего обычно уже никто ничего не хотел уточнять. В целом, впрочем, было гораздо проще объяснить, что их мама была терапевтом, специализирующимся в дерматологии, чем то, что их папа был судебно-медицинским экспертом.

КОГДА НАШИХ ДЕТЕЙ СПРАШИВАЛИ, ЧЕМ ЗАНИМАЮТСЯ ИХ РОДИТЕЛИ, ОНИ ВСЕ ТАК ЖЕ ОТВЕЧАЛИ: «ОНИ ВРАЧИ», А ПОТОМ УТОЧНЯЛИ: «ПАПА РЕЖЕТ ТРУПЫ».

Уже через пару лет Крис с Анной оба уедут учиться. Было сложно представить их самостоятельными людьми, живущими независимой жизнью. Было сложно представить, что я им больше не понадоблюсь. Я решил, что, как бы много от меня ни требовала моя новая работа, буду проводить с ними как можно больше времени, пока они не покинули отчий дом.

27

Открыв отделение, я смог вернуться в морг, и это знаменовало начало активного, продуктивного периода. Мы набирали персонал. Роб Чапмэн, мой приятель и великолепный судмедэксперт из больницы Гая, присоединился ко мне вместе с двумя секретарями Рианнон Лэйн и Кэти Пэйлор, равно как и два судебных врача, Дэбби Роджерс и Маргарет Старк. Они осматривали выживших жертв преступлений, а также оказывали медицинскую помощь арестованным и содержащимся в полицейских камерах людям. Это были первые подобные судебно-медицинские должности во всей стране, которые пришлись как нельзя кстати нашему зарождающемуся отделению. Кроме того, у нас был судмедэксперт-практикант. Очень быстро про нас узнали по всей стране и по всему миру — и практически сразу завалили работой.

То, что я был начальником, в какой-то мере давало мне свободу выбирать дела, которыми я занимался. Одной очень тяжелой областью, от которой я был готов отказаться, была та самая область, к которой относилось мое последнее дело в Гае, — младенческие смерти. Но я понимал, что это было несправедливо. Потому что теперь все менялось в патологии детской смерти, и это отражало меняющееся отношение общества к детям. До меня дошло, что теперь я наверняка назвал бы другую причину смерти младенца той пьющей матери.

С начала 1990-х годов количество смертей из-за СВДС — или, скорее, количество диагностированных в качестве причин смерти СВДС — значительно сократилось, и эта тенденция продолжилась (самая последняя статистика говорит о том, что теперь на СВДС приходится лишь 0,27 из 1000 рожденных младенцев).

Это улучшение главным образом было связано с международной кампанией (которая в Великобритании называлась «Обратно ко сну»), убеждавшей родителей перестать укладывать своих детей лицом вниз в кровати, поскольку это было признано основным фактором риска в СВДС. Другие известные факторы включали в себя курение взрослых в доме, сон взрослых вместе с ребенком на кровати или на диване (так можно случайно «навалиться» на ребенка), злоупотребление родителями алкоголем или наркотиками, чрезмерное количество постельного белья, а также слишком высокая комнатная температура. Благодаря всем этим знаниям, а также образовательной программе для родителей показатели падали.

Показатели также падали благодаря изменению восприятия СВДС и, как следствие, пересмотру основных принципов его диагностики. Теперь его даже называли диагностическим мусоросборником, и руководящие указания для судмедэкспертов ужесточились. Идея была в том, чтобы перед тем, как диагностировать СВДС, тщательно изучить предысторию — как историю болезни ребенка, так и историю событий его опекуна, — а затем место, где ребенок умер, и только потом какие-либо отклонения у погибшего ребенка. Для СВДС не существует каких-либо характерных отклонений. Задача в том, чтобы подтвердить отсутствие всех остальных возможных причин смерти.

И почему же руководящие нормы ужесточились, а люди начали называть СВДС диагностическим мусоросборником? Просто потому, что многие судмедэксперты не придерживались составленных для них критериев и попросту выставляли этот диагноз для любого случая смерти, который они не могли объяснить, — причем зачастую эти случаи смерти были недостаточно тщательно изучены как полицией, так и самим судмедэкспертом. СВДС стал настолько универсальным диагнозом, что теперь появились неприятные подозрения. Могли ли некоторые из случаев СВДС быть на самом деле связаны с недобросовестными действиями родителей, а не судьбы?

> **ПОЧЕМУ ЖЕ РУКОВОДЯЩИЕ НОРМЫ УЖЕСТОЧИЛИСЬ, А ЛЮДИ НАЧАЛИ НАЗЫВАТЬ СВДС ДИАГНОСТИЧЕСКИМ МУСОРОСБОРНИКОМ?**

Эти неприятные подозрения были положены в основу работы пионера в области защиты детей, профессора Дэвида Саутолла и его коллег. В свете предоставленных ими доказательств сложно было отрицать факты. Профессор участвовал в исследованиях, которые не просто выявили синдром Мюнхгаузена от третьего лица — родители с этим психическим расстройством специально вызывают болезни у своих детей, чтобы заполучить внимание и поддержку, — но и предъявили неоспоримые доказательства с помощью скрытого видеонаблюдения, что некоторые родители определенно пытаются причинить вред или даже убить своих детей по неясным причинам.

В рамках самого известного расследования 39 детей, пережившие череду повторяющихся угрожающих жизни происшествий, как правило, вне больницы, однако порой и в больничной палате, были помещены в специальное отделение, где за ними втайне велось скрытое видеонаблюдение. Видеосъемка показала случаи не просто эмоциональных издевательств, но также отравлений и удушений. В этой небольшой группе было зафиксировано более 30 попыток удушения.

Благодаря этой скрытой съемке вмешательство профессионалов спасло и защитило детей. Вместе с тем у этих детей были братья и сестры — в общей сложности 41 ребенок, — из которых 12 погибли внезапно и без видимой причины. Когда родителей вывели на чистую воду, четверо из них признались в убийстве восьмерых из этих детей. Когда дела о смертях этих детей были пересмотрены, оказалось, что в 11 случаях из 12 судмедэксперт, проводивший вскрытие, в качестве причины смерти указал СВДС. В 12-м случае в качестве причины смерти был указан гастроэнтерит, однако дальнейшее расследование показало, что ребенок был на самом деле отравлен. Позже стало известно, что еще 15 братьев и сестер этих детей страдали от постоянных издевательств со стороны родителей.

Естественно, эта обнародованная информация повергла людей в шок, и многие отказывались в это верить. Мне кажется, благодаря работе Дэвида Саутолла мы начали выходить из эпохи наивности. Многие люди, однако, предпочитали подобную наивность. Было сложно смириться с тем, что существуют дети, нуждающиеся в защите от взрослых, которые должны их защищать.

Подозрения стали практически рядовой реакцией на случаи необъяснимой смерти младенцев, и, должно быть, казались крайне несправедливыми тем, кто не был ни в чем виновен. Настолько несправедливыми, что Дэвид Саутолл столкнулся с едкой и злобной критикой. Больше всего критиковали аморальность проведения скрытой видеосъемки родителей. Боюсь, однако, что без нее ему бы никто в жизни не поверил, настолько невероятными полученные им результаты казались в то время.

Родители (равно как и многие полицейские, и даже соцработники), раньше воспринимавшие любое беспокойство со стороны по поводу детей как вторжение в свою частную жизнь, теперь были вынуждены принять изменения. Взрослые люди, столкнувшиеся со всевозможными видами насилия со стороны родителей, теперь стали публично рассказывать о своем детстве, и на семейные секреты начал проливаться свет — во времена, когда частная жизнь людей ставилась на первое место, такое было попросту немыслимо. Этот свет исходил от специалистов по работе с детьми — патронажных сестер, врачей, персонала детских садов и яслей, — которых теперь призывали сообщать о любых своих подозрениях в насилии над детьми.

В то время как защита детей стала предметом национальных споров, обсуждение синдрома внезапной детской смерти, оставив позади все теоретические аспекты, сосредоточилось на деталях одного конкретного дела. Я говорю о суде над Салли Кларк.

Когда-то СВДС безжалостно косил детей по всему специальному спектру, однако, когда средний класс узнал про факторы риска и стал всячески их минимизировать, СВДС стал все чаще затрагивать главным образом бедные слои населения. Так было до 1996 года, когда Салли Кларк — обеспеченный солиситор из среднего класса, дочка полицейского, чье образование и воспитание были ничем не хуже многих уважаемых, работающих в профессиональной сфере матерей, — потеряла своего первого ребенка из-за СВДС. А потом, в 1997-м, еще одного.

Первому ребенку, мальчику, было 11 недель. Муж Салли Кларк, Стивен, также адвокат, был на корпоративной вечеринке, когда его жена обнаружила ребенка без сознания. Она вызвала «Скорую», однако по какой-то причине не смогла открыть дверь, когда та приехала. У обнаруженного работниками «Скорой» младенца не было пульса, и он был синюшный — то есть его губы и пальцы посинели — уже какое-то время. Официально же смерть констатировали лишь после часа безуспешных попыток реанимировать младенца.

Судмедэксперт, который проводил вскрытие, был обеспокоен особенными травмами: рассечением и ушибом в верхней части рта младенца, с внутренней стороны губ, а также отсутствием каких-либо явных причин смерти. Он сфотографировал эти травмы, однако фотоаппарат, к сожалению, плохо работал, так что получившиеся снимки были настолько плохого качества, что никак не помогли в последовавшем переполохе. Это была невероятная неудача: за всю свою карьеру мне довелось столкнуться со столь судьбоносным отказом фотоаппарата лишь однажды.

Когда судмедэксперт обсуждал свои беспокойства с полицией и помощником коронера, ему пришлось согласиться, что рассечение с внутренней стороны губы ребенка могло быть вызвано реанимационными мероприятиями. Это была маловероятная причина для подобной травмы — повреждение этой части рта является характерным признаком насилия над ребенком, — однако оно определенно могло быть получено ребенком в течение часа отчаянных попыток его реанимировать.

Полиция и помощник коронера сошлись на том, что причиной действительно были реанимационные мероприятия, и дальнейшего расследования проведено не было. Они имели дело с обеспеченной семьей профессионалов, а не с преступниками или неблагополучными семьями, с которыми привыкли сталкиваться по работе.

Ребенку сделали рентгеновский снимок, и никаких переломов обнаружено не было. Судмедэксперт взял образцы тканей, которые также ничего не выявили. За исключением возможного — но крайне маловероятного — незначительного превышения нормы воспалительных клеток в образце, взятом из легких.

Он мог оправдать родителей, назвав в качестве причины смерти СВДС. Либо же в свете обнаруженных у младенца травм он мог заявить о возможности неестественной смерти, указав: «Не установлена». Времена быстро менялись, однако в 1996 году он мог работать на коронера весьма консервативных взглядов: в те годы любой адвокат или врач за несколько лет могли переквалифицироваться в коронера. Я не знаю коронера, занимавшегося тем делом, однако многие из них, в особенности те, у кого не было медицинского образования, всячески боролись с идеей СВДС, потому что эта причина смерти не основывалась на каких-либо поддающихся определению признаках. Кроме того, некоторым коронерам не нравилась и формулировка «не установлена», особенно когда дело касалось маленьких детей. Им хотелось сказать теплые, утешающие слова убитым горем родителям, а не: «Мы не знаем, почему ваш ребенок умер». Подобные ограничения могли поставить судмедэксперта в весьма затруднительное положение.

По какой бы то ни было причине этот судмедэксперт ухватился за микропрепараты с образцами легких, которые указывали на наличие воспаления, и решил, что младенец умер по естественным причинам: он указал в качестве причины смерти инфекцию нижних дыхательных путей. Смерть ребенка была признана естественной.

На следующий год, однако, у Кларков умер второй малыш. Он родился на пару недель раньше срока, однако к этому времени ему было уже два месяца и он был в полном порядке. Салли Кларк кормила его грудью, подкармливая молоком из бутылочек. Однажды вечером ее муж пошел подготовить бутылочку для ночного кормления, оставив мать ребенка смотреть телевизор, в то время как сам младенец лежал в своем кресле-качалке. Обнаружив, что тело ее сына обмякло, она позвала мужа и вызвала «Скорую». Приехавшие медики обнаружили, что ребенок мертв.

К делу привлекли все того же судмедэксперта, который на этот раз обнаружил травмы, указывавшие на то, что ребенка трясли, возможно многократно, на протяжении нескольких дней. Он также обнаружил кровоизлияние в глазах и спинном мозге, равно как и некоторые аномалии в ребрах, говорившие о возможном переломе или травме в прошлом.

Салли Кларк вместе с мужем арестовали по подозрению в убийстве своего второго ребенка, и, пока их опрашивали о его смерти, судмедэксперт совершенно обоснованно пересмотрел свой отчет о смерти их первого ребенка. Он следовал рекомендациям Министерства внутренних дел, которые гласили, что «если любые предыдущие заключения теряют свою силу, то необходимо быстро и ясно заявить о пересмотре своего мнения, независимо от возможного последующего позора».

К ДЕЛУ ПРИВЛЕКЛИ ВСЕ ТОГО ЖЕ СУДМЕДЭКСПЕРТА, КОТОРЫЙ НА ЭТОТ РАЗ ОБНАРУЖИЛ ТРАВМЫ, УКАЗЫВАВШИЕ НА ТО, ЧТО РЕБЕНКА ТРЯСЛИ, ВОЗМОЖНО МНОГОКРАТНО, НА ПРОТЯЖЕНИИ НЕСКОЛЬКИХ ДНЕЙ.

Судмедэксперт изменил свое мнение, вследствие чего действительно надолго был опозорен.

Снова изучив микропрепараты, которые, возможно, но маловероятно указывали на воспаление легких у первого ребенка, он решил, что изначально совершенно неправильно указал причину смерти. Он решил, что никакого воспаления не было. Он обнаружил в альвеолах ребенка кровь, однако даже не упомянул об этом ранее. Позже он заявил, что предположил, будто это было связано с естественными изменениями, происходящими с организмом после смерти. Тем не менее теперь он решил, что наличие крови могло также указывать и на то, что ребенок был задушен.

Как впоследствии указали многие специалисты, теперь он мог оставить вопрос открытым, изменив указанную причину смерти с «инфекция нижних дыхательных путей» на «не установлена».

Один свидетель-эксперт в ходе последовавших судебных разбирательств объяснил, почему бы он сам так поступил:

«Не установлена… означает, что смерть ребенка могла быть естественной, но необъяснимой — так называемая „смерть в колыбели". Либо же, что ребенок умер неестественной смертью, однако невозможно установить, как именно, либо же что ребенок умер от естественной болезни, диагностировать и распознать которую мне не хватило компетенции…»

Но судмедэксперт не стал указывать: «Не установлена». Он больше не думал, что первый ребенок умер по естественным причинам. Он кардинально поменял свое мнение, написав: «Существуют свидетельства того, что ребенок умер от удушения».

Через шесть месяцев после ареста за убийство своего второго сына Салли Кларк также арестовали и за убийство своего первенца. В суде присяжные выслушали ставшие знаменитыми показания педиатра, профессора сэра Роя Медоу, популяризовавшего, а то и вовсе придумавшего изречение: «Одна внезапная детская смерть в семье — это трагедия, две вызывают подозрения, а три — это убийство, если не доказано обратное».

ОДНА ВНЕЗАПНАЯ ДЕТСКАЯ СМЕРТЬ В СЕМЬЕ — ЭТО ТРАГЕДИЯ, ДВЕ ВЫЗЫВАЮТ ПОДОЗРЕНИЯ, А ТРИ — ЭТО УБИЙСТВО, ЕСЛИ НЕ ДОКАЗАНО ОБРАТНОЕ.

К несчастью, на суде Салли Кларк была высказана запомнившаяся всем статистика, которая навсегда осталась связана с именем профессора Медоу: «Вероятность смерти двоих детей по естественным причинам в этих обстоятельствах крайне мала. Один к 73 млн…»

Фраза «Один к 73 млн» тут же попала в заголовки газет и, возможно, решила судьбу обвиняемых. Далее он сказал: «…вероятность меньше, чем выиграть, поставив на аутсайдера с большим коэффициентом в ежегодных скачках Grand National… скажем, вероятность 80 к 1, вы поставили, и в этом году лошадь пришла первой, в следующем году поставили

Вскоре после перехода в Сент-Джордж у меня был случай за свидетельской трибуной, повлекший за собой много бессонных ночей и указавший на то, что ждет впереди. Проводя вскрытие «мальчика для съема» — мальчика-подростка, торгующего своим телом, — я даже подумать не мог, что дело может оказаться запутанным. Его обнаружили предыдущим вечером, после чего он умер в больнице. Его тело выглядело немыслимо. Он был покрыт лиловыми кровоподтеками — буквально покрыт. На нем не осталось практически ни единого живого места.

> **ЛЮДИ РЕДКО УМИРАЮТ ОТ УШИБОВ, ОДНАКО ЭТА ЖЕРТВА В 19 ЛЕТ ПОЛУЧИЛА НЕВЕРОЯТНОЕ КОЛИЧЕСТВО УДАРОВ — 105.**

Я насчитал 105 кровоподтеков и много-много ссадин. Оружием послужил металлический цилиндр гантели. На торце цилиндра была поперечная штриховка, которая отпечаталась на некоторых повреждениях. Были также и ссадины, нанесенные, судя по всему, концом цилиндра с резьбой.

Люди редко умирают от ушибов, однако эта жертва 19 лет получила невероятное количество ударов. В качестве причины смерти я указал множество ударов тупым предметом. На самом деле, когда его родители прибыли в отделение неотложной помощи, у него развилось состояние под названием «синдром диссеминированного внутрисосудистого свертывания», развивающийся вследствие слишком бурной реакции защитной системы организма на травму: как результат, механизм свертывания крови выходит из строя, в результате чего по всему организму открываются практически непрерывные кровотечения, в том числе и в жизненно важных органах. Наступает шок, а затем во многих случаях — смерть.

Я отправился в многоквартирный дом, в котором все случилось. Юношу обнаружили на третьем этаже, однако били его на девятом: получается, он каким-то чудом преодолел 74 ступеньки, прежде чем отключился. Я измерил ступени, однако мне было с самого начала очевидно, что все его травмы, за исключением, может быть, одной или двух, были получены металлическим цилиндром, которым его избили, а не в результате падения с лестницы.

Обвиняемый, также 19-летний мальчик по вызову, был, как оказалось, лучшим другом убитого, и у них был общий «дядя», который то ли был их сутенером, то ли спонсировал их, то ли делал и то и другое. На протяжении многих лет меня не переставало удивлять, как часто мужчины (и почти никогда женщины) убивают своих лучших друзей. А братья совершают братоубийства еще чаще. В данном случае убитый сам пришел в квартиру обвиняемого. Они пили весь день и весь вечер: уровень алкоголя в крови убитого парня, по оценкам лабораторных экспертов, в момент убийства примерно в два раза превышал допустимый для управления транспортным средством. Жилица на третьем этаже вызвала «Скорую» вскоре после полуночи: она обнаружила жертву рядом со своей квартирой. Его отвезли в больницу, где он, однако, и скончался по прошествии менее 12 часов.

НА ПРОТЯЖЕНИИ МНОГИХ ЛЕТ МЕНЯ НЕ ПЕРЕСТАВАЛО УДИВЛЯТЬ, КАК ЧАСТО МУЖЧИНЫ (И ПОЧТИ НИКОГДА ЖЕНЩИНЫ) УБИВАЮТ СВОИХ ЛУЧШИХ ДРУЗЕЙ.

Что же все-таки произошло?

Мне кажется, что друг начал бить покойного и попросту не смог остановиться. В конечном счете покойный вырвался из квартиры и спустился по лестнице. Если нападавший вообще хоть о чем-то думал, то, наверное, решил, что никто не умирает от ссадин и кровоподтеков — это было заблуждением с его стороны.

Мне пришло уведомление, что обвинение вызовет меня в качестве свидетеля-эксперта. Обычная ситуация. Да и само дело казалось обычным. Я узнал, что на стороне защиты выступает известный мне адвокат — тот еще навязчивый тигр. Старый тигр, правда. Но все еще с зубами. Он славился тем, что достает свидетелей-экспертов, однако я все равно ни о чем не переживал. Дело было довольно однозначным, и я рассчитывал за пару часов со всем покончить.

На предварительном судебном заседании с обвинением адвокат предупредил меня, что пройдется по каждой из 105 травм вместе со мной. Я надеялся, что после такого марафона у присяжных не останется сомнений по поводу причины смерти юноши, так что защита не будет больше задавать никаких вопросов и я смогу уйти.

Я вышел на свидетельскую трибуну и дал клятву. Суду были предоставлены копии некоторых из сделанных во время вскрытия фотографий: не настолько подчищенные, как те мультяшные изображения, что мы используем сейчас, но в то же время ничего слишком ужасного, и каждая ушибленная область была пронумерована и задокументирована. Я подготовил и предоставил эти фотографии Королевской уголовной прокуратуре заранее, однако, как это обычно бывает с предоставленными фото, с ними возникла неразбериха. Чиновники перепутали некоторые фотографии, у судьи и присяжных они оказались разные, все стали передавать друг другу снимки, и мне пришлось сдерживать истерический смех по поводу всего этого полного беспорядка.

Адвокат обвинения принялся всех убаюкивать, обсуждая со мной, как было оговорено ранее, каждую из 105 травм. В ходе этого обсуждения я допустил две небольшие ошибки, вежливо исправленные адвокатом обвинения. Первая касалась травмы 11 на спине с правой стороны.

Я: ...снова указывает на то, что травма была нанесена узким и длинным тупым предметом, по размеру схожим с предметом, которым были нанесены травмы на левой части груди.

АО (адвокат обвинения): Вы имеете в виду спины?

Я: Ой, прошу прощения, действительно. Я говорю о выделенных травмах на спине.

Глупая ошибка. Ставшая идиотской, когда я повторил ее снова спустя длительное время:

Я: ...и как вы видите, травма 71 представляет собой глубокий ушиб размером десять на три см.

АО: Согласно вашему отчету, помимо этих пронумерованных травм вы обнаружили что-то еще?

Я: Действительно, как и в случае с грудью, я обнаружил область аналогичных ушибов на ногах.

АО: Как в случае со спиной?

Я: Как в случае со спиной. Прошу прощения. Вы правы, я путаю грудь и спину. На спине было как минимум три области аналогичных ушибов...

Учитывая всю тяжесть обсуждаемого нами преступления, эти ошибки казались весьма незначительными. Я упомянул грудь, когда имел в виду спину, и меня поправили. Не думаю, что это запутало судью, присяжных, обвинение или подсудимого. Адвокат защиты, однако, должно быть, потирал руки в предвкушении.

Когда судья спросил адвоката защиты, как долго он собирается меня опрашивать, так как ему нужно было понять, когда устраивать перерыв для присяжных, старый тигр несколько зловеще сказал, что в свете только что вскрывшихся новых материалов было бы, наверное, лучше устроить перерыв сейчас.

Объявили 20-минутный перерыв, который шахматисты могли бы назвать стратегическим. Я провел его, гадая, о какой такой новой информации шла речь. Было ли дело в том, что сказал я? Я вспомнил о репутации адвоката защиты. И, как и следовало ожидать, спустя несколько минут после нашего возвращения:

АЗ (адвокат защиты): Полагаю, вы дважды сослались на грудь, когда имели в виду спину?

Когда адвокат пытается поймать меня на небольшой и незначительной ошибке в начале перекрестного допроса, чтобы указать присяжным на мою некомпетентность, я понимаю, что впереди меня ждут проблемы.

Я: Да, так и было.

АЗ: Такую ошибку легко допустить, не так ли?

Я: Да, легко перепутать. Как правило, я рассматриваю заднюю часть груди и переднюю часть груди.

АЗ: Доктор Шеперд, но вы же сказали совсем другое.

Я: Нет, я по ошибке назвал грудь, в то время как имел в виду спину.

АЗ: По-своему серьезная ошибка, не так ли?

Я: Ну, это ошибка. Не уверен, что она серьезная.

АЗ: Ну, хорошо. Когда речь заходит о конкретных вещах, впрочем, от вас ожидается бóльшая точность. Например, вес металлического цилиндра (речь идет об орудии убийства) — 450 граммов. Так?

Я: Так написано в моем отчете.

АЗ: Что ж, нам без всякого сомнения предстоит услышать о предоставлении свидетельства, что вес составлял на самом деле 421 грамм. И с весом у вас тоже получается неточность.

К этому моменту я уже начал злиться. В том, чтобы перепутать грудь со спиной, не было ничего страшного, однако неправильное указание веса предполагаемого орудия убийства могло показаться присяжным беспечностью с моей стороны. Но времени подумать об этом у меня не было: адвокат защиты внезапно поменял тему.

АЗ: Если мужчина выпил — зависит от того, сколько именно, а также насколько он приучен к спиртному, — может ли это повлиять на твердость его шага?

Я: Может.

АЗ: А если он перенес физическую травму — удары, — то от этого лучше бы не стало, так ведь?

Я: Ну, мне кажется, что это зависит от характера нанесенных ударов.

АЗ: По вашим словам, доктор Шеперд, покойный получил порядка сотни ударов, не так ли?

Я (теперь очень осторожно): Приблизительно...

АЗ: Теперь давайте логически поразмышляем. Представим, что вы врач, которого вызвали в квартиру на девятом этаже. Вам сказали, и вы сами это потом увидели, что мужчина получил... давайте в полной мере воспользуемся вашими показаниями... 105 ударов. Он говорит: «Я хочу спуститься на третий этаж. Я выпил». Ему нужно преодолеть 74 ступеньки и восемь с половиной пролетов. Вы бы сказали: «Ладно, старина, иди. Увидимся внизу»?

Не будь я под присягой, да и вообще в суде, я бы, возможно, рассмеялся. Стал бы этот адвокат, оказавшись на девятом этаже многоквартирного дома с юным мужчиной-проститутом, действительно обращаться к нему «старина»? Но больше всего меня беспокоило то, к чему он все это ведет.

После бесконечных расспросов о том, стал бы я помогать пьяному мальчику по вызову спускаться по лестнице посреди ночи, а также как и почему я бы это делал, адвокат защиты взорвался, странным образом напомнив мне этим моего отца.

АЗ: Могу ли я перейти к сути, а не ходить вокруг да около с вопросами и ответами? Вы бы проследили за тем, чтобы он не упал на ступеньках — которых было 74, — не так ли?

Я: Я бы об этом беспокоился, да.

АЗ: Да. Потому что человек, получивший указанное вами количество ударов, мог упасть?

Я: Разумеется, любой в данных обстоятельствах мог упасть.

АЗ: Благодарю. Упади он на лестницу, не застеленную ковром, он бы получил травмы?

Я: Определенно, падение на лестнице могло привести к травмам, да.

АЗ: Да!

Святые угодники. Не собиралась же защита утверждать, будто практически все из 105 полученных жертвой травм были получены в результате падения с лестницы? Не собирался же он убеждать присяжных, будто это было не убийство с помощью металлического стержня, а просто череда случайных падений? Сама мысль об этом казалась абсурдной.

Адвокат попросил меня описать лестницу в мельчайших деталях, хотя присяжным и предоставили ее фотографии. Я сбился со счета, сколько раз он повторил количество ступеней. Думаю, каждому из присутствовавших на суде в ту ночь снилось число 74. Причем падание на этих 74 ступенях, как продолжал упорно настаивать он, могло привести к очень тяжелым последствиям. Я не мог ему возразить. Но я не считал, что травмы покойного, во всяком случае те, что оказались смертельными, были получены в результате падения с лестницы.

Затем он стал обсуждать со мной травмы. Все по отдельности. Снова. Все 105. Одну за другой он просил меня доказать, что они не были получены в результате предполагаемого им падения жертвы, и один за другим мои ответы он ставил под сомнение.

Этот перекрестный допрос меня изумлял. Покойный был человеком без своего места в жизни, бóльшую часть детства находился под чьей-то опекой, наверняка какое-то время впоследствии провел на улице, а совсем недавно вышел из тюрьмы. У обвиняемого была очень схожая судьба. Если бы хоть один из них получил хотя бы часть тех общественных денег, внимания и заинтересованности, которые были посвящены этому судебному разбирательству, то никакого убийства и вовсе могло не произойти.

Что касается адвоката защиты, то было хорошо, что он так усердно старается защитить клиента из низших слоев общества. Проходя мимо этого съежившегося у входной двери парня, этот ученый адвокат вряд ли бы на него глянул, не говоря о том, чтобы бросить в его стакан монету. Теперь же этого парня судили по обвинению в убийстве и правовые споры о нем поглотили адвоката.

Хотелось бы мне, чтобы он выполнял свою работу, не ставя под удар мою репутацию в качестве свидетеля-эксперта. Но я в то же время знал, что в другом деле и с другими присяжными мы могли оказаться по одну сторону и тогда, вместо того чтобы устраивать мне разнос, он бы воздавал хвалу моему опыту и навыкам.

Перекрестный допрос продолжился до конца дня и возобновился на следующее утро. А потом продолжился во второй половине дня. И следующим утром. Теперь адвокат защиты утверждал не только что травмы были получены в результате падения с лестницы, но и что отпечаток поперечной штриховки с торца штанги гантели на коже жертвы был на самом деле оставлен текстурой ткани его хлопчатобумажной футболки.

Затем, спустя много перерывов на чай, когда я вернулся за свидетельскую трибуну для очередных истязаний, он вприпрыжку зашел, угрожающе стреляя в меня глазами из-под своего парика. Я знал, что тигр готовится к прыжку.

АЗ: Полагаю, под воздействием алкоголя у человека наблюдается бóльшая склонность к кровотечению, чем без него?

Я: У хронических алкоголиков, у которых из-за поврежденной печени могут быть проблемы со сворачиванием крови, да. Но я не нашел никаких свидетельств подобного в данном случае. Полагаю, алкоголь оказал минимальное воздействие.

АЗ: А вы знаете что-то об этом с медицинской точки зрения?

Я: Нет, не знаю.

АЗ: Вы не в курсе этого?

Я: Не совсем.

АЗ: Что вы имеете в виду под «не совсем»? Так вы в курсе этого?

Я: На основании моего опыта, я не в курсе, чтобы кто-то под воздействием алкоголя был в большей степени подвержен образованию кровоподтеков, чем трезвый человек.

Не такой ответ хотел услышать адвокат. Он все спорил и спорил со мной, утверждая, будто алкоголь расширил крошечные сосуды на поверхности кожи — с чем я согласился, — вследствие чего пьяницы больше подвержены образованию кровоподтеков — с чем я уже не стал соглашаться. Я потерял счет, сколько раз он шаг за шагом проговаривал свои логические, но при этом ошибочные рассуждения о том, что жертва была вся в синяках попросту из-за того, что юноша выпил. Я уже начал сомневаться, кого на самом деле избили, жертву или меня, однако продолжал твердо придерживаться научных фактов. Наконец адвокат взорвался.

АЗ: С чего вы это взяли? Не могли бы вы изучить вопрос к завтрашнему дню?

Я: Я могу свериться с медицинскими учебниками по поводу травм на коже.

АЗ: Какую книгу вы бы предложили изучить мне?

Я: Я бы предложил изучить любой учебник по молекулярной биологии, однако, боюсь, не могу назвать что-то конкретное.

АЗ: Ну вам известен хоть какой-то?

Я: Возможно, учебник Гайтона поможет, я не могу утверждать, какое издание является актуальным, думаю, третье или четвертое. Ну или любой учебник по гематологии.

АЗ: Могли бы вы назвать какого-нибудь автора?

Я: Конкретно нет.

Судья: Сколько, скорее всего, страниц придется прочитать адвокату, доктор Шеперд?

Я: Боюсь, я не могу ответить на этот вопрос.

АЗ: Это выше моего понимания, но я все равно должен взглянуть.

Судья: Да, и будьте добры потом передать его мне, адвокат.

АЗ: Я так и сделаю, Ваша честь.

Теперь я ненавидел и адвоката, и судью, и стал подозревать, что они состоят в одной адвокатской конторе либо как минимум в одном лондонском клубе. Однажды, когда судья проявил нетерпение по поводу затянувшегося выступления защиты, адвокат попросил поговорить с ним без присутствия присяжных. Присяжные, пресса, зрители и я покорно покинули зал суда. Когда судья с адвокатом подобным образом уединяются, обычно это означает, что они обсуждают какой-то правовой вопрос и после возвращения в зал суда в нем царит натянутая атмосфера — один из адвокатов довольно улыбается, а другой сидит мрачнее тучи. В данном же случае, когда мы все вернулись, оба адвоката вместе с судьей улыбались до ушей, словно приятели у камина.

Защита пыталась объяснить ужасные кровоподтеки на теле жертвы, убеждая присяжных, что он попросту упал с лестницы (я уже упоминал, что там было 74 ступеньки?), а все эти многочисленные кровоподтеки появились в результате того, что он немного выпил. Весь вечер я лихорадочно обзванивал друзей, чтобы обсудить ушибы, а также разыскивая в больничной библиотеке нужную книгу.

На следующий день все началось сначала. Мне едва удавалось самому сдержать мысли об убийстве.

АЗ: Вы сослались вчера передо мной и судом на учебник Гайтона.

Я: Так и было.

АЗ: Вы его принесли сегодня?

Я: Да, он у меня с собой.

АЗ: Вы нашли отрывок, от которого отталкивались?

Я: Я выделил маркером страницу, на которой подробно описывается, что происходит с организмом в результате повреждения кровеносных сосудов.

АЗ: Все здесь?

Я: Да, в этом конкретном издании в главе 36.

АЗ: Каком издании?

Я: Полагаю, восьмом.

АЗ: Хм-м. Вчера, однако, вы ссылались на третье или четвертое издание.

Я: Кажется, я сказал, что не уверен, какое издание является самым актуальным.

АЗ: Можно я взгляну?

Но мне кажется, что он уже ознакомился с этим учебником. Он задавал мне бесконечные вопросы о тромбоцитах и механизме свертывания крови, пытаясь доказать свою точку зрения, пока присяжные не начали клевать носом, и даже судья решил вмешаться.

Судья: Прошу меня простить, но мне бы хотелось задать доктору Шеперду следующий вопрос: в главе, на которую вы ссылаетесь, есть ли хоть какое-то указание на то, что алкоголь способствует усиленному образованию кровоподтеков?

Я: Данная информация отсутствует в этой книге, Ваша честь, а также и во всех остальных книгах, с которыми я ознакомился: нигде не говорится, что алкоголь способствует появлению кровоподтеков. Данных фактов попросту нет.

Судья: Потому что, будь эта версия доказуемой, вы бы рассчитывали найти доказательство в этой книге, в этой конкретной главе?

Я: Так и есть, Ваша честь.

Но защиту это не остановило. Адвокат пытался протолкнуть свой ложный довод всевозможными способами, еще один, второй, третий раз, утверждая, будто алкоголь увеличивает кровоток в капиллярах, тем самым способствуя появлению кровоподтеков.

Прошла неделя с тех пор, как я встал за свидетельскую трибуну, когда мне наконец было разрешено ее покинуть. Какое облегчение.

Данное дело наглядно иллюстрирует, что есть факты — и есть заключения, которые можно сделать на их основании. В состязательном котле этого зала суда правда была превращена в отдельный, конкретный, эластичный товар, вот почему меня как свидетеля-эксперта вынуждали интерпретировать факты некомфортным для меня образом. В искусстве адвоката отстаивать свою точку зрения нет места совести, и любая адвокатская школа согласится, что некоторые верные дела оказываются проиграны из-за плохой работы адвоката, в то время как хороший адвокат способен одержать победу в проигрышных делах. В целом весы правосудия полагаются на концепцию, верой и правдой служившую нашему обществу на протяжении веков: на идею о том, что 12 случайным образом отобранных людей без специальной подготовки могут выслушать все имеющиеся доказательства и сформировать на их основании собственное суждение.

В данном случае присяжные признали обвиняемого виновным в убийстве, и он отправился за решетку. Мне остается только гадать, было ли у него столько же бессонных ночей, сколько у меня. Но по крайне мере со всем было покончено.

Только, как оказалось, не совсем. После того как его клиент провел в тюрьме пару лет, адвокат решил подать апелляцию против обвинительного приговора на основании полученных им новых доказательств. Этими новыми доказательствами стал тот факт, что я не смог предоставить в суде учебник, который бы противоречил теории адвоката защиты о том, что алкоголь послужил причиной появления столь большого количества кровоподтеков у покойного после того, как он упал с лестницы. И он перечислил ряд других доводов, якобы подтверждавших мою некомпетентность.

В ИСКУССТВЕ АДВОКАТА ОТСТАИВАТЬ СВОЮ ТОЧКУ ЗРЕНИЯ НЕТ МЕСТА СОВЕСТИ, И ЛЮБАЯ АДВОКАТСКАЯ ШКОЛА СОГЛАСИТСЯ, ЧТО НЕКОТОРЫЕ ДЕЛА ОКАЗЫВАЮТСЯ ПРОИГРАНЫ ИЗ-ЗА ПЛОХОЙ РАБОТЫ АДВОКАТА.

Теперь уже я начал сомневаться, кого судят на самом деле: меня или приговоренного убийцу. Но у меня было время, чтобы заручиться поддержкой. Один очень уважаемый врач-гематолог прочитал протокол судебного разбирательства и написал отчет, заключив: «Усиленный под воздействием алкоголя кровоток в коже сыграл не более чем ничтожную роль в кожной геморрагии (образовании кровоподтеков). Защита активно использовала этот эффектный отвлекающий аргумент во имя здравого смысла, однако составленный образ раздувающихся от крови сосудов является в корне ошибочным».

Мы провели много времени у Апелляционного суда, пока заявление защиты не было наконец рассмотрено. И все снова закрутилось. Сомнительные «новые доказательства» не убедили лордов, и в праве на апелляцию было отказано.

Я восхищаюсь тем упорством, с которым этот адвокат сражался за своего клиента, крайне неблагополучного юношу. Если меня когда-либо обвинят в убийстве, мне бы хотелось, чтобы именно он защищал меня в суде. С точки зрения же свидетеля-эксперта, в роли которого я выступал в том судебном разбирательстве, могу сказать, что он проявил удивительную способность не считаться с медицинскими фактами, противоречившими его доводам.

С тех пор, когда я оказываюсь в суде и становится тяжко, справляться с этим мне помогает Александр Поуп. Слова, столь скрупулезно написанные моим отцом в подаренном словаре годы назад, научили меня говорить застенчиво, даже когда я уверен в своей правоте, с готовностью признавать, что я могу ошибаться, пересматривать свои ошибки и признавать их, учить или поправлять окружающих, заботясь об их чувствах, никогда не соглашаться из вежливости с идеями, с которыми я не согласен, а также принимать поправки, когда это приемлемо. Несмотря на всю агрессию и упрямство в своей точке зрения, культивируемые нашей состязательной системой правосудия, а также ее частое пренебрежение правдой, я стараюсь придерживаться воспетых Поупом принципов.

29

Одна только мысль о манчестерском Гайде неизменно вызывает у меня прилив теплых чувств. Именно здесь выросла моя мама, здесь жили ее друзья и близкие. Это было место приятных поездок, когда я был маленьким, и моих паломничеств на протяжении всей жизни, потому что именно здесь моя мать была похоронена.

Мне приятно думать о старушках родом из Гайда — моей бабушке, тете, — которые были так не похожи на изолированных от общества, истощенных стариков, чьи тела мне порой доводилось видеть. Они всегда приветствовали меня своим теплом и заботой, вовлекая в свои насыщенные жизни и отчищенные до блеска дома. Сразу же бросалось в глаза, что они были неотъемлемой частью большого сообщества.

В 1998 году мне позвонил солиситор защиты с просьбой провести повторное вскрытие как раз такой старушки из этого самого района. Миссис Кэтлин Гранди была подругой семьи моей матери и училась в одной школе вместе с моей сестрой. Она умерла 24 июня, и 1 июля ее похоронили на одном кладбище с моей матерью.

В августе, однако, была проведена эксгумация, и теперь я стоял над ее телом в морге центральной больницы Тэмсида.

Ей был 81 год, однако ее здоровье было в невероятно хорошем состоянии. Следы борьбы отсутствовали. А в ее артериях, что было необычно для человека ее возраста и даже для следующего поколения, практически не было холестериновых бляшек.

Токсикологический анализ, однако, поведал другую историю. Хотя мне и не удалось найти на ее теле следа от укола, она явно приняла значительную дозу морфина или диаморфина за несколько часов до смерти. Такую причину смерти я и указал: передозировка морфином.

На самом деле она умерла от рук своего семейного врача, которому полностью доверяла, и именно благодаря ее внезапной кончине Гарольда Шипмана наконец разоблачили как серийного убийцу. Он пользовался большим уважением среди своих пациентов, а местные жители, о которых я вспоминаю с таким теплом, говорили о нем с восхищением. Многие называли его милейшим врачом в округе. Особой любовью он пользовался среди стариков, так как охотно приезжал к ним домой на вызов, и когда, проработав в Гайде некоторое время, он открыл свою собственную практику, у него не было отбоя от пациентов, записывавшихся к нему по рекомендациям знакомых.

Подозрения относительно него возникли, когда Кэтлин Гранди внезапно умерла всего через несколько дней после того, как ее завещание, как оказалось, было изменено в его пользу. В качестве причины ее смерти он указал пожилой возраст.

Тут же были открыты другие дела, и последовали новые эксгумации. Я присутствовал на пяти из этих вскрытий. Следующим увиденным мной стало вскрытие 73-летней старушки с очень умеренной формой ишемической болезни сердца и умеренной эмфиземой. У нее не могло быть пневмонии, как указал в ее свидетельстве о смерти Шипман. У нее было, однако, отравление морфином. Следующее тело — та же история. И так было со всеми.

Казалось совершенно невероятным, что семейный доктор мог убить шесть или семь своих пациентов. Впоследствии я написал в письме:

«Крайне важно установить источник морфина, также рассмотреть вероятность его случайного занесения… с учетом задержки между смертью и проведенным вскрытием, а также многочисленных событий и действий, окружавших эти тела, необходимо исключить вероятность случайного занесения препарата… Я бы предложил проконсультироваться с химиком, чтобы узнать, возможно ли загрязнение веществ, используемых при производстве жидкости для бальзамирования, дерева или обивки для гробов, содержащими морфин веществами… Наконец, необходимо изучить и другие возможные связи между телами (бальзамировщики, гробовщики, другие работники).

Разумеется, я считал необходимым изучить все другие возможности не только потому, что был судмедэкспертом, выступающим на стороне защиты Шипмана (да, даже серийным убийцам положена защита в суде), но и потому, что мне, как и всем, попросту не верилось, что врач мог систематически убивать своих пациентов. Несколько лет спустя, когда Шипмана посадили в тюрьму за убийство не менее 15 пациентов, сложно было переварить заключение расследований, которое провел Дэйм Джэйн Смит: оно гласило, что Шипман на протяжении более 20 лет убил 215 человек, и было еще несколько сотен дел, по которым теперь уже было невозможно установить точные факты.

Его мотивы были неясны. Как правило, его жертвы жили одни. Как правило, но не всегда, они были пожилыми. Как правило, но не всегда, они были женского пола. Надежды всех, кто надеялся, что Шипман в итоге раскроет мотивы своих действий — а также, возможно, подтвердит, сколько именно из 494 его погибших пациентов он действительно убил, — рухнули, когда в 2004 году он был найден повесившимся в своей камере.

Гайд изменился для меня после всех этих эксгумаций. Из места, которое я связывал с теплотой семьи моей матери и оживленными старушками, этот городок превратился в место, где от рук серийного убийцы полегли многие старушки, которые доверяли ему уход за собой.

Вернувшись в Лондон после эксгумаций, все еще наполовину не веря в ту небольшую часть преступлений Шипмана, в которых мы тогда его подозревали, я столкнулся с другой неприятной ситуацией: я скрестил мечи с Иэном Уэстом. К моему удивлению, он ушел из больницы Гая. После всех этих лет клятв, что он никогда не остановится, именно так он и сделал. Ходили слухи, что Иэну нездоровится, однако он попросту не мог полностью отказаться от своей работы и заниматься своим садом в Суссексе. Он частенько появлялся в морге и в суде, и когда я вернулся из Манчестера, размышляя над раскрывающейся правдой о Шипмане, оказалось, что нам предстоит выступить в суде на противоположных сторонах по делу о поножовщине.

Наши мнения в корне расходились: лично мы никак не спорили, однако составили категорически противоречащие друг другу отчеты. Его контраргументы, как всегда, были убедительными, хотя мне и показалось уже тогда, что его слова были немного менее убедительными, чем в былые времена.

Центральное место в деле занимали показания обвиняемой по поводу того, как нож вошел в сердце жертвы. Подобные рассказы зачастую весьма изобретательны, и к этому времени, как мне кажется, я уже слышал все возможные оправдания попадания ножа в тело другого человека. Самым распространенным является заявление о том, что «он налетел на нож». Подобные утверждения не всегда так просто доказать или опровергнуть, и чтобы воссоздать обстоятельства нападения, мне нужно как можно больше свидетельских показаний. В данном случае таковых не было. Муж с женой повздорили, это закончилось его смертью, и отталкиваться мы могли лишь от ее слов. Старший следователь даже позвонил мне, чтобы посоветоваться, прежде чем начать ее допрашивать, — такое случалось довольно редко, однако он понимал, что все дело будет строиться на ее точном описании случившегося.

Я сказал:

— Не нужно общих слов, надавите на нее. Нельзя, чтобы она сказала: «Он просто попер на меня!» Это ничего не значит. Пускай она продемонстрирует это, опишет, скажет, кто где стоял, как она держала нож, в какой руке у нее был нож, а также в каком направлении двигался каждый из них. Тогда я смогу доказать или опровергнуть ее историю.

Он сделал в точности, как я его попросил. Дело, однако, оставалось головоломкой.

Разводящаяся пара очень злобно спорила по поводу того, с кем из них должны остаться двое маленьких сыновей. Они были обеспеченными, жили в большом доме, ни в чем не нуждались. Отец отчаянно хотел оставить себе обоих сыновей, и вскоре должны были состояться слушания в семейном суде. Они все еще продолжали жить вместе, хотя мать уже успела снять жилье для себя и детей и они должны были туда вскоре переехать.

Я УЖЕ СЛЫШАЛ ВСЕ ВОЗМОЖНЫЕ ОПРАВДАНИЯ ПОПАДАНИЯ НОЖА В ТЕЛО ДРУГОГО ЧЕЛОВЕКА. САМЫМ РАСПРОСТРАНЕННЫМ ЯВЛЯЕТСЯ ЗАЯВЛЕНИЕ О ТОМ, ЧТО «ОН НАЛЕТЕЛ НА НОЖ».

В день своей смерти отец отпросился с работы, чтобы провести день с детьми. Мама помахала им на прощание, как вдруг он остановил машину у подъезда к дому и направился в дом, жестом показав матери, чтобы она пошла следом. Решив, будто он что-то забыл, она послушалась. Отец захлопнул за ними дверь и заявил, что хочет, чтобы дети жили с ним. Согласно показаниям его жены, вот какой разговор состоялся дальше.

«Я сказала:

— Но ты ходишь на работу, как ты собираешься ими заниматься?

А он ответил:

— Я уволюсь. Я собираюсь позаботиться о своих детях.

Я сказала:

— Ну уж нет.

Затем женщина описала, как ее муж пришел в бешенство. Она поняла это, когда у него скривило челюсть: такое уже бывало прежде, когда он ее бил. Тем не менее она ясно дала понять, что, несмотря на их образ жизни людей среднего класса, она была тертым калачом, выросшим в неблагополучном районе, и с ранних лет усвоила, что трусость лишь больше провоцирует задир. Так что в прошлый раз она ударила его в ответ и теперь приготовилась сделать то же самое. Она не смогла объяснить, как пара перебралась из прихожей на кухню.

— Я не успела опомниться, как мы оказались на кухне, и он, как мне показалось, бил меня в живот. Он стал бить меня в живот, как мне казалось, но я посмотрела вниз и увидела, что в руке у него нож.

Я сказала:

— Что ты делаешь, ты меня зарежешь!

И тогда он убрал нож от моего живота и принялся вонзать мне его в шею. Он пытался порезать мне горло. Он пытался порезать мне артерию на горле, чтобы я умерла…

И я сказала ему:

— Ради всего святого, ты пытаешься меня убить, подумай о мальчиках… Не надо, не убивай меня, подумай о мальчиках… Ты можешь забрать мальчиков… Забирай мальчиков, только, пожалуйста, не убивай меня.

Мне и в голову не приходило, что он может схватить другой нож или что-то еще, но потом он принялся меня пинать. Он схватил меня за голову и ударил ею об пол. У меня тут кровоподтек, и еще я сломала зуб. Он все бил и бил меня, а потом он взял кухонный стул и ударил меня стулом, и я решила: боже мой, он не остановится, пока я не умру.

Со всеми этими ранами я уже была полумертвой. Я была пропитана кровью. Казалось, будто я вышла из душа, так много было на мне крови.

Он больше ничего не говорил, просто тыкал мне ножом в шею, и я должна была забрать у него этот нож… Он держал меня и тыкал мне в шею ножом, а я правой рукой схватилась за рукоятку или за лезвие, не знаю, и просто вцепилась… Кровь была повсюду, на полу, на стенах.

Нож уже был у меня в руке, в правой руке, и я дернулась. Я то ли дернулась вперед, то ли попыталась увести нож… Должно быть, я поскользнулась или упала на пол, и я пригнулась над ножом…»

Ведущий допрос остановил ее и попросил показать, как именно все произошло, несколько раз. Ему удалось установить, что она взмахнула ножом в воздухе и уселась на пол, однако она не смогла описать, как произошел контакт между жертвой и ножом. И действительно, у нее не было никаких оснований полагать, будто она убила своего мужа, поскольку он выбежал из комнаты. Она устремилась в гараж, заперла дверь и вызвала полицию. И все это время двое маленьких мальчиков сидели пристегнутыми в машине перед домом.

Говорила ли она правду? Или же убила его, а затем ранила себя сама в подтверждение своего рассказа о том, что это он на нее напал?

Фотографии с места преступления подтвердили ее заявление, что кровь была размазана на полу и стенах кухни. Стулья были перевернуты. Все определенно выглядело так, словно там произошла потасовка.

На теле мужа был обнаружен ряд ранений:

- Поверхностная резаная рана верхней части груди.
- Колото-резаная рана нижней части левой ноги глубиной три сантиметра.
- Две небольшие, немного более глубокие раны на ладони правой руки.
- Колото-резаное ранение сердца, прошедшее через переднюю стенку правого желудочка, оставившее небольшую рану на верхушке сердца.

Его отвезли в больницу, где была предпринята обширная операция на сердце, так что было много швов. Операция в конечном счете не увенчалась успехом, и, разумеется, это ранение сердца и привело к смерти.

Тем не менее на первый взгляд его раны выглядели не такими серьезными, как у его жены. Я с ней не встречался и лично ее не осматривал: в моем распоряжении были лишь многочисленные фотографии ее ран. Мне нужно было понять, какие из них она могла нанести себе сама — типичный признак запланированного убийства, после которого убийца заявляет о самообороне.

Судмедэкспертам часто приходится принимать решение, имеют ли они дело с убийством или самоубийством, случайно или целенаправленно нанесенными ранами. А с ножевыми ранами обманщикам есть где разгуляться: они выглядят настолько ужасно, что с первого взгляда неопытный человек может сразу же поверить, что никто не мог причинить их себе самостоятельно. За годы своей работы, однако, я усвоил, что человек готов практически на все, лишь бы избежать обвинений в убийстве. Раны, нанесенные человеком себе самому, как правило, легко распознать: они наносятся с минимальным усилием ради максимального эффекта и, разумеется, всегда приходятся на те части тела, до которых человек может дотянуться. Раны, которые невозможно нанести себе самостоятельно, также легко распознать, и по этой причине я порой с большой радостью помогаю оправдать невиновного человека, обвиненного в нападении.

У жены в данном деле имелись:

- Кровоподтеки на верхней части левой руки, левом плече, левой стороне шеи, справа и слева в области таза, на правом бедре, на кисти правой руки.
- Неглубокая резаная рана на шее спереди слева.
- Поверхностные царапины в той же области.
- Колото-резаная рана на шее.
- Резаная рана над ключицей.
- Резаные раны на тыльной стороне левого локтя.
- Горизонтальная колото-резаная рана под правой грудью.
- Неглубокие колото-резаные раны на животе с обеих сторон.
- Колото-резаная рана на правом бедре.
- Резаная рана на кисти левой руки.
- Перелом зуба.

В Королевской уголовной прокуратуре по поводу этого дела было проведено много собраний. Когда родные покойного мужа узнали, что жене могут не предъявить обвинения, они яростно заговорили про гражданский иск. Они наняли Иэна, чтобы тот составил отчет, сравнив в нем предоставленное женой описание драки с ее фактическими ранами.

Этот отчет и ждал меня на рабочем столе, когда я вернулся из Массачусетса. Он был настолько грозным, что чуть ли не громыхал.

Кровоподтеки руки могли быть вызваны серией ударов по руке. Они не характерны для ситуации, когда человека хватают за руку…

Хотя человек и может оставить кровоподтеки на собственном теле, ударив себя чем-нибудь, сильно ущипнув и т. д., в данном случае травмы на руке могли быть получены в результате нападения мужа.

Если же рассматривать ее раны в целом, то они совершенно не характерны для ран, которые человек мог бы получить в результате агрессивного нападения покойного, пытавшегося ударить ее ножом. Кожа является одной из самых прочных тканей в организме, и как только кончик ножа прошел через кожу при условии умеренной силы удара, ничто не остановило бы этот инструмент от глубокого проникновения в тело: во многих случаях лезвие входит полностью. Все раны на теле этой дамы являются очень поверхностными — значительного проникновения в ткани не наблюдается.

Резаные раны шеи, нанесенные человеком себе самому, являются довольно обычным делом. Ничто не указывает на то, что нож попал в шею в результате удара. С учетом характера ран, якобы полученных ею в результате ударов ножом в живот, я твердо убежден, что они не характерны для намеренных ударов ножом другим человеком, однако характерны для ударов, нанесенных, будь то самостоятельно или нет, со значительным контролем.

С НОЖЕВЫМИ РАНАМИ ОБМАНЩИКАМ ЕСТЬ ГДЕ РАЗГУЛЯТЬСЯ: ОНИ ВЫГЛЯДЯТ НАСТОЛЬКО УЖАСНО, ЧТО С ПЕРВОГО ВЗГЛЯДА НЕОПЫТНЫЙ ЧЕЛОВЕК МОЖЕТ СРАЗУ ЖЕ ПОВЕРИТЬ, ЧТО НИКТО НЕ МОГ ПРИЧИНИТЬ ИХ СЕБЕ САМОСТОЯТЕЛЬНО.

Эта дама могла стать жертвой нападения, включавшего в себя удары рукой либо даже стулом, хотя я почти не вижу каких-либо свидетельств якобы полученных ею сильных пинков по бедрам либо того, что ее с силой били головой об пол. Как бы то ни было, в общем и целом ее раны характерны для тех, что человек наносит себе самостоятельно.

Я согласился, что жена перенесла тупые травмы в результате нападения. Я не согласился, что ножевые ранения она нанесла себе самостоятельно.

Свои соображения я подкрепил несколькими доводами.

Во-первых, когда ее били ножом в живот, она описывала, что чувствовала удары, и даже не думала, будто это нож. Человек, получающий удары ножом, частенько так ошибается: множество раз я слышал от жертв, что они чувствовали удар, а не проникновение ножа. Этот факт, однако, вряд ли мог быть известен жене.

Во-вторых, хотя она и могла сама порезать себе шею и живот, ей было бы очень сложно повредить себе тыльную часть локтя, а также тыльную часть противоположной руки — это было бы крайне необычно.

В-третьих, самыми главными были травмы мужа, и из четырех колото-резаных ран три не представляли угрозы для его жизни. Необычная колото-резаная рана ноги указывала на то, что его жена находилась на полу, когда она была нанесена, ну или в любом случае была в лежачем положении. Смертельная рана сердца могла быть нанесена специально, однако с учетом попытки выхватить нож нельзя было однозначно исключать вероятность того, что это ранение было нанесено случайно. И никто не смог бы настаивать, исходя из тупых травм жены, что между ними не было очень серьезной схватки.

Таким образом, хотя в деле и было много сомнений и несоответствий, будучи свидетелем-экспертом, я не мог бы со стопроцентной уверенностью утверждать, будто ставшая смертельной рана была нанесена умышленно либо что свои раны жена нанесла себе сама. Даже исходя из соотношения вероятностей я бы сказал, что раны нанес муж, а не жена.

КОЖА ЯВЛЯЕТСЯ ОДНОЙ ИЗ САМЫХ ПРОЧНЫХ ТКАНЕЙ В ОРГАНИЗМЕ, И КАК ТОЛЬКО КОНЧИК НОЖА ПРОШЕЛ ЧЕРЕЗ КОЖУ ПРИ УСЛОВИИ УМЕРЕННОЙ СИЛЫ УДАРА, НИЧТО НЕ ОСТАНОВИЛО БЫ ЭТОТ ИНСТРУМЕНТ ОТ ГЛУБОКОГО ПРОНИКНОВЕНИЯ В ТЕЛО.

Королевская уголовная прокуратура решила, что уголовное преследование жены было бы не в интересах общественности. Коронер, будучи в курсе, что крайне озлобленная семья присутствует на заседании, позаботился о присутствии полиции. Иэн не давал показания лично, хотя, разумеется, они были привлечены к делу. Мои показания прерывались злобными выкриками и презрительным фырканьем. Коронеру неоднократно приходилось призывать к порядку.

Мое мнение было подтверждено, когда коронер постановил, что убийство было совершено в целях самообороны. Его вердикт был оглашен присутствующим в зале суда, которые на какое-то мгновение затихли и слушали его в полной тишине. А затем поднялся гвалт.

Я ускользнул под нарастающие крики. Как мне стало впоследствии известно, угрозы о гражданском иске против жены реализованы не были. Когда я вернулся домой, Криса дома не было, а Анна сосредоточенно изучала свои учебники по физике. Она напомнила мне Джен. Неся толстую папку с материалами дела о поножовщине, я задумался, погружался ли когда-либо так же сосредоточенно в свои учебники или же, подобно Крису, был более беспорядочным.

— Чем ты сегодня занимался? — спросила она.

Я рассказал ей про коронерский суд, про злобных родственников. Впервые она стала напрямую расспрашивать меня про мою работу.

К моему изумлению, она сказала:

— А можно мне посмотреть фотографии?

Единственное, что она знала про мою работу, так это то, что фотографии были под запретом.

— Фотографии?..

— Тела мужа.

Ей было 15, и она готовилась к итоговым экзаменам. Я покачал головой:

— Ты немного маленькая, чтобы рассматривать фотографии из морга.

— Нет, правда, я хочу их увидеть. Я видела на уроках биологии много препаратов. Я правда думаю, что я справлюсь, папа.

Возможно, она была права. Возможно, пришло время прекратить защищать своих детей от странностей моей работы. Возможно, из-за всех этих образцов в моем кабинете, предназначавшихся для суда или лекций (было практически невозможно спрятать все), разговоров на медицинские темы за столом, смерть была для нее чем-то куда более рядовым, чем я мог себе представить.

Я сказал:

— Я покажу тебе раны жены, и мы посмотрим, как ты на них отреагируешь. Так как она более чем жива. И ты можешь высказать свое мнение относительно того, порезала ли она себя сама, чтобы казалось, будто муж сам на нее напал.

У Анны загорелись глаза.

— Я посчитал, что она этого не делала, коронер со мной согласился, однако Иэн Уэст в своем хлестком отчете написал, что это сделала она.

Анна с энтузиазмом закивала.

— И это не подлежит, я повторюсь, не подлежит обсуждению с кем-либо за пределами нашей семьи, — строго добавил я.

Она посмотрела на меня испепеляющим взглядом.

— Я это знаю.

Мы провели необычные, но странным образом сблизившие нас полчаса, обсуждая раны. Казалось, их уродство нисколько не волнует Анну. Наконец, после ее продолжительных упрашиваний, я показал ей фотографии мужа, ножевого ранения в сердце, которое его убило. Вычищенный и вымытый труп выглядел не особо впечатляющим.

— Да он словно спит, — сказала она. — Трупы на самом деле не такие уж пугающие.

— Они нисколько не пугающие, но я все же не стану показывать фотографии его внутренностей.

Она пожала плечами.

— Ладно, — сказала она, — но меня бы они нисколько не смутили.

Впервые мне пришло в голову, что Анна, возможно, открывает в себе судмедэксперта.

— Я думал, что вы с Крисом оба хотите стать ветеринарами, — сказал я.

— Он хочет. Я тоже. Но я, возможно, хочу стать врачом.

— Что ж, но я бы не рекомендовал тебе становиться судмедэкспертом.

Она моргнула от удивления. Даже я был удивлен услышать от себя подобное.

— Но мама говорит, что ты любишь свою работу! — возразила она.

— Люблю. Но… — Но что? Унижение в суде, обозленные родственники, многочисленные грани горя, здоровые старушки, чьи смерти никто не считал подозрительными и которых потом выкопали из могил: мне хотелось, чтобы моя дочь всего этого избежала.

— Папа? — она звучала встревоженной. — Что такое?

Я сказал:

— Анна, я только что понял кое-что. Пришло мне время снова сесть за штурвал.

30

Расследование, за которое так отчаянно сражалась семья Стивена Лоуренса, близилось к завершению вместе с веком. В своем окончательном отчете, составленном в начале 1999 года, сэр Уильям Макферсон написал: «Мы полагаем, что проведенное расследование… убедительно донесло до общественности правомерные жалобы мистера и миссис Лоуренс, а также до сих пор преуменьшаемое возмущение и неудовлетворенность этнических меньшинств как в местных, так и в национальных масштабах в связи с этим и другими делами, а также то, как ими занималась полиция».

Полицейское расследование смерти Стивена Лоуренса было явно неподобающим, и я полагаю, что именно в этот раз общественность впервые столкнулась с выражением «институциональный расизм». Публичное расследование и его результаты знаменовали важное изменение в отношении общественности к полиции: они перестали по умолчанию быть надежными друзьями невиновных. В рамках же лондонской полиции расследование также, пожалуй, привело к изменению отношения к миноритарным сообществам.

Для семьи Лоуренс все было еще не закончено. Дальнейшая их история известна: она разворачивалась на протяжении следующих 13 лет и, возможно, продолжает разворачиваться до сих пор. Как минимум частично благодаря этому делу закон о повторном привлечении к ответственности за одно и то же преступление был пересмотрен, из-за чего обвиненных можно было снова судить в случае появления новых доказательств. К 2011 году благодаря научному прогрессу ДНК Стивена была найдена на одежде подозреваемых, и этого нового доказательства стало достаточно, чтобы снова предать подозреваемых суду. Это было последнее на данный момент — хотя, наверное, и не последнее в моей жизни — появление в суде по этому делу. В январе 2012-го Гари Добсона и Дэвида Норриса признали виновными в убийстве и приговорили к тюремному заключению сроком примерно на 14 лет каждого. Трое остальных убийц Стивена Лоуренса избежали наказания, во всяком случае за это преступление. Главных подозреваемых многократно открыто называли по именам.

ПОЛИЦЕЙСКОЕ РАССЛЕДОВАНИЕ СМЕРТИ СТИВЕНА ЛОУРЕНСА БЫЛО ЯВНО НЕПОДОБАЮЩИМ, И Я ПОЛАГАЮ, ЧТО ИМЕННО В ЭТОТ РАЗ ОБЩЕСТВЕННОСТЬ ВПЕРВЫЕ СТОЛКНУЛАСЬ С ВЫРАЖЕНИЕМ «ИНСТИТУЦИОНАЛЬНЫЙ РАСИЗМ».

В конце 1990-х жизнь в Сент-Джордже казалась обманчиво стабильной, а жизнь в целом мне скрашивали полеты. Потому что теперь я мог летать один. Да, одним холодным и ясным январским днем я взмыл вверх. В небо. Совершенно один.

Я не знаю, почему наличие одного лишь воздуха подо мной, надо мной и во все стороны от меня приносило такое облегчение от суровых реалий моей работы. Я не знаю, почему наличие столь обширного пространства вокруг меня и способность перемещаться по нему давали мне иллюзию контроля над своей судьбой, которой я не мог получить ни от чего земного. Я не знаю, почему управление небольшим самолетом попросту устраняло все проблемы, которые крутились у меня в голове бóльшую часть времени. Я просто знаю, что мне это нравилось, и когда я летал, то не думал ни о чем, кроме как о текущем моменте, ни о чем, кроме как об управлении самолетом.

Я стал мечтать о том времени, когда мои полеты перестанут ограничиваться пятничными занятиями в летном клубе лондонской полиции. В этом году Анне предстояли итоговые экзамены, а Крису — экзамены по программе средней школы повышенного уровня. Наша домашняя жизнь и в какой-то мере наши профессиональные жизни вращались вокруг наших детей. Теперь они не нуждались в том, чтобы рядом постоянно находился кто-то из нас, хотя теперь им и нужна была поддержка другого рода. Но пройдет еще пара лет, и они нас покинут. Это была определенность, которая меня ужасала. Нам придется пересмотреть наш мир. И признать, что настанет день, когда наша работа будет окончена.

ТЕПЕРЬ Я МОГ ЛЕТАТЬ ОДИН. ДА, ОДНИМ ХОЛОДНЫМ И ЯСНЫМ ЯНВАРСКИМ ДНЕМ Я ВЗМЫЛ ВВЕРХ. В НЕБО. СОВЕРШЕННО ОДИН.

Вот почему мы купили коттедж на острове Мэн. Мы влюбились в него во время одного из отпусков. Он находился неподалеку от дома Остина и Мэгги и нуждался в серьезном ремонте, однако мы сошлись на том, что хотели бы жить в нем постоянно. Хотя это и казалось нам весьма и весьма отдаленным будущим.

В 1999 году я наконец бросил курить. Новое тысячелетие, новый век, действительно ли я хотел встретить их в тумане убивающего легкие сигаретного дыма? Нет, не хотел. Хотел ли я снизить свои шансы увидеть больше, чем несколько лет нового века, на ежедневной основе употребляя в промышленных количествах дорогостоящие канцерогены? Нет, не хотел. И хотя прежде я уже пытался многократно завязать, грядущее наступление 2000 года помогло мне на этот раз добиться успеха. После четырех месяцев раздражительности, никотиновой жвачки и разработанных, как у хомяка, челюстей от постоянного ее пережевывания я достиг приятного момента. Внезапно я понял, что могу жить без сигарет и что с наступлением нового века больше не выкурю ни одной. И я больше никогда не курил.

В 1999 ГОДУ Я НАКОНЕЦ БРОСИЛ КУРИТЬ. НОВОЕ ТЫСЯЧЕЛЕТИЕ, НОВЫЙ ВЕК, ДЕЙСТВИТЕЛЬНО ЛИ Я ХОТЕЛ ВСТРЕТИТЬ ИХ В ТУМАНЕ УБИВАЮЩЕГО ЛЕГКИЕ СИГАРЕТНОГО ДЫМА? НЕТ, НЕ ХОТЕЛ.

Новый год мы встретили на острове Мэн.

— Я хочу здесь жить, — сказала Джен. — Вот чего я на самом деле хочу от нового века.

— Думаю, скоро мне дадут свидетельство пилота. Мы сможем жить тут и просто летать всюду, куда нам понадобится, — сказал я. Места всегда кажутся приятней, если добираться до них по воздуху. Но я никуда не спешил. Мне еще не было и 50, а остров Мэн был местом для людей на пенсии. Не так ли?

Крис планировал через год-другой начать учиться на ветеринара. Анна готовилась к своим выпускным экзаменам повышенной сложности и все еще не могла решить, стать ли ей ветеринаром или врачом.

— Пап, думаю, мне имеет смысл побывать на вскрытии, — сказала она мне однажды.

Автоматическая реакция:

— Нет.

Анна, столь юная, столь неопытная, с ее гладкими щечками и светящимися глазами не должна была столкнуться с уродливыми реалиями жизни в морге, это было очевидно.

— Но Крис бывал! А ему даже шестнадцати не было!

— Крису просто показал секционную тупой помощник коронера. И ему это не особо понравилось.

— На этот раз будет по-другому, потому что я буду подготовлена. Ты мне все расскажешь, расскажешь ведь?

— Нет.

— И когда я подам документы в медицинскую школу, только подумай, каким это будет для меня плюсом. Готова поспорить, что никто из остальных абитуриентов не видел вскрытия.

— Нет.

В общем, в один прекрасный день она пришла со мной на вскрытие. Разумеется, это не была жертва убийства или самоубийства — всего лишь пара внезапных естественных смертей. Когда мы склонились над телом, я глянул на Анну — у нее было сосредоточенное лицо в то время, как я показывал ей на следы кровоизлияния в мозг, на полностью закупоренную коронарную артерию, на пораженную циррозом печень, похожую на пятнистую скумбрию.

— Если ты пойдешь в медицину, тебе не обязательно становиться судмедэкспертом, — напомнил я ей по дороге домой. — Поговори с мамой по поводу дерматологии.

Она сказала:

— Уже. Просто я пытаюсь понять, не тянет ли меня больше стать судмедэкспертом.

Было странно подумать о том, что новое повзрослевшее поколение Шепердов выйдет на работу. Потому что это означало, что предыдущее поколение стареет.

Я понял это наверняка одним летним днем в 2001 году, оказавшись на похоронах Иэна Уэста. Он умер всего в 57 от рака легких, вызванного, могу сказать без сомнений, его курением — привычкой, которой вплоть до недавнего времени грешил я сам.

Мы знали, что он умирает, вот уже несколько месяцев, но когда я услышал эту новость, то с трудом мог поверить своим ушам. Незадолго до этого я видел его в Вестминстерском коронерском суде. Он пришел дать показания: ничто не могло заставить его отказаться от любимого дела. Возможно, он понимал, что последний раз в жизни дает клятву и очаровывает суд. Увидев его, я подумал, как сильно он постарел и насколько плохо выглядел. Он поднимался по ступенькам к обшитому дубом залу суда очень медленно — но никто не посмел предложить ему помощь. Затем, когда он вышел, чтобы дать показания и дать клятву, произошла метаморфоза. Старый добрый Иэн Уэст никуда не делся. Он по-прежнему был здесь. По-прежнему еще у руля.

Теперь, когда его не стало, я остро ощутил, что он, будучи моим наставником и учителем, моим оппонентом и соперником, был также и моим другом. Эти долгие совещания у него в кабинете и в пабе, эти внезапные приступы доброты, очевидная, но непризнанная близость коллег, работавших бок о бок на протяжении многих лет, — это была самая настоящая дружба, пускай и на работе. И вот теперь моего друга не стало, и я даже толком не постарался повидаться и провести с ним время, когда он болел и был вынужден уйти со своего поста в Гае.

И словно это было недостаточно печально, в тот же самый день отец Джен, достопочтенный Остин, умер на острове Мэн, разбив сердце своей семье.

Целых две смерти сразу. Вы могли подумать, что судмедэкспертам, постоянно смотрящим смерти в лицо, нет нужды напоминать об их собственной смертности. На самом деле нужно. Нам тоже необходимо, чтобы смерти наших близких напоминали нам о скором осуществлении в своей жизни задуманного. Для меня и Джен одной из таких вещей был переезд на восхитительный остров Мэн. Теперь мы стали подумывать, что стоит с ним поспешить. Мы также думали, что будем нужны матери Джен, овдовевшей Мэгги. Пришло время всерьез задуматься о том, что если мы хотим перебраться жить на этот остров, то нельзя вечно откладывать.

В тот 2001 год были также опубликованы окончательные отчеты о крушении «Маркизы». Лорд-судья Кларк провел как официальное расследование самой катастрофы, так и неофициальное (которое открывает больше возможностей и в меньшей мере ограничено бюрократией) расследование обращения с жертвами крушения «Маркизы» и их родными. По результатам расследования были высказаны дополнительные рекомендации по совершенствованию систем безопасности на Темзе. В ходе неофициального расследования лорд-судья Кларк подтвердил, что родные жертв крушения «Маркизы» стали жертвами человеческих и системных ошибок. В своем отчете он подтвердил путаницу с процедурой опознания жертв: он указал на недопонимание между ключевыми фигурами, находившимися в отпусках, и их заместителями, между полицейскими различных званий, коронером и служащими, которые брали отпечатки пальцев, между помощниками коронера, между персоналом морга и гробовщиками.

Что касается меня, то это расследование закрыло важную главу моей жизни. Судмедэкспертов наконец освободили от какой-либо ответственности за совершенные ошибки. Спустя 11 лет после катастрофы я наконец освободился от гнева, спровоцированного проблемами с опознанием, в особенности пропавшими руками. Злобные звонки и презрение прессы, которые то и дело снова давали о себе знать в моей жизни, в одночасье прекратились.

Отчет по результатам неофициального расследования был сосредоточен на подробных рекомендациях о том, как следует обращаться с родственниками и проводить опознание жертв в случае катастрофы. Так получилось, что я вот уже несколько лет усиленно размышлял об этой проблеме. В 1990-х я задавался вопросом, насколько эффективно мы — судебно-медицинские эксперты и кризисные группы в целом — в Лондоне справимся с очередной массовой катастрофой. Потому что природа этих катастроф менялась.

В 1990-Х Я ЗАДАВАЛСЯ ВОПРОСОМ, НАСКОЛЬКО ЭФФЕКТИВНО МЫ — СУДЕБНО-МЕДИЦИНСКИЕ ЭКСПЕРТЫ — СПРАВИМСЯ С ОЧЕРЕДНОЙ МАССОВОЙ КАТАСТРОФОЙ.

К 2001 году безопасность наших транспортных систем и городов значительно возросла. Наибольшую угрозу теперь начал представлять терроризм. Устроенные ИРА взрывы бомб в 1970-х, 1980-х и 1990-х все еще оставались в нашей памяти. Пострадали и другие города. В 1993-м во Всемирном торговом центре в Нью-Йорке была взорвана бомба, убившая шестерых и ранившая сотни. В 1995-м сектанты пустили газ зарин в токийском метро.

Коронер Западного Лондона, Элисон Томпсон, разделяла мои опасения по поводу планирования — или, скорее, его отсутствия — действий при природных и техногенных катастрофах. В ее юрисдикцию входил морг Фулема, в котором работали судмедэксперты Сент-Джорджа, а также, что более важно, аэропорт Хитроу. Все понимали, что в случае массовой катастрофы в Лондоне тела будут доставлены в специальный ангар в аэропорту. Мы решили поехать, чтобы его осмотреть. И обнаружили то, что больше напоминало просторный гараж. Он был заполнен снегоуборочными машинами и вспомогательным оборудованием.

Было бы сложно найти менее подходящее место. Помимо того, что оно было в грязи, машинном масле и заставлено тяжелой техникой, подъезд к нему был неудобный и в нем располагалась только одна раковина. Мы предложили полиции, другим экстренным службам, муниципальным властям и благотворительным организациям пересмотреть лондонские планы на случай крупномасштабного происшествия. Оказалось, что мы не одни переживали по поводу того, как столица справится в случае подобного события, и все изъявили желание участвовать в изменениях.

ЭКСТРЕННАЯ СИТУАЦИЯ — ЭТО КОГДА В МОРГЕ НЕ ХВАТАЕТ МЕСТА КАК МИНИМУМ ДЛЯ ОДНОГО ТРУПА.

Мы уже знали, как определить экстренную ситуацию. Доктор Дэвид Пол, вышедший в отставку коронер Северного Лондона, однажды сформулировал это в очень простой форме, сказав: «Для меня экстренная ситуация — это когда в морге не хватает места как минимум для одного трупа».

Наша группа регулярно собиралась в полицейском участке Хитроу, и первым делом мы попытались предвидеть, какого рода экстренные ситуации могут возникнуть. Мы частенько сидели за столами, потягивая кофе и обсуждая, что делать в случае эпидемии гриппа. Или крушении в городе большого самолета. Или террористической атаки. Но мы знали, что, какими бы невероятными и из ряда вон выходящими ни были наши фантазии, на деле все будет совершенно иначе, и нам нужно было думать и планировать от общего к частному.

Как оказалось, мы были правы. Крис вот-вот собирался уехать. Его вещи были собраны, и вскоре он должен был сесть на поезд в северном направлении, чтобы отправиться изучать ветеринарию, как вдруг раздался его звонок.

— Мы с Анной смотрим телевизор…

— Что сморите?

— Пап, а ты выезжаешь на вызов в случае международных катастроф?

Это было 11 сентября 2001 года.

Я включил телевизор и смотрел, как рейс 11 «Американских авиалиний» врезается в Северную башню Всемирного торгового центра. С первого взгляда это было похоже на ужасный несчастный случай, который мы обсуждали в нашей группе. Но когда рейс 175 авиакомпании «Юнайтед» вскоре после этого врезался в Южную башню, до меня дошло, что, хотя мы и обсуждали возможные террористические атаки и крушения самолетов по отдельности, нам и в голову не приходило, что они могут оказаться совмещены столь смертоносным способом.

Затем на глазах всего мира совершенно невероятным, немыслимым образом башни-близнецы рухнули. Сначала Южная. А затем и Северная. И тогда я понял, что эти террористы довели катастрофу до уровня, который значительно, значительно превосходил все, что я только мог себе представить.

Я был потрясен и загипнотизирован этим ошеломляющим зрелищем не меньше, чем весь остальной мир. Мне и в голову не приходило, что я приму в этом какое-то участие. Я предположил, что мои американские коллеги возьмутся за грандиозную работу по спасению раненых, а также поиску и опознанию жертв: чем им могли помочь британцы? Но вскоре мне позвонила Элисон Томпсон.

Будучи коронером Западного Лондона, Элисон должна была принять тела возвращенных на родину британцев в Хитроу, и ее задачей было установить причину их смерти. По британскому закону, любые случаи смерти британских подданных за границей должны быть расследованы: так было заведено с 1982 года, когда отец молодой британской медсестры, погибшей при сомнительных обстоятельствах в Саудовской Аравии, отказался принимать официальную причину ее смерти, и последовавшие изменения в законодательстве давали о себе знать на протяжении следующих десятилетий.

ПО БРИТАНСКОМУ ЗАКОНУ, ЛЮБЫЕ СЛУЧАИ СМЕРТИ БРИТАНЦЕВ ЗА ГРАНИЦЕЙ ДОЛЖНЫ БЫТЬ РАССЛЕДОВАНЫ.

Элисон также прекрасно знала, что более десяти лет тому назад после крушения гражданского самолета над шотландским Локерби из-за взорванной на борту террористами бомбы был допущен ряд ошибок, в том числе с опознанием лишь нескольких из множества жертв. Но эти несколько ошибок в столь критической ситуации нарушили спокойствие и встревожили огромное количество семей.

В результате беспокойства Элисон по поводу приема тел британских подданных были в кратчайшие сроки сформированы группы в Скотленд-Ярде, состоящие не только из полиции и работников экстренных служб нашего Комитета по чрезвычайным ситуациям, но также из многих более высокопоставленных официальных лиц.

Мы задавались следующими вопросами: как мы можем помочь работающим в Нью-Йорке? Как нам следует организовать возвращение тел наших сограждан? Следует ли провести вскрытие британских жертв на территории нашей страны? Сочтут ли их родные приемлемым эти дальнейшие действия с телами их близких? Или же нам следует оставить проведение вскрытий и процедур опознания Бюро судебно-медицинской экспертизы в Нью-Йорке? Если мы вернем тела, они могут быть развезены по всей стране местным коронерам, и в этом случае должен ли каждый местный коронер провести самостоятельное расследование и вынести свое собственное заключение?

Можно было вообразить, что эти расследования могут затянуться на месяцы или даже годы, и в результате определенно будут вынесены различные и, возможно, противоречащие друг другу заключения, начиная от случайной смерти и заканчивая убийством.

Мы решили, что сначала следует проанализировать действия бюро в Нью-Йорке, после чего мы сможем сформулировать официальный ответ Великобритании и предложить соответствующую помощь.

Мы отчитались напрямую перед премьер-министром Тони Блэром в центральной группе координации чрезвычайных ситуаций кабинета министров. Было решено, что нам нужно составить профессиональное мнение непосредственно на месте и что 20 сентября — в день, когда мне исполнилось 49, — я полечу в Нью-Йорк, чтобы понять, как в американском бюро со всем справляются. Я позвонил своей коллеге из бюро Ивон Милевски и договорился о встрече с ней по прилете. Она казалась уставшей и эмоционально истощенной, но в то же время была приветливой.

Я приземлился в Нью-Йорке, где было необычайно тихо даже для середины ночи. Город все еще был притихшим от ужаса. Через девять дней после обрушения башен пыль и характерный запах после случившегося все еще витали в воздухе. И хотя дороги были перекрыты, а туннели закрыты, когда машины стояли в пробке, никто не осмеливался посигналить. Я сказал водителю, где остановлюсь, на что он ответил, что с таким названием есть по меньшей мере четыре гостиницы. Так что мы поехали по тихим улицам, решив объехать все. Наконец мы поняли, что нашли нужную, поскольку в фойе было полно британских полицейских и некоторых я узнал. Они тепло поприветствовали меня и спросили, не прочь ли я выпить, но я отказался. Я договорился с Ивон о встрече в морге бюро и вызвал такси прямо туда.

20 СЕНТЯБРЯ — В ДЕНЬ, КОГДА МНЕ ИСПОЛНИЛОСЬ 49, — Я ПОЛЕЧУ В НЬЮ-ЙОРК, ЧТОБЫ ПОНЯТЬ, КАК В АМЕРИКАНСКОМ БЮРО СО ВСЕМ СПРАВЛЯЮТСЯ.

Я приехал в полтретьего ночи, и передо мной открылось ужасающе незабываемое зрелище. Здание представляло собой уродливую бетонную коробку постройки 1960-х годов, однако наше внимание было сосредоточено не на здании. Окружающие улицы и парковки были огорожены и тщательно охранялись, потому что морг круглосуточно принимал новые тела. Миновав пост службы безопасности, я оказался на импровизированной залитой светом стоянке, где стояли палатки с кофе, и рабочие, устроив перерыв, пили кофе с пончиками. Позади стояли огромные прицепы-рефрижераторы, не меньше 30 штук, аккуратно выстроенные в линию у накрытых тентами стоянок, у входа цветы, американский флаг приспущен.

Я принюхался. Этот запах. Было очевидно, что прицепы заполнены человеческими останками.

Катафалки с мешками для трупов всё подъезжали и подъезжали. Поисковые операции на месте катастрофы велись круглосуточно, и судмедэксперты тоже не сидели без дела: Ивон добровольно вызвалась работать в ночную смену. И в дневную смену. Она недолго спала в перерывах при любой подвернувшейся возможности.

Нужно обладать огромной психологической устойчивостью, чтобы справляться со всем в столь странных и обескураживающих обстоятельствах. Для многих людей это оказалось не по силам, и спасатели вместе с работниками морга получили огромную душевную травму. Кто-то справился. Кого-то отправили домой — они выглядели как контуженные.

Дежурства были устроены так, чтобы исключить любые задержки в процессе официального осмотра и опознания. Было известно, что некоторые мешки содержат тела полицейских или пожарных, рискнувших своей жизнью и потерявших ее. Специально для них были выставлены военные с флагом, которые отдавали им честь, официально вознося хвалу их отваге.

Внутри большинства мешков были целые или почти целые тела. Небольшие части тела иногда поступали в коробках поменьше. В соответствии с основным правилом при проведении поисковой операции, в случае если спасатели находят, скажем, палец, то, даже если кажется очевидным, какому телу он принадлежит, его необходимо включить в список отдельно и присвоить уникальный номер. Из-за природы данной катастрофы, из-за огромной силы ударов и взрывов тела были зачастую настолько раздроблены, что собрать людей на месте, руководствуясь их расположением или одеждой, было попросту невозможно. Почти сразу же стало очевидно, что для опознания многих, а то и большинства потребуется проведение ДНК-экспертизы. Позже на основании этой удивительной методики конечности, отдельные части тел и фрагменты тканей будут соединены для получения некоего подобия тела или того, что от него осталось. Как и в случае со всеми массовыми катастрофами, опознание жертв должно было стать серьезной операцией, требующей централизованного управления и привлечения различных ученых. Только в случае данной катастрофы задача была во всех смыслах серьезней, хуже и тяжелее, чем что-либо, с чем доводилось сталкиваться ранее.

По прибытии тела попадали в комнату первичного приема, где проводился предварительный осмотр. После этого их перемещали напрямую в один из смотровых кабинетов. В каждом кабинете было полно полицейских, судмедэкспертов, рентгенологов и ассистентов. Все записывалось в мельчайших подробностях, и эти детали связывали с фрагментами одежды, личными вещами — украшениями, кредитными картами и т. д., — а также любыми другими особенностями и характеристиками места, где были найдены тела. Затем аккуратно пронумерованные тела или части тел укладывались в специально отведенные места на пронумерованные полки в пронумерованных прицепах.

К телам относились с огромным уважением, и прицепы содержались в чистоте и полном порядке. В каждом имелись корзины с цветами в память о людях и звездно-полосатый флаг в память об утрате их государством. Прицепы-рефрижераторы решили главную проблему любой подобной катастрофы: трудность была не столько в том, чтобы разобраться с трупами, сколько в их хранении до окончания процесса опознания. По его завершении тела были отданы своим семьям. Мне сразу стало понятно, что американцы прекрасно справляются, с уважением и методично выполняя все необходимые процедуры.

Я старался быть максимально незаметным, поскольку каждый здесь работал в полную силу. То же самое наблюдалось и на следующий день, когда я вернулся для встречи со старшим судмедэкспертом Чарльзом Хиршем. Это был невысокий, худощавый и крайне напряженный мужчина за 60, со швами на голове и переломанными ребрами, который руководил этой масштабной операцией. Он был среди первых спасателей, прибывших во Всемирный торговый центр незадолго до падения первой башни. Как ему удалось отделаться столь незначительными травмами, если стоявшего рядом с ним коллегу завалило обломками и теперь он лежал в реанимации?

Прицепы быстро наполнялись. В конечном счете было вынесено заключение о 2753 жертвах, и в общей сложности было найдено порядка 70 000 фрагментов и частей тел. Многие тела были стерты в порошок либо изначальным взрывом, либо в результате обрушения здания. Было бы гораздо проще похоронить всех в единой братской могиле, однако, разумеется, семьям погибших вряд ли бы понравилась идея, что их любимые близкие могут быть закопаны вместе с угонщиками самолетов.

Вскоре все обломки Всемирного торгового центра стали перевозить на мусорный полигон на Стейтен-Айленд в Гудзоновом заливе со странным названием «Фреш Киллс»[1]. Они были просеяны, кусочек за кусочком, не один, а целых два раза опытной командой под управлением полиции и ФБР, в которую входили антропологи и врачи. И тогда начался долгий процесс ДНК-анализа почти 3000 людей. Каждый крошечный фрагмент человеческой ткани, каждая личная вещь должны были быть опознаны.

Этот процесс на самом деле продолжался многие годы: еще в 2013-м опознания продолжали проводиться. Наконец, в 2015-м были опознаны 1637 жертв — лишь 60% тех, кто, как считалось, погиб в результате катастрофы: все остальные стали прахом, как это происходит в конечном счете со всеми нами. Теперь рассматриваются планы превратить полигон «Фреш Киллс» в один из самых больших в мире городских парков.

БЫЛО ВЫНЕСЕНО ЗАКЛЮЧЕНИЕ О 2753 ЖЕРТВАХ, И В ОБЩЕЙ СЛОЖНОСТИ БЫЛО НАЙДЕНО ПОРЯДКА 70 000 ФРАГМЕНТОВ И ЧАСТЕЙ ТЕЛ.

Одна моя подруга-антрополог, занимавшаяся просеиванием обломков, получила психологическую травму подобно многим другим участвовавшим в устранении последствий катастрофы. После нескольких месяцев просеивания в поисках кусочков человеческих тканей и костей она стала бояться летать на самолете. Когда она возвращалась домой в Англию, то перед посадкой написала свое имя на каждой части своего тела, на каждой конечности на случай, если самолет потерпит крушение и ее тело окажется расчленено. Прошел не один год, прежде чем она смогла вернуться к работе.

Ближе к концу моей непродолжительной поездки меня отвезли к непримечательному зданию на Манхэттене, которое занимал один из офисов британского посольства в Нью-Йорке. Меня ожидала группа из Министерства иностранных дел Великобритании. К этому моменту мы знали, что среди погибших было много британцев, однако понятия не имели, насколько именно много.

---

[1] Дословно с английского — «только что убитые». — *Прим. пер.*

— Итак, — спросил один из чиновников, — как мы планируем доставить тела британцев домой?

Мне было интересно, как они представляют себе перевозку тел на родину. Потом один из них, какой-то политик, стал разглагольствовать про колонну гробов, которые будут перевезены медленной процессией из аэропорта в Лондон, и каждый будет обернут британским флагом.

В 2013-М ОПОЗНАНИЯ ПРОДОЛЖАЛИ ПРОВОДИТЬСЯ. НАКОНЕЦ, В 2015-М БЫЛИ ОПОЗНАНЫ 1637 ЖЕРТВ — ЛИШЬ 60% ТЕХ, КТО, КАК СЧИТАЛОСЬ, ПОГИБ В РЕЗУЛЬТАТЕ КАТАСТРОФЫ: ВСЕ ОСТАЛЬНЫЕ СТАЛИ ПРАХОМ.

Я покачал головой. Я провел здесь почти два дня и был потрясенным и уставшим. После того как я побывал в гуще событий, вся эта болтовня про катафалки с флагом казалась мне политической уловкой, призванной сгустить краски и предоставить правительству возможность попозировать перед фоторепортерами. Я почувствовал, как во мне назревает нечто страшное, что-то по-настоящему пугающее, нечто, способное, если я это допущу, обернуться яростью. А я никогда не злюсь, не говоря уже о приступах гнева. Теперь же я дал себе волю.

— Гробы? Вы сказали гробы? Большинство этих людей были стерты в порошок, как вы этого не понимаете? Вместо гробов вы скорее будете отправлять их на родину в спичечных коробках!

Они уставились на меня. Диалог на этом практически закончился. Меня поблагодарили и отпустили.

В своем отчете я всячески хвалил то, как американцы справляются с последствиями катастрофы, сказав, что мы можем использовать составленные ими бумаги, вместо того чтобы составлять свои собственные. Как результат, хотя итоговое количество смертей для Великобритании равнялось 67, лишь один коронерский суд в стране под председательством опытного и чуткого коронера разбирался со всеми британскими жертвами. Лишь один американский полицейский прилетел для дачи показаний. И был лишь один вердикт. Противоправное убийство.

Четыре года спустя Лондон тоже стал жертвой атаки исламистов: 7 июля 2005 года 52 человека были убиты и более 700 получили ранения при взрыве четырех террористических бомб, три из которых были в лондонском метро и одна в автобусе. Буквально за несколько дней до этого с участием теперь уже многих организаций был подписан план действий при чрезвычайной ситуации, о котором мы с коронером Элисон Томпсон начали раздумывать еще в 1990-х.

7 ИЮЛЯ 2005 ГОДА 52 ЧЕЛОВЕКА БЫЛИ УБИТЫ И БОЛЕЕ 700 ПОЛУЧИЛИ РАНЕНИЯ ПРИ ВЗРЫВЕ ЧЕТЫРЕХ ТЕРРОРИСТИЧЕСКИХ БОМБ, ТРИ ИЗ КОТОРЫХ БЫЛИ В ЛОНДОНСКОМ МЕТРО И ОДНА В АВТОБУСЕ.

Я в это время был не в Лондоне, однако когда прозвучал призыв о помощи, я сразу прилетел обратно и принялся за работу в превосходном временном морге-шатре, сооруженном менее чем за двое суток на футбольном поле Королевской артиллерии в районе Сити. Все тела отвезли сюда, и временный морг, как и весь наш план, оказался полностью работоспособным. Я проводил свою работу с безмерной горечью. Возможно, глубоко в душе, в каком-то иррациональном ее уголке, я надеялся, что, если мы составим план, нам никогда не придется приводить его в действие. Какое ложное самоуспокоение.

Коронеры, руководящие этой кризисной ситуацией, возможно, сожалели об одном. Родственники погибших на «Маркизе» ожесточенно критиковали проведенные нами полные вскрытия, утверждая, будто в них не было никакой необходимости, так как причина смерти после такой катастрофы не вызывала никаких сомнений. Как результат, после взрывов бомб 2005 года нам было велено не проводить полные вскрытия. Наша работа заключалась лишь в опознании. Если мы и вскрывали тела, то лишь с целью обнаружения желчного пузыря или аппендикса, так как их отсутствие могло помочь с опознанием.

Впоследствии, что было совершенно удивительно, службу «Скорой помощи» стали критиковать за слишком медленный сбор раненых. Бригады отправлялись туда, где они были подвержены опасности, и в связи с вероятностью, что были заложены еще бомбы, их заставляли ждать, прежде чем пускали на места взрывов. Последовали обвинения, будто эти задержки послужили причиной ряда смертей. Был разговор о том, что адвокаты родственников некоторых жертв будут требовать компенсации от служб экстренного реагирования. Так как полные вскрытия проведены не были, нам, судмедэкспертам, было сложно ответить на вопросы, задаваемые родственниками и коронером, чтобы разобраться с этими обвинениями.

Я сделал соответствующие выводы. Годы спустя я был главным судмедэкспертом, когда водитель такси принялся расстреливать людей в Камбрии. Этот случай сильно напоминал устроенную Майклом Райаном в Хангерфорде бойню более чем 20 годами ранее. Ряд людей убеждали меня не проводить полные вскрытия на основании того, что причина смерти была очевидна. Вспоминая о лондонских взрывах, я не стал поддаваться их мольбам. Каждому пациенту была сначала проведена МРТ, чтобы обнаружить положение каждой пули, и для каждого тела было проведено вскрытие. На действия экстренных служб не было получено ни единой жалобы.

31

Мое следующее знакомство с террористической деятельностью Усамы бен Ладена состоялось на Бали через год после 11 сентября. Две бомбы, заложенные исламскими экстремистами, связанными с бен Ладеном, были взорваны в людных участках этого чудесного индонезийского острова, и более 200 человек были убиты — большинство из них были приехавшими на отдых туристами с Запада, и большинству не было и 30.

И в этот раз всего через несколько часов после полученного вызова я оказался в самолете. Я сидел рядом с довольно крупными мужчинами. Подумал, что они, возможно, силовики. Мы не обменялись ни словом на протяжении всего полета, хотя я и подозревал, что мы летели на Восток по одной и той же причине. Я подумал, что они приняли меня за туриста или журналиста. Когда же меня никто не встретил в аэропорту Денпасара, они обратили на это внимание и впервые повернулись ко мне у багажной ленты.

— Вас подбросить, док?

— Откуда вы знаете, кто я такой?

— По вашему виду мы решили, что вы, должно быть, судмедэксперт.

— Как?

— Ну, для начала вы не смеялись над фильмом.

Вот вам и судмедэксперты. Жалкие, помешанные на смерти мясники с кислыми лицами. Но я был благодарен за то, что меня подвезли. И первым человеком, встреченным мною в гостинице, стала коронер Элисон Томпсон, которая по стечению обстоятельств была в Гонконге и приплыла прямиком сюда, понимая, что тела британцев попадут под ее юрисдикцию, когда окажутся в Хитроу. Мы тепло поприветствовали друг друга и, хотя на Бали было раннее утро, решили отправиться в больницу, в которой хранились тела.

ПОСЛЕ ЛЮБОЙ КАТАСТРОФЫ, МЫ, СУДМЕДЭКСПЕРТЫ, РАБОТАЛИ ПО ПРИНЦИПУ КОНВЕЙЕРА, ПРИНИМАЯСЬ ЗА ОЧЕРЕДНОЕ ТЕЛО НЕЗАВИСИМО ОТ ЕГО НАЦИОНАЛЬНОСТИ.

Перед тем как я покинул Лондон, мне сказали, что я лишь буду представлять в этой операции сторону Великобритании. Когда же я зашел в морг, остальные судмедэксперты — главным образом из Австралии, но также из Дании и Германии — узнали меня по совместным международным конференциям и сразу же вручили мне медицинский халат, фартук, резиновые перчатки и нож со словами: «За дело, Дик».

Работники британского посольства проделали удивительную работу по обнаружению тел британцев. Более того, они раздобыли топливо для работы генератора одного из немногих охлаждающих контейнеров в этом месте — если не во всей стране. По сути, как и после любой другой катастрофы, мы, судмедэксперты, работали по принципу конвейера, принимаясь за очередное тело независимо от его национальности.

Проблема была в нехватке мест для хранения трупов там, где царила изнурительная жара. Я никогда не забуду вид и запах тел, уложенных в тени и накрытых пакетами со льдом из супермаркета. Как же мне хотелось раздобыть полный льда грузовик, чтобы высыпать его поверх них. Они быстро менялись, и далеко не к лучшему. Многие тела изначально были разорваны, и процедура опознания была типичной головоломкой, усложнявшейся из-за необученных поисково-спасательных групп, которые просто бросали все найденное в одном месте в один мешок. Было большим облегчением наткнуться на отдельную кисть руки с обручальным кольцом, на внутренней стороне которого было выгравировано имя владельца. Это был небольшой трагический личный предмет, который немного помог нам в разрешении головоломки.

Многие жертвы атаки на этот изнеженный остров были молодыми и красивыми. Они развлекались в баре и клубе, в которых одна за другой взорвались две бомбы. Бомбы были заложены экстремистской группировкой, финансируемой, как считалось, «Аль-Каидой».

В конечном счете было подтверждено, что среди жертв 28 британцев и что в общей сложности ранены более 200 и убиты 202 человека. Это было изнурительное и тяжелое время — как физически, так и психологически. Впоследствии я посетил мемориалы, посвященные этому кошмару, как в Лондоне, так и в городе Перт на западе Австралии, однако мне не нужны были никакие мемориалы, чтобы вспомнить разлагающиеся трупы, лед, тот запах, единственный капающий кран в морге, который был нашим источником воды, а также всеобъемлющее чувство бессмысленности терроризма. Подозреваю, что оно так никогда меня полностью и не покинуло.

В КОНЕЧНОМ СЧЕТЕ БЫЛО ПОДТВЕРЖДЕНО, ЧТО СРЕДИ ЖЕРТВ 28 БРИТАНЦЕВ И ЧТО В ОБЩЕЙ СЛОЖНОСТИ РАНЕНЫ БОЛЕЕ 200 И УБИТЫ 202 ЧЕЛОВЕКА.

Когда я вернулся домой, моя профессиональная жизнь оказалась под угрозой. Мир судебной медицины менялся, и теперь мы столкнулись с новой неопределенностью, с которой великому Симпсону в жизни не приходилось иметь дела. Университетские медицинские школы всегда платили нам за проведение лекций по нашему предмету, однако теперь решили — практически все, одна за другой, — что больше не будут финансировать преподавание нами судебной медицины. Основным их доводом стало недостаточное количество проводимых исследований в области судебной медицины, а также слишком малое число статей в престижных научных журналах. Мы были слишком заняты со всеми этими вскрытиями, коронерами и судами, чтобы отвечать этим новым плановым академическим показателям. Настала эпоха оценки результатов умственного труда на основе научных исследований. И, как оказалось, мы, судебно-медицинские эксперты, недотягиваем до нужного уровня.

Постепенно медицинские школы с великими традициями в области судебной медицины закрыли свои отделения, и вскоре после смерти Иэна Уэста его царство в больнице Гая исчезло. Сент-Джордж продержался немногим дольше, однако распоряжение уже было подписано.

По сути, нас превратили в частную компанию. Отныне вместо предоставления своих услуг по судебной медицине бесплатно и получения зарплаты от университетов, в которых мы преподавали, мы должны были напрямую выставлять счета полиции, коронерам или солиситорам защиты.

Я понимал, что без зарплаты будет сложно выполнять некоторую необходимую, но неоплачиваемую работу, например общественную деятельность вроде моего текущего вклада в обучение органов власти безопасным методам усмирения. Также мне было необходимо сократить свое участие в планировании действий при чрезвычайных ситуациях. Все остальные в группе получали зарплаты в полиции или других организациях: меня же больше не поддерживал университет.

Исчез не только регулярный доход, но также и лекции, а вместе с ними и студенты, за исключением нескольких специализированных центров за пределами Лондона. На моих лекциях всегда было битком, и я знал, как студентам-медикам была интересна судебная медицина. Мне также казалось, что как минимум основы судебной медицины должны остаться важной частью их программы обучения. Каждый врач, независимо от его специальности, должен уметь определять признаки подозрительных обстоятельств смерти, чтобы понимать, когда нужно вызывать эксперта или полицию. Тем не менее слишком много разных видов «настоящей» медицины соревновались за слишком ограниченное место в учебном плане, и теперь судебная медицина стала доступна только в аспирантуре нескольких университетов.

Я создал группу под названием «Служба судебной медицины», через которую судмедэкспертам в Лондоне и на юго-востоке Великобритании предстояло работать в нашем дивном новом мире частной практики. В какой-то момент, однако, будучи глубоко погруженным в организационные вопросы и планирование, я внезапно осознал, что, возможно, не хочу в этом участвовать.

С тяжелым сердцем я отвез Анну той осенью в университет: она наконец приняла решение изучать медицину. Итак, они нас покинули: оба наших ребенка уехали учиться на север Англии. Разумеется, они по-прежнему в нас нуждались, но уже совсем по-другому. Наш дом стал казаться огромным, пустым и тихим. Не поэтому ли мы все больше и больше времени проводили на острове Мэн? Этот дом был ближе к нашим детям, чем Лондон. Было ли дело в том, что после отмены моих лекций в Сент-Джордже нас теперь мало что там удерживало? Было ли дело в том, что мы любили свой коттедж на острове и хотели поддерживать овдовевшую мать Джен, хотя Мэгги не позволила потере мужа встать на пути ее социальной жизни?

Или же… моя работа в Лондоне попросту стала меня изматывать? Изматывать настолько, что даже полеты по пятницам были не в состоянии восстановить мои силы. Каждое мое выступление в суде словно превращалось в избиение, и порой казалось, что мне не хватает психологической устойчивости с этим справляться. Я больше не шел вприпрыжку, когда полиция вызывала меня на очередное место преступления к очередному телу. Я уже оставил надежды, что они когда-нибудь позвонят мне, чтобы узнать мое мнение по делу. Заглядывая в будущее, я мог представить, как судмедэксперты в конечном счете начнут соревноваться за контракты, бороться за каждое тело, сбивать цены. Судебная медицина перестала быть тем миром скрупулезных интеллектуалов, в который я когда-то вступил, в котором было место спорам, исследованиям и социальным изменениям, превратившись в обычную услугу.

В этот же период и Джен стала разочаровываться в своей работе. Несмотря на свой невероятный подвиг, когда она решила стать врачом во взрослом возрасте, теперь, начав работать терапевтом, она поняла, что на самом деле ей этого не хочется. Ей всегда хотелось, чтобы мы перебрались на остров Мэн, где она смогла бы работать по своей собственной специальности, дерматологии, при этом наслаждаясь жизнью в любимом месте.

Что еще толкало нас на переезд туда? Осознание того, что мы стареем? Стремление к образу жизни, которым наслаждались Мэгги и Остин? Надежда, что, если мы будем проводить больше времени вместе в изоляции от остального мира на острове, наша исчезнувшая любовная связь каким-то чудом снова появится?

Я БОЛЬШЕ НЕ ШЕЛ ВПРИПРЫЖКУ, КОГДА ПОЛИЦИЯ ВЫЗЫВАЛА МЕНЯ НА ОЧЕРЕДНОЕ МЕСТО ПРЕСТУПЛЕНИЯ К ОЧЕРЕДНОМУ ТЕЛУ.

Возможно, у меня — и у Джен, вероятно, тоже — наступил тот период в жизни, который люди называют кризисом среднего возраста, который ни один судмедэксперт на свете не смог обнаружить в человеческом теле даже под микроскопом. Когда же мне предложили написать 12-е издание «Судебной медицины Симпсона» (третье издание этой книги, как вы, возможно, помните, привлекло меня к этой профессии), это приглашение стало для меня большой честью. Так что я стал участником становления новой судебно-медицинской службы, однако сам не остался в ее рядах. Мы с Джен раз и навсегда покинули Лондон. Мы променяли аккуратные живые изгороди и постриженные газоны Суррея ради открытого ветрам прекрасного коттеджа на острове неподалеку от Ливерпуля. Большинство моих коллег и сверстников решили, что я окончательно спятил.

Я был очень счастлив, проводя все свое время за ремонтом коттеджа. Мы прогуливались многие мили по диким и ветреным болотам под необъятным небом, которое порой было настолько чистым, что можно было разглядеть выступавшие из-за моря на горизонте горы Морн. Либо же мы просто любовались через поля океаном, в глубинах которого зарождался сильнейший шторм. В этот период я не провел ни единого вскрытия.

Кроме того, здесь у нас была социально насыщенная жизнь. До сих пор мы вечно были слишком заняты для этого, однако теперь у нас появились друзья. Нас мало беспокоило, что мы были значительно моложе большинства из них. Мы попросту вошли в общество, подготовленное для нас Мэгги. Ну и что, что она не молодела? Она по-прежнему ходила на все вечеринки, нарядившись в свои дорогие модные платья, от которых ломились шкафы практически в каждой спальне в доме. С каким-нибудь очередным булькающим на плите объеденьем, неизменным джин-тоником под рукой она всегда была окружена восхищавшимися ею друзьями. Мне было по душе находиться здесь, быть одним из них. Дети частенько у нас гостили.

Вскрытий я, может, и не проводил, однако в интересной работе недостатка не испытывал. Я писал книгу по судебной медицине. Я летал на Большую землю, чтобы заседать в комитетах Британской ассоциации судебной медицины, которые все еще разбирались с нашими контрактами с Министерством внутренних дел и другими аспектами новой эпохи частной практики. Я состоял в нескольких министерских рабочих группах, придумывая и продвигая более гуманные методы усмирения.

Разумеется, я следил одним глазом за любопытными изменениями в своей области. Я узнал, что полиция возобновила дело по убийству Рэйчел Никелл: теперь они наконец начали признавать, что ее мог убить кто-то помимо Колина Стагга. Понадобилось еще шесть лет совершенствования методов ДНК-анализа, чтобы уличить в ее смерти Роберта Наппера — человека, столь жестоко убившего Саманту Биссет, который уже пожизненно содержался в больнице Бродмур. Я вспомнил, как проводил повторное вскрытие изуродованного тела Саманты Биссет, а также вспомнил свои слова детективу о том, как сильно мне это напоминало убийство Рэйчел Никелл. Теперь я сожалел, что ограничился лишь беглым замечанием и не стал настаивать на своем мнении и задавать вопросы.

Дело Салли Кларк — матери, обвиненной в убийстве двух своих сыновей, — также не стояло на месте. Оказалось, что она планирует повторную апелляцию. Она находилась в тюрьме к этому моменту уже два года, однако апелляция должна была быть основана на новых доказательствах. И ими стали данные судебно-медицинской экспертизы.

Были обнаружены результаты анализов крови и образцов ткани, взятых у ее второго ребенка. Судмедэксперт не предоставлял этих материалов прежде. С точки зрения некоторых специалистов, хотя, определенно, не всех, эти результаты говорили о том, что второй ребенок мог умереть естественной смертью из-за бактериальной инфекции (стафилококк).

Задачей Апелляционного суда было решить, могла ли повлиять эта информация, будь она предоставлена в момент судебных разбирательств, на вынесенный присяжными обвинительный приговор. Трое судей решили, что могла, в результате чего было постановлено, что приговор недостаточно обоснован.

В 2003 году Салли Кларк, к тому времени ставшую алкоголичкой, выпустили из тюрьмы. Она умерла четыре года спустя.

Рой Мидоу, рассказавший об удивительной статистике, согласно которой вероятность естественной смерти двоих детей в одной семье составляла один к 73 млн, был публично опозорен. Несколько других матерей, против которых он давал показания и которые теперь отбывали свои приговоры, подали успешные апелляции. Его математические расчеты были опровергнуты, и его исключили из Генерального медицинского совета. Гораздо позже ему удалось успешно оспорить свое увольнение в суде, однако к этому времени ему уже было за 70. Одна неудачная придуманная на ходу статистика, высказанная им в суде в ходе напряженного перекрестного допроса, стала для этого прежде высокоуважаемого человека печальным завершением его карьеры.

Судмедэксперта, который обследовал обоих младенцев, изменил причину смерти одного из них и, как оказалось, скрыл результаты анализов, Генеральный медицинский совет признал виновным в совершении серьезного должностного проступка. Его на полтора года отстранили от проведения вскрытий для Министерства внутренних дел.

Дэвид Саутолл был, скорее, комментатором, чем непосредственным участником дела о братьях Кларк, однако освобождение Салли Кларк спровоцировало неизбежную ответную реакцию против его взглядов, а также против растущего движения в защиту детей. Он, может, и углубил наше понимание медицинских и моральных проблем, связанных с младенческой смертностью в целом и с СВДС в частности, однако находящиеся под подозрением родители и все сочувствующие им (и разве не все мы сочувствуем тем, кто был несправедливо обвинен?) сформировали недовольные группы давления.

Эти группы подали в Генеральный медицинский совет жалобу на профессора Саутолла. Его отдали под медицинский трибунал, в результате чего он был признан некомпетентным, и его исключили. У него ушло много лет, прежде чем Апелляционный суд отменил это решение. Его осуждение Генеральным медицинским советом получило широчайшую огласку: его последующее полное оправдание осталось практически без какого-либо внимания.

Дело Салли Кларк, пожалуй, наглядно проиллюстрировало историю наших отношений с СВДС. Моде на определенные взгляды не должно быть места в мире научной истины, однако она определенно присутствует. Десятью годами ранее ее бы посчитали лишь несчастной женщиной, трагически потерявшей двоих маленьких детей. К моменту смерти ее сына распространенность СВДС уже шла на спад, однако она все равно оставалась частой указываемой причиной смерти. К моменту смерти ее второго ребенка взгляды изменились еще больше, и любой судмедэксперт в стране непременно бы стал учитывать все обстоятельства дела. В качестве причины смерти было указано, что ребенка трясли, и это стало отражением актуальности синдрома детского сотрясения на тот момент. В целом это дело выявило наше скрытое подозрительное отношение к матерям, внезапно потерявшим своих детей. Ее успешная апелляция же, в свою очередь, возможно, стала отражением того, что общество стало пересматривать эти свои подозрения.

Хотя занимавшийся этим делом судмедэксперт, без всякого сомнения, и допустил ошибки при составлении отчета и предоставлении материалов, медицинские данные были крайне запутанными и противоречивыми, и огромное число экспертов спорили друг с другом в суде практически по каждому аспекту смерти обоих детей. Правда по делу Кларк, равно как и по многим другим, оказалась крайне изменчивой и неустойчивой. Суды требовали правды, а затем уже сами принимали решение, как быть с крайне сложными и запутанными медицинскими вопросами.

Трагедия, связанная с делом Кларк, затронула всех. Для судебно-медицинских экспертов она определенно стала ужасным напоминанием об огромной ответственности людей нашей профессии.

32

Как бы я ни любил жизнь на острове Мэн, спустя пару лет начал скучать по повседневным враждебным условиям мира судебной медицины. Мне не хватало духа товарищества в морге и на местах преступлений, ощущения совместной работы сплоченной команды. Я вспоминал большую человечность всех участвующих людей, несмотря на открывающиеся перед нами ужасающие свидетельства жестокой, убийственной бесчеловечности.

Работа в комитете начала заполнять этот пробел. В частности, я был привлечен к составлению рекомендаций в помощь полиции и другим представителям власти с новой проблемой, вызванной растущим употреблением курительного кокаина. Этот наркотик способен вызывать у некоторых людей невероятное психическое состояние, в результате чего они становятся сильными, как быки, и вдвойне опасными. Как усмирять этих могучих, опасных людей в целях защиты окружающих — при этом их не убивая? Помощь в решении этой проблемы была полезной, нужной работой, однако это и в подметки не годилось решению проблем в морге. Я был огражден от трупов, мест преступлений, от передовой.

Затем, в 2004-м, я оказался погружен в одно из самых интересных и громких публичных расследований, проводимых в то время. Оно возникло в результате событий, произошедших семью годами ранее на расстоянии многих миль.

Я не был дежурным судмедэкспертом по вызову в выходные 31 августа 1997 года: им оказался мой коллега в больнице Сент-Джордж Роб Чапмэн. Ранним утром в тот день Диана, принцесса Уэльская, и Доди аль-Файед погибли в результате дорожно-транспортного происшествия в парижском туннеле — он на месте происшествия, а она в больнице после проведенной операции. Их тела были доставлены на авиабазу Нортхолт в тот же день, и на тот момент коронер Западного Лондона Джон Бертон, который оказался также коронером королевского двора, взял их под свою ответственность. В тот вечер в окружении высокопоставленных полицейских чинов, сотрудников полиции по работе с вещественными доказательствами, ответственного лица по работам на месте преступления, коронера, полицейских фотографов и работников морга, в то время как другие полицейские сдерживали людей на улице, Роб провел вскрытия в Фулеме. Оба умерли от ранений, полученных в результате аварии.

КАК БЫ Я НИ ЛЮБИЛ ЖИЗНЬ НА ОСТРОВЕ МЭН, СПУСТЯ ПАРУ ЛЕТ НАЧАЛ СКУЧАТЬ ПО ПОВСЕДНЕВНЫМ ВРАЖДЕБНЫМ УСЛОВИЯМ МИРА СУДЕБНОЙ МЕДИЦИНЫ.

Вопросы, связанные с этими двумя смертями, так никуда и не делись. С целью сдержать неизбежный поток теорий заговора в 2004 году было открыто полицейское расследование. Расследование возглавил сэр Джон Стивенс, тогда старший комиссар лондонской полиции, а впоследствии лорд-судья Стивенс, и он должен был установить, была ли смерть жертв случайной. Новоиспеченный коронер королевского двора Майкл Берджесс предложил мне выступить в роли судебно-медицинского эксперта в рамках этого расследования. Разумеется, оба тела были давно похоронены, так что мне предстояло пересмотреть доказательства, полученные моими коллегами в 1997-м.

Как широко известно, было множество домыслов по поводу причины аварии, однако я не думаю, что были какие-либо сомнения по поводу того факта, что Доди и Диана покинули через черный ход отель «Ритц» в принадлежавшем отелю «Мерседесе» под управлением Генри Пола и, стремительно проезжая по Парижу, уходя от преследования фотографов, их машина врезалась в 13-ю бетонную колонну в туннеле Альма на скорости более 100 км/ч.

ФЕЛЬДШЕРЫ НЕ УЗНАЛИ ПРИНЦЕССУ ДИАНУ, КОТОРАЯ, КАК СООБЩАЛОСЬ, РАЗГОВАРИВАЛА.

При резком торможении машины на такой скорости тела непристегнутых ремнями безопасности людей не останавливаются вместе с ней. Они продолжают двигаться вперед, бьются о ветровое стекло и приборную панель либо о сидящих перед ними людей. Диана и Доди, находившиеся на заднем сиденье, не были пристегнуты. Не был пристегнут и водитель. Он ударился о руль, а полученные им травмы указывали, что доли секунды спустя его также ударил сзади Доди, который был весьма крупного телосложения и по-прежнему продолжал двигаться со скоростью более 100 км/ч. Генри Пол стал для Доди своего рода подушкой безопасности и мгновенно умер. Та же участь постигла и Доди.

Охранник Доди, Тревор Рис-Джонс, сидел справа от водителя перед принцессой. Охранники обычно не надевают ремни безопасности, потому что они сковывают движения, однако Рис-Джонс, то ли встревоженный ездой Генри Пола, то ли осознав вероятность аварии, в последнюю минуту пристегнул свой ремень безопасности. Таким образом, его сдержал ремень, а сработавшая подушка безопасности немного смягчила удар, когда в него с заднего сиденья полетело тело Дианы. Она весила значительно меньше Доди, так что ремень Рис-Джонса поглотил часть энергии удара, благодаря чему она получила лишь несколько переломов и небольшую травму груди.

Так как к моменту приезда «Скорой» Доди аль-Файед и Генри Пол были, очевидно, мертвы, фельдшеры справедливо стали заниматься ранеными. Они не узнали Диану, которая, как сообщалось, разговаривала. Тревор Рис-Джонс, получивший двойной удар, показался медикам куда более серьезно раненным. Как следствие, разумеется, его забрали первым. В любом случае Диана была зажата передним пассажирским сиденьем, и ее нужно было оттуда еще извлечь.

ДИАНУ ИЗВЛЕКЛИ ИЗ МАШИНЫ И В СРОЧНОМ ПОРЯДКЕ ЗАБРАЛИ В БОЛЬНИЦУ. НИКТО НЕ ЗНАЛ ПРО НЕБОЛЬШОЙ РАЗРЫВ В ВЕНЕ ОДНОГО ИЗ ЕЕ ЛЕГКИХ.

Рис-Джонса, перенесшего более серьезные повреждения, увезли на первой «Скорой». После этого Диану извлекли из машины и в срочном порядке забрали в больницу. Никто не знал про небольшой разрыв в вене одного из ее легких. Анатомия человека такова, что этот участок скрыт глубоко в центральной части грудной полости. Давление в венах, разумеется, не такое сильное, как в артериях. Кровь вытекает из них гораздо медленнее, настолько медленно, что обнаружить проблему достаточно сложно, а в случае ее обнаружения устранить еще сложнее.

Работники «Скорой» изначально сочли ее состояние стабильным, особенно с учетом того, что она была в состоянии разговаривать. Пока всеобщее внимание было сосредоточено на Рис-Джонсе, кровь из вены продолжала медленно сочиться в ее грудную полость. Уже в машине «Скорой помощи» она постепенно потеряла сознание. Когда у нее остановилось сердце, были предприняты все попытки ее реанимировать, и уже в больнице ее положили в операционную, где врачи обнаружили разорванную вену и попытались ее зашить. К сожалению, было уже слишком поздно. То, что она изначально была в сознании и вообще выжила в результате аварии, было характерно для разрыва жизненно важной вены. Ее травма была такой редкостью, что не думаю, чтобы мне приходилось еще раз с ней сталкиваться за всю мою карьеру. Диана получила очень маленькую травму — только пришлась она на крайне неудачное место.

Ее смерть стала классическим примером того, как мы говорим практически после каждой смерти: если бы только.

Если бы только она ударилась о сиденье немного под другим углом. Если бы только она полетела вперед со скоростью на 10 км/ч меньше. Если бы только ее сразу же положили в «Скорую». Самое же большое «если бы только» в данном случае находилось под собственным контролем Дианы. Если бы только она пристегнула ремень безопасности. Будь она пристегнута, она бы, наверное, появилась на публике два дня спустя с кровоподтеком под глазом, возможно слегка запыхавшаяся из-за поломанных ребер, а также с подвязанной сломанной рукой.

Причина ее смерти, полагаю, не вызывает никаких сомнений. Однако вокруг этого небольшого, ставшего смертельным разрыва легочной вены оказалось переплетено множество других фактов, некоторые из них достаточно запутаны, чтобы породить множество теорий.

Сторонники теории заговора, в частности отец Доди, Мохаммед аль-Файед, предполагали, что авария была подстроенной. Самым распространенным предположением было то, что пару убили, так как Диана вот-вот могла опозорить британскую верхушку, объявив о своей беременности. Поскольку я сам не проводил ее вскрытие, то не могу категорически заявлять, что она не была беременна. Роба Чапмэна неоднократно допрашивали по этому поводу, и он объяснил, что никаких признаков беременности ему обнаружить не удалось: изменения в организме можно было бы заметить спустя две, и точно через три недели после зачатия, когда она сама еще вряд ли была бы в курсе своей беременности.

ДИАНА ПОЛУЧИЛА ОЧЕНЬ МАЛЕНЬКУЮ ТРАВМУ — ТОЛЬКО ПРИШЛАСЬ ОНА НА КРАЙНЕ НЕУДАЧНОЕ МЕСТО.

Некоторые люди спрашивали меня, могли ли Роба заставить солгать. Могу категорически всех заверить, что нет. Он бы никогда не поступился своими жизненными принципами и не согласился скрыть правду о проведенном вскрытии. И, раз уж на то пошло, я тоже в жизни бы не стал этого делать.

Теории заговоров, однако, основывались не только на предполагаемой беременности Дианы. Были предложены всевозможные объяснения случившейся в ту ночь аварии, и эти теории подпитывались большим количеством нестыковок по этому делу.

Во-первых, были разговоры о второй машине, белом «Фиате Уно», якобы врезавшемся в «Мерседес» до его столкновения с колонной. Установить, однако, что именно случилось, не удалось, потому что ни машина, ни ее водитель — несмотря на обширные поиски по всей Франции и Европе — найдены не были.

Была также и проблема с водителем, Генри Полом. В его крови был обнаружен недопустимый уровень алкоголя, однако его родные, а также те, кто был рядом с ним незадолго до аварии, горячо отрицали, что он был пьян. Последовали обвинения в том, что кровь Пола подменили на чью-то другую, так как в его образце были обнаружены следы препарата, используемого для лечения глистов у детей. Вместе с тем этот препарат также зачастую используют для разбавления кокаина — хотя Пол явно не принимал кокаин, во всяком случае не в ту ночь и не в предшествовавшие несколько дней. Кроме того, уровень угарного газа в крови Пола был запредельно высоким, хотя и не смертельным, и никто не смог найти этому убедительных объяснений.

САМЫМ РАСПРОСТРАНЕННЫМ ПРЕДПОЛОЖЕНИЕМ БЫЛО ТО, ЧТО ПАРУ УБИЛИ, ТАК КАК ДИАНА ВОТ-ВОТ МОГЛА ОПОЗОРИТЬ БРИТАНСКУЮ ВЕРХУШКУ, ОБЪЯВИВ О СВОЕЙ БЕРЕМЕННОСТИ.

Несколько неожиданно для всех тело Дианы было забальзамировано. В больницу для этого прибыл французский гробовщик, однако впоследствии так и не удалось установить, кто и зачем его вызвал: определенно не судмедэксперт в парижской больнице. Возможно, дело в том, что процедура бальзамирования является стандартной для членов королевской семьи, но поскольку тела были сразу же отправлены в Великобританию и Роб провел вскрытия в течение суток после их смерти, французам не было никакой необходимости вводить в тело Дианы бальзамирующую жидкость. Сделав это, они исключили возможность проведения токсикологической экспертизы. У некоторых это вызвало подозрения, однако, так как за рулем были не Диана и не Доди, сложно понять, что могли бы изменить результаты их токсикологической экспертизы.

После многочисленных дипломатических споров и вооружившись большим количеством вопросов, я вместе с группой полицейских отправился в Париж. Французские власти оказали нам не самый теплый или даже любезный прием, однако мы смогли увидеть место аварии и в конечном счете саму машину. Другие специалисты пытались объяснить повышенный уровень угарного газа в крови Пола и сразу же принялись осматривать подушки безопасности, однако я, следуя своей роли, направился, разумеется, в морг.

Здесь я встретился с профессором Доминикой Лекомт, обворожительным судмедэкспертом, которой не посчастливилось дежурить по вызову в ту ночь. Она провела вскрытие Генри Пола. Она хорошо разговаривала по-английски, пока я не принялся обсуждать детали вскрытия, а также возможность того, что образцы крови могли быть перепутаны из-за ошибки в системе регистрации. После этого она больше ничего не сказала и настояла на том, чтобы дальнейшее обсуждение проводилось только через переводчика, и затем частенько советовалась с сидевшим рядом с ней адвокатом.

Надеюсь, она поняла, как сильно я симпатизировал ей и сочувствовал. Типичная субботняя ночь в морге большого города включает жертв аварий, пьяниц, которым не повезло, а также жертв убийств и потасовок. В Париже судмедэксперты, как правило, не занимаются ими в выходные: вскрытия начинают проводить в понедельник утром. Таким образом, профессор Лекомт спала у себя дома, когда посреди ночи ее внезапно в срочном порядке вызвали. Человек с самым часто фотографируемым лицом в мире умер в автомобильной аварии, и тело этой женщины поступило в морг вместе с телами ее водителя и парня. Правительства, родные и международная пресса с нетерпением ждали ее заключения.

Главное правило для громких смертей заключается в том, чтобы притормозить. Делать все медленно. Правильно и в строгой последовательности выполнить все процедуры. Лучше уж соблюсти все эти правила, потому что в случае смерти знаменитости все твои действия будут еще долгое время обсуждаться как публично, так и за закрытыми дверями. Непосредственно во время происходящего судмедэксперт оказывается под давлением обстоятельств, требующих от него немедленно со всем разобраться. В два раза быстрее, чем обычно, и с использованием лишь половины имеющейся обычно информации. Немедленно дать ответ на сложные медицинские вопросы. Я на своем горьком опыте убедился, что благодарности потом в таких делах ни от кого не дождешься. Никогда. Тебя только и делают что критикуют — ты либо сделал что-то, чего делать не следовало, либо (как это чаще всего бывает) не сделал того, что, возможно, стоило сделать.

К сожалению, судмедэксперты в такой ситуации порой все-таки прогибаются под невероятным давлением, требующим от них поспешить, обойтись без формальностей, принять «очевидное». Они начинают действовать не по порядку, в результате чего могут совершить нехарактерные для них неосторожные действия. Думаю, она хорошо постаралась, и, хотя позже я и нашел кое-какие ошибки, у меня к ней нет никаких претензий. И я могу прекрасно понять, как она оборонялась по прибытии британского судмедэксперта, принявшегося задавать ей настойчивые вопросы по поводу соблюдения ею необходимых процедур после того, как семью годами ранее ее внезапно разбудили для выполнения особенно ответственной ночной работы.

Расследование Стивенса обошлось в 4 млн фунтов, и его результатом стал отчет на 900 страниц, который был наконец предоставлен в конце 2006 года. В нем говорилось: «Мы пришли к заключению, что с учетом всех имеющихся на данный момент доказательств никакого заговора с целью убийства кого-либо из находившихся в машине не было. Это была трагическая случайность».

Рапорт никак не остановил сторонников теорий заговора, и уж точно не Мохаммеда аль-Файеда. В 2007 году после значительного давления было объявлено о проведении полного расследования. Меня вызвали в качестве свидетеля-эксперта, и на этот раз Францию удалось убедить предоставить больше материалов. Разумеется, я уже видел полный отчет о вскрытии Генри Пола. Затем, в конце сентября, совсем незадолго до начала нового расследования, французские власти наконец предоставили фотографии со вскрытия Генри Пола.

В 1997 году полицейские фотографы использовали пленочные камеры. Номера негативов наносились на снимки с обратной стороны, благодаря чему было легко установить, в какой последовательности фотографии были сделаны в морге. На первой фотографии было отчетливо видно, что в начале осмотра Пол был положен лицом вниз. Судебная медицина учит осматривать микропрепараты полностью — всегда есть вероятность наличия с одного края небольшого кусочка раковой опухоли. То же самое правило применимо и к фотографиям. Нужно игнорировать то, что прямо перед глазами, и смотреть на задний план. Так что я посмотрел на задний план фотографий Пола и увидел на них поставленные в ряд у раковины рядом со столом для вскрытия пустые бутылки, подготовленные для образцов его крови.

> **ГЛАВНОЕ ПРАВИЛО ДЛЯ ГРОМКИХ СМЕРТЕЙ ЗАКЛЮЧАЕТСЯ В ТОМ, ЧТОБЫ ПРИТОРМОЗИТЬ. ДЕЛАТЬ ВСЕ МЕДЛЕННО. ПРАВИЛЬНО И В СТРОГОЙ ПОСЛЕДОВАТЕЛЬНОСТИ ВЫПОЛНИТЬ ВСЕ ПРОЦЕДУРЫ.**

В своем отчете профессор Лекомт описала обширную область кровоподтека в задней части шеи Пола, скорее всего, вызванного ударом тела Доди. Ничего необычного. Но было очень странно, что на последующих фотографиях количество наполненных бутылок увеличивалось. Ряд таких фотографий был сделан явно до того, как тело было перевернуто на спину для вскрытия грудной и брюшной полости.

Это не имело бы особого значения, если бы не тот факт, что в своем отчете Лекомт написала, что предоставленные образцы крови были взяты ею из сердца. А не из шеи.

Разумеется, она могла сначала взять образцы из шеи в качестве предосторожности, а затем выкинуть их, когда она перевернула тело и поняла, что сможет вместо них взять образцы из сердца (образцы из сердца считаются приемлемыми, самыми же лучшими являются образцы крови, взятые из бедренной вены). Это было бы совершенно нормально и правильно. Но только если бы она написала в отчете о проделанных действиях.

Либо же она могла подписать образцы из шеи как образцы, взятые из сердца. На самом деле не особо важно, откуда именно взяты образцы. Важно правильно указать, откуда они были взяты, так как это может значительно повлиять на интерпретацию результатов в ходе токсикологического анализа, и неправильные подписи на образцах могут привести к значительным неточностям.

Можно назвать это недосмотром. Можно назвать это проблемой с ведением записей. Вместе с тем в подобном деле, когда каждая мелочь имеет значение, подобные недочеты могут породить дополнительные вопросы по поводу того, откуда была взята кровь, как были подписаны бутылки, а также насколько они были защищены в процессе транспортировки — и они определенно стали поводом для обвинений в том, что изученные образцы крови не принадлежали Полу. Были проанализированы остатки крови в образцах, которые оказались принадлежащими Полу, однако на этом все не закончилось, так как были отсутствующие образцы, разделенные образцы, образцы, анализ которых проводился совместно с другими лабораториями… Что оставляло достаточно места для сомнений тех, кто действительно был готов задавать вопросы.

МОЕ ЗАКЛЮЧЕНИЕ? ОБЫЧНОЕ ДОРОЖНО-ТРАНСПОРТНОЕ ПРОИСШЕСТВИЕ, СВЯЗАННОЕ С ПРЕВЫШЕНИЕМ СКОРОСТИ И УПОТРЕБЛЕНИЕМ СПИРТНОГО.

Решить, насколько важными являются предоставленные мной в ходе расследования данные, предстояло присяжным. Это было масштабное судебное разбирательство под председательством лорда-судьи Скотта Бейкера, специально назначенного коронером на это дело. Он был представлен тремя адвокатами; Мохаммеда аль-Файеда также представляли трое, двое представляли парижский отель «Ритц», а еще двое — семью Генри Пола. Кроме того, лондонская полиция была представлена тремя адвокатами, а служба разведки и Министерство иностранных дел — двумя. У других заинтересованных сторон, включая сыновей Дианы и ее сестру, также были свои адвокаты.

Хотя, разумеется, в определенные моменты разбирательство привлекало огромный интерес СМИ, большинство дней адвокаты своим числом значительно превосходили представителей прессы и общественности, вместе взятых.

Опрос свидетелей, как и полагалось, сначала проводил адвокат коронера — однако кто-то из остальных адвокатов неизменно устраивал перекрестный допрос. Была изучена каждая мельчайшая подробность той ночи, а также предшествовавших ей месяцев. Мой личный вклад был минимальным, однако, как мне кажется, он сыграл важную роль для итоговых результатов. Меня спросили о моем общем впечатлении о произошедших событиях. Мое заключение? Обычное дорожно-транспортное происшествие, связанное с превышением скорости и употреблением спиртного.

Окончательный вердикт присяжных никого не удивил и многих удовлетворил:

«Грубое небрежное вождение следовавших позади автомобилей и «Мерседеса», повлекшее смерть. Аварию спровоцировали либо ей способствовали скорость и манера вождения водителя «Мерседеса», скорость и манера вождения следовавших позади автомобилей, искаженная оценка восприятия дорожной ситуации водителем «Мерседеса» под воздействием алкоголя».

Хотелось бы мне, чтобы профессор Лекомт была немного уступчивей и сказала немного больше: ее молчание давало понять, что с точки зрения судебной медицины имеются некоторые неясности. Но это вовсе не означает, что я верю в теории заговора. Я не считаю, будто произошедшее в ту безумную ночь в морге было частью какого-то масштабного плана по убийству этой женщины столь нелепым образом с дальнейшим сокрытием доказательств. Профессор Лекомт, будучи под давлением, попросту допустила несколько небольших ошибок, которые, не будь всех этих людей, ищущих подтверждения своих теорий, не имели бы особого значения. Я полностью разделяю вынесенный присяжными вердикт.

33

В 2006 году Тони Блэр был все еще премьер-министром, летом установилась аномальная жара, а сериал «C.S.I. Место преступления» назвали самой популярной в мире телевизионной программой. Крис уже почти стал ветеринаром, а Анна прошла половину обучения в медицинской школе. Что касается дел на острове Мэн, то книга «Судебная медицина Симпсона», 12-е издание, была не только закончена, но и опубликована. Моя гордость за нее смешивалась с чувством, что все кончено, возникшим после завершения книги. Прочитанное мной третье издание стало толчком для моей карьеры. Указывало ли то, что я сам написал 12-е издание, на закат моей карьеры?

Работы у меня по-прежнему было навалом: я заседал в различных комитетах, высказывал свое мнение по запутанным делам и давал показания для официальных расследований. Но моя жизнь сильно отличалась от того наполненного вечной суетой мира, что я знал раньше, мира, в центре которого всегда было какое-то тело с невыясненными обстоятельствами смерти и порой неизвестным именем.

Иногда, когда я прогуливался по холмам вместе с собаками и смотрел на море, меня одолевала тоска. Что это было? Понадобилось какое-то время, прежде чем я распознал то, с чем почти никогда не сталкивался за всю свою жизнь. Скука. Или же это было одиночество? С последним я тоже толком не был знаком.

Когда мы оказывались наедине после очередного шумного мероприятия, нам с Джен, казалось, нечего было друг другу сказать. Теперь, когда дети выросли, потребность говорить о них, как это бывало раньше, отпала, да и ремонт коттеджа был окончен, так что и по этому поводу нечего было сказать. Джен прикупила овец и начала учиться ухаживать за своим стадом. Я тоже попытался заинтересоваться овцами. Но факт оставался фактом: как бы мне ни нравился наш дом с видом на море, он начал казаться мне слишком тихим. Я даже радовался шумным бурям, которые стучали к нам в окна и колотили по крыше, потому что в эти моменты наш дом словно наполняла жизнь.

Когда мы перебрались на остров, то оба надеялись на какую-то частичную занятость: я мог бы помогать в морге, а Джен — в дерматологической клинике. Оказалось, что из-за существующих на острове правил в отношении медицины такая возможность была закрыта для нас обоих, и Джен в итоге стала одну неделю в месяц работать в клинике на Большой земле. В 2006 году мне предложили раз в месяц по выходным замещать судебно-медицинского эксперта в Ливерпуле. Я согласился.

Возможно, я сбежал из Лондона на остров Мэн, чувствуя себя измученным своей работой: ее внутренней политикой, административными обязательствами, трудностями межличностного взаимодействия нового мира частной судебной медицины. Только теперь я понял, чего мне не хватало: самой сути моей работы, то есть трупов с их загадками. Стоя в ливерпульском морге в своей рабочей одежде с заточенным

РМ40 в руке, я даже заново почувствовал приятное профессиональное волнение перед своим первым пациентом: весьма пахучей и пьяной жертвой ножевого ранения, найденной в желобе для строительного мусора. Я выступал в роли запасного судебно-медицинского эксперта для полиции, для чего раз в месяц останавливался на выходных в гостинице. Иногда меня вызывали на убийства, одно за другим, а иногда, к моему величайшему разочарованию, и вовсе ничего не происходило.

Я не так долго не занимался практической работой — около двух лет, — но казалось, наступила новая эпоха судебной медицины. Изменения были не такими сильными, как их дальнейшее развитие, результаты которого я впервые начал замечать в Лондоне.

Вид трупов изменился и продолжал меняться. Количество телесного жира у населения росло экспоненциально, так что, если мои пациенты не были бездомными, больными раком либо настолько старыми или бедными, что попросту не могли есть, мало кто из них мог похвастаться такой же формой, как тела в 1980-х, когда я только начинал свою практику. Рассматривая архивные фото тех времен, я поражаюсь, насколько стройнее были люди.

Также тела стали куда более разукрашенными: раньше татуировки были отличительным признаком солдат и моряков. Теперь же, казалось, у большинства из поступающих в морг тел был либо пирсинг, либо татуировки. Кроме того, в те годы люди почти никогда не причиняли себе вред самостоятельно, и я был потрясен количеством поступающих в морг тел, особенно молодых, на которых были старые, самостоятельно нанесенные порезы: это могло поведать мне об их жизни и о переменах в обществе, однако ровным счетом ничего не говорило про их смерть, причина которой, как правило, не была напрямую связана с этими ранами.

ВИД ТРУПОВ ИЗМЕНИЛСЯ И ПРОДОЛЖАЛ МЕНЯТЬСЯ. КОЛИЧЕСТВО ТЕЛЕСНОГО ЖИРА У НАСЕЛЕНИЯ РОСЛО ЭКСПОНЕНЦИАЛЬНО.

Для судмедэкспертов 1980-х годов общепризнанными врагами становились ВИЧ и гепатит, которыми они остаются и до сих пор. Однако к моменту моего возвращения к работе с острова Мэн главным профессиональным риском для всех работников морга стал туберкулез, и я лично знал нескольких подхвативших его судмедэкспертов. Туберкулез распространен гораздо больше, чем можно было себе представить, и нередко даже во время вскрытия мы понятия не имеем, что нам предстоит столкнуться с крайне заразной болезнью, которую все остальные врачи путали с пневмонией.

Отчеты о вскрытии тоже изменились. Когда я начал свою работу, три страницы считались нормой. Когда же я вернулся, меня критиковали, если я выдавал меньше десяти, и от них ждали подробного описания работы человеческого организма.

> **НЕРЕДКО ДАЖЕ ВО ВРЕМЯ ВСКРЫТИЯ МЫ ПОНЯТИЯ НЕ ИМЕЕМ, ЧТО НАМ ПРЕДСТОИТ СТОЛКНУТЬСЯ С КРАЙНЕ ЗАРАЗНОЙ БОЛЕЗНЬЮ, КОТОРУЮ ВСЕ ОСТАЛЬНЫЕ ВРАЧИ ПУТАЛИ С ПНЕВМОНИЕЙ.**

В 1990-х ДНК-анализ начал вносить существенный вклад в работу криминалистов, и они вскоре потеснили судмедэкспертов в расследовании преступлений. Когда я уходил, полиция стала просить нас надевать на месте преступления перчатки. Когда же я вернулся, к перчаткам добавились ботинки, специальные белые костюмы с капюшоном и маски. Методы ДНК-анализа стали настолько более чувствительными, что теперь мы знали: от одного только дыхания, от одних только разговоров повсюду разлетается слюна с ДНК. Канули в Лету те времена, когда судмедэксперты вместе со старшими следователями в своей офисной одежде разгуливали по месту преступления, обсуждая дело. Создатели этих белых костюмов явно не заботились о том, чтобы их было легко надевать или чтобы в них было комфортно. Но как же приятно их с себя снимать по завершении изучения места преступления и класть в пакет для вещественных доказательств — да, теперь даже эти костюмы хранят на случай присутствия на них следовых доказательств.

Что касается судов, то я на протяжении нескольких лет замечал, как сторона обвинения становилась все менее организованной и скрупулезной в подготовке материалов. Совещания по делу с адвокатом ушли в прошлое. Теперь мне никто не звонит: ни полиция, ни уголовная прокуратура, ни даже адвокаты. Если мне повезет, я смогу переговорить десять минут с адвокатом, прежде чем встать за свидетельскую трибуну. Чаще же всего адвокаты даже не догадываются, что я отвечу, когда начинают задавать мне вопросы в суде. Зачастую они даже не дают мне возможности представиться присяжным, объяснить, кто я такой и почему мой опыт позволяет мне обсуждать данную тему: «Доктор Шеперд, вы дипломированный медицинский работник, расскажите мне, что вам удалось обнаружить при осмотре тела».

В 1990-Х ДНК-АНАЛИЗ НАЧАЛ ВНОСИТЬ СУЩЕСТВЕННЫЙ ВКЛАД В РАБОТУ КРИМИНАЛИСТОВ, И ОНИ ВСКОРЕ ПОТЕСНИЛИ СУДМЕДЭКСПЕРТОВ В РАССЛЕДОВАНИИ ПРЕСТУПЛЕНИЙ.

Когда я покинул Лондон, эпоха громогласных, высокопарных адвокатов уже подходила к концу: тот королевский адвокат защиты, что устроил мне разнос в деле о смерти мальчика по вызову, уже был пережитком прошлого, и теперь подобных адвокатов практически не осталось. Вероятно, из соображений экономии Королевская уголовная прокуратура стала все чаще предпочитать услуги младших адвокатов дорогостоящим королевским адвокатам. Разумеется, опытные, хотя и не настолько откровенно громогласные королевские адвокаты все еще в строю, они практически всегда выступают на стороне защиты.

Суды стали гораздо более заинтересованы в том, чтобы свидетели-эксперты давали показания «на основе фактических данных», как их стали называть теперь, а не на основе своего опыта, сколько бы этого опыта у нас ни было. Судьи порой прерывали мои ответы на важные вопросы резким: «Просто скажите, «да» или «нет», доктор Шеперд». Причем происходило это зачастую во время моего ответа на длинный и подробный вопрос адвоката.

Так как в результате новых порядков, установленных, когда я покинул Лондон, судебно-медицинские эксперты Англии и Уэльса работали теперь сами на себя, возможностей для проведения исследований в области судебной медицины практически не осталось. Большинство из нас больше не работали и не преподавали в университетах: судебной медицине не было места даже в учебной программе медицинских школ. На пути наших исследований всегда стояла Британская ассоциация по вопросам пересадки человеческих органов и тканей, настаивавшая, что родственники покойных должны давать свое согласие на взятие образцов тканей, даже самых минимальных, в исследовательских целях. Как же тогда, спросите вы, ответы, которые мы даем в суде, могут быть «основаны на фактических данных»?

Убийства, самоубийства и несчастные случаи никогда никуда не денутся, однако отныне рядовые дела судебных медиков будут все больше включать случаи халатности и проблем с обеспечением безопасности в домах престарелых. Они определенно будут включать большое количество смертей от передозировки наркотиков. Кроме того, к нашему стыду, все больше смертей происходит под стражей, что многое говорит о наших тюрьмах: 316 с марта 2016-го по март 2017-го, из которых 97 были самоубийствами. За тот же год в тюрьмах было зарегистрировано более 40 000 случаев причинения заключенными себе вреда самостоятельно и более 26 000 нападений. И эти показатели пугающим образом растут из года в год.

Самым же шокирующим изменением, которое я заметил по возвращении, было то, что судебно-медицинских экспертов стали реже вызывать с целью изучения обстоятельств смерти. Расходы и организационные вопросы, связанные с открытием расследования, казалось, вынуждали некоторых коронеров закрывать глаза на некоторые сомнения. Если смерть, «возможно», была естественной, и врач, «возможно», готов подписать соответствующее свидетельство, то многие коронеры охотно на это согласятся и не станут устраивать дальнейшие разбирательства. Печально это признавать, но то, что полиция вынуждена платить стандартную ставку — порядка нескольких тысяч фунтов — судебно-медицинскому эксперту, может оказаться достаточным, чтобы отмести у полиции (особенно, если верить статистике,

СУДЕБНО-МЕДИЦИНСКИХ ЭКСПЕРТОВ СТАЛИ РЕЖЕ ВЫЗЫВАТЬ С ЦЕЛЬЮ ИЗУЧЕНИЯ ОБСТОЯТЕЛЬСТВ СМЕРТИ.

когда дело близится к концу финансового года) какие-либо сомнения по поводу смерти, и вместо этого отдать труп на вскрытие местному, обычному судмедэксперту, а не одному из 40 или около того зарегистрированных Министерством внутренних дел специалистов.

Многие согласятся, что цивилизованное общество всегда должно стремиться установить, сколько бы это ни стоило, истинную причину смерти. Расходы, понесенные на суды, расследование и открытое разбирательство по делу о смерти Стивена Лоуренса, должны служить напоминанием всем, у кого есть хоть какие-либо сомнения, что гораздо лучше и дешевле с самого начала сделать все как полагается.

В итоге я был рад вернуться на передовую в Ливерпуле, несмотря на все произошедшие изменения. Иногда меня приглашали читать лекции на Большой земле различные медицинские организации или другие профессиональные группы, и это тоже приносило мне радость. По окончании этих лекций ко мне, как правило, подходили с вопросами заинтересованные люди. После одной из таких лекций в Лондоне со мной поболтала о моей работе один судебный педиатр.

Судебные педиатры расследуют дела о насилии над детьми — как физическом, так и сексуальном, — и в этом заключалась специализация этого судебного педиатра: не трупы, а защита живых. Она задала мне вопросы о кровоподтеках, и мы решили, объединив наши знания на эту тему, написать совместную научную статью. Если моя работа состояла в том, чтобы выяснить, умер ли ребенок естественной смертью, то она должна была понять, подвержены ли опасности его живые братья и сестры, и мы встречались несколько раз, чтобы обсудить нашу статью о кровоподтеках, во время моих последующих поездок на Большую землю.

Что касается острова Мэн, то в нашем доме становилось все тише и тише. Джен пасла своих овец. Я готовил свои статьи.

Однажды она сказала:

— Нам стоит поговорить о нашем браке.

И я ответил:

— Каком браке? Не похоже, чтобы он вообще был.

Так все и закончилось одним февральским вечером. Без шума, но со слезами. С минимумом слов, но с большим количеством боли. После 30 лет.

Как же быстро по сравнению с его продолжительностью этот брак разрушился. Наверное, у всего есть свой конец. Возможно, в отношения, как в человеческий организм, изначально заложена деградация. Мне казалось, что от нашего брака попросту ничего не осталось, однако было невозможно говорить или даже думать об этом без боли и зарождающейся ярости. У нас было прошлое, было двое общих детей, была общая собственность, и все это, разумеется, подлежало обсуждению, неизменно с горечью и огромной болью с обеих сторон. Но между нами было так мало общего, что я не сомневался: когда крики закончатся и раны затянутся, нас обоих впереди ждет лучшее будущее.

ВОЗМОЖНО, В ОТНОШЕНИЯ, КАК В ЧЕЛОВЕЧЕСКИЙ ОРГАНИЗМ, ИЗНАЧАЛЬНО ЗАЛОЖЕНА ДЕГРАДАЦИЯ.

Джен подала на развод, и через год со всем было покончено.

Тогда я даже не догадывался, что влюблюсь в судебного педиатра, с которым мы встречались для обсуждения нашей работы по кровоподтекам, не говоря уже о том, что она станет моей женой, однако мне так и не удалось убедить в этом Джен. Я действительно проводил время с человеком, которого считал сердечным, отзывчивым и умным, однако ничего тогда не планировал. Не планировала и Линда, овдовевшая, когда трое ее дочерей были еще совсем маленькими, и теперь вот уже несколько лет состоявшая в новых отношениях. Эти отношения, равно как и мой брак, закончились неприятно и со злобой.

Несмотря на свой решительный настрой развестись со мной, Джен сильно страдала. Наш разрыв сильно расстроил и наших детей, которые тоже, полагаю, ошибочно подозревали, будто я попросту повстречал Линду и бросил Джен. Анна, уже почти сама ставшая к этому времени врачом, однажды, когда ее мать особенно страдала и злилась, заявила, что уж точно никогда в жизни не станет таким судмедэкспертом, как ее отец.

Я рад, что Джен все-таки обрела счастье с другим человеком. А в сентябре 2008 года мы с Линдой поженились. Так у меня появилась еще одна семья, и я снова оказался в мире детей-подростков и занятых немолодых родителей. Какой бы любящей и доброжелательной ни была новая семья, отношения между всеми ее членами в отдельности должны строиться постепенно, год за годом. Мы понимали это, и в результате, мне хочется надеяться, получилась сильная и любящая большая семья.

С тех пор я жил и работал судебно-медицинским экспертом на севере Англии. Жизнь здесь насыщенная и разнообразная: вдохновляющая работа, теплый и любящий дом, занимательные отпуска, неожиданные вылазки, самолет совместного пользования для полетов, пятеро детей на двоих и два внука у меня.

Мой сын, Крис, стал ветеринаром, специализирующимся на лошадях. Теперь он живет за границей, где горизонты природы и, возможно, ума шире. Как бы то ни было, он определенно избежал низкой зарплаты и темноты по утрам. И он пошел по моим стопам в одном: стал учиться управлять самолетом.

МОЙ СЫН, КРИС, СТАЛ ВЕТЕРИНАРОМ, СПЕЦИАЛИЗИРУЮЩИМСЯ НА ЛОШАДЯХ. ТЕПЕРЬ ОН ЖИВЕТ ЗА ГРАНИЦЕЙ, ГДЕ ГОРИЗОНТЫ ПРИРОДЫ И, ВОЗМОЖНО, УМА ШИРЕ.

Анна стала врачом-патогистологом с живым интересом к вскрытиям и судебной медицине в целом, и она даже работает на некоторых коронеров, с которыми я работал годы назад. Мы частенько обсуждаем разные дела: я советуюсь с ней по поводу «новомодных» анализов, а она спрашивает мое мнение относительно причины смерти. Выйдя замуж, она поменяла фамилию, так что никто не станет говорить, будто своими достижениями она хоть как-то обязана громкому имени своего отца. Но никто бы, наверное, и не стал, потому что она более чем самостоятельная и яркая личность. Анне не приходится разрываться между современной практикой и желанием быть Кейтом Симпсоном. Нет, мир Анны гораздо более детальный и понятный, чем тот, который я сам знал в ее возрасте. На мой взгляд, в этом мире недостает красок. Она же так не считает. Она никогда не знала безграничных горизонтов Симпсона.

Я бы сказал, что мое знание о смерти помогло мне по-настоящему ценить важные небольшие радости жизни, и они меня греют: любимый ребенок, радостно бегающий по ковру из красно-желтых листьев либо увлеченно проводящий пальцем по морщинам на моем лице, горящий под стук дождя в окно камин, мчащаяся мне навстречу собака, радующаяся моему возвращению домой, ласковая рука, с любовью положенная на мою. Я знаю, что такое радость. Я знаю, что по-настоящему радость может испытать только тот, кто пережил несчастье. А несчастье неизбежно.

Я БЫ СКАЗАЛ, ЧТО МОЕ ЗНАНИЕ О СМЕРТИ ПОМОГЛО МНЕ ПО-НАСТОЯЩЕМУ ЦЕНИТЬ ВАЖНЫЕ НЕБОЛЬШИЕ РАДОСТИ ЖИЗНИ, И ОНИ МЕНЯ ГРЕЮТ.

34

Однажды утром раздался звонок, и злобный голос из трубки закричал:

— Ты читал это дерьмо?!

Я сразу же узнал этот голос — это была Элли, детский судмедэксперт, с которой мы периодически вместе работали над одним делом. О каком же дерьме она говорила? Полтора года назад мы провели совместное вскрытие младенца по имени Ноа и в качестве причины смерти указали СВДС. Я уже заметил, что у меня в почте была какая-то новая информация по этому делу, ожидавшая, когда я ее открою.

Элли было не остановить.

— Как мы могли упустить травмы губ и переломы задних ребер? Как? На губах были травмы от реанимационных мероприятий, или я Наоми Кэмпбелл! И мы все осмотрели и не заметили никаких переломов ребер, равно как и рентгенолог. Как же теперь этот человек, взглянув на одни лишь только снимки, мог выявить травмы, вызванные удушением, да еще и старые переломы? Скажи мне, Дик!

У родителей покойного Ноа родился другой ребенок. Социальные службы, как оказалось, решили, будто смерть предыдущего ребенка от СВДС вызывает достаточно сомнений, чтобы защитить нового, лишив отца и мать родительских прав. Их иск был рассмотрен в семейном суде. Недавно суд запросил копии нашего отчета по маленькому Ноа, наши записи и сделанные в ходе вскрытия фотографии. Очевидно, все это было недавно просмотрено другим судмедэкспертом, специализирующимся на работе для этого суда. Я нажал на злосчастное письмо. Да, это были его комментарии.

— Элли, но он же не утверждает, будто мы упустили…

— Именно это и говорит!

— Я посмотрю на снимки и перезвоню.

Мне стало не по себе. Было ли такое возможно, что я осмотрел труп младенца, над которым издевались, которого убили, и не заметил доказательств этого? А потом указал в качестве причины смерти СВДС, тем самым оправдав родителей и поставив под удар всех будущих детей, которые у них могли появиться? И неужели эти доказательства были настолько очевидными, что полтора года спустя другой судмедэксперт смог заметить их только по фотографиям?

БЫЛО ЛИ ТАКОЕ ВОЗМОЖНО, ЧТО Я ОСМОТРЕЛ ТРУП МЛАДЕНЦА, НАД КОТОРЫМ ИЗДЕВАЛИСЬ, КОТОРОГО УБИЛИ, И НЕ ЗАМЕТИЛ ДОКАЗАТЕЛЬСТВ ЭТОГО?

Я принялся искать материалы по делу. С тех пор у меня уже было много дел, и я пытался вспомнить дату.

Меня вызвала в морг полиция, потому что мать нашла своего младенца мертвым с утра. В комнате отдыха морга с извечным аквариумом меня ожидала Элли — вскрытие ребенка, чья смерть вызывает вопросы, должно проводиться двумя судмедэкспертами, в том числе детским. С Элли прекрасно работать вместе: остроумная и толковая, она выражала стопроцентную уверенность в своих выводах, в чем я ей втайне завидовал.

Я стал пролистывать свои записи. Мать дала маленькому Ноа бутылочку в восемь вечера, а также, поскольку он шмыгал, немного парацетамола. Она уложила его спать, но он дважды за ночь просыпался. Первый раз, где-то в два часа ночи, его убаюкал отец, и он снова уснул. Второй раз ребенок проснулся в пять утра, и отцу все равно было пора вставать на утреннюю смену. Он успокоил ребенка и покинул дом в шесть утра, не разбудив при этом его мать. В семь утра она обнаружила ребенка мертвым. Она выбежала с криками на улицу. Сосед, видевший в телевизионной программе, как проводить реанимацию, подбежал и стал пытаться реанимировать ребенка, пока за это не взялись работники прибывшей «Скорой». Безуспешно.

На фотографиях из дома был запечатлен беспорядок, типичный для семьи с маленьким ребенком. Мебели было мало, так как основное пространство занимали большие пластмассовые игрушки, которые обычно бабушки покупают по каталогам. В холодильнике почти ничего не было, за исключением молока и остатков еды, взятой навынос в ресторане в картонных коробках. Почти всю спальню наверху занимали кровать и детская люлька, на оставшейся поверхности пола валялись горы детской одежды.

Самым же примечательным для нас, судмедэкспертов, была температура в доме. На фотографиях было видно, что термостат стоит на 30 °C, а обогреватели включены на максимум. Полиция сообщила, что в доме было невыносимо жарко. Перегрев ребенка является одним из известных факторов риска СВДС.

Через какое-то время после окончания работы над отчетом всплыл ряд нестыковок. Соседи-мусульмане были шокированы, обнаружив в своих мусорных баках пустые бутылки из-под спиртного, о чем сообщили полицейским. Родители Ноа позже признались, что выбросили эти бутылки ночью. Токсикологи оценили уровень алкоголя в крови отца на момент, когда ребенок предположительно проснулся первый раз: он составлял 200 мг / 100 мл, в два с половиной раза больше допустимой для вождения нормы. Также анализы крови помогли установить, что оба родителя курили марихуану.

Отец в прошлом был осужден за причинение тяжких телесных повреждений после драки, однако никаких данных о насилии в семье не было. У ребенка была зажившая травма плеча, однако она запросто могла быть вызвана осложнениями при родах. У полиции явно были подозрения по поводу этой пары, хотя она и не могла в явном виде сформулировать их причины — хотя они и установили, что дома было так жарко из-за небольшой фермы по выращиванию марихуаны на чердаке. Работники «Скорой» утверждали, что ребенок умер за несколько часов до их приезда, а не за один, как уверяла мать. Но они не были полностью в этом уверены. А все следы на теле маленького Ноа можно было объяснить попытками его реанимировать неподготовленным соседом, а также дальнейшими длительными попытками фельдшеров «Скорой».

Мы с Элли должны были прийти к согласию относительно причины смерти. Будучи детским судмедэкспертом, она собиралась написать отчет, в который я мог внести свои исправления, а потом подписать его.

— СВДС, Дик. Это СВДС.

— Но с этим случаем все странно. Я бы лучше написал: «Не установлена».

— Мы здесь не для того, чтобы осуждать их за несколько горшков с марихуаной на чердаке, ради всего святого. Или за пристрастие к выпивке. Они явно не были безалаберной парочкой наркоманов. У отца была постоянная работа, ребенок был здоров, за ним хорошо ухаживали. Они регулярно ходили на приемы к врачу и на вакцинацию, их поддерживали родные — бабушка, сестра. Нет, давай не будем вешать причину: «Не установлена» — на молодую пару бедняков, которые старались как могли.

— СВДС, значит, СВДС.

Только теперь другой судмедэксперт, взглянув на фотографии со вскрытия, решил, что это вовсе не СВДС. Я вывел фотографии на экран. На них были губы ребенка. Они были более красными, чем я это помнил, и следы на них были более заметными, однако никакой отечности или кровоподтеков. Эти травмы были нанесены в ходе реанимационных мероприятий. Затем я посмотрел на ряд фотографий внутренней поверхности грудной клетки, на которых были видны ребра ребенка. И действительно, я увидел небольшие белые участки в нескольких местах, которые могли указывать на сросшиеся переломы. Или же это было лишь отражение вспышки фотографа?

Я перезвонил Элли:

— На этих фотографиях губы кажутся более красными и с более отчетливыми следами, чем было на самом деле, и на задней поверхности ребер действительно видны белые участки… — Я слышал, как она закипела от злости, так что поспешил закончить фразу: — Мы знаем, что все было не так. Если внимательно присмотреться к фотографиям, то можно увидеть, что у других органов какой-то странный оттенок, да и повсюду отражение вспышки. Все дело в снимках.

— Кто их сделал? — зарычала она. — Кто сделал эти никчемные фотографии?

Я вспомнил, как полицейский фотограф несколько застенчиво сделал шаг вперед со своим фотоаппаратом. Может, это было его первое «настоящее» задание? Он несколько раз спрашивал совета у своего начальника, после чего дополнительная вспышка вышла из строя, и ему пришлось довольствоваться встроенной в фотоаппарат вспышкой.

Все остальные фотографии были настолько плохого качества, что у белого подгузника Ноа был отчетливый голубоватый оттенок. Почему я не заметил этого раньше?

— Не переживай, Элли, — сказал я. — Должно быть, со вспышкой была техническая проблема, так они еще сохранили снимки в низком разрешении, отчего стало еще хуже.

— Я не переживаю, — спокойно ответила она. — Нет. Я очень, очень злая. Этот судмедэксперт со своей критикой сам вскрытий не проводит. И он уж точно не присутствовал на этом. Другие судебно-медицинские эксперты, нанятые для осмотра тела родственниками, с нами согласились, не так ли? Да как он смеет ставить наше мнение под сомнение?

— Потому что… ну, ты прочитала файл до конца?

— Нет еще!

— Потому что они обнаружили новые данные про родителей. То, чего не знали до этого. Из-за чего складывается иная картина. Мы думали, что они были молоды и пытались свести концы с концами, выращивая травку на чердаке… Однако теперь выяснилось, что у отца уже был ребенок от другой женщины где-то на юге. Года четыре назад. И он умер. В качестве смерти был указан СВДС.

От такого ненадолго замолчала даже Элли.

Я сказал:

— Хуже того, раньше он был героиновым наркоманом, которому вплоть до недавнего времени прописывали метадон. Жаль, что они нам ничего об этом не сказали.

— Ой, да ладно. Изводить человека, когда он всячески старается слезть. Он был под метадоном, когда ребенок умер?

— Нет.

— Вот и все.

— Когда он повстречал мать и у них родился ребенок, он всячески старался вести добропорядочную жизнь: так было написано в протоколе его допроса полицией.

— Вот именно, и если у каждого исправляющегося героинового наркомана забирать детей, то в некоторых районах вообще детей не останется.

— Послушай, Элли, мы придем в суд, дадим показания, объясним, что фотографии некачественные, скажем, что уверены в отсутствии у ребенка сросшихся переломов, объясним, что рентгенолог с нами согласился, и на этом все закончится.

— Будет не все так просто. Мы говорим, что ребенок умер от СВДС, а они и слышать этого не хотят. Думаю, им просто хочется забрать нового ребенка. Очевидно, они думают, что маленький Ноа был убит.

— Суды созданы для того, чтобы установить правду, а не то, что хотят услышать.

Последовал громкий звук, что-то среднее между смехом и фырканьем, после чего она повесила трубку.

Суд меня особо не беспокоил. На самом деле мне было даже любопытно. Семейные суды оставались для меня загадкой, как и для всех остальных, потому что вплоть до этого момента мои показания использовались ими сугубо в письменном виде. Эти суды разбираются со столь личными, чувствительными проблемами, что они полностью закрыты для прессы и общественности: никто без явной на то причины туда не допускается, даже близкие родственники покойных.

Элли ждала меня снаружи. Она выглядела обеспокоенной.

— Видел бы ты, сколько там народу.

— Как так? Почти никого туда не пускают, кроме адвокатов и свидетелей.

— Там миллион адвокатов. Мать представляют солиситор, адвокат и королевский адвокат. То же самое у отца. То же самое у местных властей. То же самое у их нового ребенка! Ей еще трех месяцев от роду нет, а у нее уже три адвоката! Итого уже двенадцать для начала, потом куча всяких официальных лиц. Дик, теперь, когда они снижают ставку финансирования государственной юридической помощи, они все накидываются на семейные суды, как стервятники. Слушания здесь длятся неделями!

Я подумал, что она, должно быть, преувеличивает.

— Ну тогда будет только один судья, — сказал я. — Судя по всему, для присяжных места не найдется.

Но когда я вошел в зал суда, он действительно кишел адвокатами. Формально, разумеется, никого не судили. Скамья подсудимых была пуста. Задачей единственного судьи было решить, следует ли ребенка забрать из семьи или, возможно, защитить каким-то другим способом. Ему предстояло принять во внимание много факторов, однако главным вопросом оставалось: причинили ли родители вред маленькому Ноа или убили его, основываясь на соотношении вероятностей. Таким образом, никакого суда, просто расследование с целью установить истину. Но с полным набором атрибутов состязательного судопроизводства — адвокаты должны были задавать вопросы свидетелям, устраивать им перекрестный допрос, защищать позиции своих клиентов. Я вспомнил, что, как предположительно сказал Эсхил, правда — первая жертва войны.

Мне было разрешено находиться в зале суда во время показаний Элли, так что я видел обоих родителей. Они сидели отдельно и не смотрели друг на друга. У них был ребенок, но казалось, будто они не вместе: разумеется, их адвокаты теперь будут заниматься взаимными обвинениями.

Мать была злой. С избыточным весом, с огромным, словно опухшим, лицом, почти не двигаясь, она умудрилась создать вокруг себя шумную атмосферу, то и дело сердито что-то говорила на ухо своему солиситору, а порой и вовсе вслух в тихом зале суда. Отец был очень худым и постоянно фыркал и ерзал, словно происходящее отвлекало его от чего-то более важного. Например, от дозы. Если эти люди и правда убили малыша Ноа, то они не заслуживают сочувствия. Но если они этого не делали… то, можно сказать, выглядели как двое несчастных, никем не любимых людей, которым, возможно, сложно было научиться любить своего ребенка.

Оказавшись за свидетельской трибуной, Элли стала терять самообладание. С растущей обеспокоенностью я наблюдал, как адвокат за адвокатом ставят под сомнение ее компетентность в указании СВДС в качестве причины смерти малыша Ноа. Когда они закончили ее истязания, я знал, что будет дальше.

Стоило мне только принести клятву, как первый барристер принялся говорить о том, что на ребенке на самом деле был синий комбинезон с зелеными кроликами — Элли перепутала цвета в своем отчете, а я не обратил внимания, когда его проверял, что кролики не были синими. Она также немного напутала с датой, поменяв местами месяц и день, чего я тоже не заметил. Ошибки незначительные, однако это были обычные придирки в начале опроса с целью поставить под сомнение мою компетентность и подорвать мою уверенность, когда начнется спор о самом главном. А самым главным, разумеется, были травмы на губах ребенка, а также предполагаемые переломы его задних ребер.

— Доктор Шеперд, вы согласитесь, что старые, теперь уже сросшиеся переломы задних ребер младенца явно бы указывали на насилие по отношению к нему в течение его непродолжительной жизни?

— Я согласен, что в случае наличия у ребенка заживших переломов одним из возможных объяснений было бы насилие.

— Вы искали такие переломы?

— Все ребра были осмотрены крайне тщательно…

Я рассказал, что фотографии были плохого качества и не отражали то, что я видел на самом деле. Это было пропущено мимо ушей.

— Мы все видим на фотографиях, что задние ребра были прежде поломаны, доктор Шеперд. Так почему же вы этого не видите?

Подобный разговор у нас состоялся и по поводу травм на губах.

— Вы только взгляните на фотографии, доктор Шеперд! Наличие травм очевидно!

Я объяснил, что из-за того, как фотографии были сохранены, переданы, а затем распечатаны на дешевом принтере, на них нельзя полагаться. Но они видели то, что хотели видеть. Я был то ли слепым, то ли тупым, раз отказывался это признать, и — если не был ни тем ни другим, — очевидно, сбивал всех с толку, чтобы уклониться от того факта, что мы с Элли с 70 годами опыта в судебной медицине на двоих приняли травмы от удушья за травмы, полученные при проведении реанимационных мероприятий.

ОЧЕВИДНО, ЧТО МЫ С ЭЛЛИ С 70 ГОДАМИ ОПЫТА В СУДЕБНОЙ МЕДИЦИНЕ НА ДВОИХ ПРИНЯЛИ ТРАВМЫ ОТ УДУШЬЯ ЗА ТРАВМЫ, ПОЛУЧЕННЫЕ ПРИ ПРОВЕДЕНИИ РЕАНИМАЦИОННЫХ МЕРОПРИЯТИЙ.

Такого тяжелого дня за свидетельской трибуной у меня не было ни в одном суде, даже в Центральном уголовном суде Лондона. В каком-то смысле все было даже хуже — вместо одного враждебно настроенного адвоката их было множество, представляющих разные стороны, и все атаковали меня под разными углами. Мне удалось и дальше стоять на своем, признавая возможность нашей ошибки, но при этом подчеркивая ничтожность вероятности того, что два опытных судебно-медицинских эксперта могли оба упустить из виду явные признаки насилия.

— Доктор Шеперд, вы остеопат?

— Нет.

— Но вы были обеспокоены по поводу ребер ребенка, их очевидных переломов спереди?

— Обеспокоен, что переломы можно интерпретировать по-разному, да, однако вместе с тем я знал, что агрессивные реанимационные мероприятия, предпринятые неопытным соседом…

— Вы были обеспокоены, однако недостаточно, чтобы показать ребра остеопату для получения его экспертного мнения?

— Мне не показалось, что он может пролить больше света на ребра. Мы видели, какие из них были поломаны, и мы знали, что…

— Вы решили, что разбираетесь в этом не хуже специалиста, так получается?

— Рентгенолог сказала, что, по ее мнению, в задней части ребер переломов нет. Спереди переломы были очевидны. Мне казалось, что в дополнительном мнении остеопата потребности нет.

— Не было ли это с вашей стороны самонадеянно, доктор Шеперд?

— Я не считаю себя самонадеянным человеком. Жаль, если у вас сложилось такое впечатление.

У меня в голове всплыли строчки Александра Поупа, как если бы мой отец только что их туда вставил.

Но ты умей увидеть свой просчет
И каждый день веди ошибкам счет.
(*Перевод А. Субботина*)

— Значит, вы признаете вероятность того, что ошиблись, указав в качестве причины СВДС?

— Анализ причины смерти в таких случаях всегда является сложной задачей, здесь есть очень тонкая грань. На основании данных, имевшихся у нас в момент составления отчета, СВДС превалировал. Будь у нас полная информация об обстоятельствах жизни и смерти ребенка, думаю, мы бы, наверное, указали «Не установлена» в качестве причины смерти.

Сюрпризом для меня в тот день в семейном суде стали нападки на меня не в профессиональном, а в личном плане. Вторым сюрпризом стало письменное судебное постановление. Оно было вынесено несколько недель спустя. Из него я узнал, что за те недели, что длилось разбирательство, ряд свидетелей в суде сообщили о случаях небрежного отношения к Ноа со стороны его родителей. Его мать, как теперь выяснилось, была алкоголичкой, а отец частенько злоупотреблял наркотиками. Сестра и тетя матери помогали им с маленьким Ноа, невольно способствуя ложному впечатлению патронажных медицинских работников и других людей о том, что мать справляется со своими обязанностями. Согласно словам судьи, именно они заботились о том, чтобы ребенок был под присмотром, а также водили его на приемы к врачу и вакцинацию.

Он сказал, что маленький Ноа был жертвой пренебрежительного отношения, и он был шокирован отказом или неспособностью двоих судмедэкспертов, осматривавших тело, признать, что они упустили столь очевидные и бросающиеся в глаза признаки насилия — которые были видны на фотографиях каждому. Судмедэксперты, как ему казалось, и дальше продолжают думать, что причиной смерти мог стать СВДС. Судья ни слова не упомянул о том, что качество фотографий, мягко говоря, оставляло желать лучшего. Равно как и о том, как мало информации было предоставлено нам о родителях в день смерти ребенка, когда мы проводили вскрытие. Равно как и о том, что никто не стал сообщать нам о новых открывшихся данных о семье ребенка.

Он постановил, что, основываясь на соотношении вероятностей — а именно от такого критерия вины он отталкивался, — отец убил маленького Ноа. В ходе перекрестного допроса было установлено, что в ночь смерти ребенка было употреблено в большом количестве спиртное и некоторое количество наркотиков, и когда ребенок заплакал, успокаивать его пошел отец. Судья предположил, что он попытался сделать это, надавив ребенку на грудь, а возможно и на лицо, тем самым задушив его и, возможно, сломав ребра. Состояние задних ребер ребенка, как сказал он, говорило о том, что, возможно, такое уже бывало и раньше. В этот же раз мать попросила его сделать что угодно, лишь бы ребенок перестал плакать, и хотя она знала, что он жестоко поступает с ребенком, не стала вмешиваться. Таким образом, этим родителям нельзя доверить воспитание других детей. Их нового ребенка следует изъять из семьи для последующего усыновления.

Я даже представить себе не могу, что чувствовали родители маленького Ноа, когда был вынесен этот вердикт. Я был настолько им ошеломлен, что чуть ли не начал задыхаться. Эти жесткие слова судьи о судмедэксперте Министерства внутренних дел не могли пройти бесследно. Мне уже перевалило за 60, и на протяжении всей своей жизни я изо всех сил старался заниматься медициной в интересах правосудия. И теперь, казалось, я сам был лишен этого правосудия.

В ту ночь я не мог уснуть. С трудом дышал. Столь жесткие комментарии требуют проведения расследования, и я, будучи судмедэкспертом Министерства внутренних дел, обязан сообщить о случившемся в министерство. Начнет ли тогда Министерство внутренних дел в отношении меня расследование? Генеральный медицинский совет может лишать врачей лицензии, если признает их виновными в серьезном проступке.

МНЕ УЖЕ ПЕРЕВАЛИЛО ЗА 60, И НА ПРОТЯЖЕНИИ ВСЕЙ СВОЕЙ ЖИЗНИ Я ИЗО ВСЕХ СИЛ СТАРАЛСЯ ЗАНИМАТЬСЯ МЕДИЦИНОЙ В ИНТЕРЕСАХ ПРАВОСУДИЯ.

От того, насколько несправедливым было подобное развитие событий, я присел в постели. Меня обвиняли в ошибке, основываясь на фотографиях плохого качества. Травмы на губах и зажившие трещины на задних ребрах могли свидетельствовать о насилии в прошлом, однако не было никаких травм губ и передних частей ребер, которые нельзя было бы объяснить реанимационными мероприятиями, да и трещины на задних ребрах отсутствовали. Я был в этом уверен, Элли была в этом уверена, рентгенолог был в этом уверен. В своем отчете мы указали, что, хотя травмы передних ребер и были, скорее всего, получены при попытке реанимации, мы не исключали вероятность того, что они были нанесены умышленно. С другой стороны, конечно, мы указали в качестве причины смерти СВДС.

Не могли же меня уволить за это?

Когда я наконец уснул, мне снилась странная каша из залов суда и младенцев. На следующий день перед сном эти неприятные мысли продолжали меня преследовать. Я не думал про это судебное дело напрямую, однако оно все равно отражалось в каждом моем действии. В животе налет страха. В голове ощущение кризиса. Сидя за своим письменным столом в тот день, терзаемый необъяснимой тревогой, я перестал бороться. Я знал, что произойдет. Это произошло, когда я недавно летел над Хангерфордом. Затем снова после взрывов бомб в Париже. Я научился сжимать кулаки и, прикладывая невероятное усилие, чуть ли не удерживал себя от падения в бездну. Теперь же она открывалась прямо передо мной.

Я закрыл глаза. Она ждала меня. Тела, сваленные в высокую кучу, смрад разложения и жара, молодые люди, танцевавшие в момент взрывов, когда прогулочный корабль пошел ко дну, молодые люди без рук, эксгумированные дети в своих гробах, беззащитные свидетельства человеческой жестокости на крошечных телах младенцев, обугленные тела, утонувшие тела, тела, изуродованные в железнодорожной аварии. Глубокая выгребная яма человеческих страданий.

Я снова поднял глаза вверх. Моргнул. Осмотрел свой кабинет. Компьютер, стол, фотографии, папки, собаки. Все в норме. Очередное мимолетное путешествие в ад, такое же внезапное и шокирующее, как эпилептический припадок.

Как бы то ни было, я снова вернулся в настоящее. Я собирался продолжить работу, которая заключалась в том, чтобы написать в Министерство внутренних дел, доложив им о комментариях судьи в отношении меня по делу о маленьком Ноа.

Вскоре после этого из Министерства внутренних дел ответили. Как оказалось, они уже были в курсе какое-то время, хотя и не сочли нужным ставить меня в известность. Полицейский, задействованный в деле, доложил им про меня, и они решили передать материалы в Генеральный медицинский совет. Они сказали, что мне, возможно, стоит обсудить этот вопрос со своим адвокатом.

МОЯ КОМПЕТЕНЦИЯ БЫЛА ПОСТАВЛЕНА ПОД СОМНЕНИЕ ИЗ-ЗА УКАЗАННОЙ ИНФОРМАЦИИ В ОТЧЕТЕ О ВСКРЫТИИ МАЛЫША НОА, НА КОТОРОМ СТОЯЛА МОЯ ПОДПИСЬ.

Так я и сделал. Она всячески заверяла меня, что беспокоиться не о чем, однако я беспокоился. По ночам мне снились омерзительные сны. Днем у себя в кабинете я боролся с кошмарами.

Наконец я получил письмо. Открыл его трясущимися руками. Как же мне хотелось, чтобы в нем было написано, что мое дело закрыто и все кончено. В нем говорилось, что Генеральный медицинский совет рассматривает мой случай. Моя компетенция была поставлена под сомнение из-за указанной информации в отчете о вскрытии малыша Ноа, на котором стояла моя подпись.

Что же насчет всех этих штук, что я отказывался называть паническими атаками? Что ж, даже я был вынужден признать, что это именно они и были.

Всю свою профессиональную жизнь я изучал различные дела. Теперь же сам стал делом. Теперь меня рассматривали другие. Генеральный медицинский совет (ГМС) — это частный суд, ведущий расследование в своем собственном темпе и за закрытыми дверями. Он не сообщает, как долго вопрос будет решаться, и не предоставляет никакой информации, кроме вынесенного постановления — на которое я должен ответить в кратчайшие сроки.

Я знал, что ГМС тайно связывается с моими коллегами, коронерами, полицейскими, со всеми, кто со мной когда-либо работал, чтобы узнать их мнение обо мне и моих профессиональных навыках. ГМС не сообщил, будет ли мое дело передано в вышестоящую инстанцию — трибунал. Меня должны были проинформировать, если это произойдет.

Под трибуналом в данном случае подразумевается Трибунал медицинских работников Великобритании — орган, который существует независимо от ГМС и выносит решения по делам, направляемым в него ГМС. В нем выслушиваются данные под присягой, а адвокаты проводят допросы и перекрестные допросы. В результате трибунал выносит вердикт относительно того, способен ли врач выполнять свои профессиональные обязанности. По сути, это обычный суд.

И все это из-за того, что другой судмедэксперт, работающий на семейный суд, решил, что я допустил ошибку, что я не заметил очевидные травмы и указал неверную, как ему казалось, причину смерти малыша Ноа. Патология как наука представляет собой смешение фактов, опыта и экспертного суждения. Но трибунал может все это проигнорировать и заключить, основываясь на выдвинутых обвинениях, что мне нельзя доверять установление причины смерти ребенка и, как следствие того, подвержены ли другие дети в этой семье риску. Они могут решить, что меня следует отстранить, то есть исключить из реестра зарегистрированных врачей.

Когда ГМС начал свое расследование, мои панические атаки пугающим образом участились. Сменявшие друг друга душераздирающие образы полностью порабощали мой разум.

Я старался рассматривать эти приступы отстраненно, с медицинской точки зрения. Итак, все началось, когда я в один прекрасный день летел над Хангерфордом. Почему именно они начались, почему именно они прекратились? Очевидно, расследование ГМС спровоцировало их отвратительное и решительное возвращение. Неужели эти всеобщие сомнения в человеке, который никогда не должен ошибаться, вскрыли пучину скрытых страхов? И не вышли ли эти страхи теперь из-под контроля?

Ответов не было. Лишь образы, которые внезапно и в самые неожиданные моменты наполняли мою голову. Стоило мне положить Линде в бокал немного льда, как я мысленно тут же переносился на Бали, смотрел на молодые тела, гниющие под пакетами тающего льда. И речи не шло о том, чтобы открыть одну из скопившихся у меня в кабинете папок. Потому что внутри их прятались фотографии. А я и без того не мог справиться со всеми образами у меня в голове. Чувство страха меня парализовало. Я был наполнен ужасом, который могу назвать лишь неисчерпаемым. Зловоние смерти меня не покидало.

Каждый приступ лишал меня сна, лишал радостей, терзал чувством тревоги, наполнял неуверенностью в себе. Лишившись покоя, я вскоре оказался не в состоянии читать. Не мог принять решение взять в руки книгу, открыть ее. Я вообще больше не мог принимать решений. Может, попить чаю? Я понятия не имел. У меня едва хватало решимости вставать по утрам, не говоря уже о том, чтобы одеваться. Будущее? Его не существовало. Все, что, как мне казалось, я знал, что было мне небезразлично, внезапно утратило какой-либо смысл. Бо́льшую часть дня я попросту старался не моргать, потому что преследовавшие меня образы сразу же набрасывались на меня, стоило мне закрыть глаза.

Одним знойным летним утром мой разум преследовали гниющие части тела. Там были кишки. Внутренние органы. Сердца, которые не бились. Кисти рук, на пальце одной из которых было надето обручальное кольцо. Мне пришлось его стащить, чтобы прочитать выгравированную надпись и понять, кому эта рука принадлежит. От преследующего меня смрада разложения у меня захватывало дыхание.

Я решил, что лучше умереть, чем так жить.

Но как?

Броситься под поезд было быстрым, но эгоистичным способом. Когда люди попадают под поезд, машинист получает травму, а получившаяся кровавая каша до конца дней преследует их близких в кошмарах. Повеситься может не получиться, либо это займет слишком много времени. Застрелиться было бы неплохо, но где мне раздобыть пистолет? Съехать на машине с утеса казалось мне идеальным решением. Только мне придется найти подходящий утес, на который можно заехать. Все это было слишком сложно, когда я с трудом находил в себе силы переключиться со второй скорости, не разломав коробку передач.

ПОСМЕЮ ПРЕДПОЛОЖИТЬ, ЧТО КАЖДЫЙ ЧИТАЮЩИЙ ЭТУ КНИГУ УЖЕ ПОНЯЛ, ЧТО У МЕНЯ БЫЛ ПОСТТРАВМАТИЧЕСКИЙ СИНДРОМ.

Я не знаю, что делал или говорил, поскольку видел мир лишь изнутри моей головы, и это был не тот мир, в котором кому-либо захотелось бы продолжать жить. Мои действия, какими бы они ни были, крайне встревожили Линду. Меня отвели без каких-либо протестов с моей стороны в отделение неотложной помощи, откуда направили к психиатрам. Старший судмедэксперт доктор Шеперд в здравом уме и трезвой памяти сидел и трясся, пока психиатр вежливо расспрашивал его об образах у него в голове. Я попытался их описать. Но ни единого слова не прозвучало.

Поставить диагноз было несложно. Посмею предположить, что каждый читающий эту книгу уже понял, что у меня был посттравматический синдром. Видимо, я был один, кто не смог распознать симптомы.

Мой посттравматический синдром не был вызван каким-то конкретным из 23 000 тел, вскрытие которых я провел. Он не был вызван всеми ими в совокупности. Он не был вызван какой-то конкретной катастрофой, последствия которой я помогал устранять. И он не был вызван всеми ими в совокупности. Он стал следствием того, что всю свою жизнь я становился непосредственным свидетелем жестокости людей по отношению друг к другу со стороны всех — судов, родных, общественности.

Результат этого диагноза? Летом 2016 года я не работал. Два лекарства: разговоры и таблетки. Ну и эта книга.

Я должен был вернуться к проведению вскрытий, однако не понимал, как вообще снова смогу делать свою работу. Я не понимал, как смогу резать на крохотные кусочки артерии, либо снова доставать мозги из черепных коробок, либо снова изучать изнутри мышцы лица, либо стоять посреди переполненного морга после очередной катастрофы, в то время как своей очереди на вскрытие ожидает множество трупов. Снова, и снова, и снова. Я не мог представить для себя будущего в судебной медицине.

Затем произошли изменения, сначала небольшие. Я начал говорить. Я вспомнил, как мы с Джен сидели вместе в кабинете психолога в Клэпхеме, как мои мысли блуждали, однако мой рот по большей части оставался закрытым. Теперь, в тихой комнате наедине с благожелательно настроенным профессионалом, я позволял своим мыслям поблуждать — совсем немного поначалу, — а затем рассказал этому профессионалу, где я только что был. Это была опасная игра — позволять своему разуму идти куда вздумается. Потому что одному богу известно, что он выкинет, если не держать его под контролем. Но в присутствии профессионала я очень постепенно, неделя за неделей, контролируемо высвобождал свои мысли. И когда я рассказал о своих путешествиях в ад, они стали происходить реже. Постепенно.

В один прекрасный день, не так давно, мне стало легче. От ГМС по-прежнему не было ни слова, и я не имел ни малейшего понятия, куда делось лето, почему внезапно настала осень. Почти так же внезапно, как та первая паническая атака в небе над Хангерфордом, мое острое беспокойство отступило. Огромный валун, который должен был задавить меня в любой момент, внезапно потерял свой импульс. Страх, настолько тяжелый, что мои ноги не могли ходить, а мой разум не мог думать, поднялся в воздух и улетел прочь, словно радиоактивное облако.

На смену ему пришел намек — возможно, призрак — моей былой радости от жизни. Я понимал, что это ненадолго, что это лишь проблеск нормальной жизни, однако на тот момент этого было достаточно. Мне хватило поймать этот момент, сесть за штурвал самолета и полететь, ощутить трепетное волнение при взлете, взмыть над мелочами жизни, над повседневными буднями. Разумеется, после моего безумия летом меня вынудили временно сдать удостоверение пилота.

Я ворвался к Линде, которая работала за своим письменным столом, немного хмурясь над делом о детском насилии, которое вскоре должно было быть рассмотрено судом.

— Давай прогуляемся! — крикнул я. Пожалуй, немного громче, чем следовало. Она посмотрела на меня удивленным взглядом, однако перестала печатать.

Так что мы посадили нашу старую собаку и маленького щеночка в машину, и мне казалось, что осеннее солнце жжет сильнее, чем на протяжении всего лета. Меня поразила красота сельской местности вокруг, словно я прежде никогда в жизни не выезжал за город. Когда мы приехали в нетронутое цивилизацией место, листья так сильно шуршали и светили золотом, что были похожи на разбросанные на холме лампы. Щенок неугомонно бегал кругами, гавкая, и даже старая собака немного попрыгала. Мир вокруг был чудесный, он словно нарядился для праздника. Все лето он был нарядным, и все лето я совершенно этого не замечал, не восхищаясь этим.

Линда сказала:

— Ты выглядишь…

— Лучше?

Она кивнула, и ее лицо переменилось, не шелохнувшись, словно, повинуясь какому-то тайному правилу, каждая клеточка просто поменяла свое положение. Ей даже не нужно было улыбаться, чтобы выглядеть счастливой. Насколько же тяжело приходится тем, кто становится свидетелем посттравматического синдрома.

Я попытался впитать в себя этот склон холма, эти листья и собак, и Линду, а также красоту мира вокруг, жадно поглотить его, как некоторые мужчины поглощают пиво, забрать в себя как можно больше, прежде чем надо мной снова сгустятся тучи. Потому что я понимал, что это неизбежно. В мире посттравматического расстройства, к сожалению, не бывает полного исцеления. Однако этого проблеска мира без болезни — он длился, должно быть, два, может, три часа — было достаточно, чтобы придать мне сил добиться большего. Следующий намек на нормальность продлился немного дольше. В конечном счете настал момент, когда такой момент продлился целый день. Шаг за шагом мир цвета и красоты начал заново выстраиваться вокруг меня, словно пазл.

Конечно, у меня было — и до сих пор бывает — много рецидивов. Если Линда смешивала себе коктейль, то непременно клала в него лед сама. После любого разговора с моим солиситором по поводу расследования ГМС, даже если она просто говорила, что никаких новостей нет, я целый день был не в состоянии делать что-либо, словно она физически сбивала меня с ног. В кабинете по-прежнему лежали файлы, я был вынужден их избегать, так как они содержали снимки, на которые я не мог смотреть. Даже в этой книге (я писал ее время от времени на протяжении года или двух, пока наконец не отложил на потом) по-прежнему были главы, которые я пока предпочитал не пересматривать. Лето, однако, дало мне понять, что я хочу ее закончить, что не хочу, чтобы работа всей моей жизни, судебная медицина, стала призрачным, скверным секретом от окружающих. Потому что от разговоров о том, что цивилизованное общество требует от цивилизованных людей, всем нам становится лучше.

В МИРЕ ПОСТТРАВМАТИЧЕСКОГО РАССТРОЙСТВА, К СОЖАЛЕНИЮ, НЕ БЫВАЕТ ПОЛНОГО ИСЦЕЛЕНИЯ.

Затем в один прекрасный день зазвонил телефон — это был мой солиситор. Она еще не получила официального письма, однако ей сказали, что оно отправлено. Дело против меня было закрыто. Внезапно. Без каких-либо объяснений или разговоров, точно так же, как оно было открыто. Оно даже не приблизилось к тому, чтобы дойти до трибунала.

Я не могу назвать это грандиозной победой. Я через столько всего прошел, столько натерпелся ради этого. Но мне полегчало. Мир вокруг стал более ясным, более четким, словно кто-то заново сфокусировал мое зрение. В течение нескольких минут я не знал, что чувствовать. Будь то из-за расследования ГМС или чего-то другого, в моей психике образовалась глубокая трещина, которая навсегда там останется.

Когда я поделился хорошей новостью с Линдой, облегчение и радость на ее лице передались мне, и я начал немного ощущать ее радость, а затем, возможно, и свою собственную. Итак, многие годы моей работы не оборвутся в пучине несправедливых обвинений. Я могу продолжать. Если захочу.

Мне было страшно возвращаться к работе. Я договорился о конкретной дате, но когда она стала приближаться, то почувствовал, что попросту не могу этого сделать. Психолог напомнила мне, что я научился справляться с плохими воспоминаниями. Она была права. Я мог вызывать их по собственному желанию, а затем прятать обратно в шкаф, когда считал это нужным. Они никуда не делись. Но их можно было контролировать. Я решил вернуться к работе.

ДАЖЕ В ЭТОЙ КНИГЕ, КОТОРУЮ Я ПИСАЛ ВРЕМЯ ОТ ВРЕМЕНИ НА ПРОТЯЖЕНИИ ГОДА ИЛИ ДВУХ, ПОКА НАКОНЕЦ НЕ ОТЛОЖИЛ ЕЕ НА ПОТОМ, ПО-ПРЕЖНЕМУ БЫЛИ ГЛАВЫ, КОТОРЫЕ Я ПОКА ПРЕДПОЧИТАЛ НЕ ПЕРЕСМАТРИВАТЬ.

Когда я зашел в морг в свой первый день после возвращения, был момент, когда я почувствовал запах этого места, когда за мной закрылась дверь, момент, в который я замер. Я не мог пойти вперед. И не мог пойти назад. Для меня было немыслимо войти, немыслимо сбежать. Я завис, мой разум затуманило. И в этот самый момент пришли полицейские.

— Привет, док, рады вас видеть, как вы?

Теперь я не мог развернуться и уйти. Но мне не было нужды и двигаться вперед — мы можем поздороваться и поговорить прямо здесь. Я продолжал стоять на месте.

Я знал пришедшего детектива, и он мне нравился. Он сказал:

— У нас сегодня для вас очень странное дело, не терпится узнать, что вы обнаружите.

Очень странное дело, говорите? Должно быть, именно эти слова дали мне толчок вперед. Пять минут спустя я сидел на диване с кружкой горячего чая в одной руке и печеньем в другой.

Детектив просматривал свои записи.

— Покойной за пятьдесят, полная пьянчуга, да и, если честно, далеко не подарок. Ее зять занял у нее деньги, а затем бросил ее дочь, однако долг так и не вернул, так что в один прекрасный день эта женщина хорошенько накатила и решила прийти к нему домой потребовать вернуть деньги. Много криков и ругани. Он сказал, что стал легонько ее выпроваживать, чтобы она ушла, однако та была настолько пьяной, что упала. Женщина сказала, что он ее толкнул. Как бы то ни было, она оказалась на земле.

Звучало совершенно нестранно. В моем мире такое происходило регулярно.

— Так он ее толкнул? — спросил я.

— Нам кажется, что толкнул. Хотя его новая девушка сначала говорила, что он этого не делал, а она у нас единственная свидетельница.

Пока ничего странного.

Я услышал лязг дверцы холодильника — одни тела выкатывали, другие закатывали. Я сглотнул. Этот звук пробудил у меня воспоминания о многих катастрофах, о многих телах. Я постарался сосредоточиться на детективе.

— Вопрос для вас, док, в следующем: если он ее все-таки толкнул, то от этого ли она умерла?

— А через какое время после падения она умерла?

— Спустя много дней. Она упала и не смогла встать. Он вызвал «Скорую». В больнице сказали, что у нее перелом таза, и с этим ничего не поделать. Нужно лишь просто постоянно принимать обезболивающее. Это стандартная терапия. А она все кричала и ругалась на персонал в отделении неотложной помощи, и они никак не могли от нее отделаться…

Неужели дело обернется врачебной халатностью? Я отхлебнул чай. Дело начинало становиться интересным.

— Она стала жить у дочери, где во всю прихлебывала свое любимое пойло. Боль была адская, и никакие таблетки со спиртным ей не помогали. Наконец несколько дней спустя дочь вызвала «Скорую». На этот раз ее увезли в другую больницу. Там ей сказали, что у нее не один, а пять переломов таза, и ей следует остаться. Но она задыхалась, и ортопеды решили, что ее следует положить к ним в палату из-за сильной астмы.

— И врачи согласились? Ну и глупцы. Значит, она астматик-алкоголик с сильно поломанным тазом?

— Кажется, у нее еще и эпилепсия, на самом деле…

Детектив передал мне документы из больницы и продолжил говорить, в то время как я изучал записи. Остеопороз. Астма. Алкоголизм. Эпилепсия…

— Ох, да еще и диабет, — сказал я.

— Да эта женщина была живым трупом, — сказал кто-то из полицейских. — Про нее надо в медицинских учебниках писать.

Детектив сразу же его оборвал:

— Но это вовсе не значит, что она умерла естественной смертью.

— Не значит, — согласился я. — Так что же случилось дальше?

— Ну, в терапевтическом отделении у нее начался судорожный кашель, и ее стали лечить от астмы и легочной инфекции. Она все кашляла и кашляла, судя по всему, до потери сознания. Где-то пять дней спустя снова начался ужасный кашель, только на этот раз он закончился ее смертью.

— Что сделали в больнице?

— Пытались реанимировать, конечно же. Они решили, что у нее эмбол… эмбол…

— Эмболия легких? Переломы таза, и она днями не вставала с кровати — это очевидный диагноз.

— Именно так. Как бы то ни было, они начали ее реанимировать и ввели что-то для… эм…

— Рассасывания тромбов.

Мне было жаль это услышать. Они сделали все как надо, однако не смогли спасти пациента и значительно усложнили работу судмедэксперта. Потому что, будь у нее тромб, который я мог бы найти, теперь рассосался.

— Мы ждали, пока ей станет лучше, чтобы обсудить обвинения в причинении тяжких телесных против ее зятя, и когда мы позвонили в больницу, чтобы узнать, можно ли задать ей вопросы, медсестра сказала: «Ой, мы забыли вам сообщить — она мертва». Вот так тяжкие телесные превратились в непредумышленное убийство.

Я допил чай. Теперь дело становилось странным. Мне только что назвали пять возможных причин смерти, а в итоге дело может вовсе оказаться в чем-то совершенно другом. Только ее тело могло нам сказать, почему она умерла, и оно нас теперь ждало. Я встал. Эта загадка вызывала у меня любопытство.

— Ладно. Давайте на нее взглянем.

На пути в секционную я сказал детективу:

— Это ваше дело, а не мое, конечно, но у вас не так много доказательств того, что зять ее толкнул. Если она была пьяна, то запросто могла оступиться и упасть еще даже до того, как пришла к нему домой.

— Ну у нас есть слова девушки. Она с ним рассталась. И теперь изменила свои показания. Говорит, что видела, как он толкнул эту женщину, причем сильно толкнул.

Хм. Мало кому из присяжных понравится свидетель, кардинально меняющий свои показания.

— И, — добавил он, — у нас есть запись с видеокамеры, на которой запечатлена покойная за пять минут до прихода к своему зятю. На ней она прекрасно ходит, так что нам нужны теперь ваши, док, доказательства, чтобы завести дело.

Конечно, я собирался искать эти доказательства. Но при этом постоянно отдавая себе отчет в возможных обвинениях в непредумышленном убийстве и потенциальном сроке для обвиняемого. Я должен быть на сто процентов уверен в своей правоте, прежде чем дам полиции свое заключение.

Женщине было 56, а выглядела она на все 96.

— Вы уверены, что не напутали с возрастом? — спросил я.

Полицейский кивнул.

Я изучил ее опухшее тело снаружи. Оно было усеяно рубцами и ссадинами, как это часто бывает с пьяницами. Каждый нужно было измерить и описать. Я сделал свои заметки и стал давать указания фотографу.

— Какое качество снимков у вас настроено на фотоаппарате? — спросил я его.

Он посмотрел на меня с удивлением.

— Минимальное, док.

Я был потрясен.

— Почему минимальное — разве фотографии не должны быть максимально возможного качества?

— Да, — сказал он, — но компьютерная система полиции не справляется с большими файлами, так что нам приходится фотографировать с низким разрешением.

Не было никакого оправдания подобной осознанной неточности, и я не слышал в его голосе какого-либо осуждения. Ему подобное решение казалось простым и разумным с учетом медленной компьютерной системы. Казалось, ему все равно, что сделанные им снимки будут использованы, чтобы осудить сотни людей. Моя карьера была близка к завершению. Я вздохнул. Что еще я мог поделать?

Я ПОСТЕПЕННО ВСКРЫЛ ТЕЛО, ВОЙДЯ В БРЮШНУЮ ПОЛОСТЬ С ПОМОЩЬЮ УНИКАЛЬНОГО РАЗРЕЗА. УНИКАЛЬНОГО, ПОТОМУ ЧТО Я ЕГО ПРИДУМАЛ. ДАВАЙТЕ БУДЕМ НАЗЫВАТЬ ЕГО РАЗРЕЗ ШЕПЕРДА.

Затем пришел черед делать мой первый разрез. Я встал справа от пациента. PM40 в руке. Казалось, будто прошло много лет с тех пор, как я последний раз стоял возле обнаженного трупа. Действительно ли мне хотелось этим заниматься? Добавлять новые плохие воспоминания в тот отвратительный альбом в моей голове, который всё еще мог раскрыться сам по себе в любой момент?

Я постепенно вскрыл тело, войдя в брюшную полость с помощью уникального разреза. Уникального, потому что я его придумал. Давайте будем называть его «разрез Шеперда». Вместо того чтобы разрезать мышцы вдоль срединной линии, я делал разрез вдоль нижних ребер и по бокам живота. Затем я убирал мышцы брюшной стенки, словно открывая крышку коробки. Аккуратно, эффективно. И здесь, в области поломанного таза, я обнаружил обильное количество крови в мышцах и тканях.

— Выглядит многообещающе! — радостно сказал детектив.

— У нее явно было кровоизлияние, — согласился я, продолжив вычерпывать кровь, а затем осмотрев внутренние органы в брюшной и грудной полостях, — только непохоже, чтобы это было недавно.

Я осматривал ее, приподнимал органы, тыкал в них пальцем, и передо мной открывалась история ее жизни.

— Это ее печень? — спросил полицейский, показывая на небольшой серый орган в ее животе сверху. Даже непосвященный мог понять, что с этим органом давно были проблемы. — Похожа на мертвого попугая.

— Не придется ее мариновать, док, — она уже ее замариновала, — сказал другой.

Детектив стал качать головой. Он сказал:

— Только не говорите мне, док, что ее убила печень.

Я сказал:

— Согласен, выглядит ужасно, но я смогу узнать, насколько именно все плохо, когда осмотрю ее под микроскопом... Легкие у нее тоже не в лучшей форме. Эмфизема тут та еще.

Покойная либо провела свою жизнь у оживленной автострады, либо работала на грязном заводе, либо много курила. Ее легкие были темными, местами даже черными, и они были изъедены многочисленными большими дырами.

— То, что ее убила астма, мне тоже не хотелось бы услышать, — подавленно сказал детектив. — А если вы скажете, что у нее еще были и проблемы с сердцем, то я запла́чу.

— Со всем этим наверняка были. Мне нужно будет достать ее сердце, чтобы внимательно рассмотреть.

— Док, только не говорите, что смерть случилась по естественным причинам. Мне так и хочется прижать этого зятя. Этой женщине, может, и пятьдесят шесть всего, но выглядит она очень старой и хрупкой, а он здоровый детина и с силой ее пихнул, после чего она сломала свой таз в пяти местах, а затем умерла. Ему это не должно сойти с рук.

Я сказал:

— Ее семья может подать в суд на первую больницу, откуда ее отправили домой с парацетамолом, в то время как у нее было пять переломов таза. Если, конечно, она потом не упала уже у дочки и не получила еще четыре...

— Дочь ничего такого не говорит, но мы проверим рентгеновские снимки из первой больницы, — сказал детектив, делая записи в своем блокноте. — Хотя я не особо заинтересован в иске против больницы. Изначально она сломала таз из-за того, что он ее толкнул.

— Как вообще она могла умереть от перелома таза? — спросил другой полицейский.

— Косвенной причиной смерти из-за перелома таза была бы эмболия легких: она днями лежала в больничной кровати, и у нее в ногах запросто мог образоваться тромб, который потом попал по сосудам в легкие. К сожалению, в больнице ей дали в ходе реанимации препарат, рассасывающий тромбы, так что его я вряд ли найду — если он вообще был.

— Господи, — сказал детектив. — Нам нужны доказательства.

— Ну, другой распространенной причиной смерти после перелома является другой вид эмболии, жировая. Неизвестно, как именно это происходит. Возможно, жир из костного мозга в месте перелома проникает в поврежденные кровеносные сосуды, а оттуда в легкие. Оказавшись там, он может попасть в сердце, в почки, в мозг… Зачастую это заканчивается смертью. Самое странное, что смерть наступает примерно через неделю после травмы.

— Ага! — лицо детектива засияло. — Когда вы поймете, нет ли у нее этого?

— Наверное, в какой-то мере это у нее есть в любом случае, как у многих людей после перелома, да много после чего. Вопрос остается в степени тяжести… Мне просто нужно понять, как много у нее жировых эмболов, прежде чем я смогу назвать их причиной смерти.

— Когда вы будете знать наверняка, док?

— Где-то через неделю, но мы все равно будем ждать токсикологического отчета.

Детектив посмотрел на меня.

— Говорил же, что дело странное, — сказал он.

Я ухмыльнулся ему в ответ:

— Да, — согласился я, — странное.

Я много размышлял об этом деле. Но не на следующий день. Потому что я только что вернул свое удостоверение пилота и отправился летать. Я был подвешен в одиночестве в пустоте, в окружении пустоты, и подо мной открывался великолепный вид английского сельского ландшафта, а где-то вдалеке виднелась темная синева моря. Самолет парил. Я сам парил. Мои мысли были такими же ясными, как небо, как море.

Спустя неделю или около того я повстречал все того же детектива на другом вскрытии. Еще одно странное дело.

Мужчина вышел из паба, а затем его тело нашли в реке. Его семья была убеждена, что на него напали, а затем бросили в воду.

— Ну? — спросил детектив, стоя по другую сторону стола. — Удалось установить причину смерти той пьющей женщины, которую толкнули?

Я бегло осматривал мужчину из реки. У меня была теория на его счет.

— Это дело не давало мне покоя. Случай действительно запутанный. Я действительно нашел изрядное количество эмболов в мозге и легких, однако, если верить исследованиям, их было недостаточно, чтобы со стопроцентной уверенностью утверждать, что именно они ее убили.

Он застонал.

— Я собираюсь указать в качестве причины смерти кровоизлияние и жировую эмболию. Также добавлю, что у нее был цирроз, диабет и т. д.

Он уставился на меня.

— Вот как! Значит, все-таки дело было в переломах!

— Я лишь высказываю свое мнение по поводу причины смерти. Другие могут не согласиться, и в конечном счете уголовной прокуратуре решать, хотят ли они заводить дело. Думаю, им следует это сделать. Учитывая, однако, что́ сейчас творится в прокуратуре… — я закатил глаза. — Разумеется, в итоге решать присяжным, действительно ли это не подлежит сомнению.

— Они не смогут ничего решить, если на него не заведут дело. Спасибо, док. Говорю вам, я арестую этого зятя за непредумышленное убийство.

— Прокуратура разрешит вам это сделать, только если они будут уверены, что дело выигрышное, а пока что они не уверены.

— Что их останавливает?

— Они хотят, чтобы я придал большее значение переломам таза.

Он пристально на меня посмотрел.

— Ну а вы могли бы, док?

Я посмотрел на него в ответ.

— Я сделал ровно столько, сколько мне позволяет совесть.

— Но…

— В указанной мной причине смерти все отмечено. Она умерла от осложнений переломов таза, однако уже была больной женщиной с кучей хронических недугов. Вы же ничего не додумываете про жертв, которых находите, так ведь? Если кто-то из халдеев в прокуратуре не может понять, что я написал — а они вряд ли могут, — но при этом категорически отказали мне в запрошенной встрече, чтобы я мог объяснить, что мне удалось обнаружить, то что еще я могу сделать?

— Док…

— Я был честен. Это моя работа — быть честным.

К этому моменту судмедэксперты могут начать сильно раздражать детективов, так что я сосредоточился на теле, которое лежало передо мной. У меня были подозрения, что это окажется один из случаев смерти в результате мочеиспускания. Известно, что пьяные люди плохо стоят на ногах и шатаются. Шатание может стать проблемой, если пьяный человек остановится по дороге домой, чтобы облегчиться в озеро или реку. Затем, если его шатнет слишком сильно, может случиться беда: у пьяного человека в холодной воде мало шансов.

ПЬЯНЫЕ ЛЮДИ ПЛОХО СТОЯТ НА НОГАХ И ШАТАЮТСЯ. ШАТАНИЕ МОЖЕТ СТАТЬ ПРОБЛЕМОЙ, ЕСЛИ ПЬЯНЫЙ ОСТАНОВИТСЯ, ЧТОБЫ ОБЛЕГЧИТЬСЯ В ОЗЕРО ИЛИ РЕКУ.

Я тщательно осмотрел тело на предмет следов ударов, которые, по убеждению его семьи, его убили. Несколько небольших кровоподтеков… совсем немного порезов — скорее всего, он получил их уже в реке. Самым же главным было то, что его ширинка оказалась расстегнутой, а пенис вытащен наружу. Я не сомневался, что обнаружу переполненный мочевой пузырь, когда стану осматривать область таза. К тому же во рту и носу было полно пены — классический симптом утопленника. Значит, этот мужчина был жив, когда попал в воду, а потом… я настолько сильно сосредоточился, что чуть не позабыл про недовольного детектива.

— Док?..

Я поднял голову и прищурился.

— Я вами восхищаюсь.

Я прищурился еще сильнее. Ни один полицейский в жизни мне ничего подобного не говорил. Никогда.

— Все эти годы вы делали работу, о которой большинство даже думать не хочет. И вы по-прежнему делаете ее увлеченно — я за вами наблюдал. Вот какой-то придурок, который, скорее всего, умер, потому что упал в реку, пока писал. Та женщина была безнадежным алкоголиком, которая в любом случае была на пороге смерти. И вы все равно серьезно к ним относитесь. Как бы то ни было, вы достаточно неравнодушны, чтобы быть честным.

За нами раздалось бряцанье — на тележках перевозили трупы. Рядом, в комнате для скорбящих родственников в пастельных тонах и с мягким освещением, громко рыдал кто-то из родных. Нас ждали полицейские, которые смотрели на нож в моей руке. Я глянул на тело перед собой. Избыточный вес, залысины, пальцы сморщенные и белые, кожа местами отходит, немного следов разложения, большая неудача.

Я хотел было ответить на слова детектива какой-нибудь беспечной, непринужденной фразой. Что-нибудь насчет того, что после 40 лет работы мне по-прежнему нравилось разгадывать головоломки. Но я не смог. Потому что знал, что он прав. Мне было не все равно. И по-прежнему не все равно.

Благодарности

Мне невероятно повезло всю свою карьеру проработать в профессии, которая очаровала меня, как только я узнал о ее существовании. Но лишь теперь, оглядываясь на 40 пролетевших лет, я понял, что ключевую роль сыграли мои родные, друзья и коллеги. Я помню каждого, однако их, конечно, слишком много, чтобы упомянуть всех. Спасибо доктору Руфусу Кромптону и профессору Биллу Робертсону — они создали должность специально для меня, чтобы я мог изучать судебную медицину в больнице Сент-Джордж, а также указали мне дальнейшую дорогу.

Многим коронерам, с которыми и на которых я работал, включая Пола Кнапмана, Джона Бертона, Дэвида Пола, Элисон Томпсон, Майкла Берджесса — они помогли мне дать объяснения многим убитым горем семьям.

Моим коллегам в больнице Гая — доктору Иэну Уэсту, доктору Весне Джуркович и доктору Яну Хиллу. Ну и, конечно, отделению судебной медицины в Сент-Джордже: доктору Роберту Чапмэну, доктору Маргарет Сларк и доктору Дэбби Роджерс, а также неутомимой Рианнон Лэйн и вечно жизнерадостной Кэти Пэйлор.

Не забуду поблагодарить и персонал в моргах по всей стране за их безмерный профессионализм, который столь редко признается или восхваляется, а также за их дружбу, поддержку, ну и, разумеется, бесконечные чашки чая! Мне доводилось работать во многих судах в Великобритании и за границей, и работники суда всегда были вежливыми и услужливыми. Я должен в особенности отметить работников Центрального уголовного суда Лондона, с некоторыми из них я довольно близко познакомился, часы напролет ожидая, когда меня вызовут для дачи показаний. Многим полицейским, с которыми я работал, но в особенности Стиву Гвиллиаму: он был удивительным коллегой, и в первые годы мы совместно росли в профессиональном плане. Именно он научил меня летать, открыв для меня целый новый мир. Многим адвокатам, солиситорам и судьям, с которыми было приятно работать. Ну и, конечно, моей семье. Сначала Джен, которая была для меня невероятной опорой и поддержкой в процессе становления моей карьеры и чья решительность в совместно проведенные годы привела ее собственную карьеру в медицине к таким высотам, о которых она прежде и предположить не могла. Я невероятно горд нашими детьми, Крисом и Анной, а также своими внуками, Остином и Ионой. Спасибо Линде, моей удивительной жене, моей постоянной точке опоры в жизни, которая помогает мне трезво смотреть на мир, а также научила меня любить наш сад. Без ее любви и поддержки порой мне было бы просто не справиться. Ну и, конечно, спасибо тем трем «бонусам», которые она принесла вместе с собой в мою жизнь: Рэйчел, Саре и Лидии. Спасибо вам, всем моим родным, за ваши напряженные усилия не дать мне состариться и стать хотя бы на йоту высокопарным.

Наконец, спасибо моим нынешним джек-рассел-терьерам, Арчи и Берти, а также всем их предшественникам, которые были моими неизменными компаньонами, личными тренерами, а также преисполненными терпения собеседниками.

Научно-популярное издание
ғылыми-бұқаралық баспа

Шеперд Ричард

НЕЕСТЕСТВЕННЫЕ ПРИЧИНЫ
Записки судмедэксперта: громкие убийства, ужасающие теракты и запутанные дела

Главный редактор *Р. Фасхутдинов*. Руководитель отдела *Т. Решетник*
Руководитель направления *Н. Румянцева*. Научный редактор *А. Решетун*
Ответственный редактор *А. Подоляк*. Младший редактор *К. Борисова*
Художественный редактор *П. Петров*. Технический редактор *О. Куликова*
Компьютерная вёрстка *Л. Кузьминова*. Корректор *О. Ковальчук*

Страна происхождения: Российская Федерация
Шығарылған елі: Ресей Федерациясы

В оформлении переплета использованы фотографии:
aaor2550, Mishin Evgeniy, pra_zit, DR Travel Photo and Video, Africa Studio, Pixel-Shot / Shutterstock.com
Используется по лицензии от Shutterstock.com

ООО «Издательство «Эксмо»
123308, Россия, город Москва, улица Зорге, дом 1, строение 1, этаж 20, каб. 2013.
Тел.: 8 (495) 411-68-86.
Home page: www.eksmo.ru E-mail: info@eksmo.ru
Өндіруші: «ЭКСМО» АҚБ Баспасы,
)8, Ресей, қала Мәскеу, Зорге көшесі, 1 үй, 1 ғимарат, 1 үй, 1 ғимарат, 20 қабат, офис 201
Тел.: 8 (495) 411-68-86.
Home page: www.eksmo.ru E-mail: info@eksmo.ru.
Тауар белгісі: «Эксмо»
Интернет-магазин : www.book24.ru

Интернет-магазин : www.book24.kz
Интернет-дүкен : www.book24.kz
Импортёр в Республику Казахстан ТОО «РДЦ-Алматы».
Қазақстан Республикасындағы импорттаушы «РДЦ-Алматы» ЖШС.
Дистрибьютор и представитель по приему претензий на продукцию,
в Республике Казахстан: ТОО «РДЦ-Алматы»
Қазақстан Республикасында дистрибьютор және өнім бойынша арыз-талаптарды қабылдаушының өкілі «РДЦ-Алматы» ЖШС,
Алматы қ., Домбровский көш., 3«а», литер Б, офис 1.
Тел.: 8 (727) 251-59-90/91/92; E-mail: RDC-Almaty@eksmo.kz
Өнімнің жарамдылық мерзімі шектелмеген.
Сертификация туралы ақпарат сайтта: www.eksmo.ru/certification

Сведения о подтверждении соответствия издания согласно законодательству РФ о техническом регулировании можно получить на сайте Издательства «Эксмо»
www.eksmo.ru/certification
Өндірген мемлекет: Ресей. Сертификация қарастырылмаған

Подписано в печать 28.01.2022. Формат 60x90 $^{1}/_{16}$.
Гарнитура «Arno Pro». Печать офсетная. Усл. печ. л. 26,0.
Доп. тираж 10 000 экз. Заказ 694.

Отпечатано с готовых файлов заказчика
в АО «Первая Образцовая типография»,
филиал «УЛЬЯНОВСКИЙ ДОМ ПЕЧАТИ»
432980, Россия, г. Ульяновск, ул. Гончарова, 14

ISBN 978-5-04-099162-4

9 785040 991624 >

18+